中国年鉴精品工程
High Quality Project of China's Yearbook

天津市

红桥年鉴

HONGQIAO YEAR BOOK

2021

天津市红桥区地方志编修委员会 编

方志出版社
Publishing House of Local Records

图书在版编目（CIP）数据

天津市红桥年鉴：2021 / 天津市红桥区地方志编修委员会编. --北京：方志出版社. 2021. 11
ISBN 978-7-5144-4999-0

Ⅰ. ①天… Ⅱ. ①天… Ⅲ. ①红桥区—2021—年鉴
Ⅳ. ①Z522. 13

中国版本图书馆CIP数据核字（2021）第275628号

天津市红桥年鉴（2021）

编　　者：天津市红桥区地方志编修委员会
责任编辑：黄　彦

出 版 者：方志出版社
地址　北京市朝阳区潘家园东里9号（国家方志馆4层）
邮编　100021
网址　http://www.zgfzcb.cn
发　　行：方志出版社图书经销中心
电话（010）67110500
经　　销：各地新华书店
印　　刷：天津市钧亚印务有限公司

开　　本：889×1194　　1/16
印　　张：21.75
字　　数：655千
印　　数：001～700册
版　　次：2021年11月第1版　　2021年11月第1次印刷

ISBN 978-7-5144-4999-0　　定价：350.00元

天津市红桥区地方志编修委员会

主　任：陈　宇

副主任：张　磊　张玉蕾　杨宏丽

委　员：李大为　欧阳敏　张　莹　刘　武　刘　萍　王建英　司玉红
刘绍谦　刘晓琪　王　欣　马墨林　张波涛　张会群　范宝铭
许　诚　刘会广　顾维国　韩文华　王永望　刘晶华　戴　旭
白　榕　韩　珺　张　瑾　王海宾　李　冬　黄学军　李　鹏
刘志坚　谷继文　周晓山　张　军　宋立军　宋文莲　李万青
程　梅　李　强　李　媛　刘　昊　张新义　邢渤涛　周红波
回立群　贾亚强　袁　刚　张航川　戴　鑫　李志江　高树起
艾　伟　郑丹棣　曹　冉　潘　红　李桂云　张　伟　张红梅
李　健　赵文裕　艾　霞　郑东平　李　状　马建民　马小川
彭　亮　刘晓琪　张　谦　刘华申　刘　铎　陆爱民　白　鹿

办公室主任：艾　霞（兼）

《天津市红桥年鉴（2021）》编审人员

主　　编：于鹏洲　张　磊

副 主 编：宋文莲　艾　霞

执行副主编：吴美芹

编　　辑：温　鹏　张　晨

校　　对：陈　怡　姚　智　张洪菊

序

国务院办公厅2015年8月印发的《全国地方志事业发展规划纲要（2015—2020年）》（以下简称《规划纲要》）要求，到2020年要做到地方综合年鉴一年一鉴，公开出版，实现省、市、县三级综合年鉴全覆盖。《规划纲要》还要求，坚持存真求实，正确处理质量与进度的关系，将精品意识贯穿于年鉴编纂出版工作全过程。2015年12月，中国地方志指导小组办公室启动中国年鉴精品工程，将其与先期实施的中国志书精品工程视为姊妹工程，一道作为加强地方志质量建设的重要抓手。

实施中国年鉴精品工程有助于推动中华优秀传统文化传承发展。近年来，在党中央、国务院的高度重视和关心支持下，全国地方志事业发展迎来最好的发展时期。年鉴编纂发端于欧洲，鸦片战争后被引入我国，在我国走过了100多年的发展历史。在长期的编纂中，年鉴在内容和形式上不断发展，逐渐演变成为适合反映中国国情、具有鲜明中国特色的一种文化载体，并在改革开放后出现了快速发展的局面。2006年5月，国务院《地方志工作条例》颁布施行，明确将地方综合年鉴纳入地方志工作范畴，年鉴工作走上了有法可依的轨道。《规划纲要》出台，为从依法编鉴转变到依法治鉴指明了方向。2016年12月，中国地方志指导小组印发《全国年鉴事业发展规划（2016—2020年）》，更进一步明确了到2020年全国年鉴事业的任务书、时间表、路线图。经过多年的发展，年鉴工作已经成为地方志工作的重要组成部分，成为中华民族优秀文化传统的有机组成部分，其存史、育人、资政作用日益彰显。实施中国年鉴精品工程，是年鉴工作者紧扣时代脉搏、坚持创新发展的一项重要举措，对于坚定文化自信，传承弘扬好中华优秀传统文化意义重大。

实施中国年鉴精品工程有助于为全面建成小康社会提供更多智力支持和历史借鉴。党的十八大作出全面建成小康社会的战略部署。党的十八届五中全会提出到2020年如期实现全面建成小康社会的目标要求。完成《规划纲要》确定的目标任务是年鉴工作者的神圣使命，更是年鉴工作者以自身力量为全面建成小康社会献上的厚礼。一方面，可以更好地利用年鉴这种年度资料性文献，及时记录各地区在全面建成小康社会伟大征程中每年取得的新成绩和新经验、出现的新情况和新问题、涌现的优秀人物和典型事迹等；另一方面，可以更好地积累地情、国情资料，为推动经济社会发展和深化改革提供智力支持，为推进国家治理体系和治理能力现代化提供历史借鉴。

实施中国年鉴精品工程有助于全面推进地方志事业转型升级。地方志不是单纯修志编鉴工作，而是全体方志人“修志问道，以启未来”的一项事业，这项事业包含着巨大的时代担当与使命追求。地方志工作要在“五大建设”总体布局和“四个全面”战略布局中发挥与其自身价值、功能相匹配的作用，就要因时而谋、乘势而上、顺势而为，全面推进地方志事业转型升级。转型升级，当下最重要的目标就是完成“两全”目标，包括“年鉴全覆盖”目标；长远的目标就是基本形成地方志编修体系、理论研究和学科建设体系、质量保障体系、资源开发利用体系、工作保障体系“五位一体”的地方志事业发展综合体系，包括“五位一体”的年鉴事业发展综合体系。中国年鉴精品工程是一项探索工程，也是一项创新工程，是推进地方志事业转型升级的重要内容。通过实施中国年鉴精品工程，不仅有助于确保年鉴质量，不断编纂出版具有鲜明时代特征、年度特点和地域特色的精品年鉴，也有助于推动年鉴工作适应经济社会发展形势和时代需要，不断改革创新，与时俱进。

多年来，在中国地方志指导小组办公室的指导和全国各级地方志工作机构的共同努力下，年鉴种类数量快速增长，年鉴成果粲然可观，为实施中国年鉴精品工程奠定了坚实的基础。实施中国年鉴精品工程，就是要在全国地方志系统起到示范作用，进一步培育精品意识，打造精品年鉴，以点带面，在提高年鉴质量方面探索出一条切实可行之路，使这项探索工程和创新工程能够积累经验，发挥引领作用。

“万山磅礴，必有主峰；龙衮九章，但挈一领。”实施中国年鉴精品工程，是筑牢地方志事业特别是年鉴事业发展根基之举，其意义与价值不言而喻。但编修出年鉴精品佳作，绝非朝夕之功，需要付出长期艰辛的努力。希望通过实施中国年鉴精品工程，能够进一步推进年鉴质量建设，使年鉴真正成为传承中华民族优秀传统文化的重要载体，成为展示中国国情、地情的重要窗口，成为“为当代提供资政辅治之参考、为后世留下堪存堪鉴之记述”的资源宝库，在全面建成小康社会过程中作出更大贡献。

是为序。

中国社会科学院原副院长

中国地方志指导小组原常务副组长 李培林

2021年12月

编 辑 说 明

一、《天津市红桥年鉴》是在中共红桥区委领导下，由红桥区人民政府主办、红桥区地方志编修委员会编纂的年度资料性文献。2006年首卷出版，以后逐年出版，一年一卷，本卷为第16卷，卷号为编著年份。

二、《天津市红桥年鉴(2021)》以马克思列宁主义、毛泽东思想、邓小平理论、“三个代表”重要思想、科学发展观、习近平新时代中国特色社会主义思想为指导，坚持辩证唯物主义和历史唯物主义的立场、观点和方法，存真求实，全面、客观、系统地记述区域发展情况。

三、《天津市红桥年鉴(2021)》全面记述红桥区2020年自然、政治、经济、文化、社会、生态建设的基本情况，记述时限为2020年1月1日至12月31日。为保证事件的完整性，对一些跨年度事件进行适当上溯或下延。文中直书月、日的，均指2020年内的日期，文中涉及其他年份时间均标明年份。

四、《天津市红桥年鉴(2021)》采用分类编辑法，一般划分类目、分目、条目三个层次，部分类目分为四个层次，全书条目标题统一用黑体加【】表示。本卷设红桥概览、新型冠状病毒肺炎疫情防控、脱贫攻坚、中共红桥区委员会、红桥区人民代表大会、红桥区人民政府、政协红桥区委员会、中共红桥区纪律检查委员会 红桥区监察委员会、民主党派、人民团体、法治、军事、经济管理、商贸旅游、驻区企业、生态环境建设、房地产与建筑业、城市建设与管理、应急管理、交通 邮政 通信、科学技术、教育、文化、卫生健康、体育、社会生活、街道概览、人物 荣誉28个类目，另设特载、专文、大事记、文献、附录。

五、《天津市红桥年鉴(2021)》对框架结构进行适当调整,增设“新型冠状病毒肺炎疫情防控”“脱贫攻坚”“交通 邮政 通信”类目;将原类目“群众团体”改为“人民团体”,原类目“街道”改为“街道概览”;将“区域经济”类目析为“商贸旅游”“驻区企业”两个类目;将“综合经济管理”“财政 税务”合并为“经济管理”类目;将“应急管理”从“综合经济管理”类目中析出单设类目,将“生态环境建设”“房地产与建筑业”从“城市建设与管理”类目中析出分别单设类目,将“科技”“教育”“文化”“卫生健康”“体育”从“社会事业”类目中析出分别单设类目,将“文献”从“附录”中析出单设类目。

六、《天津市红桥年鉴(2021)》入鉴资料均由各撰稿单位提供,并经单位主要负责人审核,部分资料由编辑部收集。主要数据和统计资料由红桥区统计局提供,部分数据由各相关部门提供。由于统计口径等原因,相关部门的个别数据与统计资料不一致的,以统计资料为准。

七、文中除“民主党派”部分外,“党”指“中国共产党”,未标明党派的“市委”均指“中共天津市委”,“区委”均指“中共红桥区委”,“党员”均指“中共党员”,“党建”工作均指“中国共产党建设”工作。全书的数字、标点符号和标题标号的用法,均参照国家有关规定。所有数据的计量单位采用法定计量单位。

八、《天津市红桥年鉴(2021)》配有双重检索系统;书前刊有详细至条目的目录,书后附有索引。

2020 年 2 月 12 日，红桥医院第二批支援湖北恩施医疗队出征

（区卫生健康委 提供）

2020 年 2 月开始，红桥区机关干部分派到各防控点值守，图为机关干部在大胡同金钟里菜市场门口值守

（三条石街道办事处 提供）

2020 年 2 月，民革党员、天津市人民医院重症医学科主治医师齐勇赴武汉市江岸方舱医院参与新冠肺炎救治工作

（民革红桥区委会 提供）

2020 年 2 月 23 日，艺点意创科技有限公司严格按照疫情防控要求复工复产，图为员工进入公司之前进行测温

（区卫生健康委 提供）

2020 年 2 月 28 日，红桥区在各小区出入口设立无接触配送点

（区卫生健康委 提供）

2020 年 3 月 22 日，孩子们在重新开放的西沽公园广场欢乐游戏

（区卫生健康委 提供）

2020年4月7日，红桥区支援湖北恩施医疗队胜利凯旋

（区卫生健康委 提供）

2020年4月20日，天津市第三中学与甘肃省合水县一中开展“津甘云享开学第一课”活动

（区卫生健康委 提供）

2020年6月17日，红桥区疾控中心在商家冷库抽检冷链食品

（区卫生健康委 提供）

2020年9月13日，由和苑街道牵头组织的红桥区大规模人群新冠肺炎核酸检测筛查演练在新华中学和苑学校开展

（区卫生健康委 提供）

2020年11月3日，红桥区抗击新型冠状病毒肺炎疫情表彰大会在天津市第五中学报告厅召开

（区委宣传部 提供）

2020年11月22日，红桥区派出医疗队支援滨海新区核酸检测工作

（区卫生健康委 提供）

2020 年 5 月 25 日，红桥区参与援建改造后的甘肃省碌曲县尕秀村新貌

（区合作交流办 提供）

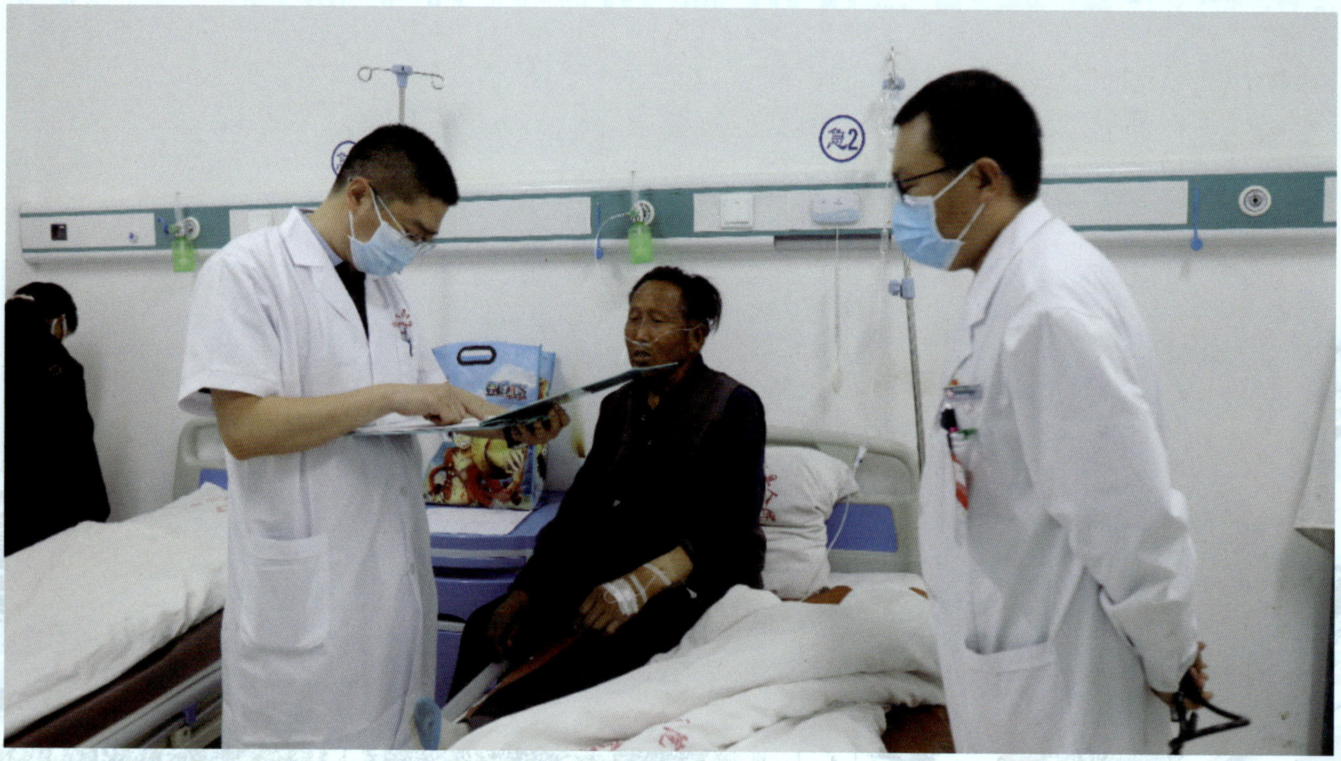

2020 年 5 月，红桥医院心内科主治医师吴伟强（左）在甘肃省合水县人民医院开展医疗工作，图为吴伟强进行教学查房

（区合作交流办 提供）

2020 年 5 月 11 日，红桥区组建 2020 年第二批“专家博士服务团”赴甘肃省合水县、碌曲县，与当地农户面对面指导种养殖专业技术 （区合作交流办 提供）

2020 年 5 月 28 日，红桥区援甘教师在甘肃省碌曲县中学给学生上物理课

（区合作交流办 提供）

2020 年 6 月 10 日，红桥区在甘肃省碌曲县开展“筑梦前行正当时 凝‘新’聚力再出发”爱心光明行活动，为碌曲县 300 余名中小学生免费验光配镜，图为天津眼镜协会副会长柴永军（中）为碌曲县小学生验光

（区合作交流办 提供）

2020 年 9 月 25 日，红桥区在天津陆家嘴中心举办国家扶贫日主题活动暨“红桥消费扶贫产品展销会”

（区合作交流办 提供）

2020 年 10 月 21 日，红桥区联合天津市科协、市科技馆向甘肃省碌曲县捐赠天文望远镜并开展科普活动

（区合作交流办 提供）

2020 年 11 月 20 日，红桥区消费扶贫体验馆揭牌

（区合作交流办 提供）

2020 年 5 月，天津鹏欣水游城外景

（水游城 提供）

2020 年 9 月，L+MALL 天津陆家嘴中心外景

（陆家嘴中心 提供）

2020 年 7 月，光荣道科技产业园外景

（区委宣传部 提供）

2020 年 8 月，宝能创业中心外景

（区委宣传部 提供）

2020年4月8日，红桥区举办“天津市2020年招商重点项目‘云签约’”红桥专场，红桥区云签约重点项目6个
（区合作交流办 提供）

2020年5月8日，红桥区“千年魅力大运河 悦动美丽新红桥”2020年红桥区土地云招商推介会
（区合作交流办 提供）

2020 年 10 月 21 日，红桥区政府与中国移动智慧城市战略合作签约仪式在正融科技大厦举行

（区委宣传部 提供）

2020 年 12 月 12 日，红桥区青年商会成立大会召开

（区委宣传部 提供）

2020 年 10 月 14 日，卓朗科技公司亮相“华山论剑 · 2020 网络安全大会”，参加网络安全创新技术论坛，展示公司核心产品 （卓朗科技公司 提供）

2020 年 8 月，天津惠灵顿国际学校外景

2020 年 9 月 29 日，红桥区教育集团成立大会在雷锋小学召开

（区教育局 提供）

2020 年 9 月，红桥区第二实验小学建成并投入使用

（姚建良 摄）

（区教育局 提供）

2020 年 6 月 12 日，红桥区在运河新天地夜市举办“文化和自然遗产日”宣传展示暨非物质文化遗产购物节活动（区文化和旅游局 提供）

2020 年 6 月 5 日，区政协组织举办“童声嘹亮 美丽中国 我是行动者”红桥区少年儿童“6·5”环保教育唱响及征文颁奖活动（区政协 提供）

2020 年 10 月 25 日，红桥区在平津战役纪念馆举办“致敬抗美援朝 · 争做时代新人”主题党团队日活动

（区委宣传部 提供）

2020 年 12 月 2 日，和苑街道营和园社区举办小院理论夜校讲座

（区委宣传部 提供）

2020 年 7 月 1 日，区体育局、区自行车运动协会在平津战役纪念馆门前举办主题党日骑行活动

（区体育局 提供）

2020 年 9 月 29 日，红桥区洪湖里小学举行青少年排球项目训练中心揭牌仪式，图为天津女排运动员陈丽怡（中）为小队员授旗

（区体育局 提供）

2020 年 12 月 20 日，2020 年京津冀青少年柔道比赛暨 2020 年天津市青少年柔道冠军赛在西青区付村体育训练基地举办，红桥区代表队获得金牌 2 枚

（区体育局 提供）

2020 年 12 月 11 日，芥园街道卫生服务中心健康小屋建成并投入使用

（区委宣传部 提供）

2020 年 12 月，天津市人民医院外景

（区委宣传部 提供）

2020 年 11 月，红桥医院外景

（区委宣传部 提供）

2020 年 8 月 3 日，区应急局联合区消防救援支队、森淼艺林教育培训中心在区消防救援支队开展消防安全体验活动

（区委宣传部 提供）

2020 年 12 月 29 日，红桥区与北辰区举行双环邨街道整建制划转移交签约仪式

（区委宣传部 提供）

2020 年 4 月 20 日，和苑街道在梦和园社区开展“防疫有我，爱卫同行”爱国卫生月主题活动

（和苑街道办事处 提供）

2020 月 11 月 30 日，红桥区开展新时代文明实践——“垃圾分类，你我同行”主题志愿活动，图为洪湖里小学学生在西于庄街礼貌楼社区参与垃圾分类工作

（区委宣传部 提供）

2020年5月，红桥区三岔河口景观

（区委宣传部 提供）

2020年8月，子牙河景观

（区委宣传部 提供）

2020 年 8 月，南运河景观

（区委宣传部 提供）

2020 年 3 月，北运河景观

（区委宣传部 提供）

2020 年 8 月，子牙河滨河公园景观

（区委宣传部 提供）

2020 年 8 月，西沽公园景观

2020 年 7 月，南运河畔竹园景观

（区委宣传部 提供）

（区委宣传部 提供）

2020 年 9 月，和苑居住区全景

（区委宣传部 提供）

2020 年 9 月，位于大丰路的惠灵顿社区全景

（区委宣传部 提供）

新型冠状病毒肺炎疫情防控

脱贫攻坚

目　录

图　照

特　载

专　文

大事记

红桥概览

中共红桥区委员会

红桥区人民代表大会

红桥区人民政府

政协红桥区委员会

中共红桥区纪律检查委员会 红桥区监察委员会

民主党派

人民团体

法　治

军　事

经济管理

商贸旅游

驻区企业

生态环境建设

房地产与建筑业

城市建设与管理

应急管理

交通　邮政　通信

科学技术

教　育

文 化

卫生健康

体　育

社会生活

街道概览

人物　荣誉

文　献

附　录

索　引

CONTENTS

Pictures and Photos

Features

Articles

Events

Overview of Hongqiao District

Prevention and Control of COVID-19 Pandemic

Poverty Elimination

Hongqiao District Committee of the Communist Party of China

Hongqiao District People's Congress

Hongqiao District People's Government

Tianjin Hongqiao District Committee The Chinese People's Political Consultative Conference

Hongqiao District Discipline Inspection Committee of CPC
The Supervision Committee of Hongqiao District

The Democratic Parties

People's Organizations

Ruling by Law

Military Affairs

Economic Management

Business and Tourism

Enterprises Based in Hongqiao District

Ecological Environment Construction

Real Estate and Construction Industry

Urban Construction and Management

Contingency Management

Transportation, Postal Service and Communication

Science and Technology

Education

Culture

Medicine and Health

Sports

The Social Life

An Overview of the Sub-districts in Hongqiao District

Celebrities and Honorary Awards

Documents

Appendixes

Indexes

政府工作报告(节选)

——在天津市红桥区第十七届人民代表大会第八次会议上

2021 年 1 月 7 日

红桥区人民政府区长 何智能

2020 年工作回顾

一年来,面对突如其来的新冠肺炎疫情和前所未有的经济下行压力,在市委、市政府和区委的领导下,我们坚持以习近平新时代中国特色社会主义思想为指导,学习贯彻党的十九大和十九届二中、三中、四中、五中全会精神,深入贯彻落实习近平总书记对天津工作“三个着力”重要要求和一系列重要指示批示精神,坚持稳中求进工作总基调,坚定不移贯彻新发展理念,扎实做好“六稳”工作(稳就业、稳金融、稳外贸、稳外资、稳投资、稳预期),落实“六保”任务(保居民就业、保基本民生、保市场主体、保粮食能源安全、保产业链供应链稳定、保基层运转),大力实施生态立区、教育兴区、土地强区发展举措,统筹疫情防控和经济社会发展成效显著,较好完成区十七届人大六次会议确定的主要目标任务。预计地区生产总值增长 2.50%,增速位居全市前列;一般公共预算收入增长 6%,增速全市第一;20 项民心工程顺利完成,人民群众的获得感、幸福感和安全感进一步增强。

一、坚决落实“四战”要求(保持战时状态、落实战时机制、坚持战时思维、坚持战时方法),疫情防控取得重大成果

全面迅速进入战时状态。第一时间成立区疫情防控指挥部,压实“四方”责任(属地责任、部门责任、单位责任、个人责任)、落实“四早”要求(早发现、早报告、早隔离、早治疗),奋力打赢疫情防控阻击战。选派 21 名医务人员赴武汉、恩施以及我市海河医院支援工作,为打赢湖北保卫战、武汉保卫战做出贡献。推动市人民医院、中研院附属医院、红桥医院快速设置单独发热门诊,5 天时间在一片空地上建成红桥区中医医院发热门诊,在全市首批完成 21 个 1534 间集中隔离医学观察点建设任务。关键时期实施小区封闭式管理,设置卡口 324 个,统筹安排市、区两级机关 3285 名党员干部下沉社区,牢牢守住社区防控阵地,累计排查外地来津人员 7.30 万人。强化重点场所防控,坚决守好天津西站进出通道,65 所中小学和幼儿园全部顺利复课开学。关心关爱一线医务人员,集中开展“一问三送五保障”专项行动。累计报告本地确诊病例 2 例,均已治愈出院,连续 333 日无新增确诊病例。

复工复产成效明显。抽调600余名干部组建221个“132”帮扶组(“一企三人两员”驻企帮扶组，以一个小组、三名成员的形式组成服务企业专班，“一对一”“点对点”上门服务)，围绕落实市“惠企21条”、“中小微企业27条”等政策措施开展精准帮扶。积极开展“接链、促需、护企”专项行动，建立常态化撮合机制，组织召开40场主题撮合对接会，为承租行政事业单位和国有企业房屋的639家市场主体减免房租1646万元；撮合“私租私”4000余户，累计减免房租5200万元；帮助各类市场主体获得授信贷款2.75亿元。全区有生产经营活动的中小微企业动态复工率保持在99.50%以上，个体工商户动态复工率保持在99%以上。

常态化疫情防控持续加强。建立“平战结合”两套运行机制，对4所发热门诊进一步升级改造。加快推进二级以上公立医院核酸检测实验室建设，仅用25天改造完成日检测能力达到2万人次的城市核酸检测基地，组织开展全区大规模人群核酸检测筛查集中演练。赴滨海国际机场接驳入境人员13批2370人，全力做好重点人员核酸检测筛查，迅速落实进口冷链食品和从业人员核酸检测“两全”部署，累计进行核酸检测16482人次。连夜抽调132名医务工作者驰援“滨城大筛”，圆满完成8万余人采样任务。建立防疫物资应急储备库，发放口罩225万个、隔离衣和防护服3万套、额式测温仪4600支。隆重召开红桥区抗击新冠肺炎疫情表彰大会，大力宣传各条战线涌现出的先进典型，红桥医院护师卢振荣获全国抗击新冠肺炎疫情先进个人称号。

二、全力稳增长提质效，经济保持平稳健康发展

招商引资扎实开展。深入落实京津冀协同发展重大国家战略，开展精准化、社会化招商，承接一批优质北京企业和项目。积极参加第四届世界智能大会、天津市重点招商项目“云签约”活动，举办“千年魅力大运河、悦动美丽新红桥”土地云招商推介会、“抢抓机遇积极承接北京疏解资源”招商推介会等活动，积极接洽企业、捕捉项目线索。完成国内招商引资到位额41.70亿元，新增注册企业2307家，注册资金99.63亿元，其中注册资金千万元以上企业200家，实际利用外资1417万美元，超额完成全年任务。

重点项目加快建设。全面完成“十四五”规划纲要编制工作，顺利完成西站商务区西于庄片区城市规划设计。单家面铺地块成功出让，成为全市大运河管控细则出台和棚改拆迁任务完成后的首个棚改出让项目，金潞园地块实现公告。全力推动35个重点项目建设，新启动12个项目，面积15.30万平方米；完工7个项目，面积54.80万平方米。争取地方政府专项债券2.10亿元、中央预算内投资1940万元。加快市政公用和交通基础设施建设，团结路地道、保康路实现通车，子牙河北路等11条道路加快建设。

商贸服务业繁荣发展。大力发展楼宇经济，盘活空置商务载体超过7万平方米，陆家嘴金融广场等3座楼宇实现税收过亿。持续开展金融招商，加快银行网点设立和划转，金融业留区税收增长6.50%。坚定落实扩大内需战略，组织各大商贸载体开展系列促销活动，发放惠民消费券790万元。推动凯莱赛、摩天轮夜市提升改造，调整运河新天地经营业态，夜间经济持续繁荣发展。全力做好稳外贸工作，通过拨付专项经费等方式助力外贸企业发展。

三、突出抓改革促创新，城区发展活力不断增强

营商环境持续优化。严格落实“一制三化2.0”改革措施(承诺制、标准化、智能化、便利化)，全力优化审批流程，涉及民生的105项事项一律延伸至街道办理，13项政务服务事项下沉到社区办理，建成3个政务服务无人超市和12个自助网点。加大事中事后监管力度，“双随机、一公开”抽查(随机抽取检查对象、随机选派执法检查人员，将抽查情况和查处结果及时向社会公开)实现常态化、全覆盖，全面开展政务服务“好差评”活动，整体好评率在98%以上。深入开展“双万双服促发展”活动(万名干部、万家企业，服务企业、服务项目，促进发展)，加速兑现扶持政策，严格落实减税降费政策措施，政策性新增减税降费超过2亿元。

各项改革有序推进。完善国资监管方式,“智慧国资”监管平台启动运行。全面完成国有企业退休人员社会化管理和“三供一业”(供水、供电、供热和物业管理)分离移交工作,圆满完成区房产总公司改革和综合行政执法改革。扎实推进住建、城管系统事业单位改革,组建住房和建设发展中心、城市管理服务中心,实现减员提质增效。坚持“管干分离、市场运作”原则,顺利实施供热和环卫一体化改革,取得良好综合效益。

创新要素加速聚集。实施新动能引育五年行动计划,建立新动能企业培育库,新认定国家科技型中小企业168家、市级雏鹰企业52家、瞪羚企业2家、科技领军企业1家,天鼓机械、圣威科技入选天津市战略性新兴产业领军企业,中铁(天津)勘察设计院、卓朗科技等企业获天津科学技术进步奖。光荣道科技产业园建设取得新进展,市政路网等配套设施进一步完善,中天人力正式入驻,伍创数字电商产业园开园,与中国移动天津公司签署战略合作协议打造5G示范园区,累计注册各类市场主体1972家,增长113.90%。深入实施“海河英才”行动计划,新引进各类人才4797人。

四、坚持抓生态优环境,城区环境面貌全面改善

创文创卫实现“双创双胜”。举全区之力,集中开展“三小”(小作坊、小经营店、小摊点)和“四小”(小旅店、小浴室、小美容美发、小歌舞厅)行业专项治理、控烟集中执法检查等攻坚行动,着力补齐基础设施、社区管理等创建短板,积极倡导文明交通等习惯养成,成功创建国家卫生城区和天津市文明城区,全区广大干部群众受到极大鼓舞。圆满完成五年违法建设专项治理工作任务,累计治理账内违法建设3.54万间48.71万平方米,拆除账外违法建设1.49万间16.43万平方米。开展违规散养家禽家畜专项治理行动,累计治理问题点位526处,依法依规拆除违规鸽棚鸽舍853处1.20万平方米,得到广大群众一致好评。

绿化美化水平全面提升。深入实施园林绿化工程,完成子牙滨河公园二期工程建设,新增绿化景观4万平方米,并将渔村文化融入其中,成为子牙河畔集休闲、娱乐、文化、自然景观为一体的好去处,水木天成中心公园正式开放,竹园公园加快提升改造。充分发挥数字城管治理效能,上报事件办结率超过93%。提升改造公厕18座,全区公厕无障碍设施覆盖率达90%以上,新建2座有害垃圾收集点,新增20个生活垃圾示范小区,全面提升社区治理水平,新创建2个市级精品美丽社区和6个美丽社区。

生态环境质量持续改善。全力推动第二轮第二批中央环保督察群众信访举报问题整改,121件转办案件全部按期办结。打好污染防治攻坚战“收官战”,推动500余家餐饮企业安装环保净化设备,空气环境质量大幅提升,$PM_{2.5}$改善率全市第二。全面落实河湖长制,提前一年完成全部408个雨污混接点改造,所有断面累计达标,严格落实土壤污染防治行动计划,完成12个地块土壤污染状况调查评审工作。

五、聚焦补短板强弱项,群众获得感进一步提升

教育兴区迈出坚实步伐。编制基础教育设施布局专项规划(草案),明确“十四五”乃至更长时期教育事业发展路径,新建改建4所公办幼儿园,完成1620个学前教育学位建设,两年共计完成5540个,超额完成补建任务。大力推进教育载体建设,第二实验小学实现招生,红桥小学改扩建基本完工,桃花园小学改扩建加快推进,区少年宫完成修缮加固,完成民族中学供热改造、楼体外立面排险工作,为八十九中学校园围墙排险加固,拆除河北工业大学附属红桥小学外围存在20多年的违法建筑和方舟实验中学、培智学校等校园周边违法建筑,完成丁字沽街中心幼儿园改制工作,发挥龙头校辐射带动作用,组建实验小学、师范附小两个教育集团,与南开大学等6所高校签订大中小幼思政教育一体化建设联盟,推进文昌宫民族小学等3所学校体育场向社会开放。大力营造尊师重教社会氛围,关心关爱教师生活,在红桥小学、桃花园小学等校园改扩建过程中为老师们新建停车场地,推动原无线电十三厂修缮加固改建为区教师进修学校。

卫生文化等社会事业快速发展。加快推进健

康天津行动,深化分级诊疗制度,8 个社区卫生服务中心完成标准化全科门诊建设,为 60 岁以上失能半失能老人提供入户护理服务 8157 人次。完成第四轮艾滋病综合防治示范区创建工作,红桥区中医医院迁建工程、西沽街社区卫生服务中心新址建设有序推进。加快构建现代公共文化服务体系,6 个街道和 52 个社区综合性文化服务中心获全市第二批达标称号。组织开展系列文艺会演活动,公布第九批区级非物质文化遗产代表性项目名录,新建更新 29 个健身园,全面完成第七次全国人口普查工作。国防动员和国防教育深入开展,超额完成征兵任务,连续 4 年无退兵。民族宗教工作富有成效,妇女儿童、红十字会、残疾人事业各项特惠政策全面落实,工会、共青团、侨务外事、人防地震、档案、科普等工作不断进步,区关工委被评为全国先进集体。

社会保障扎实有力。加大稳就业工作力度,为 1301 家单位发放失业保险援企稳岗补贴 862 万元,为 7099 家企业发放就业补贴 2604 万元,新增就业见习基地 34 家,就业形势总体稳定。超额完成居民医保和企业职工参保任务,累计发放各类保障和救助金 3.56 亿元。新增住房保障政策受益家庭 2176 户,新建 2 所养老院和 105 个社区老年日间照料中心(站),新增养老床位 550 张,超过每千名老人拥有 30 张养老床位的国家标准。完成北岸等 3 座标准化菜市场建设,免费更换居民智能水表 18.10 万具。接收 2020 年度秋季退役士兵 58 人,1645 名退役士兵社会保险集中补缴任务全部完成。加强东西部扶贫协作和对口支援合作,近几年累计向甘肃省碌曲县、合水县投入帮扶资金 1.97 亿元,开展消费扶贫 1.45 亿元,携手实现全面小康。

基层治理更加高效。发挥"三级平台、四级网格"智慧红桥指挥平台作用,进一步完善社区党群服务中心功能布局,持续深化党建引领基层治理体制机制,形成具有红桥特色的"十个一"工作模式(一套机制狠抓落实、一根钢钎党建引领、一处阵地服务群众、一网多格全域覆盖、一座平台力促稳定、一声哨响报到督办、一家融媒多元发力、一套体系护网治网、一个中心为民解忧、一支铁军法治保障),《天津日报》头版进行专题报道。扎实推进"飞地"治理属地化,19 处 45 个点位"飞地"全部报结,实现基层党建全覆盖、基层社会治理全覆盖,和苑居住区和双环邨街道行政区划变更顺利完成,红桥区"飞地"治理工作得到央广网等媒体宣传报道,受到一致好评。各街道认真落实属地责任,在疫情防控、创文创卫等工作中发挥重要作用。

社会保持安全稳定。全面推进安全生产专项整治三年行动,加大隐患排查和执法力度,各类隐患问题动态整改率达 98.20%,实现生产安全事故、火灾事故亡人"双零"。完成新春花苑等积水片区排水管网改造,与南开区联动做好津河防汛,实现安全度汛。扎实推进国家食品安全示范城市创建工作,顺利完成市级初评验收。全区三级社会矛盾纠纷调处化解中心实现实体化运行,成功化解重复信访积案 138 件,19 件"四个重点"(重点领域、重点群体、重点问题、重点人员隐患)信访积案全部化解。下力气解决 1999 至 2019 年房屋征迁工作中因家庭内部矛盾等原因未完成安置的 1337 户历史遗留问题,已减少至 328 户。严厉打击违法犯罪行为,刑事警情下降 32.40%,治安警情下降 36.10%,红桥区看守所被评为"全国标兵看守所",持续提升"无黑"城市创建水平,"无黑社区"创建达标率 100%,涉黑涉恶线索办结率 100%。

六、着力抓作风提效能,政府自身建设明显加强

政治能力建设持续深化。巩固"不忘初心、牢记使命"主题教育成果,加强《习近平谈治国理政》第三卷和"四史"学习。严格落实中央"八项规定"精神,牢固树立过紧日子思想,"三公"经费(政府部门人员因公出国(境)经费、公务车购置及运行费、公务招待费产生的消费)支出下降 48.50%。狠抓小金库专项治理,成立机关财务管理中心,对 34 家预算单位财务实行统一规范管理。狠抓中央和市委巡视、调研巡查反馈意见整改落实,持续开展形式主义官僚主义和不作为不担当问题专项治理,强化审计在促进权力规范运行和反腐倡廉中的作用,整治一批群众身边不正之风和腐败问题。

法治政府建设取得新成效。全面执行区人大

及其常委会的决议和决定，自觉接受人大和政协监督，积极听取各民主党派、工商联、无党派人士和人民团体意见，共办理人大代表建议和政协提案 228 件，办复率和满意率均达 100%。顺利完成法治政府建设攻坚行动，全部指标实现达标，完成区委、区政府新一轮法律顾问团队选任和配备。依法做好行政应诉工作，行政机关负责人出庭应诉率大幅提升，圆满完成“七五”普法总结验收工作。政务公开和信息公开依法应公开尽公开，绩效管理工作更加科学严谨，“8890”、公仆热线等群众来信来访办结率、满意率进一步提升。

随着 2020 年各项目标任务的完成，我们实现“十三五”规划圆满收官。五年来，我们围绕打造绿色城区、建设美丽红桥，大力实施生态立区、教育兴区、土地强区发展举措，全力打好棚户区改造、招商引资、创文创卫、安全稳定四场硬仗，务实创新、苦干实干，解决许多一直想解决而没有解决的难题，办成许多过去想办而没有办成的大事，实现许多看似不可能实现的目标，高质量发展取得新成效，2018 年以来连续三年地区生产总值、一般公共预算收入增速位居全市前列，服务业增加值占地区生产总值比重达 94%。城市发展迈出新步伐，棚户区改造全面报捷，提前 2 个月并超额完成市委、市政府下达的 2017 至 2019 年棚改“三年清零”任务，累计完成征收 73.77 万平方米，3.33 万户、超过 15 万群众从中受益。完成 10 宗地块出让，累计开工 146.80 万平方米、竣工 320.70 万平方米，新增优质载体 97.80 万平方米。整体环境展现新面貌，用 71 天平稳顺利清撤全部 10 个占路市场和 7 个自发市场，彻底消除辖区旱厕 112 座，完成蓝天、碧水、净土三大保卫战阶段性目标，$PM_{2.5}$ 年均浓度较 2015 年下降 29%。民生福祉得到新改善，连续五年实施 20 项民心工程，对民计民生和社会事业的财政投入比重始终保持在 80%以上，广大干部群众精神面貌发生根本性转变，全面建成高质量小康社会取得决定性成就，为开启全面建设社会主义现代化大都市中心城区新征程奠定坚实基础。过去五年取得的成绩极其不易，这是习近平新时代中国特色社会主义思想科学指引、生动实践的结果，是我们不折不扣贯彻执行市委、市政府决策部署和区委工作要求的结果，是全区上下凝心聚力、奋力拼搏的结果，在这里，我代表区政府，向全区各族人民，向各位人大代表、政协委员和各民主党派、工商联、人民团体、社会各界人士以及驻区各单位、各部队，表示衷心的感谢和崇高的敬意！

在总结成绩的同时，我们也清醒地看到政府工作存在的问题和不足：一是思想观念不够解放，以改革促发展、以创新求突破的意识不强，脑袋上的“津门”还需进一步打开。二是高质量发展还有短板，新兴产业发展不够充分，在建重大项目较少，经济下行压力依然较大，财政收支矛盾较为突出。三是城市治理精细化水平有待提高，优质公共服务资源供给不足，距离群众对美好生活的需要还有差距。四是狠抓落实的能力水平不够高，摁着葫芦抠籽、具体干、干具体的韧劲不足，形式主义、官僚主义和不作为不担当问题仍很严重，一些领域的不正之风和腐败问题时有发生，对此，我们一定勇于直面问题，拿出过硬措施，切实加以解决。

2021 年工作安排

“十四五”时期是红桥在全面建成高质量小康社会基础上，开启全面建设社会主义现代化大都市中心城区新征程的第一个五年，是落实新发展理念、推动高质量发展、融入新发展格局的关键时期。区委十一届十八次全会深入谋划我区“十四五”规划和二〇三五年远景目标，为我们做好经济社会发展各项工作提供有力指导。我们要胸怀“两个大局”，树立能战必胜的信心、决心和恒心，抢抓京津冀协同发展、构建新发展格局等战略机遇，坚持打基础与高质量发展同步推进，狠抓工作落实，一步一个脚印，全力以赴完成好“十四五”时期经济社会发展各项任务。

2021 年是实施“十四五”规划的第一年，也是开启全面建设社会主义现代化大都市中心城区的开局之年，经济社会发展任务重、挑战多、要求高，做好全年工作事关长远、意义重大。政府工作总体思路是:坚持以习近平新时代中国特色社会主义思想为指导,全面贯彻落实党的十九大和十九届二中、三中、四中、五中全会及中央经济工作会议精神,以习近平总书记对天津工作"三个着力"重要要求为元为纲,按照市委、市政府和区委的工作部署,坚持稳中求进工作总基调,立足新发展阶段,贯彻新发展理念,构建新发展格局,以推动高质量发展为主题,以深化供给侧结构性改革为主线,以改革创新为根本动力,以满足人民日益增长的美好生活需要为根本目的,坚持系统观念,巩固拓展疫情防控和经济社会发展成果,更好统筹发展和安全,扎实做好"六稳"工作、全面落实"六保"任务,深入实施生态立区、教育兴区、土地强区发展举措,促进经济高质量发展,推动民生持续改善,进一步提高基层社会治理能力和水平,精心维护安全稳定,加快打造绿色城区、建设美丽红桥,推进融入新发展格局迈好第一步、见到新气象,确保"十四五"开好局、起好步,以优异成绩庆祝建党100周年。

经济社会发展的主要预期目标是:地区生产总值增长6.50%,一般公共预算收入增长10.50%,固定资产投资增长8%,社会消费品零售总额增长5%,力争在实际工作中完成更好一些。

为实现上述目标,我们将重点抓好五个方面的工作:

一、坚持改革创新,全力推动经济高质量发展

深度融入京津冀协同发展。加快西站枢纽经济区建设,完善路网结构,强化高铁枢纽与城市交通无缝衔接,加快周边成熟地块开发,科学合理布局服务业载体,促进产城融合、站城融合发展。把承接北京非首都功能疏解摆在突出位置,抢抓历史性窗口期,进一步细化承接项目清单、工作清单,全力做好对接工作,运用市场化招商机制引进首都外溢项目。主动对接服务雄安新区建设,持续推动与京冀地区公共服务共建共享,深化办学、办医、文化互动等方面交流合作。牢固树立"人人都是招商主体、处处都是招商环境、事事都是招商形象"理念,加快构建联动招商工作体系,健全考核奖惩机制,狠抓专业化招商团队建设,积极吸引社会力量参与,选聘招商顾问50人,持续推进以商招商、平台招商、园区招商、产业链招商,着力引进总部经济、龙头企业、隐形冠军,实现新引进企业2500家以上,国内招商引资到位额增长6%。

积极培育壮大新动能。加速实施新动能引育计划,开展"雏鹰—瞪羚—领军"企业评价认定,加速高成长企业梯度培育,新认定国家科技型中小企业180家,引育市级雏鹰企业60家、瞪羚企业3家。启动光荣道智能科技示范区建设,完善配套服务设施,打造"上下楼就是上下游,不出园区就有产业链"的园区产业生态,吸引信创产业、数字经济、生物医药、新能源新材料等产业链上下游企业聚集,加快卓朗科技园建设。加快5G网络布局,推动5G基站建设,力促红桥战备级数据容灾备份中心项目开工。积极搭建政府、企业、科研三方互动平台,推动天津商业大学科技园、中海油化工研究院科研中心等项目建设,提升科技成果转化效率,实现产学研一体化发展,持续深入落实"海河英才"行动计划,激发人才创新创业活力。

全面提升产业发展水平。加快空置楼宇盘活,推动陆家嘴金融广场、大成广场等载体优化业态结构,提升商务楼宇经济贡献率。依托正融科技大厦吸引电商销售、电商孵化、直播等上下游企业落户,做大数字电商产业园。积极发展金融业,促进金融服务实体经济发展。提升传统消费,完善便民网点、物流配送等社区商业服务体系,提升居民消费便利度,大力发展消费新模式、新业态,组织开展形式多样的促消费活动。进一步丰富水游城、陆家嘴商业中心等商业设施业态,重点引入优质品牌、首店和网红店铺,提升吸引力,深入挖掘老字号品牌资源,促进做大做强,用好摩天轮等文化地标,打造网红打卡地,持续丰富夜间经济消费业态,支持外贸企业扩大国际市场,完成外贸进出口额超过20亿元。

持续营造良好营商环境。深入推进"放管服"改革(简政放权、放管结合、优化服务),落实优化营商环境三年行动计划,围绕企业全生命周期开展全链条服务,激发企业发展力和城区吸引力。打造便

捷高效的政务环境，推进“一制三化3.0”落实落地，扩大综合窗口受理范围，增加“场景式”主题服务审批事项，强化事中事后监管机制，完善“双随机、一公开”制度。全面升级智慧大厅平台，提升政务服务全程电子化应用水平，推动461项政务服务事项“一网通办”，实现除特殊事项外网上可办率100%，自助服务网点达19个以上。打造富有活力的市场环境，持续开展“双万双服促发展”活动，全面落实减税降费优惠政策，增强惠企实效。加强政银企协作，鼓励金融机构加大对实体经济的支持力度，降低融资成本，完善企业家服务工作机制，最大力度为企业纾难解困。打造公正透明的法治环境，健全守信联合激励和失信联合惩戒机制，加强知识产权创造、保护和运用，努力营造“无事不扰、有求必应、皆大欢喜”的良好氛围。

二、坚持土地强区，全力提升现代化城区建设水平

突出规划引领作用。用足用好棚改释放出的优质土地资源，细化优化重点地块规划设计，一地一策合理配置商业、居住、公共服务等各类载体，提升土地吸引力。对标雄安新区和北京城市副中心规划建设，开展街区层面控规研究，加快土地整理出让，优化程序、卡死进度，确保金潞园、铃铛阁、西站前广场、报春里等地块尽快实现出让。牢牢把握地铁4号线、7号线建设重大契机，强化统筹谋划，优化规划方案，着力推动大胡同地区地铁功能征迁和综合开发建设。

大力推进重点项目建设。牢固树立“项目为王”理念，加大重点项目谋划储备力度，全力实施五十一中、单家面铺等27个重点项目建设，面积211万平方米，推动金潞园等10个项目、76.60万平方米开工，力促禧瑞花园、九和府等11个项目、47万平方米完工。完成47路公交车站等社会事业项目建设，加快基础设施建设，推动子牙河南路、子牙河北路等12条道路和2个泵站建设，提升改造前园道、怡闲道等部分道路人行道，积极推进地铁接驳项目建设。

着力推动城市更新改造。对风顺公寓等4个老旧小区进行提升改造，实施弘丽园等试点小区既有住宅加装电梯工程，创建花城里等3个绿色社区，推动海绵城市建设，完成7个里巷小区积水点改造，提升城区排水防涝能力。实现热电联产供热网与丁字沽等区域大型锅炉房联网并行，集中做好二次供水、电力、燃气、路灯等公共设施完善工作，加强人防工程建设管理，推进电动自行车集中安全充电点建设。

三、坚持生态立区，全力打造绿色宜居城区

巩固扩大创文创卫成果。倍加珍惜“创卫”成果，建立健全长效机制，深入开展爱国卫生运动，精心维护大气、清新、亮丽、有序的环境秩序，让“创卫”成果更好惠及全区人民，成为经济社会发展“金字招牌”。加强“三小”和“四小”行业监督，坚决杜绝非法占路摆卖等现象反弹。狠抓社区长效管理，严格执行物业和准物业准入退出机制，提升小区精细化管理水平。巩固提升天津市文明城区创建成果，大力培育和践行社会主义核心价值观，拓展新时代文明实践中心建设，广泛组织开展志愿服务关爱行动，积极倡导文明生产生活方式，不断提升居民文明素质和城区文明程度。

加强城市精细化管理。持续推进环卫一体化改革，加强城市管理行业考核，以“绣花”功夫实施精细化扫保，提升非机动车道、便道道牙、护栏等细节作业标准。积极开展市容环境秩序综合整治，重点做好铁路沿线、背街里巷、城区接合部、西站周边等环境综合治理。完成停车规划编制工作，在水木天成、闸桥北路等区域设置限时免费停车位500个，建设桥下智慧停车管理平台，实现桥下车位共享，推进共享单车行业常态化管理，合理优化、增设停放区域。加快建立垃圾分类投放、收集、运输、处理全流程体系，确保生活垃圾分类覆盖率达100%，生活垃圾回收利用率达35%以上，新建30个生活垃圾分类示范小区。持续推进“厕所革命”，利用云平台技术为68座厕所建立智能化管理系统，对29座公厕实行24小时保洁作业。积极开展绿化建设，推动子牙滨河公园、竹园公园适时开园。依托区内繁华商圈、重点楼宇、河道景观实施夜景灯光亮化工程，确保夜景灯光开启率、完好率达99%以上。

持续改善生态环境质量。坚持举一反三、重拳出击，推动中央环保督察反馈问题整改落地见效。坚决打好升级版蓝天、碧水、净土保卫战，加强扬尘管控，实施污染源点位动态管理，严格落实工地“六个百分百”要求，提升道路机扫水洗作业频率，重点区域每小时清洗一次，其他道路每日全覆盖。提高交通通行效率，严查高排放车辆和大型机械违规上路，减少尾气污染，统筹推进 $PM_{2.5}$ 和臭氧协同治理，持续改善空气质量。严格落实河湖长管理联动机制，加强地表水环境质量通报分析，持续开展打击涉河湖领域违法犯罪专项行动，实现地表水环境质量累计达标。全面实施土壤污染防治行动计划，确保污染地块安全利用率达 100%。

四、坚持以人为本，全力提高人民群众生活品质

深入实施教育兴区发展举措。以打赢教育翻身仗为目标，坚持深化改革、加强管理，增强创先争优意识，努力提升教育教学质量。落实立德树人根本任务，加强师德师风建设，深化学校思想政治理论课改革创新。稳步实施基础教育设施布局规划，完成区教师进修学校等 4 所学校修缮加固，确保新西站小学竣工。扎实推进学前教育普及普惠发展，义务教育优质均衡发展，普通高中多样化特色发展，特殊教育融合发展，职业教育精品化发展。继续实施优质教育集团化、学区化建设，推动成立天津三中等 3 个特色鲜明办学集团。扎实推进区管校聘，做好教职工编制和岗位的统筹调配管理，充分利用“三杯一奖”“三名工程”，构筑以正高级教师为领军名师、市区级学科带头人为中坚力量、校级骨干教师为基础的红桥教育人才梯队。深化教师岗位聘任和绩效管理改革，发挥激励导向作用，坚持“四个倾斜”政策，让多劳多得、优劳优酬成为一种风尚，充分调动教师的积极性，形成干事创业、争先有为的强大合力。

全力保障人民群众身体健康。始终绷紧疫情防控之弦，落实“四早”措施和“铁桶般无缝管道式”管理要求，随时做好物资储备、应急响应、快速处置及大规模人群核酸检测筛查准备，慎终如始持续做好外防输入、内防反弹各项工作，全力推动重点人群新冠病毒疫苗接种工作。完成西沽街社区卫生服务中心新址建设，推动红桥区中医医院迁建工程加快建设，提高中医药服务能力。启动实施“健康红桥”行动，发展预防为主、中西医并重的健康管理服务模式，为 2.50 万名 60—74 岁常住居民开展免费大肠癌筛查。加快完善分级诊疗制度，每千人拥有执业医师 4.40 人，推动家庭医生团队签约服务扩面，重点人群签约率达 90%以上，大力推广急救培训，全年培训 4700 人以上。

大力发展文化体育事业。围绕向建党百年献礼等主题，组织开展社区文体艺术节、红色文艺轻骑兵进基层等 50 场群众文化活动，推出一批鼓舞人、温暖人、启发人的优秀文艺作品，新建 10 个以上图书馆社区服务点，推动平津战役纪念馆、义和团纪念馆提升改造，举办第 30 届天津运河桃花文化商贸旅游节，推动三条石、西沽街创建全域旅游示范街，大力推进大运河国家文化公园重点项目实施。加强非遗保护传承和活化利用，做好区级非遗代表性项目和传承人认定，举办“文化和自然遗产日”非遗宣传展示活动。广泛开展全民健身活动，组队参加全国“武术之乡”和天津市首届社区运动会比赛，新建更新 10 个健身园，新增 150 件健身器材，鼓励学校及企事业单位开放体育场馆，构建“15 分钟”体育生活圈。

不断完善社会保障体系。精心组织实施 20 项民心工程，深入实施就业优先政策，确保零就业家庭动态为零，就业困难家庭就业率达 90%以上，加大就业、创业培训力度，完成职业技能培训 6000 人以上，依法维护农民工合法权益，确保农民工工资按时足额支付。推动全民医保参保扩面、长期护理保险试点等工作，落实落细各类住房保障政策，新增受益家庭 1000 户。加强对残疾人、孤老、孤儿等困难群众和特殊群体的关爱帮扶，新建 2 所养老院，增加养老床位 150 张，提升老人家食堂管理服务水平，推进社区老年日间照料中心转型升级，服务人数增长 5%，新建水西园、天添鲜 2 个菜市场。扎实做好国防动员、国防教育和双拥共建工作，深入开展民族团结进步创建工作，精心组织好第 28 届民族团结月活动。召开区红十字会第七次会员代表大会，落实东西部协作和对口支援等机制，同乡村振

兴有效衔接，助力脱贫攻坚成果巩固深化，更好发挥工会、共青团、妇联等群团组织桥梁纽带作用，做好侨务外事、档案、科普等工作。

加强和创新基层社会治理。持续深化具有红桥特色的“十个一”工作模式，加强“三级平台、四级网格”建设，融通数据系统，拓展载体功能。坚持和发展新时代“枫桥经验”，充分发挥三级社会矛盾纠纷调处化解中心作用，确保矛盾纠纷化解在基层和萌芽状态。进一步完善“吹哨报到”工作闭环，抓紧抓实“下考上”“上考下”机制，推动街道、部门密切联动，提升问题处置效能。完成社区“两委”换届选举工作，加强社区党群服务中心规范化建设，促进党建资源与党员、群众需求精准对接，加强网格员队伍建设，提升网格化管理服务水平，建立健全长效机制，持续巩固和深化“飞地”治理成效。

切实维护社会安全稳定。牢固树立“隐患就是事故，事故就要处理”的理念，持续推进安全生产专项整治三年行动，加强危化品、消防等重点行业领域隐患排查治理，坚决遏制重大生产安全事故发生。深化国家食品安全示范城市创建工作，强化食品药品安全监管，深入推进道路运输治超工作，强化超限超载源头治理，提升交通安全水平，丰富化债手段、提升化债能力，坚决防范化解债务风险。持续深入开展集中治理重复信访、化解信访积案专项工作，确保“案结事了、事心双解”，扎实推进平安红桥建设，加强社会治安综合整治，对涉黑涉恶犯罪持续保持高压态势，严厉打击各类违法犯罪活动，维护良好社会秩序，确保“110”警情日均数持续保持200起以内。

五、坚持务实担当，全力建设人民满意的服务型政府

把政治建设摆在首位。坚定不移用习近平新时代中国特色社会主义思想武装头脑、指导实践、推动工作，进一步增强“四个意识”、坚定“四个自信”、做到“两个维护”，把讲政治贯穿到政府工作的全过程，体现到谋事创业的各环节，不断提高政治判断力、政治领悟力、政治执行力，确保党中央决策部署和市委、区委工作要求落到实处，以经济社会发展成效践行不忘初心、牢记使命终身课题。持续加强政府系统廉政建设，严格落实全面从严治党主体责任，着力提升对重大政策落实、财政资金使用、重点项目建设审计监督效能，扎实开展领导干部经济责任审计，强化重点领域和关键环节廉政风险防控，压实“一岗双责”，深化“以案促改”，坚决惩治腐败。

把法治政府建设向纵深推进。自觉接受人大法律监督、工作监督和政协民主监督，主动接受群众和舆论监督，悉心听取各方面意见，办好人大代表建议和政协委员提案。开展法治政府示范创建工作，健全重大行政决策程序，提高决策科学化、民主化、法治化水平。全面推行行政执法“三项制度”，严格规范公正文明执法，落实行政机关负责人出庭应诉制度，出庭应诉率保持全市前列，加快推进公共法律服务体系建设，全面实施“八五”普法。启动实施国企改革三年行动，推动全民所有制企业进行公司制改革，完成12家“僵尸企业”和低效无效企业清退任务。完善智慧国资监管平台，大力盘活国有资产，依法依规做好资产处置，全年上缴财政2.70亿元。巩固住建、城管、供热等重点领域改革成效。深化政务公开，以公开促规范、促廉洁，巩固“小金库”专项治理成果，进一步深化财务制度改革。

把作风建设贯穿始终。严格落实中央“八项规定”及其实施细则精神，坚持厉行节约真过紧日子，加大财政资金统筹力度，严格实施零基预算，强化预算约束和绩效管理，严控区级自主聘用人员事项，规范机关事业单位物业服务管理，压减一般性支出20%，将更多资金用于保障和改善民生。发扬斗争精神，持续深入整治形式主义、官僚主义和不作为不担当问题，旗帜鲜明反对和纠治“好人主义”，以“严”的主基调倒逼干部知重负重、担难担险、苦练事功。坚持问题导向、目标导向、结果导向，锲而不舍抓落实，以解决实际问题为突破口，提高政府执行力和公信力。持续开展“党员干部进网格访民情”实践活动，主动深入群众、融入群众，办好群众身边“天大的小事”，努力让广大群众更加满意。

“十三五”时期红桥区经济社会发展取得的重大成就

(节选自《天津市红桥区国民经济和社会发展第十四个五年规划和二〇三五年远景目标纲要》)

“十三五”时期是红桥区发展历程中极不平凡的五年。面对错综复杂的发展形势和艰巨繁重的改革发展稳定任务,特别是新冠肺炎疫情严重冲击,红桥区坚持以习近平新时代中国特色社会主义思想为指导,全面贯彻习近平总书记对天津工作提出的“三个着力”重要要求和一系列重要指示批示精神,认真落实党中央决策部署和市委、市政府工作要求,围绕“打造绿色城区、建设美丽红桥”发展目标,大力实施生态立区、教育兴区、土地强区发展举措,全力打好棚户区改造、招商引资、创文创卫、安全稳定四场硬仗,顺利完成“十三五”规划确定的主要目标和重点任务,全区经济社会发展取得长足进步,各方面发生显著变化,为开启全面建设社会主义现代化大都市中心城区新征程奠定坚实基础。

经济发展势头良好,创新要素持续聚集。2018年以来连续三年地区生产总值增速位居全市前列。经济结构持续优化,服务业增加值占地区生产总值比重达到94%。云计算、大数据等信息化产业发展迅速,新认定国家科技型中小企业168家,雏鹰企业52家,瞪羚企业2家,全区科技成果登记数量年均增速约20%,中船重工七〇七研究所、中铁(天津)勘察设计院有限公司先后获天津市科学技术进步一等奖。光荣道科技产业园加快建设,国家人力资源服务产业园红桥分园、智慧能源服务创新示范区实现共建,大力实施“海河英才”“子牙人才”计划,引进各类高层次人才1.89万人。楼宇经济加快发展,打造陆家嘴金融广场、正融科技大厦等一批品牌商务楼宇,累计盘活空置楼宇50万平方米,商贸旅游业持续繁荣,陆家嘴商业中心实现开业,水游城、欧亚达等商业载体经营业态不断优化,夜间经济示范街区繁荣发展。科学统筹推进疫情防控和经济社会发展“双战双赢”,着力抓“六保”、促“六稳”,经济运行稳定向好态势进一步巩固。

改革开放不断深化,营商环境持续优化。积极融入京津冀协同发展重大国家战略,主动承接北京非首都功能疏解,举办多场主题招商推介会,承接中国工商银行远程银行中心(天津)职场、国药(天津)商贸有限责任公司、中粮利金(天津)粮油股份有限公司、曼迪匹艾(天津)科技服务有限公司、中煤水文局集团有限公司等一批优质北京企业和项目,与京冀地区教育、卫生等领域的务实合作进一步加强。积极推进“一制三化”审批制度改革,政务服务更加便利化,实现“一窗受理、大厅通办”,企业开办到经营时间压缩在1日以内。在全市率先推出政务服务7个工作日制度和注册企业免费刻章服务,实现企业“零成本”开办。大力实施服务关爱企业九项行动,在“美丽红桥”微信公众号开设“红桥机会清单”专栏,便于企业及时捕捉商机。深入开展“双万双服促发展”活动,全面落实“天津八条”“红桥十条”等政策措施,按月兑现产业扶持资金。2018年在中山大学对全国266个政务服务大厅调研考察中,我区政务环境排名第二。深入推进区属国有企业改革,搭建完成“四公司一中心”国有资产运作架构。圆满完成区房产总公司改革,扎实推进城管系统事业单位改革和环卫一体化改革,稳妥推进潞河环境建设公司改革,顺利实施供热改革,取得较好的综合效益。

棚户区改造全面报捷,载体功能显著加强。提前2个月超额完成市委、市政府下达的2017至2019年棚户区改造“三年清零”任务,累计完成征收

73.77万平方米3.33万户，超过15万群众从中受益，占全区总户籍人口数近1/3。“红桥区多措并举，扎实推进棚户区改造”的典型经验受到国务院通报表扬，《人民日报》先后3次报道我区棚改工作，《老渔村新生记》登上头版头条。注重创新棚改工作模式，在全国第一个发行棚改专项债券，在全市第一个采用政府购买棚改服务模式，在全市第一个采用在出让地块竞配建定向安置商品房模式，全力推进重点项目建设，提供97.80万平方米优质载体，向“上”发展的载体功能和聚集作用不断凸显。加快土地整理，完成五十一中、单家面铺等10宗地块出让，总用地面积约52万平方米，规划建筑面积约107万平方米。加快城市基础设施建设，纪念馆路、保康东路等6条道路完工通车，子牙河南路等11条道路加快建设，完成和苑起步区C地块、民族文化宫、北岸中心等海绵城市建设项目71个216万平方米。

绿色城区加快建设，生态环境日益改善。举全区之力开展“创文创卫”，成功创建国家卫生区和天津市文明城区。大力开展“厕所革命”，消除辖区全部旱厕112座，用71天平稳顺利清撤全部10个占路市场和7个自发市场，解决南大寺周边环境卫生死角、铃铛阁宰牛点等长期存在的历史难题，依法依规拆除违规鸽棚鸽舍853处1.20万平方米。深入实施园林绿化工程，在“渔村”原址建成14万平方米的子牙滨河公园，提升改造7个生态园林景观，打造光荣道等13条精品园林景观道路，城区绿化覆盖率达到39.93%、绿地率33.48%、人均公园绿地面积6.89平方米，坚决抓好污染防治，$PM_{2.5}$年均浓度较2015年下降29%。严格落实河湖长制，全面完成408个雨污混接点改造，地表水考核断面累计达标率100%，水体达标情况位居全市前列。

社会事业成果丰硕，民计民生有效保障。围绕“衣食住行、业教保医”，连续五年实施20项民心工程。坚持和加强党对教育事业的全面领导，编制我区第一个基础教育设施布局专项规划(草案)，明确“十四五”乃至更长时间教育事业发展路径，积极发展学前教育，全面完成学前教育学位补建两年攻坚计划。大力推进教育载体建设，新建三条石地块小学进展顺利，第二实验小学实现招生，红桥小学改扩建工程基本完工，桃花园小学改扩建工程加快推进，区少年宫完成修缮加固，丁字沽小学、邵公庄小学、金潞园地块配套小学、西青道中学、天津师范学校附属小学东校区已经预留出校园改扩建用地，天津三中南校区建设抓紧推动，教育资源配置日益优化。完成民族中学供热改造、楼体外立面排险工作，为天津八十中学、求真小学增扩校园面积，天津八十九中学校园围墙排险加固，拆除河北工业大学附属红桥小学外围存在20多年的违法建筑和方舟实验中学、培智学校等校园周边违法建筑，师生工作学习环境得到改善，高度关心关注新疆籍学生在红桥学习生活，完成丁字沽街中心幼儿园改制工作。大力营造尊师重教社会氛围，关心关爱教师生活，在市内六区第1批次将特殊教育津贴由15%提高到30%，在全市率先安排特教教师假期休养，在全市唯一为教师提供午间工作餐，在红桥小学、桃花园小学等校园改扩建过程中为教师新建停车场地，先后补发多年未落实的部分退休教师全部一次性退休补贴和在职教师部分住房补贴，推动原无线电十三厂修缮加固改建为区教师进修学校。推动选优配强中小学校领导班子和中层干部，为教育事业发展打牢基础，将区教育局行政编制增加到75名，在市内六区中最多。加强思政课建设，区级领导同志到一线课堂讲授思政课，发挥龙头校辐射带动作用，组建实验小学、师范附小两个教育集团。卫生健康事业持续发展，建成10个医疗联合体，建成7个“120”急救站点，提前一年半在全市各区率先完成建设任务，实现10分钟车程救助目标。红桥区中医医院迁建工程加速推进，8个社区卫生服务中心完成标准化全科门诊建设，建成全国健康促进区、天津市慢性病综合防控示范区。新建一批街道、社区综合性文化服务中心，打造天津运河桃花文化商贸旅游节、相声节等旅游品牌。深化精神文明建设,设立每年100万元见义勇为资金。不断开发健身阵地,更新、新建健身园153处,完成一个游泳馆、一个健身中心、一个体育公园建设,红桥区被评为中华人民共和国第十三届运动会最佳赛区,区关工委被评为全国先进集体。认真落实天津市提前和延长供热措施,确保全区人民温暖过冬。累计实现新增就业15.50万人,社会保障和帮扶救助体系日益健全,完成863.17万平方米老旧小区和远年住房三年改造任务,10个历史遗留房地产项目全部具备发证条件,办理产权证1.35万户。提升养老服务水平,街道一级老人家食堂、社区二级老人家食堂全部建成,每千名65岁以上老人拥有养老床位达到30张国家标准,新建芥园道、丁字沽一号路等13座标准化菜市场。加强退役军人服务保障,设立每年100万元的红桥区退役军人和优抚对象帮扶资金。制定民族宗教事务"10+10"工作机制,设立每年100万元的专项资金,全区民族宗教发展和谐和顺,获"全国民族团结进步模范集体"荣誉称号。加强东西部扶贫协作和对口支援合作,累计向甘肃省碌曲县、合水县投入帮扶资金1.97亿元,完成消费扶贫采购资金1.45亿元,携手实现全面小康。抗击新冠肺炎疫情取得重要成果,全区常态化疫情防控形势稳定,1名同志获全国抗疫先进个人。

基层治理实现突破,平安红桥建设扎实推进。坚持"战区制、主官上、权下放",建成"三级平台、四级网格"智慧红桥指挥平台,105个社区党群服务中心面积全部达标,党建引领基层治理体制机制持续深化,形成具有红桥特色的"十个一"工作措施,《天津日报》头版进行专题报道。深入推动"飞地"治理工作,全区19处45个点位"飞地"全部报结,实现基层党建全覆盖、基层社会治理全覆盖。健全完善矛盾纠纷多元预防调处化解机制,2017年以来累计化解信访案件395件,特别是依法依规化解长庚老年公寓产权纠纷、新春花苑户外排水管网改造、大胡同地区供热管网切改等社会关注度高、影响面广、难度大的积案和难题。持续加大力度解决1999—2019年房屋征迁工作中因家庭内部矛盾等原因未完成安置的1337户历史遗留问题,已减少到328户,努力让群众安居安心。着力防范化解金融风险,债务工作总体平稳,无债务违约风险,深入开展"法律六进"活动(法律进机关、进社区、进学校、进企业、进单位、进工地),"七五"普法圆满完成。紧盯重大安全隐患整改不放松,对一批事故隐患进行彻底治理,全区未发生较大及以上安全事故。深入推进扫黑除恶专项斗争,成功办结全国首例"套路贷"涉黑案件,严厉打击各类违法犯罪活动,群众安全感进一步提升。

加大招商引资力度
为区域经济更好更快发展提供新动力　新引擎(节选)

红桥区政府研究室

2020年以来,红桥区全面学习贯彻党的十九大和十九届二中、三中、四中、五中全会精神,深入贯彻落实习近平总书记对天津工作“三个着力”重要要求和一系列重要指示批示精神,按照市委、市政府的部署要求,扎实践行新发展理念,围绕“打造绿色城区、建设美丽红桥”目标任务,解放思想,锐意进取,攻坚克难,真抓实干,各项事业蓬勃向上,经济社会保持又好又快发展态势。

作为红桥区经济发展的生命线工程,招商引资工作一直是红桥实现经济结构转型升级的重要途径,是推动红桥跨越式发展的重要抓手。如何把握新形势下经济工作,将区委、区政府确定的经济工作各项决策部署落到实处、见到实效是摆在自己面前的重要课题。随着一段时期来对招商引资工作实践的认真分析和调查研究,形成本篇调研报告。

一、红桥区招商引资总体情况

近年来,全区坚持把招商引资作为红桥经济发展的生命线工程,着力夯实招商基础,广泛宣传潜力优势,深入挖掘招商资源,招商引资实现逐年稳步提升。

(一)完善招商机制,加强队伍建设

建立红桥区招商引资领导小组和指挥部,形成涵盖全区各部门的“招商引资指标单位+建议单位+倡议单位”5级责任区间三级工作台账,形成全区大招商格局。实行招商过程管理,建立并完善区领导服务重点企业、招商周调度会、信息报送等制度,实行周碰头、月通报、季总结机制。坚持创新招商模式,聘请社会各界知名人士担任招商顾问,与第三方中介机构建立招商合作关系,充分利用社会化资源积极开展以商招商。持续强化队伍建设,开展系列培训20余次,全区招商人员能力得到有效提升。

(二)紧抓发展机遇,承接首都资源

深入贯彻落实京津冀协同发展战略,积极承接北京非首都功能疏解,设定光荣道科技产业园为集中承载区域,成立并完善红桥区驻北京招商办公室,加大对接洽谈力度。近年来,累计接待走访北京地区重点企业和项目100余次,对接洽谈中交建设、清华启迪、华鸿集团、新浪微博、中粮集团等多家企业,成功引进国药药材、爱康鼎科技、中电节能、首创置业、北京航食、够谱出行等多家企业落户红桥,北京招商成果显著。

(三)加强宣传推介、提升红桥知名度

积极“走出去、请进来”,以新一代信息技术、文化创意、高端商务商贸等产业为重点,面向北京、河北以及高铁沿线城市开展招商宣传活动。“十三五”期间,累计走访接待企业700余家,举办红桥投资贸易洽谈签约会、红桥北京推介会、红桥京津冀协同发展主题招商大会、红桥区重点楼宇载体北京招商推介会等多场主题鲜明、针对性强的招商活动,签约项目100余个。充分借助世界智能大会、津洽会、亚布力论坛等大型活动及新媒体资源宣传红桥,扩大红桥区的影响力,树立良好的对外开放形象。

(四)优化营商环境、提升服务水平

着力打造优质营商环境,以“双万双服促发展”活动、“一制三化”改革为抓手,深入贯彻落实“津八条”“民营经济19条”等市级政策,制定出台“红十条”“子牙人才计划”“服务关爱企业九项行动”等产业扶持政策,着力打好政策“组合拳”。充分依托红桥区招商帮办平台和区领导服务重点企业面对面活动,对重点企业项目实行专人服务、全程服务。同时,在西站地区设立雄安驿站,为来津企业提供吃住行及投资注册各项服务,积极打造服务高地、环境高地。

二、招商引资亟待解决的问题

当前,天津市各区竞相发展,在招商引资引企引税上的竞争十分激烈,大家“八仙过海、各显神通”,使出浑身解数,千方百计争市场、争资金、争项目,可以说是寸土必争、寸步不让,已经到白热化程度。对此,我们必须要保持清醒头脑,既要看到红桥区在功能定位、交通、生态环境、历史文化、教育科研资源、土地资源等方面的独特优势,进一步增强做好招商引资工作,加快红桥发展的信心和决心。同时,也要正视我们存在的差距和不足,克服畏难情绪,拿出超常规的手段和措施,主动应对,攻坚克难,努力在激烈的市场竞争中赢得先机、占据主动。在招商引资工作中,把红桥区的潜力和优势充分展示出来,使“在红桥发展大有可为”的思想深入人心,吸引更多的优质企业落户红桥投资创业。

近年来,红桥区招商引资虽然取得一定成绩,但随着宏观经济形势和政策的不断变化,各地区招商引资竞争进一步加剧,招商引资工作难度不断加大。与先进地区相比,红桥区在招商引资工作中还存在一些需要重视和亟待解决的问题,主要表现在:一是招商意识有待进一步提高。全区各部门、各单位对招商工作的重视程度不均衡,主动招商的意识不高,个别干部存在着招商引资与己无关的思想,全民招商氛围仍需进一步培养。面对复杂严峻的招商形势,眼界不够开阔,站位不够高,信心不足,缺少敢闯敢试的胆略和敢为人先的魄力,存在着“招商难、难招商”的畏难情绪,缺乏大开放、大招商、大发展的胆识气魄。二是招商机制有待进一步完善。近年来,各招商部门之间配合协调高效,跟踪项目方面形成合力,很大程度上促进红桥区招商工作。但是,在招商工作奖惩机制等方面有待形成更加科学合理、务实管用的体制机制。三是项目储备不足,规模较大的新项目少。受当前土地市场影响,全区土地项目难以支撑2020-2021年两年的投资指标,土地招商力度有待加强。

三、加大招商引资力度的意见

2020年以来,国际风云变幻莫测,中美贸易摩擦不断升级,新冠疫情全球肆虐,来自外部的挑战不断加大。同时,“十四五”时期是我国由全面建成小康社会向基本实现社会主义现代化迈进的关键时期,是天津市推动高质量发展,落实“一基地三区”定位的关键阶段,也是红桥区“打造绿色城区、建设美丽红桥”的重要阶段。随着《天津市新动能引育五年行动计划》和《新型基础设施建设三年行动计划》的陆续出台,给红桥未来的发展带来新机遇,借助西站交通优势和棚改“三年清零”行动释放出3000亩土地资源的空间优势,区域核心竞争力将不断提升。与此同时红桥区也面临着经济总量和规模还不够大、引资引企质量效益还不够高、知名度和影响力还需进一步提升、在承接非首都功能引进大项目好项目上招法需要进一步创新等问题。总之,未来一段时间,全区招商引资工作机遇与挑战并存,机遇大于挑战,招商引资工作要积极适应新形势、新变化,努力推进思路创新、体制创新、招法创新,创造亲商、营商、富商环境,围绕红桥区“打造绿色城区,建设美丽红桥”的奋斗目标,突出规划引领,强化改革思维,聚焦重点产业、依托重点园区、锁定重点区域、紧盯重大项目，坚持扬长避短、错位竞争、后发赶超，科学布局产业项目，提高招商引资精准性、针对性和有效性，不断打造综合竞争新优势，提高招商引资质量和水平。

（一）打造优秀招商队伍，让全员招商深入人心

做好招商引资工作，对于全区加快自身发展、实现城区功能定位具有十分重要的意义，因此要把招商引资工作摆到重中之重的位置。一是切实提高招商引资工作的责任感、紧迫感。要引导教育全区各部门、各单位和广大群众积极参与到招商引资中来，努力营造全区上下重视招商、依靠招商、尊重招商的浓厚氛围。二是自觉增强跨越式发展的意识理念。要善于抓住和分析其他地区的招商优势和经验，并将其转化为红桥的发展优势。与市内其他区相比，红桥区并不缺乏资源和优势，欠缺的是基础和经验。因此要进一步坚定信心，建立大突破、大发展的心理预期，只有我们具有这种心理预期，开发商和各类市场主体才会对红桥发展有信心。三是打造优秀招商队伍。各招商责任单位安排专职人员成立招商队伍，摸清底数，确保人员到位、责任到位。加强重点部门和全区各部门招商人才队伍建设，选拔中青班、青马班优秀年轻干部到招商一线锻炼，工作业绩与干部提拔使用挂钩，增强干部参与、做好招商工作的主观能动性。强化招商培训，让招商人员先了解政策再进行招商，有针对性和说服力地介绍红桥区的投资环境、区位和资源优势，解答投资者关心的问题，为招商引资活动搞好服务。

（二）坚持规划引领，科学制定招商目标

招商工作目标既要讲增长率，也要讲总量和结构，重点是关注项目的质量和对区域可持续发展的贡献率。一要围绕项目效益开展招商。招商工作要立足当前，着眼长远，算大账，反复算，权衡土地供给与税收贡献，要把有限的土地和空间留给好企业、好项目。要招商引资，更要招商选资，对于那些资源占有率高、投资强度低、税收贡献少的项目，坚决不能引进，这是招商引资最基本的要求。二要围绕机制政策开展招商。完善体制机制，形成项目从招商落地到规划设计，从实施建设到投入使用的无缝式约束机制，将今天的招商项目培植成明天的好产业。要不断完善现行的招商引税政策，有效克服传统观念的束缚，在招商引资工作中放开手脚，拓宽思路，增强政策的灵活性和实用性。

（三）创新招商方式，加大招商引资力度

在宏观经济形势复杂严峻、各地区招商引资竞争日趋激烈的大背景下，红桥区必须创新招商招法，拓宽招商渠道，进一步提高招商引资的实效性。一是精心策划宣传方案。要积极整合各类宣传资源，充分利用网络、媒体等现代化科技手段，围绕城市规划和西站功能定位，广泛宣传红桥区的资源、潜力和空间优势，进一步提高红桥的知名度和对外影响力。要注重宏观造势与微观突破相结合，着眼拆迁安置、项目建设等重点工作加强宣传，积极展示红桥区良好的发展态势、优良的投资环境，不断增强对外吸引力。二是拓宽招商引资渠道。深化中介招商、以商招商和委托招商模式，充分发挥在津商会、协会、驻外办事处以及人大代表、政协委员、招商顾问的桥梁纽带作用，调动社会各方面积极性，为招商引资建言献策，拓宽招商引资渠道。充分借助驻区企业，开展以商招商，以企招商，吸引更多项目、资金、企业落户红桥。尝试与各类招商中介机构建立联系，寻求共赢模式，开展第三方委托招商。三是深化承接非首都核心功能工作。在具体工作中弹性招商与定向招商相结合，以《红桥区精准承接北京非首都功能国内招商专项工作方案》为指导，细分产业、压实责任，各招商责任单位结合职能就商贸服务、现代商务、科技服务、金融等行业开展产业承接和项目合作。以北京地区产业升级及转移地图为依托，借助天津市北京招商服务中心平台资源，重点面向北京中心城区和城市副中心地区，主动对区域内企业登门拜访，开展常驻化、网格化、地毯式招商。用好区内国药药材、中煤集团、中国电子等京企渠道资源优势，抓好“产业链招商”，补链、强链，引进上下游重点企业。四是坚持规划引领，围绕区域优势资源和规划产业方向开展招商引资工作。在智能科技、高端商务商贸、文化

创意、现代旅游、健康产业上加大招商引资力量，为产业集聚发展打好基础。以光荣道科技产业园、卓朗科技园为核心，发挥河北工业大学、中船重工七〇七研究所等科研实力优势，重点吸引智能科技、云计算、大数据及法律、会计、人力等服务业企业集聚。以西北角、三岔河口商圈及西站地区为重点，吸引电子商务、新金融等高端商务服务业企业集聚。以区内文化创意类园区载体和文创平台为载体，发挥红桥深厚历史文化底蕴，重点吸引文化创意、设计服务、影视传媒等业态企业入驻。以运河新天地夜市、西沽公园、桃花堤等旅游文化资源为依托，重点吸引智慧旅游等相关业态企业集聚。以丰富的中医资源和悠久的中医文化为依托，重点吸引医疗服务、健康咨询、养老养生等健康产业企业集聚。

（四）加强部门联动，建立健全长效机制

招商引资是一项系统工程，也是一场持久的攻坚战，必须依靠运行有序的协调机制和考核奖惩机制作保障。一要健全协调机制。要充分发挥区招商引资工作领导小组、招商引资指挥部的统一协调作用，定期召开情况通报会，及时解决各类实际问题。各部门、各单位要根据各自职能特点，明确招商引资主攻方向，找准招商重点和目标，创新服务方式方法，减少招商工作的盲目性、随机性，杜绝粗放式招商，降低招商成本，实现招商工作的正规化、常态化、程序化和专业化。要按照产业类型，分门别类地组建金融保险、科技产业、商贸流通、现代物流、信息技术等专业招商工作组，有针对性地开展专业招商活动，提高招商引资的成功率。二要完善考核机制。科学分解引资、引企、引税、引贸任务，侧重招引总部企业、首都资源。强化协同调度，以每月“三个一批”招商项目报送和国内招商引资质量效益情况报送为主要抓手，严格落实招商引资项目周调度、月通报、季总结机制，招商工作情况每月报送相关区领导。加大项目考核和问责，对有创新举措、完成任务好的，要给予奖励；对完不成任务、贻误工作的，要严肃追究责任；对工作不尽心、领导不力、迟迟打不开局面的领导班子和领导干部，要及时作出工作调整。三要狠抓责任落实。强化目标管理，把招商引资任务和指标分解落实到具体领导、责任单位和责任人，形成“领导带头、部门联动、全民参与”的大招商工作新格局。加大监督考核力度，把招商引资作为干部绩效考核评价的重要依据，拿项目说话，用招商成果说话，以招商的实际成效检验各部门各单位的工作能力，促进全区招商工作实现大的飞跃。四要紧盯重点项目提升质量效益。健全重点项目推进机制，对照《重点招商项目表》，做到部门认领、责任到人、全程跟踪，坚持底线思维，落实企业实缴。完善重点项目协调机制，由区发改委、合作交流办牵头，组织项目对接单位及涉及条口单位联合召开招商重点项目协调会，“一企一策”拿出针对性政策与具体接洽办法，确保重点项目跟紧跟实。

（五）提升服务水平，切实优化投资环境

资本和要素总是向发展环境好、投资回报率高的区域流动和集聚。随着近几年红桥区城市功能、道路交通、基础设施等硬环境条件的逐步改善，软环境对提升凝聚力、吸引力和竞争力显得更加重要，因此，红桥区要继续牢固树立“服务他人就是发展自己”的理念，进一步提升服务水平，不断优化投资环境。一是完善招商引资政策。要注重研究招商引资政策，对效果好的要继续坚持，对不符合当前发展需要的要尽快调整，要主动分析市场需求，大胆创新，寻求突破，最大限度地让投资商满意在红桥。二是提高接待服务水平。要进一步转变观念，调整思路，采取有力措施，进一步提高行政审批效率和服务效能，对签约项目进行全程跟踪服务和督办督查，开辟“绿色通道”，帮助企业解决发展过程中遇到的实际困难和问题，以实现项目尽快落地。三是加大驻区企业帮扶。要坚持“四个第一时间”和“五个一”工作方法，把优质高效的服务理念贯穿到招商引资的全过程，及时掌握解决企业发展中遇到的问题困难，真正做到真诚务实、服务周到、大度厚道，尽心竭力为投资者解难题、办实事。

（六）大力谋划储备项目，强化土地招商工作

一是成立区级重点项目专班。成员单位包括

发改、住建、审批、财政、规划、科技、环保、城管、教育、文化、卫生、体育等职能部门。参照市项目办工作机制，设立区重点项目工作专班办公室，配备专职干部，协调和推动区级重大项目建设，指导、组织、推动全区重点项目谋划储备工作。二是建立区级重点项目储备库。统筹全区优势资源，加快推进重大项目谋划储备，确保谋划一批、储备一批、开工一批、建成一批，形成多质量滚动接续的项目开发格局。三是加强统筹谋划和部门协同，协调解决项目谋划过程中的堵点和难点。重点对今明两年拟开工建设的31个项目按照“项目化、清单化、责任化”要求，实施包保推进，全面细化工作任务、明确时间节点，确保投资落实落地。四是加强土地招商力度。棚改“三年清零”任务的完成后，全区累计释放出3000亩土地，为子牙河南路和北路拓宽、西纵快速路丁字沽北大街段通行以及西于庄地区路网建设创造条件，为未来发展打开空间。因此，围绕以土地强区为目标，牢固树立经营城市的理念，以高水平规划引领开发建设，合理配置商业、居住、公共服务等各类载体，推动产城融合发展。建立健全土地规划、出让、招商工作联动机制，有针对性地进行高质量专项招商，实现铃铛阁、报春里、站前西和南广场景观广场地块尽快挂牌出让，提高单位土地产出效率。同时，做好西于庄、群众影院等剩余地块整理扫尾和统筹招商工作，确保土地出让项目有衔接、不断档，为全区发展提供载体支撑。

（七）发挥比较优势，推进核心产业聚集

一是从立足总部经济做起，制定招商政策体系。发挥西站京津冀协同发展微中心定位与服务雄安新区大后方的比较优势，一方面从“小总部”招起，在天津市确定的总部标准之下，制定新兴企业小总部的标准，按照十年政策期配置政策，招商与培育相结合，促进聚集。另一方面从“地区总部”去研究，打造央企和大民企京津冀布局二三级总部办公聚集区，办事处也不应放过。政策配置上，结合地产项目解决办公、居住问题。同时，加强引进企业成本收益测算，做到短期和长期利益相结合，约定好在本地区经营时间与贡献。二是建设产业示范区，形成引领创新态势。把红桥区作为示范区，开展先行先试，率先推动政务3.0版本运行，激发城市活力，高标准对接京津冀和雄安，探索改革路径。同时，结合土地建设加速推进各类新兴产业聚集，着力解决城市发展活力不足和产业空心化问题，加快推进数字经济的发展，下力量做好科技成果转化、示范应用和产业协同，努力打造城市产城融合示范区。三是借助园区主体，加强跨区域联动招商。发挥宝能、正融等在北京、河北甚至全国热点地区都有投资的园区作用，积极推动本地和外地园互动。例如宝能介绍其北京园区位优越，没有产业政策仍然出租率较高，甚至一铺难求。常规方式招商慢，转移有瓶颈，可以探索区国资跨区租赁，对企业出租，双地互动促进转移。对于优质企业给予大力度帮扶，引导企业注册到红桥，部分企业生产研发转移到红桥区，能获得节税、节成本和天津市人才落户政策，通过区域联动实现三方受益。需要注意的是与合作方形成共识，选点要精准，形成模式后再扩大，避免出租资产闲置形成损失。四是按照产业链，持续开展定向招商。充分发挥区内陆家嘴、海河华鼎等优质楼宇资源，重点布局区块链业务、“一带一路”国际结算服务、交割库、交易平台等金融新领域，瞄准主导优势产业，把高校资源、人力资源和职专培训功能作为配套，结合产学研优势，建立交易、展示平台和应用示范进行引导，加速优质产业落户。

关于民心工程人大代表票决制监督工作的思考(节选)

红桥区人大常委会

“人民民主是社会主义的生命。”党的十九届四中全会指出,必须坚持人民主体地位,坚定不移走中国特色社会主义政治发展道路,健全民主制度,丰富民主形式,拓宽民主渠道,依法实行民主选举、民主协商、民主决策、民主管理、民主监督,使各方面制度和国家治理更好体现人民意志、保障人民权益、激发人民创造,确保人民依法通过各种途径和形式管理国家事务,管理经济文化事业,管理社会事务。人民代表大会制度是人民当家作主的重要途径和最高实现形式。人大代表票决制巧妙地将民心工程项目的选定、议决、监督、评价等诸多环节,引入人民代表大会制度轨道上来,充分发挥人民代表大会这一民主主渠道作用,以“看得见、摸得着、可参与”的方式诠释最广泛、最真实、最管用的社会主义民主真谛。红桥区是天津市开展民心工程人大代表票决制工作试点之一,在2018-2020年度的组织实施中,对此项工作进行有益探索。

民心工程人大代表票决制指的是政府在广泛征求人民群众意见基础上,编制民心工程候选项目,在人民代表大会期间以代表票决方式确定正式项目,由政府组织实施,接受人大代表和人民群众监督的制度。票决是确定民心工程项目必不可少的程序方式,但要使已确定项目真正落地见效,就必须做好项目监督这“后半篇”文章。为进一步推动红桥区民心工程人大代表票决制工作不断深化,完善项目监督闭环,现选择民心工程人大代表票决制监督工作作为调研课题,结合红桥人大工作实际,进一步总结项目监督过程中的亮点、堵点、难点、痛点,研究提出解决方案,形成调研报告。

一、红桥区人大常委会开展民心工程项目监督工作的总体情况与工作成效

红桥区人大常委会以“四个坚持”持续提升项目监督工作实效。一是坚持党的领导。项目监督工作始终与区委同心同向,确定集中视察监督项目坚持与区委工作重点对标对表,重要事项及时向区委请示报告,将坚持党的领导贯穿项目监督工作始终,做到区委工作重心在哪里,项目监督工作重点就确定在哪里,既有力有威有效地开展项目监督,又更好推动项目落地落实。二是坚持机制创新。项目票决确定后,督促区政府按时报送民心工程任务分解与工作计划台账,坚持问题与效果导向,针对性制定监督工作实施方案与工作台账,创新实行“一季一督查、半年一报告、一年一评估”工作机制,多渠道、立体式开展项目监督工作,为民心工程项目落地落实提供制度保障。三是坚持分类推进。健全组织形式,人大各专委会及工作机构牵头、会同有关街道人大工委成立监督小组,综合运用听取专项报告、工作视察、专题调研以及跟踪检查、明察暗访等方式,对项目实施情况进行专项监督,发挥代表专业优势与知识背景,实现项目分类推进。四是坚持发挥家站作用。依托街道人大代表之家与社区人大代表联络站,组织人大代表开展主题多样、形式灵活的“微监督”日常活动,持续推动项目落地落实。

二、存在问题与原因分析

1. 对项目监督的认识不够全面深入

监督权是《监督法》赋予人大及其常委会的一项重要职权,项目监督是确保民心工程落地落实的重要保障。但在开展项目监督过程中,由于对项目监督的认识还不够深,有的同志还没能够完全站在坚持以人民为中心的发展思想和人民至上理念的高度全面认识项目监督工作的重要意义。一方面表现在组织项目监督活动缺乏主动性,存在消极应付的心理与态度;另一方面表现在参与项目监督活

动的积极性不够高，主体作用发挥得还不够好，开展监督时有顾忌面子、点到为止的情况存在。

2. 监督小组内部联络存在堵点，家站联动作用发挥不充分

一是监督小组内部联络不畅。监督小组是由人大各专委会牵头、有关街道人大工委参与的项目监督组织。但在开展监督过程中，人大专委会、常委会工作机构与有关街道人大工委之间，存在不同程度的联络堵点，内部联络还不够直接、经常。二是街道人大代表之家与社区人大代表联络站“前沿阵地”作用发挥得还不够充分。家站组织代表开展日常监督的频次还不够高，邀请人民群众通过家站载体直接参与项目监督的活动组织得不够经常，人大代表与人民群众对项目监督工作的参与度有待进一步提升。

3. 项目监督活动不够深入，刚性硬度有待增强

一是对个别项目的监督仍存在重形式、轻内容的情况。在组织代表开展项目监督过程中，问题导向坚持得不够到位，看成绩、看亮点、看典型的比例较大，看不足、看痛点、看问题的比例较小，项目监督的刚性不足。二是代表开展项目监督过程中，提出的意见建议以展望希望为主，直指问题症结、提出高质量、深层次、专业性强的举措建议较少，监督作用发挥得还不够明显。

4. 项目监督效果有待提升

一是部分票决项目是政府重大投资项目，体量较大且监管程序严格，专业性较强。但部分代表对此类专业知识的储备还不够充足，组织开展的单独项目监督效果不佳。二是对民心工程项目监督认识较为狭窄，往往局限于微观层面具体行为的监督，“小切口”管中窥豹、“以点带面”推动整体的监督活动组织得还不够好，没能很好地拓宽监督覆盖面与延伸触角。三是监督意见反馈机制不完善，意见反馈多采取现场座谈交流等方式进行，规范化、标准化的反馈机制亟需完善。

三、对策建议

1. 做好民心工程项目监督工作，要掌握好“三个度”

一是在思想认识上更有高度。党的十九大报告指出，党的领导是人民当家作主和依法治国的根本保证，人民当家作主是社会主义民主政治的本质特征，依法治国是党领导人民治理国家的基本方式，三者统一于中国社会主义民主政治伟大实践。发挥人民代表大会制度作为坚持党的领导、人民当家作主、依法治国有机统一的根本政治制度的优势作用，必须不断创新载体、优化平台、拓宽渠道，与时俱进推动人民代表大会制度在基层的实践创新和深化落实。票决制作为贯通三者、推进基层治理体系与治理能力现代化的民主政治实践，要站在坚持和完善人民代表大会制度的高度，准确把握项目监督工作重要意义，进一步增强项目监督的思想自觉和行动自觉。

二是在工作理念上更有温度。推行民心工程人大代表票决制，是让民心工程的产生由自上而下转变为自下而上、由政府“唱独角戏”转变为群众共同参与，从而让政府决策由“为民作主”变为“由民作主”，实现政府治理、群众参与自治良性互动的重要举措。在开展项目监督过程中，要从始至终坚持以人民为中心的发展思想和人民至上理念，把群众的迫切需要作为开展项目监督的基本标准与首要目标，把项目做到群众心坎上。

三是在探索创新上更有力度。民心工程人大代表票决制贯穿党委决策、群众参与、代表票决、政府实施、人大监督的权力运行设计理念，是人大及其常委会开展监督工作的重要抓手。要加大对项目监督中充分发挥家站平台作用等方面的创新力度，逐步完善项目监督工作机制，提升项目监督工作实效。

2. 做好民心工程项目监督工作，要做到“两个贯通”

一是贯通监督小组内部联系。监督小组由人大各专委会、工作机构与有关街道人大工委组成。要贯通专委会、机关各室委与有关街道人大工委之间的日常联系，年初及时组织召开民心工程项目监督工作部署会议，细化项目监督工作台账，设立监督小组成员单位联络人，明确全年项目监督工作的时间表、路线图。同时，各监督小组要定期组织成员单位开展多形式监督活动，加强日常联络，突破

联络堵点。

二是贯通监督小组与人大代表之间联系。各监督小组要坚持“分类管理、分站跟踪、分组推进”的原则，根据项目所在区域内代表的职业背景与专业优势，对辖区内代表进行监督项目编组，将各小组负责项目相对固定地分解到代表组，充分发挥项目所在区域人大代表之家与联络站的“前沿阵地”优势，定期组织开展监督活动，适时通报小组监督项目进展情况，通过“量身打造”的监督项目，最大限度地发挥代表专业优势，实现人大代表从票决到监督“全员能参与、人人有任务”，提升项目监督参与度。

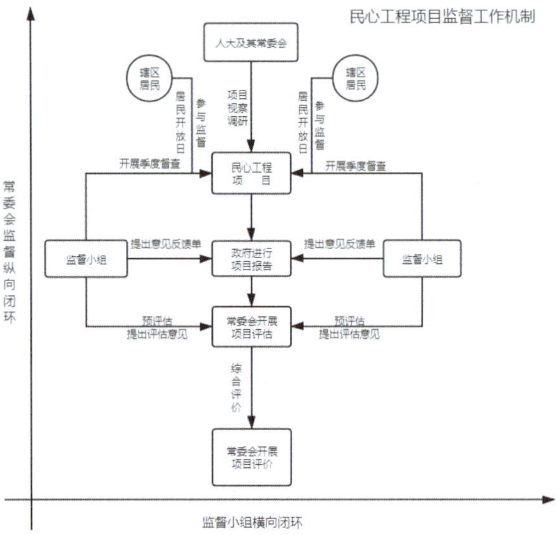

3. 做好民心工程项目监督工作，要突出“四个重点”

一是完善监督机制。制度具有根本性、全局性、稳定性和长期性。要完善项目监督工作制度，在坚持“一季一督查、半年一报告、一年一评估”的基础上，健全向承办单位反馈日常意见的工作机制，设计意见反馈单，填补监督程序末端空白，形成横纵双向监督闭环，实行监督动态管理。在全过程监督项目进展情况的基础上，及时反馈意见建议，为加强监督工作刚性硬度、促进项目落实到位提供机制保障。

二是拓宽监督渠道。坚持人民至上理念，落实向群众汇报工作机制，进一步拓宽监督渠道，探索开展民心工程居民开放日活动，各街道人大工委每季度邀请辖区群众走进民心工程现场，通过零距离体验、面对面沟通、互动式交流，实地了解项目开展情况，提出针对性意见建议，让人民群众真正成为民心工程项目的参与者与监督员。

三是精选督办项目。坚持目标准确的效果导向，把握好项目监督覆盖面广与监督力量有限的客观矛盾，既要适当缩小监督管径，也要最大限度拓展监督活动覆盖面和延伸监督触角，选取具有代表性的项目组织开展集中视察活动，以点带面、精准发力。同时，要充分认识民心工程项目是计划预算的重要组成部分，相关专委会可通过监督小组开展项目跟踪监督的方式，抓好群众关切的深化财政预决算审查监督、强化对政府性资金使用绩效管理、突出人大预算审查监督重点、拓宽人大代表和人民群众参与管好“钱袋子”的途径。

四是提升专业水平。项目监督工作涉及经济、教育、科技、文化以及城市建设等多方面，对专业性要求较高。全面提升人大监督专业化水平是高质量完成项目监督工作的重要保障。首先要加大对人大代表开展监督工作的培训力度，把监督专业性建设作为提升项目监督实效的突破口，人大各专委会及办事机构要充分利用红桥人大讲堂平台，结合小组监督项目，统筹谋划当年培训工作，有针对性地组织开展专业知识培训。其次是探索引入专业机构参与项目监督。在坚持“分类管理、分站跟踪、分组推进”原则的基础上，探索引入第三方专业机构参与项目监督，填补代表在监督过程中专业知识方面可能存在的空白，协助代表开展项目监督，全面提升专业水平。

大事记

1月

2日

中国共产党天津市红桥区第十一届委员会第十四次全体会议暨经济工作会议在区委礼堂召开。全会以习近平新时代中国特色社会主义思想为指导，贯彻落实党的十九届四中全会精神，全面落实中央经济工作会议和市委十一届八次全会暨经济工作会议部署要求，审议区委常委会工作报告、区委常委会抓党建工作情况报告，部署2020年工作任务。区委委员、候补委员；不是区委委员、候补委员的区级领导干部；区纪委常委；处级单位党政主要负责人、副处级单位主要负责人、区属处级单位副处级领导干部；部分基层党代表参加会议。各民主党派、工商联主要负责人及无党派人士代表应邀参加。

4日

区委书记李清，区委副书记、代理区长何智能与到访的河南省安阳市副市长祝振玲一行就人才工作开展座谈交流。

5日至7日

中国人民政治协商会议红桥区第十四届委员会第四次会议在区政府礼堂召开，区政协主席杨焕代表政协红桥区第十四届委员会常务委员会作工作报告，会议宣读“优秀提案”表彰决定，通过政协红桥区第十四届委员会第四次会议政治决议。区委书记李清、区长何智能、区人大常委会主任郑会营等领导出席。

6日至7日

红桥区第十七届人民代表大会第六次会议召开。听取审议红桥区人民政府工作报告；审查红桥区2019年国民经济和社会发展计划执行情况与2020年国民经济和社会发展计划草案的报告，审查红桥区2019年预算执行情况和2020年预算草案的报告，批准红桥区2020年预算，听取审议红桥区人民代表大会常务委员会工作报告，听取审议红桥区人民法院工作报告，听取审议红桥区人民检察院工作报告，对红桥区2020年民心工程进行票决，选举何智能为红桥区人民政府区长。

9日

红桥区反恐怖工作领导小组在天津西站南广场开展“2020年1号”反恐联合实战演练。

11日

红桥区“不忘初心、牢记使命”主题教育总结大会召开，会议传达学习中央和市委“不忘初心、牢记使命”主题教育总结大会精神。市委第三巡回指导组组长李凤出席会议并讲话，区委书记、区委“不忘初心、牢记使命”主题教育领导小组组长李清作总结讲话，区长何智能主持会议，市委第三巡回指导组副组长王德群，红桥区人大常委会主任郑会营、区政协主席杨焕、区委副书记芮永玲出席。

15日

由平津战役纪念馆、天津师范大学新闻传播学院共同主办的《留住历史记忆——平津战役亲历者口述史料展》在平津战役纪念馆展出，纪念天津解放71周年。

16日

红桥区举办以“军民鱼水情，共谱新华章”为主题的2020年迎新春军民联欢会。天津市退役军人事务局副局长柳建军、市关爱退役军人协会副会长何江，红桥区委、区人大、区政府、区政协相关负责人，驻区部队首长，退役军人先进代表等450余人观看演出。

17日

区委组织部、区委宣传部和区生态环境局联合举办“干部学习大讲堂”暨区处两级理论学习中心组联合集体学习，邀请市蓝天办副主任、大气污染管控专家华静以“贯彻习近平生态文明思想,坚决打赢蓝天保卫战”为主题作专题讲座,全区区处两级领导干部300余人参加。

18日

最高人民法院、人力资源社会保障部联合授予天津市红桥区人民法院“全国模范法院”称号。

21日

天津市委书记李鸿忠一行到红桥区咸阳北路街道凤城社区、七〇七社区分别对困难群众、老党员走访慰问。

是日

区委书记李清、区人大常委会主任郑会营、区政协主席杨焕及区委常委、区人武部部长刘跃民一行到天津警备区看望慰问部队官兵,与市委常委、天津警备区领导座谈交流。

22日

中共红桥区纪委十一届八次全体会议在区委礼堂召开,贯彻落实党的十九届四中全会精神,学习贯彻习近平总书记在十九届中央纪委四次全会上的重要讲话和中央纪委四次全会精神;落实市委十一届七次、八次全会,市纪委十一届七次全会和区委十一届十三次、十四次全会部署;总结2019年全区纪检监察工作,部署2020年任务。区委书记李清出席并讲话,区委常委、区纪委书记、区监委主任于清作题为《突出政治属性 强化监督职责 为红桥区高质量发展提供坚强纪律保障》的工作报告。

2月

1日

红桥区徐长青工作室利用融媒体公众号和云平台,开设《睿师有约》空中课堂,征选正高级教师牵头年级课程监制,集结北京市、天津市、河北省三地名师参与课程研发,实现课时同步教学,打造精品课堂,实现京津冀优质资源共享。

6日

红桥区克服困难提前完成1500个房间的隔离点建设,在全市首批完成隔离点建设任务。

7日

红桥中医院发热门诊项目通过验收并移交。

9日

红桥医院派出吴伟强、卢振、刘爱菊、李超、靳怀宗、任秋香、黄旭、孙凯、白敏、刘旭10名医护人员参加天津市第五批支援武汉医疗队赴武汉市抗击新冠肺炎疫情。

10日

天津市副市长康义一行到红桥区三条石街道检查指导新型冠状病毒肺炎疫情防控工作,实地查看街道党群服务中心基层社会综合治理平台、街视频会议室运行情况,询问街道新冠肺炎疫情防控工作。

是日

红桥区开设“停课不停学 学习不延期”线上教学,上午8:00开始,全区3万余名学生开启线上学习“直通车”。

11日

市委书记李鸿忠到红桥区随机暗访,检查新冠肺炎疫情防控工作,市委常委、市委秘书长李毅,红桥区领导李清、何智能一同参加。

是日

区疾病预防控制中心派出王秉谦、胡晓辉、安晓伟3名专业人员到湖北恩施支援新冠肺炎疫情防控工作。

12日

红桥医院派出董萌、郑国超、赵丽、孙志杰、邱磊5名医护人员到湖北恩施支援新冠肺炎疫情医疗救治工作。

20日

市委发出《关于组织市区两级机关干部下沉到社区(村)一线,坚决打赢疫情防控人民战争总体战阻击战的通知》后,红桥区召开专项会议,以193个准物业小区、24个居民自治小区为重点,结合全区327个门岗卡点设置,按照就近就便原则,区委组织部牵头制定实施方案,各社区党组织统筹安排市区两级机关干部。

26日

红桥区组织区内5家大型超市负责人在西青道华润超市召开现场会,对照《新冠肺炎流行期间超市防控指南》,加强对大型超市新冠肺炎疫情防控工作监督管理,确保群众生命安全和身体健康。

3月

8日

红桥区教师进修学校联合甘肃省碌曲县电教中心组织全县150余名数学老师走进徐长青工作室《以课堂案例解读简约教育三约七简》直播课堂。

10日

红桥区律师工作委员会成立红桥区助推企业复工复产法律服务团,4名资深律所主任、高级合伙人带领17名律师为企业复工复产提供法律服务。

12日

天津陆家嘴中心恢复营业,按照商场工作人员指引,顾客有序排队,配合登记、测温后进入商场。红星美凯龙、水游城、欧亚达、登发装饰城、大胡同等区内大型商场和部分餐饮单位陆续恢复营业。

13 日

全市启动“最美逆行者”点亮全城活动，红桥区在天津西站、陆家嘴中心商业广场、青年创业园区、小区出入口、学校门口、区内主干道路等重要点位的90余块电子显示屏同步播放“最美逆行者”宣传内容。

14 日

红桥区召开安全生产暨高质量推进企业复工复产工作部署会议，何智能出席并讲话，区安委会各成员单位主要负责人、各集中隔离医学观察点及发热门诊负责人参加。

16 日

红桥区人民政府决定停止举办第30届天津运河桃花文化商贸旅游节，不举办开幕式、文艺演出及其他人员聚集性活动，巩固天津市新冠肺炎疫情防控成效。

22 日

红桥区西沽公园、桃花园正式恢复开放，市民游客亮码、扫码、测温后可进入，公园暂时封闭园内的长廊、亭子和各类体育健身场馆及体育设施，规定日接待游园市民不超过2000人次。

28 日

《天津日报》头版位置以《红桥区“一企一策”解难题 助力企业商户快速“回血”》为题，报道红桥区面对新冠肺炎疫情影响，落实市“惠企21条”和支持中小微企业和个体工商户“27条措施”，推出“政策大礼包”等惠企政策，通过“一企一策”解决不同企业复工复产难题，企业、商户快速复工。

31 日

红桥医院吴伟强、黄旭、白敏、孙凯、靳怀宗、刘旭、任秋香、刘爱菊、李超、李健10名医护人员参加第一批暨天津市第五批支援湖北医疗队和红桥医院第三批暨天津市第十三批影像技师支援湖北医疗队队员休整期满返回红桥区。

4月

4 日

中共红桥区委、区人民政府院内的五星红旗降半旗，上午10时，防空警报鸣响，汽车鸣笛，全区人民默哀3分钟，向新冠肺炎疫情牺牲烈士和去世同胞表示哀思。

7 日

红桥医院董萌、邱磊、孙志杰、赵丽、郑国超，疾控中心胡晓辉、安晓伟、王秉谦8名红桥区驰援湖北恩施医疗队队员和邵公庄街社区卫生服务中心支援海河医院医务人员王虹颖结束休整返回红桥区。

8 日

天津市举办“云签众商 约定津门”2020重点招商项目“云签约”活动，活动以视频连线形式举行。作为活动分会场之一，红桥区分别就6个重点项目进行“云签约”，与企业达成投资合作意向。

是日

红桥区召开区新冠肺炎疫情防控指挥部工作例会暨区委教育工作领导小组2020年春季复课开学和学校疫情防控工作会议。区委书记李清出席并讲话，区长何智能传达天津市2020年春季复课开学和学校疫情防控工作视频会议精神，区委副书记芮永玲主持会议，区委常委、区委政法委书记张东明出席会议，副区长刘玉明部署复课开学相关工作。

16 日

区委退役军人事务工作委员会专题会议暨2020年全区退役军人事务工作会议在区委礼堂召开。区委书记李清，区委常委、区委宣传部部长李政，区纪委书记于清，区委政法委书记张东明，区委常委、区委组织部部长宋淑华，副区长、公安红桥分局局长刘国庆，副区长密松出席。

20 日

红桥区15所初高中学校4000余名初三、高三毕业年级学生复课开学。央媒、市媒多家媒体聚焦天津三中现场报道开学第一天情况。

22 日

李清、李政、刘玉明迎接区疾控中心支援湖北恩施医疗队队员张新颖凯旋。红桥区21名支援湖北省和海河医院的医护人员全部平安返回。

28 日

天津市举行“津城献爱心、精准助脱贫”消费扶贫“云签约”暨展销活动。天津伍创电子商务有限公司、创客快建（天津）网络科技有限公司、天津市基路佰商贸有限责任公司、天津异城嘉品商贸有限公司及区合作交流办、区发展改革委在红桥分会场与甘肃合水分会场、碌曲分会场、庄浪分会场、庆城分会场和新疆于田分会场的8家企业签订消费扶贫协议，签约额4200万元。

5月

4 日

团区委制作《“绽放战疫青春 坚定制度自信”故事分享会》主题视频上映。邀请支援湖北省及区抗疫一线医护青年代表、社区青年工作者代表、青年志愿者代表以讲述、唱歌、朗诵等形式，展现红桥青年投身新冠肺炎疫情防控的感人事迹和使命担当。

8日

红桥区借助网络“云”平台，举办“千年魅力大运河、悦动美丽新红桥”2020年土地“云”招商推介会。区长何智能，区委常委、区委办公室主任于鹏洲出席会议。

11日至15日

红桥区邀请天津商业大学管理学院院长王庆生、天津市农村经济与区划研究所农业资源与区划研究室主任贾凤伶、天津市畜牧兽医研究所养羊创新团队首席张效生、天津科润黄瓜研究所助理研究员崔兴华4位专家组建2020年第二批“专家博士服务团”，赴甘肃省合水县、碌曲县，围绕“现代羊肉高效繁殖生产调控技术”“黄瓜的栽培管理及病害防治”“现代生态农业发展路径探讨”“乡村振兴战略背景下甘南州乡村旅游开发路径探讨”4个专题举办东西部扶贫协作产业发展培训班。

14日

天津市高级人民法院副院长高震带队到区法院进行扫黑除恶专项斗争“六清”行动调研督导，就推进涉黑涉恶案件审理进度提出工作要求。

15日

区人社局、区商务局在欧亚达商场联合举办疫情期间首场“抗疫情、保就业、促发展、惠民生”线下招聘活动。

20日

在伊斯兰教斋月“盖德尔夜”之前，李清到红桥清真大寺，与寺管会成员及阿訇座谈，代表区委向全区广大穆斯林群众致以节日祝福。

21日

红桥区人民政府与国网天津市电力公司共同签署《推进新型基础设施建设 助力能源转型升级战略合作框架协议》，区长何智能出席签约仪式，区委常委、区委办主任于鹏洲，国网天津市电力公司副总经理陈竟成代表双方签字。

27日

何智能和区有关部门负责人参加由市政府办公厅、市网信办、天津广播新闻中心、津云新媒体策划推出的《公仆走进直播间》特别策划《迎难而上 双战双赢——2020区长访谈》栏目，对如何提振区域内餐饮业收入、四大夜市如何“升级”问题，回答网友和听众。

29日

由红桥区人民政府主办，中国银行天津市分行、陆家嘴商业中心承办，今日头条、美团协办的“惠民嗨购，乐享红桥”促消费活动启动仪式在陆家嘴商业中心举行。市商务局副局长周路，区委常委、区委政法委书记张东明出席。

6月

1日

由红桥区委统战部主办，红桥区教育局承办，津甘两地少先队员“民族团结手拉手 童心抗疫庆六一”线上活动在红桥区文昌宫民族小学举行。区委副书记芮永玲，区委常委、区委统战部部长井春燕，副区长刘玉明参加。

8日至10日

李清带领考察组到甘肃省合水县、碌曲县对接交流东西部扶贫协作工作，井春燕、张东明一同考察。

11日

红桥医院40名医务工作者历经5个小时的“浴血”奋战，抢救突发胎盘早剥和大出血产妇，母子平安。6月26日，《天津日报》刊发题为《近40人参与的一场“浴血”奋战》文章。

是日

红桥区与南开区签订协议，在全市首批建立跨区域防汛应急联动机制，整合两区应急处置资源，形成防汛抢险合力，提高跨区域防汛应急事件协同处置效率效果。协议签订后，两区联合开展联防联动应急演练。

15日

区金融局、区商务局在陆家嘴金融中心举办银企对接会，驻陆家嘴、国投大厦等商务楼宇内近30家优质企业代表、4家驻区银行机构参与。

19日

红桥区单家面铺片区棚户区改造(旧城区改建)项目在天津市土地利用事务中心成功出让，由万达地产集团有限公司摘得该宗土地，地块成交价格7.2亿元，规划总建筑面积3.45万平方米，折合楼面价2.11万元/平方米。

28日

区政协举办庆祝中国共产党成立99周年“奋进新时代 奋进新征程—凝聚共识 与党同心”座谈会，杨焕主持并讲话，区委常委、区委统战部部长井春燕，民革红桥区委会主委郭书宏，民盟红桥区委会主委刘玉明，民建红桥区委会主委李金胜，民进红桥区委会主委欧阳敏，农工党红桥区委会主委李大为，致公党红桥区委会主委韩恩山等出席。

30日

红桥区召开庆祝中国共产党成立99周年暨抗击新冠肺炎疫情先进代表座谈会，宣讲抗疫故事。区委副书记芮永玲出席并讲话，区委常委、区委组织部部长张汝军主持会议。

7月

7日

红桥区、北辰区就两区行政区划内13块“飞地”行政管辖和属地化管理有关事项达成一致，举行协议签约仪式。北辰区委副书记陈健、副区长刘金刚，红桥区委副书记芮永玲、副区长密松出席，区委常委、区委办主任于鹏洲主持仪式，两区民政局、相关街镇和“飞地”治理工作专班和指挥部有关负责人参加。

15日

由红桥区青年商会主办，天津伍创电子商务有限公司承办的“海河情”津台青年创新创业线上沙龙在正融科技大厦举办。

16日

天津市政协副主席高玉葆带队围绕“在京津冀协同发展中推进大运河文化保护传承利用”专题到区调研，市政协文化和文史委主任史瑞杰、副主任黄永刚、专职副主任汤洪，区政协主席杨焕、副区长刘玉明参加。

是日

区人民检察院与团区委举行《关于构建未成年人检察工作社会支持体系的合作框架协议》签约仪式暨红桥区“蓝天护‘未’队”普法志愿者聘任仪式。

20日至23日

何智能带领扶贫工作组一行4人到甘肃省合水县、碌曲县考察调研，了解两县东西部扶贫协作工作的开展情况，向两县各捐赠东西部扶贫协作帮扶资金100万元。围绕“乡村旅游带动产业发展”，为对口帮扶地区甘肃省合水县各乡镇党委书记、县直各部门主要责任人、各合作社业务骨干致富带头人、旅游管理从业者、文体广电和旅游局部分干部职工举办乡村旅游专题培训会。

21日

红桥区召开创文创卫决战决胜动员会，分析当前创文创卫面临的形势，部署重点攻坚任务，李清出席并讲话，李政部署工作，刘玉明主持会议，全体区级领导、全区各处级单位党政主要负责人和分管负责人、区创文创卫领导小组办公室全体工作人员参加。

22日

在八一建军节即将到来之际，李清一行走访慰问驻区部队，向部队官兵致以节日的问候。

8月

1日

在纪念中国人民解放军建军93周年、中国人民抗日战争暨世界反法西斯战争胜利75周年之际，李清、何智能分别带队走访慰问抗战老战士，向他们致以崇高的敬意和诚挚的问候，感谢他们为党和国家做出的贡献。

3日

天津市政协副主席尚斌义率调研组围绕“补齐教育、医疗、社保等民生领域短板，全面建成高质量小康社会”专题到区调研，区政协主席杨焕参加。

7日

红桥交警支队40余名民警辅警参与无偿献血，献血量4400毫升，支持全市新冠肺炎疫情防控期间的血液保障工作。

8日

红桥区在西沽公园举行“推动全民健身 助力全面小康”2020年红桥区“全民健身日”系列活动暨红桥区第十届全民健身运动会启动仪式，120余名健身爱好者参加健步行展示活动。

10日至11日

红桥区第十七届人民代表大会第七次会议召开，选举穆强为红桥区第十七届人民代表大会常务委员会副主任，李丽玲为红桥区第十七届人民代表大会常务委员会副主任。

11日

甘肃省合水县县委副书记、县长沈文祥带领合水县代表团一行到区考察，对接推动东西部扶贫协作工作。

12日

天津市政协主席盛茂林到区视察调研，市政协秘书长高学忠、研究室主任王赤涛、委员学习和联络室主任连洁，红桥区李清、杨焕及区政协副主席张志忠、刘金城、杨宏丽、韩恩山参加。

是日

甘肃省政协副主席、庆阳市委书记贠建民率庆阳市考察团到红桥区考察交流，区委书记李清、区长何智能及区人大常委会副主任孙玉龙、副区长赵霞参加活动。

17日

红桥区举办“干部学习大讲堂”暨区处两级理论学习中心组联合集体学习，邀请南开大学马克思主义学院教授、博士生导师纪亚光，以“选择马克思主义的文明指向与新时代党的历史使命——‘四史’学习与思考”为题做专题辅导。区委、区人大、区政府、区政协区级领导，全区正处级领导干部和副处级单位主要负责人以及全区各社区和“两新”组织党组织书记350余人听取报告。

19日

由央视网、中华人民共和国人与生物圈国家委员会、市人民政府新闻办公室联合主办的《云游美丽中国》之“云游天津”线上直播宣传活动走进红桥区，何智能作为“云”代言人推介红桥区。

23 日

“科技战疫 红桥有我”红桥区第34届科技周启动仪式暨主场活动在L+MALL陆家嘴中心户外广场举行。全域科普领导小组相关成员单位、各级科协组织、部分科技型企业和各界群众代表300余人参加。

25 日

天津市青年企业家走进红桥促招商活动举行，团市委副书记成子金、区委副书记芮永玲出席并讲话。

30 日

红桥区召开迎接第二轮第二批中央生态环境保护督察动员部署会，李清出席并讲话，何智能传达中央第二生态环境保护督察组督察天津市动员会精神，部署全区迎接督察工作。赵霞主持会议。

9月

1 日

红桥区举办《难以忘却的记忆——天津人民抗战纪实》主题巡展活动，展出50余块展牌、200余幅历史照片，纪念抗日战争暨世界反法西斯战争胜利75周年。

2 日

红桥区人民政府召开2020年廉政工作会议。会议学习习近平总书记在十九届中央纪委四次全会上的重要讲话精神，落实国务院和市政府第三次廉政工作会议部署要求，发扬斗争精神，筑牢廉政防线，以“永远在路上”的执着和“咬定青山不放松”的韧劲，把区政府系统党风廉政建设和反腐败工作引向深入。何智能出席并讲话，张东明主持会议，副区长刘国庆、徐卫京、密松出席，区财政局、区审计局、铃铛阁街道办事处主要负责人表态发言。

3 日

市政协副主席张金英率调研组围绕“解决天津市‘飞地’基层社会治理属地化有关问题”到区专题调研，市政协社会和法制委员会主任田建国，区政协主席杨焕，区委统战部部长井春燕，区委常委、区委办主任于鹏洲及区人大常委会副主任穆强、区政协副主席郭书宏参加。

9 日

区长何智能带队到北京市考察，就加强与优质企业对接、洽谈项目合作开展招商活动。

10 日

红桥区召开以“立德树人奋进担当，教育兴区再铸辉煌”为主题座谈会庆祝第36个教师节，李清出席并讲话，何智能主持会议并传达习近平总书记向全国广大教师和教育工作者致以节日祝贺和慰问，李鸿忠在全市“贯彻落实习近平总书记重要讲话精神，祝贺张伯礼荣获‘人民英雄’国家荣誉称号”大会上对教师所提的要求，郑会营、杨焕出席。

11 日

红桥区处级以上领导干部警示教育大会暨区委书记讲廉政党课在区委礼堂主会场和区政府礼堂分会场视频同步召开。李清出席并讲话，全体区级领导、区管副处级及以上领导干部（含驻区单位），区委党校第8期处级干部进修班学员，区纪委、区委组织部、区委办公室部分机关干部参加。

17 日

红桥区举办“干部学习大讲堂”暨区处两级理论学习中心组联合集体学习，邀请中国劳动关系学院安全工程学院院长、国家应急管理部培训中心特聘专家孟燕华就学习习近平总书记关于安全生产的重要思想、扎实推进应急管理体系和能力现代化作专题报告，何智能、郑会营、杨焕及全体区级领导，全区各单位副处级及以上领导350余人参加。

24 日

红桥区“抢抓机遇积极承接北京疏解资源”招商推介座谈会在北京召开。天津市人民政府驻北京办事处副主任张欣及相关负责人，区长何智能、副区长徐卫京及区相关部门负责人、30余位清华大学经管学院EMBA17级北京校友会成员企业代表和部分北京企业代表参加。

30 日

由市委宣传部、市文联等部门主办的“2020天津相声节”在红桥区陆家嘴商业中心谦祥益文苑开幕。民革中央副主席、全国政协十三届委员会常委、中国文联副主席、中国曲艺家协会副主席冯巩，市文联党组书记、副主席万镜明，市委宣传部副部长杨君毅，天津轨道集团党委书记、董事长卢志永，中国曲协副主席、天津市文联副主席、天津市曲协主席籍薇，天津师范大学副校长梁福成和红桥区相关部门负责人出席。

10月

15日

红桥区召开以“守正创新办思政 立德铸魂育新人”为主题的“大中小幼思政教育一体化建设联盟”签约启动仪式暨红桥区学校思想政治工作改革创新推动会，传达李鸿忠在市教育两委班子成员思政工作专题办公会上的讲话精神和在天津市高校党委书记校长思政工作专题培训班上的讲话精神，芮永玲出席并讲话。

17日

中国少年先锋队天津市红桥区第五次代表大会召开，团市委二级巡视员、市少工委主任莫洪胜，区委副书记芮永玲出席开幕式并讲话，区人大常委会副主任李丽玲、区政协副主席杨宏丽出席，团区委书记郑东平主持。全区各中小学校、各相关单位的150名少先队员、少先队辅导员和少先队工作者代表参加。

是日

红桥区在陆家嘴商业中心举办“共享脱贫硕果 喜迎全面小康”全国扶贫日活动，展卖甘肃省的50余种农特产品。

20日

辽宁省大石桥市委常委、副市长迟程带领考察团15人到区政务服务中心调研学访，交流“放管服”改革工作。

21日

红桥区成立咸阳北路街道北岸社区居委会，撤销咸阳北路街道昌图社区居委会，对部分居委会管辖范围进行调整。

是日

红桥区人民政府与中国移动通信集团天津有限公司签署《5G智慧城市战略合作协议》，在光荣道科技产业园区举行5G示范园区揭牌仪式。

22日

在中国人民志愿军抗美援朝出国作战70周年之际，李清、何智能分别带队走访慰问抗美援朝志愿军老战士，为他们颁发“中国人民志愿军抗美援朝出国作战70周年”纪念章。

是日

红桥区学前教育资源建设两年行动重点建设项目，位于光荣道与咸阳北路交口西北侧的红桥区第十二幼儿园正式建成并投入使用，幼儿园占地面积4019平方米，建筑面积2800平方米，设置9个教学班。

29日

最高人民法院立案庭庭长钱晓晨一行到红桥区法院调研一站式多元解纷和诉讼服务体系建设工作。钱晓晨一行实地考察和苑街道社会矛盾纠纷调处化解中心、和苑社区法庭、区法院诉前联合调解中心及诉讼服务大厅，对诉讼辅导、多元解纷、审判辅助事务集约化等工作开展情况调研。

30日

红桥区、北辰区就西于庄股份经济合作社管辖权移交划转签订协议。北辰区委常委、常务副区长高平武，区委常委、区委政法委书记郭海；红桥区委常委、区委办主任于鹏洲，副区长密松出席；两区“飞地”工作专班、各有关部门、北辰区天穆镇、红桥区西于庄街道以及西于庄股份经济合作社负责人参加。

是日

红桥区召开优化营商环境工作会议，何智能出席并讲话，张东明主持会议并总结和部署红桥区营商环境工作，赵霞、徐卫京出席。

11月

2日

红桥区召开迎接天津市安委会2020年度安全生产巡查工作部署会议，市安委会安全生产第七巡查组组长付卫兵就巡查工作提出要求，区长何智能汇报红桥区2020年安全生产和应急管理工作情况。

3日

红桥区召开抗击新冠肺炎疫情表彰大会，69名优秀共产党员，35个先进基层组织受到表彰，62人获红桥区新冠肺炎疫情防控工作“五一劳动奖章”，10家单位获红桥区新冠肺炎疫情防控工作“五一劳动奖状”，20家单位获红桥区新冠肺炎疫情防控工作“工人先锋号”。李清出席并讲话，何智能主持大会，郑会营、杨焕、芮永玲出席。

10日

红桥区首台校园自动体外除颤器（AED）落户暨急救站揭幕仪式在红桥区桃花园小学举行。区红十字会、区教育局、桃花园小学相关负责人，蓝星救援队队员和桃花园小学师生参加。

17日

党的十九届五中全会精神市委宣讲团宣讲报告会在区委礼堂

召开，区政府礼堂设分会场，李清为全区360余名副处级及以上领导干部作宣讲报告，郑会营、杨焕、芮永玲等区领导出席。

18日

红桥区参加第三届中国国际进口博览会，驻区企业天津市查仕金德科技有限公司与泰国卜蜂国际贸易有限公司举行签约仪式，签订意向进口合同1000万美元。

20日

坐落在红桥区的甘肃省碌曲县消费扶贫体验馆正式开业，红桥区副区长赵霞，碌曲县委常委、副县长祝金华为扶贫馆揭牌。红桥区商务局，碌曲县交流合作和招商引资局、工信和商务局主要负责人参加。

21日

红桥区接到支援滨海新区大规模新冠肺炎病毒核酸检测筛查任务，区卫生健康委连夜抽调132名医务工作者组成核酸采样队伍，驰援"滨城大筛"，保障滨海新区完成全员核酸检测。

23日

红桥区召开"十四五"规划企业代表、党外人士专场论证会，对红桥区"十四五"规划的科学性和民主性进行研讨，井春燕主持会议，张东明出席并讲话。

12月

1日

中共天津市红桥区第十一届委员会第十八次全体会议在区委礼堂召开。全会由区委常委会主持，学习贯彻党的十九大和十九届五中全会精神，落实市委十一届九次全会精神，审议通过《中共天津市红桥区委关于制定红桥区国民经济和社会发展第十四个五年规划和二〇三五年远景目标的建议（草案）》。区委委员、候补委员；不是区委委员、候补委员的区级领导干部；区纪委常委；处级单位党政主要负责人、副处级单位主要负责人；部分基层党代表参加会议。邀请各民主党派、工商联主要负责人及无党派人士代表参加。

4日

天津市文明网发布《市文明办公布第二届天津市文明城区入选城区名单和复查确认保留荣誉称号的天津市文明城区名单》，红桥区成功入选天津市文明城区。

12日

红桥区青年商会成立大会召开，天津市政协副主席、市工商联主席黎昌晋出席并讲话，与区委书记李清一同为区青年商会揭牌，区长何智能出席讲话，市工商联党组副书记、副主席牛予其出席并为青年商会授牌。

14日

红桥区召开"以决战决胜的决心力度助力受援地区打赢脱贫攻坚战"主题新闻发布会，对开展东西部扶贫协作和支援合作工作情况进行发布，李清、何智能出席，区政府合作交流办、区人社局主要负责人、区委统战部分管负责人参加，发布会由市委宣传部对外新闻处处长李娟主持，《中国经济导报》《天津日报》《今晚报》、津云等多家中央和市级媒体参加。

17日

红桥区举行区委、区政府法律顾问聘任仪式，区长何智能，区委常委、区委政法委书记张玉蕾出席。刘国庆主持会议，受聘法律顾问和区政府办、区司法局等单位相关负责人参加。

20日

红桥区本溪路北岸中心小区旁的北岸菜市场建设完成并投入使用。

21日

红桥区召开2020年《红桥年鉴》工作会议暨2021年"精品年鉴"编纂工作动员部署会。落实《中国年鉴精品工程实施方案》和天津市地方志工作要求，总结全区年鉴工作情况，安排部署《天津市红桥年鉴（2021）》编纂工作，争创精品年鉴。

27日

红桥区咸阳北路街道与北辰区佳荣里街道签署交接协议，将新凯西里小区正式纳入北辰区所在街道管理。

29日

红桥区、北辰区就双环邨街道行政区划隶属关系变更整建制划转移交举行签约仪式，北辰区委书记冯卫华，区委副书记、区长王宝雨，区委副书记陈健，红桥区委书记李清，区委副书记、区长何智能，区委副书记芮永玲出席，两区有关分管负责人、相关部门以及"飞地"治理指挥部和工作专班有关负责人参加。

红桥概览

基本地情

【地理位置】 红桥区是天津市六个中心城区之一，位于天津城区西北部，以境内子牙河上的“大红桥”而得名，反映全区因河而兴、缘路而盛的枢纽地位。红桥区东南与河北、南开两区相交，西北与西青、北辰两区相邻，全区面积23.73平方千米。政区地势西北高，东南低，海拔最高5.34米，最低2.04米。

【自然环境】 红桥区是世界文化遗产——京杭大运河的重要节点，南运河、子牙河、北运河贯穿全境，于三岔河口交汇流入海河，形成“三河五岸”独特地理区位，历史上是南粮北运和水上运输集散地，享有“先有三岔河口，后有天津卫”的美誉。

【气候】 区境气候属于“中国暖温带半湿润季风型气候”。区境地处北半球中纬度地带，受地理纬度和季风的影响，气候四季分明。春季多风雨水稀少，夏季炎热降水较多，秋季天高气爽宜人，冬季寒冷干燥少雪。

【建置沿革】 民国17年(1928年)红桥区属天津特别市，区境大部分属第二、第三、第四警区所辖。1949年天津解放前夕，以南运河为界，红桥区大部分在河北，为天津市第九区。东至北运河，南至南运河，西至旧市界，北至北运河。南运河以南为第八区，位于市区西北部，东至海河，南至鼓楼东、西大街、西关街，西至西营门市界，北至南运河。1952年10月，成立新第八区，东至北运河、北门外大街，南至北马路经西马路沿西关大街至南运河，西至千里堤、西横堤，北至北运河、丁字沽、唐家湾大道。1956年1月，根据《天津市人民委员会关于市辖区按地名称呼的通知》，第八区因界内子牙河上大红桥得名，改称红桥区。1966年“文化大革命”开始，红桥区改称“红卫区”。1967年12月成立“红卫区革命委员会”。1968年1月恢复原区名。

【行政区划】 2020年，红桥区辖10个街道：西于庄街道、丁字沽街道、西沽街道、三条石街道、咸阳北路街道、铃铛阁街道、芥园道街道、邵公庄街道、双环邨街道、和苑街道，有123个社区党群服务中心。

【人口与民族】 2020年，全区出生人口1974人，比上年减少505人。截至2020年底，全区常住居民210544户509323人，其中男性251300人、女性258023人。有少数民族41个，其中人口最多的为回族，有16448户40365人，占全区人口的8%，其中男性19868人、女性20497人。

2020年红桥区民族人口构成统计表

表1 （单位：户、人）

民族	户数	人口数	男	女	民族	户数	人口数	男	女
合 计	210544	509323	251300	258023	水族		1		1
汉族	192829	463599	228991	234608	东乡族	1	3	2	1
蒙古族	242	1033	465	568	纳西族		1		1
回族	16448	40365	19868	20497	景颇族		1		1
藏族	2	12	4	8	土族		1		1
维吾尔族	6	38	14	24	达斡尔族	12	43	22	21
苗族	9	51	17	34	仫佬族	2	5	4	1
彝族	2	18	10	8	羌族		2	2	
壮族	18	104	49	55	仡佬族		8	4	4
布依族	1	14	7	7	锡伯族	8	24	6	18
朝鲜族	69	300	127	173	怒族		1		1
满族	848	3477	1623	1854	乌孜别克族		1		1
侗族	1	17	7	10	俄罗斯族	1	3	3	
瑶族	6	28	12	16	鄂温克族	1	5	2	3
白族	5	11	3	8	裕固族		1	1	
土家族	24	115	39	76	京族		1	1	
哈尼族	1	8	5	3	鄂伦春族	1	2	2	
哈萨克族	1	3	1	2	赫哲族		1		1
傣族		6	2	4	基诺族		1		1
黎族	5	8	3	5	畲族		7	3	4
傈僳族	1	2		2	其他		2	1	1

（公安红桥分局　提供）

【人文历史】 红桥区历史悠久，是天津城市、商业、机器铸造工业和近代教育发祥地。红桥区内拥有清真大寺、义和团吕祖堂坛口遗址、曾公祠旧址、天津西站主楼等人文历史遗存44处，以及平津战役纪念馆、北洋大学堂旧址纪念馆、三条石历史博物馆等文博场馆9处。驰名中外的历史名店瑞蚨祥、谦祥益、同陞和、宝林祥等老店曾坐落在此，天津“三绝”中的“狗不理包子”“耳朵眼炸糕”也发源于此。

【交通条件】 红桥区交通四通八达，地铁、普铁、高铁、快速路、市级主干道路一应俱全。天津西站大型铁路客运站，京津城际、津沪高铁、津保铁路、津秦高铁和规划建设中的津兴铁路、津承铁路在此交会，与京广高铁直线联络，从天津西站出发，30分钟直达北京，36分钟直抵大兴国际机场，5小时到达上海，形成快速便捷的交通圈。区内西站长途汽车站和红桥长途客运站满足人们去往全国各地的长途需求。地铁1、6号线途经红桥区，规划4号线将在红桥区建设。西青道快速路、西北半环快速路、中环线、京津公路经过红桥区，通向全市其他区县。

党建工作

【政治建设】 红桥区坚持把“两个维护”作为首要任务，高度重视中央和市委巡视、审计反馈问题整改，召开市委调研巡查专题反思会，推动各项反馈意见得到落实。确定2020年政治生态建设重点任务，开展全区政治生态分析研判，召开全区警示教育大会，推动红桥政治生态海晏河清。严明政治纪律和政治规矩，落实请示报告制度，压紧压实全区各级党组织管党治党责任，组织开展“区委常委讲主责”活动。

【思想建设】 深化“不忘初心、牢记使命”主题教育，制定10个方面40项具体措施。组织全区学习“四史”、《习近平谈治国理政》（第三卷），举办2期领导干部读书班。制定红桥区党委（党组）理论学习中心组2020年重点学习安排，全年组织区委理论学习中心组和区、处两级理论学习中心组联合集体学习23次，开设专题培训班20期，培训领导干部997人次。创新“小院理论夜校”，《天津日报》头版2次专题报道。在全区开展“党课开讲啦”系列活动，区教育局主要负责人作为全市6名精品党课主讲人之一，讲授党课被推荐上报中组部。组织纪念中国人民抗日战争暨世界反法西斯战争胜利75周年主题巡展、“甘于奉献 大爱无疆”主题巡回宣讲、“听党话、感党恩、跟党走”群众性主题教育活动。贯彻《中国共产党宣传工作条例》，落实意识形态工作责任制，制定《天津市红桥区贯彻落实〈党委（党组）意识形态工作责任制实施办法〉工作规范》，每季度开展风险研判，开展全区所有单位的意识形态专项督查，对27个单位进行意识形态专项检查。

【组织建设】 落实新时代党的组织路线，坚持好干部标准和选人用人导向，严把政治首关，注重“事功”，全年提拔或进一步使用正处级实职23人、副处级实职46人。加大干部交流力度，交流（提拔）区管干部135人，其中机关与街道间领导干部交流49人次，占交流干部总数的36.3%。组织领导干部经济责任审计、离任检查和离任交接，对156名领导干部个人有关事项进行抽查核实。确定全区基层组织建设4个大项16个分项工作任务，形成上下贯通、执行有力的组织体系。学习深化“海河夜话”活动，开展“党员干部进网格访民情”实践活动，32名区级领导、136名处级领导带领941名机关党员干部到社区，帮助群众解决实际问题。推行“社区党委—网格党支部—楼门党小组”组织设置，将辖区部门单位、“两新”组织等纳入基层治理网格，强化网格党支部兜底管理职能，使党组织和党的工作进楼入户。成立区物业行业党委，组建区拆迁结算项目综合管理指挥部党支部，规范完善区国有企业党组织建设。开展提升非公有制经济组织和社会组织“两个覆盖”质量集中攻坚行动，全区互联网企业党组织单独组建率100%，执业律师5人以上的事务所党组织单独组建率75%。持续整顿软弱涣散基层党组织，对10个无星社区实行台账化管理，完成转化提升。

【作风建设】 贯彻落实党中央和市委关于持续解决形式主义问题有关要求，制定区2020年形式主义官僚主义、不作为不担当问题专项治理工作要点，组织开展三年专项治理“回头看”，建立“负面问题清单”。全年查处不作为不担当问题48件次，运用第一种形态处理29人次，处分44人次；查处形式主义、官僚主义问题56件次，运用第一种形态处理31人次，处分51人次。在全区572个单位开展“小金库”问题专项治理，改善文风会风，3批次调整区直议事协调机构，合并召开议事协调机构会议8次，书面形式召开区委常委会会议6次，以区委名义印发党内规范性文件、议事协调机构文件、通报类文件较2019年同比减少42%。

【制度建设】 红桥区聚焦管党治党工作关键领域和薄弱环节，狠抓源头治理，强化制度约束，巩固政治性警示教育“一抓三补四强化”专项行动成果，出台推进“以案三促”(以案促教、以案促改、以案促建)常态化制度化工作实施方案，督促有关单位堵塞制度漏洞，健全长效机制。重视制度执行，组织“党的组织制度学习月”活动，全区查摆问题330项，立行立改141项，长期坚持189项。

经济建设

【招商引资】 落实京津冀协同发展战略，开展精准化、社会化招商，承接一批优质北京企业和项目。参加第四届世界智能大会、天津市重点招商项目“云签约”活动，举办“千年魅力大运河悦动美丽新红桥”土地云招商推介会、“抢抓机遇承接北京疏解资源”招商推介会等活动，接洽企业、捕捉项目线索。完成国内招商引资到位额41.70亿元，新增注册企业2307家，注册资金99.63亿元。其中，注册资金千万元以上企业200家，实际利用外资1417万美元，超额完成全年任务。

【重点项目建设】 完成“十四五”规划纲要编制工作。完成西站商务区西于庄片区城市规划设计。单家面铺地块成功出让，成为全市大运河管控细则出台和棚改拆迁任务完成后的首个棚改出让项目。金潞园地块实现公告。推动35个重点项目建设。新启动12个项目，面积15.30万平方米；完工7个项目，面积54.80万平方米，争取地方政府专项债券2.10亿元，中央预算内投资1940万元。加快市政公用和交通基础设施建设，团结路地道、保康路实现通车，子牙河北路等11条道路加快建设。

【商贸服务业】 发展楼宇经济，盘活空置商务载体超过7万平方米，陆家嘴金融广场等3座楼宇税收过亿元。开展金融招商，加快银行网点设立和划转，金融业留区税收增长6.50%。落实扩大内需战略，组织各大商贸载体开展系列促销活动，发放惠民消费券790万元。拨付专项经费做好稳外贸工作。

【新动能建设】 实施新动能引育五年行动计划，建立新动能企业培育库，认定国家科技型中小企业168家、市级雏鹰企业52家、瞪羚企业2家、科技领军企业1家，天鼓机械、圣威科技入选天津市战略性新兴产业领军企业，中铁(天津)勘察设计院、卓朗科技等企业获天津科学技术进步奖。光荣道科技产业园建设取得新进展，完善市政路网等配套设施，中天人力正式入驻，伍创数字电商产业园开园，与中国移动天津公司签署战略合作协议打造5G示范园区，注册各类市场主体1972家，增长113.90%。实施“海河英才”行动计划，引进各类人才4797人。

全面深化改革

【营商环境优化】 落实“一制三化 2.0”（承诺制、标准化、智能化、便利化）改革措施，优化审批流程，涉及民生的 105 项事项到街道办理，13 项政务服务事项到社区办理，建成 3 个政务服务无人超市和 12 个自助网点。加大事中事后监管力度，“双随机、一公开”（随机抽取检查对象、随机选派执法检查人员，将抽查情况和查处结果向社会公开）抽查常态化、全覆盖。开展政务服务“好差评”活动，整体好评率超过 98%。开展“双万双服促发展”（万名干部、万家企业，服务企业、服务项目，促进发展）活动，兑现扶持政策，落实减税降费政策，新增减税降费超过 2 亿元。

【国资国企改革和机构改革】完善国资监管方式，启动“智慧国资”监管平台，完成国有企业退休人员社会化管理和“三供一业”（供水、供电、供热和物业管理）分离移交工作，完成区房产总公司改革和综合行政执法改革，推进住建、城管系统事业单位改革，组建住房和建设发展中心、城市管理服务中心，坚持“管干分离、市场运作”原则，实施供热和环卫一体化改革。

生态文明建设

【环境保护】 推动第二轮第二批中央环保督察群众信访举报问题整改，121 件转办案件全部按期办结。推动 500 余家餐饮企业安装环保净化设备，$PM_{2.5}$ 改善率全市第二。落实河湖长制，提前一年完成全部 408 个雨污混接点改造，所有断面达标。落实土壤污染防治行动计划，完成 12 个地块土壤污染状况调查评审工作。

【创文创卫】 开展“三小”（小作坊、小经营店、小摊点）、“四小”（小旅店、小浴室、小美容美发、小歌舞厅）行业专项治理和控烟集中执法检查等攻坚行动，创建国家卫生城区和天津市文明城区。完成五年违法建设专项治理工作任务，治理账内违法建设 3.54 万间 48.71 万平方米，拆除账外违法建设 1.49 万间 16.43 万平方米。开展违规散养家禽家畜专项治理行动，治理问题点位 526 处，拆除违规鸽棚鸽舍 853 处 1.20 万平方米。

【绿化美化】 实施园林绿化工程，完成子牙滨河公园二期工程建设，新增绿化景观 4 万平方米，水木天成中心公园正式开放，竹园公园提升改造加快。加快发挥数字城管治理效能，上报事件办结率超过 93%。提升改造公厕 18 座，全区公厕无障碍设施覆盖率 90%以上，新建 2 座有害垃圾收集点，新增 20 个生活垃圾示范小区。提升社区治理水平，新创建 2 个市级精品美丽社区和 6 个美丽社区。

平安建设

【专项整治三年行动】 加大隐患排查和执法力度，各类隐患问题动态整改率 98.20%，实现生产安全事故、火灾事故亡人“双零”。完成新春花苑等积水片区排水管网改造，与南开区联动做好津河防汛，实现安全度汛。推进国家食品安全示范城市创建工作，完成市级初评验收。全区三级社会矛盾纠纷调处化解中心实现实体化运行，化解重复信访积案 138 件，19 件“四个重点”（重点领域、重点群体、重点问题、重点人员隐患）信访积案全部化解。1999 至 2019 年房屋征迁工作中，因家庭内部矛盾等原因未完成安置的 1337 户历史遗留问题得到有效解决，减少至 328 户。

【违法犯罪行为打击】 刑事

警情下降32.40%,治安警情下降36.10%,红桥区看守所被评为“全国标兵看守所”。持续提升“无黑”城市创建水平,“无黑社区”创建达标率100%,涉黑涉恶线索办结率100%。

民生保障

【教育兴区】 新建改建公办幼儿园4所,完成1620个学前教育学位建设,超额完成补建任务。推进教育载体建设,第二实验小学实现招生,红桥小学改扩建基本完工,桃花园小学改扩建加快推进,完成丁字沽街中心幼儿园改制工作。推动原无线电十三厂修缮加固改建为区教师进修学校。发挥龙头校辐射带动作用,组建实验小学、师范附小两个教育集团。与南开大学等6所高校签订大中小幼思政教育一体化建设联盟。推进文昌宫民族小学等3所学校体育场向社会开放。

【卫生文化事业】 推进健康天津行动,深化分级诊疗制度,8个社区卫生服务中心完成标准化全科门诊建设,为60岁以上失能半失能老人提供入户护理服务8157人次。完成第四轮艾滋病综合防治示范区创建工作。红桥区中医院迁建工程、西沽街社区卫生服务中心新址建设有序推进。加快构建现代公共文化服务体系,新建更新29个健身园。6个街道和52个社区综合性文化服务中心获全市第二批达标称号。公布第九批区级非物质文化遗产代表性项目名录。

【社会保障】 加大稳就业工作力度,为1301家单位发放失业保险援企稳岗补贴862万元,为7099家企业发放就业补贴2604万元,新增就业见习基地34家。超额完成居民医保和企业职工参保任务,发放各类保障和救助金3.56亿元。新增住房保障政策受益家庭2176户。新建2所养老院和105个社区老年日间照料中心(站),新增养老床位550张,超过每千名老人拥有30张养老床位的国家标准。完成北岸等3座标准化菜市场建设。免费为居民更换智能水表18.10万具。

新型冠状病毒肺炎疫情防控

决策部署

【组织领导】 1月27日，成立天津市红桥区新型冠状病毒感染的肺炎防控工作指挥部(以下简称区防控工作指挥部)。区防控工作指挥部由区委、区政府主要负责人任总指挥，区委、区政府相关负责人任常务副总指挥、副总指挥，区防控工作指挥部成员由各街道党工委主要负责人、区委宣传部、公安红桥分局负责人、区委网信办、区发展改革委、区城市管理委、区卫生健康委、区住房建设委、区商务局、区教育局、区应急局、区文化和旅游局、区财政局、红桥交警支队、区市场监管局、西站站区办、区人力社保局、规划和自然资源红桥分局、区民政局、区医保局等成员单位主要负责人组成。区防控工作指挥部设办公室，下设宣传组、疫情监测组、疫情处置组、医疗救治组、物资保障组、社会维稳组、城市管控组7个工作组(简称一办七组)。2月27日，增设红桥区新型冠状病毒肺炎疫情防控工作指挥部复工复产工作组，一办七组改为一办八组。3月15日，增设外事组，一办八组改为一办九组。

【应急机制】 2020年疫情初始，红桥区政府迅速成立领导小组，1月27日制定出台《天津市红桥区应对新型冠状病毒感染的肺炎疫情应急预案》，详细制定工作原则、适用范围、组织体系及职责。公布天津市红桥区新型冠状病毒感染的肺炎医疗救治专家组、天津市红桥区新型冠状病毒感染的肺炎防控专家组、应急预案流程图。1月31日，再次调整《天津市红桥区应对新型冠状病毒感染的肺炎应急预案》，增强预案操作性。

防控措施

【交通管控】 红桥交警支队在辖区各路面执勤岗位安排警力，加强对行人、非机动车、机动车驾驶员不佩戴口罩行为进行纠正和劝导。加强对辖区内12处集中隔离医学观察点和人民医院、红桥医院、红桥中医院、天津市中医药研究院附属医院发热门诊周边道路管控，组织各属地大队在人民医院、红桥医院发热门诊及各集中隔离点周边路口设置警力，做好就诊高峰时段外围交通疏导，配合做好就医出行车辆的引导及规范停放，保障市民就医需

2020年1月31日，红桥交警支队在西站为企业运送物资提供交通保障 (区卫生健康委 提供)

求。在西站站区外围设置机动警力,重点加强交通秩序管控,确保应急通道畅通。部署专门警力配合有关部门核查返津重点车辆和人员信息,对相关车辆做到逐车、逐人核查并采集信息。加强重点部位及周边道路、各主干道路交通管控,适时增派巡查车和疏导警力,保障应急物资运输和医疗检疫人员车辆顺利通行。接到国铁西站站区和区防控指挥部防疫物资运输保障任务4次,派出警力和警车全程带道,保障防疫物资及时安全送达。

2020年2月,红桥区干部下沉社区参与新冠肺炎疫情防控工作

(区卫生健康委　提供)

【街道防控】　双环邨街道接收核查人员351人、排除疑似病例3人、自查外地返津人员2958人、入境人员38人、外籍及港澳人员10人。咸阳北路街道发放各类防疫物资8万余件,做好配餐、社区岗亭和隔离点物资保障等工作。丁字沽街道成立14个社区疫情防控临时党支部,组织238名市级机关干部、59名区级机关干部、74名街道干部参与社区值守等工作。西沽街道制定《西沽街新型冠状病毒感染的肺炎疫情防治社区"门长制"工作方案》,落实自然小区封闭管理工作,在全街5个集中隔离点、16个社区门岗卡口成立临时党支部,设立党员先锋岗,组织党员开展捐款活动,3454人捐款36.69万余元。西于庄街道设立小区出入口体温检测点46个,发放人员通行证6.60万余张,发放车辆通行证4400余张,加强重点人员管控,对居住在街内的5404人实施分类管控,转运集中隔离点52人,排查实施居家隔离管控和居家医学观察管控4523人。建立锦江之星酒店、银泰酒店、7天酒店和格林豪泰酒店4个隔离点,对国外及新冠肺炎疫情重点省市外来人员进行管控隔离。邵公庄街道封堵小区出入口54处,设立36个值守岗亭,统筹市、区、街下派工作力量和各级党组织力量800余人,落实自然小区封闭管理工作,监管重点人员562人,在全街1个集中隔离点、13个社区门岗卡口成立临时党支部。芥园街道加强对小区进出车辆及出入行人管控工作,封堵小区出入口29个,开放22个,对出入车辆进行登记,做好来访人员测温等管控工作,成立如家商旅隔离点,设置隔离房间93间。三条石街道严格小区值守,发放通行证4万余张,车辆通行证2000余张,26个小区出入口体温检测点全面实行出入证和健康码"准入"机制,对中高风险地区到津人员进行动态管理,落实居家隔离举措,加强隔离点建设,分流入境人员285人,建成核酸检测标准化采样点1个,分散式采样点7个。铃铛阁街道实施小区封闭管理,建立3个隔离点,成立临时党支部。和苑街道排查1.34万户2.82万人,排查出外地及境外返津近4000人,其中重点地区返津近500人,实行动态化排查管理。对近2000人实施居家隔离,组织235人核酸检测,转运隔离人员28人。

【封闭式管理】　2月6日,市防控指挥部印发《关于进一步加强疫情防控期间居民小区管理的通告》,要求全市居民小区实行封闭式管理。区防控指挥部研究制定红桥区相关工作职责,对物业管理的居民小区、准物业管理的居民小区、无物业小区(自治小区)实施封闭式管理。所有小区只保留1—2个必要出入口,做到24小时严防死守,进出人员均佩戴口罩,值守工作人员对不戴口罩人员进行劝返,公安红桥分局和属地派出所对强行"闯岗、冲卡"人员依法严肃处理。为落实市防控指挥部《关于进一步优化社区防控工作的通知》要求,区防控工作指挥部再次提出进一步加强居民小区封闭式管理,强化居民小区围合封闭实效,真管真查,严管严查,落实24小时专人专岗值守,实现进入小区人员排查登记、重点群体跟踪监控全覆盖。针对小区外来人员,各街道办事处和各社区居委会采取多种方式排查,核实人员身份、联系方式和具体去向,做好登记工作,准确掌握小区内实际居住人数，掌握租房住户和外来人口动态，保证小区入口二维码扫码清晰准确，体温计测量有效，发挥好值守岗亭作用。制定《红桥区封闭小区出入口值守工作要点》，明确检查点设置要求、值守人员上岗要求、值守工作流程。

【隔离点建设】 红桥区住建委组成150余人的“5+2”抢建突击队，动用全部供货渠道，筹集各类建设物资，24小时不间断施工，改造房间1545个，铺设卷材9040平方米，安装隔离门75个，改造排风系统1300个，历经41个小时连续奋战，完成东岳楼等10余个点位封闭施工，封挡长度近2000米。

【人员健康监测】 红桥区落实各类重点人员管理措施，开展分类管理，制定《红桥区新型冠状病毒肺炎各类重点人员监控管理工作的指导意见》，对治愈出院确诊患者、排除疑似新冠肺炎人员、确诊患者密切接触者、疑似病例密切接触者、湖北省到津人员、湖北省以外到津人员等重点人员明确管理要求及管理内容。对集中隔离点医务人员、社区卫生服务中心医务人员、社区工作人员根据各自职责对密切接触者、入境人员、重点地区到津人员等重点人员开展健康监测，每日详细记录重点人员体温及身体健康状况，发现异常及时拨打120转至发热门诊进行进一步诊治。2020年，对治愈出院确诊患者4人，密切接触者49人，排除疑似新冠肺炎人员106人，入境人员3039人，武汉等重点地区到津人员5196人开展健康监测。

【景点剧场防控】 红桥区落实文化旅游行业监管职责，按照

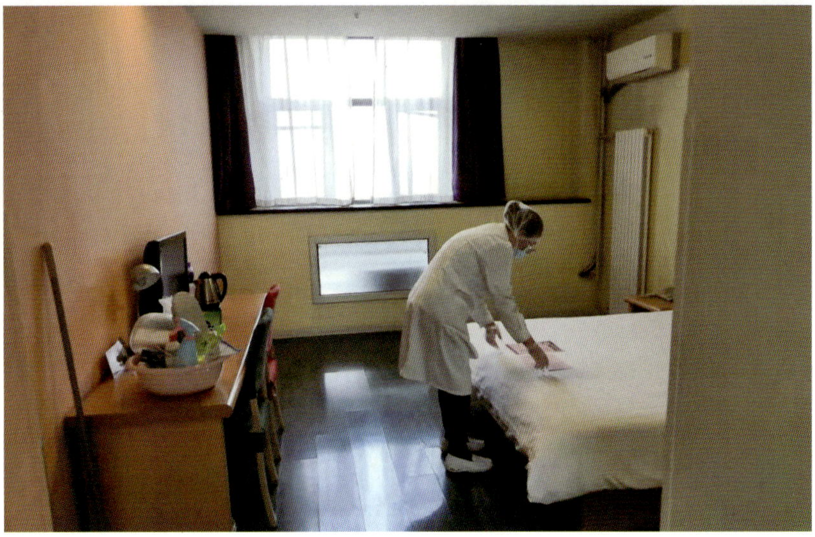

2020年9月22日，丁字沽街社区卫生服务中心、红桥医院、中医医院医务人员在银泰酒店隔离点做好迎接入境人员各项准备工作

（区卫生健康委 提供）

街域划分实施网格化管理，成立专项巡查组，采用“日常检查+随机抽查”形式，加大对文化旅游市场检查频次，重点对网吧、歌舞娱乐场所、电子游艺场所、影剧院、景区景点、旅行社（门市）开展全覆盖巡查，出动执法人员4500余人次，检查各类场所3600余家次，全区文化旅游场所按照疫情防控工作要求，第一时间应关尽关、应停尽停。做好宾馆酒店新冠肺炎疫情防控工作，成立“一对一”宾馆酒店包保服务组，坚持日巡查日统计日报送。落实入住人员信息登记制度，做好健康监测。加强对武汉、北京、新疆、青岛等重点地区及境外来津人员管理，对不符合防控要求的到津人员及时采取医学隔离观察，接待排查外籍及返境人员5000余人次，宾馆酒店接待客人20余万人次。

【社会秩序维护】 新冠肺炎疫情初期，红桥区通过大数据平台梳理武汉到津人员198人次，为新冠肺炎疫情排查工作提供数据。加强对疫情推送平台的值守，对涉疫关注人员、来华归国人员、新冠肺炎疫情重点地区人员进行全面梳理、核查，公安红桥分局向各派出所和区疫情防控专班推送预警指令34万余条，组织专人开展“津门战疫”扫码等防疫系统专门培训，培训3000余人次。

【网格化排查】 红桥区委制定《关于做好重大疫情网格化专项排查工作方案》，排查网格住户19.15万户，排查住户人数46.96万人，确保100%进门入户、100%排查疫情、100%宣传到位。

【重点场所隐患排查】 2020年3月8日起，红桥区启动新冠肺炎疫情防控重点场所安全隐患排查行动，组织人员力量对辖区内21处隔离点和4个发热门诊等疫情防控重点场所进行地毯式安全隐患大排查，建立隐患问题台账，按照“精准施策、一处一策、挂图作战、对账销号”要求，确保新冠肺炎疫情防控重点场所安全防范工作到位。

【院感防控】 红桥区成立区级

感控应急处置专家组，下发规范性文件指导各医疗机构健全院感组织，制定应急预案和工作流程，开展多场景院感防控工作实践演练。对所有入院人员进行扫码、测温、流行病学史调查，规范落实预检分诊制度，及时更新中高风险地区名录，加强重点点位医院感染防控措施，规范发热患者闭环管理，加强住院病区管理，落实"非必要不陪伴、不探视"制度。根据岗位风险程度，对医务人员定期开展核酸检测，区卫生健康委对各医疗机构开展高频次督导检查，推动各项院感工作规范落实。

【医护人员防护】 红桥区医疗机构规范落实消毒、隔离和防护工作，储备质量合格、数量充足的防护物资，加强医院管理，落实落细防护要求，最大程度减少医务人员感染，依据岗位特点，对医务人员开展防护知识、理论和技能培训。工作中，医护人员根据岗位与场景，在严格落实标准防护措施基础上，科学选择、规范穿脱防护用品，做好安全防护，避免发生交叉感染，医疗机构结合工作强度，合理调配医务人员，科学安排诊疗班次。

医疗救治

【发热门诊筛查】 红桥区建成发热门诊4个，分别在市人民医院、中医药研究院附属医院、红桥医院、红桥中医院，其中中医药研究院附属医院、区中医医院发热门诊处于备用状态。发热门诊内外设置统一标志，24小时开诊，对发热患者设置独立临床检验实验室、CT室，应用市统一发热门诊预约系统和电子病历，规范开展发热患者筛查、闭环管理，遏制疫情在红桥区蔓延，各发热门诊均制定疫情高峰期诊室、隔离观察室升级转换工作预案，满足高峰期发热患者就诊需求。

【核酸检测筛查】 新冠肺炎疫情期间，红桥区在区疾控中心新冠病毒核酸检测能力的基础上，市人民医院、中医药研究院附属医院、红桥医院、红桥中医院先后建成新冠病毒核酸检测实验室，满足红桥区应检尽检、愿检尽检人员核酸检测需求。2020年年底，在红桥医院建成红桥区城市检测基地，制定启动工作方案，成立检测机动队，达到平时0.70万份/天(份按单样检测计算，人份按混样检测计算)，高峰时2万份/天的检测能力。

【流行病学调查】 红桥区制定《红桥区新型冠状病毒感染的肺炎疫情防控方案》《关于进一步加强红桥区新型冠状病毒肺炎防控工作的通知》，规范流调人员防护级别、流调内容、流调报告书写，扩充红桥区流调人员队伍，成立由专业技术人员组成的流行病学调查专业技术队伍，由专业人员、公安干警、社区人员组成流行病学调查小组，由各社区网格员组成流行病学调查协查队伍，通过线上培训形式开展技术培训，提升流调水平。对136例新冠肺炎确诊病例、疑似病例、无症状感染者开展流行病学调查，在规定时限24小时内判定密切接触者、撰写流调报告。到人民医院、中研院、红桥医院、海河医院等开展面对面流调10次，48小时完成复阳病例活动场所流行病学调查6164人。

【集中医学观察】 2020年2月，红桥区建设集中隔离医学观察点22个，隔离观察室1534间，随新冠肺炎疫情形势变化，动态调整集中隔离医学观察点。自2020年5月，保留银泰酒店、大丰路如家酒店2个集中隔离医学观察点，隔离房间320间，为每个集中隔离医学观察点配备急救设备与药品，安排医护人员驻点对集中隔离人员进行医学观察，了解隔离人员情况，发现苗头性问题，及早采取干预措施，转往定点医疗机构。

【疫苗接种】 红桥区制定《关于做好红桥区2020－2021年流感疫苗接种和新冠疫苗接种准备

2020年10月，红桥医院发热门诊方舱CT投入使用

(区卫生健康委　提供)

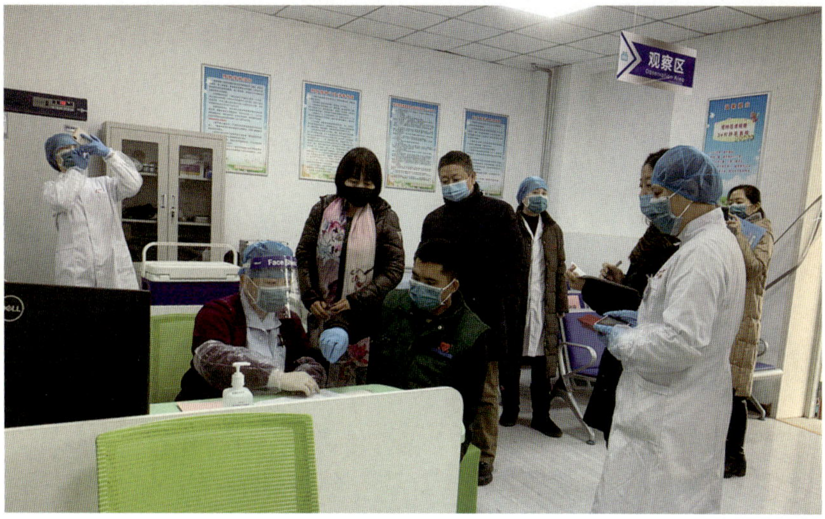

2020 年 12 月，红桥区开展冷链人员新冠疫苗接种工作

（区卫生健康委　提供）

工作的通知》《2020－2021 年天津市红桥区冷链从业人员新型冠状病毒疫苗紧急使用工作实施方案》，部署部门职责、人员摸排、接种人员资质、操作演练、接种点设置、预防接种异常反应处置等工作。在原 10 家预防接种门诊基础上新建双环邨街、和苑街、铃铛阁街、咸阳北路街临时接种点，充实接种人员队伍，对新上岗人员进行培训，持证上岗，加强培训督导，开展各类技术培训 5 轮、专业督导 5 轮次，提升接种单位技术水平。科学摸底登记，区卫生健康委及各行业主管部门按照“条块结合、协同推进”原则，做好宣传动员及风险沟通，推进重点人群疫苗接种工作，最大限度实现应统尽统、应接尽接。各行业部门、接种单位设新冠疫苗接种专项联系人，做好集中组织、精准对接、分时预约、物资保障、异常反应监测处置等各项工作。

省际援助

【援鄂医疗队】 2020 年，红桥区先后 5 次派出医疗队支援武汉湖北、恩施两地。2 月 9 日，红桥医院派出吴伟强、卢振、刘爱菊、李超、靳怀宗、任秋香、黄旭、孙凯、白敏、刘旭 10 名医护人员，参加天津市第五批支援武汉医疗队。2 月 11 日，区疾病预防控制中心派出王秉谦、胡晓辉、安晓伟 3 名专业人员前往湖北恩施支援新冠肺炎疫情防控工作。2 月 12 日，红桥医院派出董萌、郑国超、赵丽、孙志杰、邱磊 5 名医护人员前往湖北恩施支援新冠肺炎疫情医疗救治工作。2 月 17 日，区疾病预防控制中心派出张新颖前往湖北恩施支援新冠肺炎疫情防控工作。2 月 22 日，红桥医院放射科主管技师李健支援湖北武汉。4 月 22 日上午，最后回津的区疾控中心支援湖北恩施医疗队队员张新颖结束休整，至此，红桥区 21 名支援湖北省和海河医院的医护人员全部平安返回。

【援鄂医疗成果】 红桥区疾控中心派出流调、消毒、检验专业人员 4 人赴湖北恩施开展新冠肺炎疫情防控工作。流调人员到发热门诊、集中医学观察隔离点，对疑似病例及无症状感染者开展流行病学调查，开展流调排查和督导，制定流调工作质控表，从多方面综合分析恩施州所有确诊病例流调报告，查找流调工作中疏漏点，形成合理化建议和方案，完善流调工作环节。消毒人员协助当地开展消毒处置工作，到乡镇和发热门诊实地了解消毒工作情况解决实际问题，提出针对性指导意见。对人员密集特殊场所开展消毒专项技术指导工作。检验人员协助当地开展新冠肺炎病毒核酸检测，细心核对待测样本检测顺序，检测样本 3546 份。

【物资支援】 2020 年，中海油

2020 年 2 月 9 日，红桥医院驰援湖北医疗队出征

（区卫生健康委　提供）

天津院下属企业正达公司组建一支多部门联合抗击疫情突击队，联系原材料，调整生产线，集中一切力量生产84消毒液，向包括武汉雷神山医院在内的全国21个省、自治区、直辖市33个地区无偿捐赠84消毒液原剂940余吨，运送里程近9万公里，收到湖北省抗疫指挥部等感谢信10余封，中央电视台《新闻联播》《人民日报》、新华社等媒体专题报道。

抗疫保障

【防疫物资储备】 红桥区强化物资储备，加大防护物资、医疗设备、药品等保障力度，通过政府购买服务，委托国药集团向生产企业采购防疫物资，并负责仓储、管理、调配、运输工作。按照协议，一旦有新冠肺炎疫情防控物资需求，国药集团将优先保证红桥区物资供应，储备物资将于3小时内送至指定分发点。物资到达红桥区后，由区物资调配（生产）保障组统一调配，除向医疗卫生系统的储存物资定向调拨外，向社会的储存物资向街道防疫一线倾斜，突出保障教育、民政、站区办等重点领域，密切关注交通、公安等社会运转、执法一线，做到防护物资统筹安排、高效利用。

【防疫物资分发】 新冠肺炎疫情开始红桥区接收市政府调拨物资19批次，接收区红十字会捐赠各类物资72批次，涉及物品20余种。区物资调配（生产）保障组为全区重点领域、关键部位的（街道、社区、执法）一线工作人员、困难群众，机关事业单位工作人员、驻区企业发放防护服、口罩、消毒液、测温仪等防疫物资，发放口罩168.36万只，消毒液118.54吨，额式测温仪4543只，防护服1560套，一次性隔离服2.92万套，一次性手套17.74万副，护目镜3694个。发放II级、III级医用防护口罩共2.71万只，II级、III级医用防护服共1.03万套，防护面屏6565个，护目镜6633个，医用隔离衣3.47万件，一次性工作帽10.81万个，外科口罩63.07万只，一次性鞋套2.87万双，免洗手消毒剂7962瓶，电子体温计469个，玻璃体温计7938支，橡胶手套16.31万副，移动紫外线灯201个，含量为75%的酒精4875瓶，84消毒液4418瓶，消毒泡腾片977瓶。

【生活物资保障】 红桥区完善《红桥区生活必需品市场供应应急预案》，在全区设立2个应急分拨站和23个应急分拨点，分拨站为区政府后院和麦德龙超市前广场，23个分拨点为18个标准化菜市场及5家大型超市。加强对区级成品储备粮的监管，完善粮食应急预案，吸纳辖区内硬件建设、安全设施、卫生条件、信誉诚信好的店面为粮食应急供应网点，增强粮食应急供应保障能力，多次对储备粮开展专项检查，了解储备粮数量和质量情况。督促超市、菜市场做好新冠肺炎疫情防控工作，要求各主办单位按照防控标准，做好防疫，确保防控安全，为超市、菜市场正常开业，保障居民生活必需品供应提供保障，缩短超市订货周期，对全区5家大型超市米面油等14项生活必需品建立库存日报告制度，要求超市将订货周期缩短至7天，做到超市生活必需品库存量、储备量、预备量保证1个月市场供给，红桥区超市库存储备为往年储备量1.20倍，与物美多点等流通企业合作，在全区50余个社区推广“无接触式购物”，保障百姓消费安全。做好价格监测，每日对超市、菜市场的牛羊猪肉、蔬菜、鸡蛋等农副产品价格进行监测，对外发布重点肉菜参考价格，做好重点粮油商品价格监测，

2020年3月，红桥区与物美多点超市合作，在社区推广抗疫物资无接触配送服务 （区卫生健康委 提供）

对价格异常波动，哄抬物价、囤积居奇、传统涨价行为，依法严厉打击。

【隔离点物资保障】 截至2020年12月31日，红桥区卫健委向隔离点发放垃圾袋8678卷、沐浴露5178瓶、补充液2.70万袋、牙刷6897支、垃圾桶1888个、衣架1.01万支、卫生巾1206包、卷纸3395提、凉拖6798双、洗发露5334瓶、补充液2.95万袋、脸盆4986个、漱口杯3548个、洗衣液6523袋、扫把簸箕2850套、纸杯2329包、牙膏7199盒、洗手液6553瓶、抹布698包1.27万片、拖把2527把、毛巾1.13万条、吹风机1919个、玻璃杯1485个、梳子6855把、喷壶4923个、电热水壶2004个。

【防疫资金保障】 红桥区财政局研究制定《红桥区财政局关于做好新型冠状病毒肺炎疫情防控资金保障工作方案》，调整财政支出结构，保障疫情防控资金需求，用于新冠肺炎疫情相关支出2.10亿元。重点支持公共卫生系统建设、医疗卫生机构发热门诊改造、实验室建设、核酸检测、社区疫情防控、秋冬季疫情防控等。对确诊及疑似病例患者医疗费用个人承担部分全部由财政补助，确保人民群众不因费用问题而影响就诊。对抗疫一线医务人员和防疫工作者，给予临时补助，加大对援鄂医疗队一线医务人员政策激励。强化公共卫生应急物资保障，推动防疫物资企业扩能，保障防控物资和救助设备采购资金，建立“平战结合”机制，投入资金5220万元，对区内4所发热门诊升级改造，推进二级以上公立医院核酸检测实验室建设，建立防疫物资应急储备库。

【网络线路保障】 红桥区根据市委网信办《关于进一步加强新型冠状病毒肺炎疫情防控期间网络安全保障工作的通知》要求，启动新型冠状病毒肺炎疫情防控期间网络安全重点保障工作，做好网络安全风险排查、防护加固、运行监测和值班值守等工作，制定网络安全日常巡检制度，建立网络安全工作台账，在发生网络安全威胁事件期间，及时向相关单位发布网络安全威胁预警，对可能存在的病毒、网络攻击提前做好防范工作。对红桥区中心机房、七楼机房、UPS电池间等重点设施巡检40次，配合教育局做好教育系统业务巡检，配合中国联通分公司做好综合治理平台互联网诊断，推动全区各单位政务邮箱申请和使用工作，落实疫情防控指挥部视频调度会议期间主会场设备调试及会议设备线路服务保障工作，建立24小时应急值班机制，随时保持区指挥部与各街道视频连线畅通，保证遇到突发情况能够第一时间掌握情况、统筹指挥、科学处置，完成全区防疫视频调度会议工作保障112次，1月30日连夜紧急开通5个互联网地址。保障红桥区协同办公系统在疫情期间正常运行，保障各单位收发文件畅通可达，加强应急响应，启动紧急事件特殊处理，做好红桥区党群服务中心政务外网维护以及红桥区应急指挥中心会议室音视频设备日常保养，保障新冠肺炎疫情工作视频会议顺利召开。

【法律保障】 2020年，区法院统筹疫情防控和执法办案工作，严惩妨碍疫情防控犯罪，对销售假冒伪劣口罩的2名罪犯追究刑事责任。妥善审理买卖合同、房屋租赁、教育培训等涉疫情民事案件124件，及时解冻防疫物资生产企业和因疫情致困企业账户，保障复工复产。依法审结全市首例涉新冠肺炎疫情行政诉讼案件，依法支持行政机关拆除鸽棚的应急处置措施，被评为天津法院弘扬社会主义核心价值观典型案例。区司法局开展“防控疫情 法治同行”专项法治宣传，组织骨干律师成立红桥区助推企业复工复产法律服务团，编撰《应对新冠肺炎企业复工复产法律问题问答手册》，制作《红桥律师战“疫”普法课堂》系列专题视频。

【抗疫捐助】 红桥区按照区疫情防控指挥部的部署要求，制定“接收新冠肺炎疫情防控捐赠款物管理办法”，第一时间申办公募资格，并在“慈善中国”网站进行公开募捐备案，完善捐赠手续，规范接收流程。对于捐赠物资，实行编号管理，做到信息准确、流向清楚、随接随发、快进快出，实现零库存，按照捐赠人意愿将物资送往各街道、医院等相关单位，协调市红十字会接收境外捐赠口罩4.80万只。对接《中国企业报》和北京人寿保险有限公司天津分公司，为抗疫一线工作者投保125份（保额1250万元）。新冠肺炎疫情期间开展对红桥区受疫情影响困难家庭救助帮扶工作，救助慰问困难家庭81户，发放救助金3.63万元，申请市红十字会专项经费10万元，为社区一线工作人员和志愿者购买、发放口罩5.60万只,申请市红十字会专项资金20万元,用于抗疫一线医护人员慰问。建立信息公开制度,通过红桥区政务网、“美丽红桥”官方微信公众号,向社会公布信息,做到信息可查询、接收发放有公开、运转流程受监督,确保捐赠工作公开透明。2020年,区红十字会接收疫情防控社会捐款118.39万元,接收物资59笔。

【心理疏导】 红桥区制定《红桥区新冠肺炎疫情心理疏导工作实施方案》,普及心理健康知识,利用微信公众号发布心理健康知识13篇,发放心理健康折页2.70万余张,设计制作心理主题《健康文明讲坛》1期,区教育局、区科技局、街道办事处联合举办“压力与应对”“老年人心理健康”“复课,你准备好了么”心理健康知识讲座10场。成立红桥区心理危机干预队,开通2部疫情应对心理援助专线,24小时为来电居民提供心理援助及干预服务,接听心理援助热线70人次。对医务人员开展心理评估工作,为119名一线医务人员一对一心理疏导,隔离点内医务人员为每一名留观人员发放心理健康知识宣传折页,公布心理援助热线电话,提供心理评估和咨询服务,科学评估隔离点留观人员,对疫情恐慌或心理不适人员实施心理疏导。统筹“美丽红桥”微信公众号、“家在红桥”App、“红桥发布”政务微博、红桥政务网、“美丽红桥”官方抖音号等新媒体平台,加强心理疏导宣传力度,发布各类心理咨询方式,开设“防控疫情一点通”专栏,发布专题报道24篇。开设“抗击疫情 红桥在行动”专栏,发布区内抗击疫情新闻稿件204篇,报道全区各部门各单位抗击新冠肺炎疫情举措。开设“红桥区家庭教育指导站”专栏,发布《大疫面前,我们看到了……》等6期18个视频,开展“共抗疫情、爱国力行”主题宣传教育,加强对青少年心理疏导。

2020年4月,区妇联在红桥医院开展关爱驰援恩施抗疫英雄心理疏导活动 (区妇联 提供)

【医务人员保障措施落实】 区卫生健康委与区委组织部对接,及时发放慰问专款,走访慰问在发热门诊、隔离点以及赴湖北武汉、恩施支援的医务工作人员,其中赴湖北医务人员、支援海河医院医务人员慰问标准为每人3000元,共21人,发放6.30万元。红桥医院发热门诊、隔离点医务人员慰问标准为每人1000元,360人,发放31.44万元。按照市卫健委工会安排部署和政策要求,对一线医务人员子女入学需求进行摸排统计,2020年共有39名一线医务人员子女符合并享受入园、入学及中高考照顾政策。

【医疗废物处置】 2020年,区生态环境局建立与各医疗卫生机构新冠肺炎疫情期间工作日报制度,每日报送各单位医疗垃圾产生量、医疗污水处理设施运行情况、投药情况等,精准掌握全区医疗废物处置情况。特别对4家二级以上重点医院通过视频上报医疗垃圾和污水处理情况,对区内22个医学观察隔离点进行现场走访,编制《红桥区疫情防控应急监测方案》,成立应急监测工作组,应对新冠肺炎疫情期间突发性环境事件。

【环境卫生治理】 2020年,红桥区组织专人专车、定时定点定路线对医院发热门诊、医学隔离观察点、菜市场产生的生活垃圾清运至规定地点,进行无害化处理,做好马路家具、公厕、转运站消毒消杀工作,最大限度阻断新冠病毒传播途径。成立鸽子饲养专项治理工作组织机构,梳理信鸽点位,按照《天津市信鸽管理

2020年1月，新冠肺炎疫情防控期间环卫作业人员放弃休息时间，组织人力对垃圾清运车辆、垃圾桶、马路座椅开展消毒工作

（区卫生健康委　提供）

办法》对鸽棚进行现场核查，做好新冠肺炎疫情防控期间信鸽管控工作，对全区700余户信鸽会员的鸽棚、鸽舍情况进行摸底排查。区司法局协助指导相关执法部门，在全区范围内开展违规饲养家禽、鸽子以及私搭乱盖鸽舍、鸽棚专项治理行动，移送野生动物25只，治理家禽家畜点位526处8744只（含家禽鸽子）。

复工复产

【惠企政策出台】 红桥区落实“三减三免”政策，为承租行政事业单位和国有企业房屋的639家中小微企业和个体工商户减免房屋租金1646.26万元，撮合“私租私”4000户，减免房租5200万元。提升创业担保贷款贴息额度、延长贷款期限，为33家创业企业发放贷款263.70万元，通过金融快速响应机制为59户发放授信贷款1.32亿元。开展“接链、促需、护企”专项行动，制作“红桥美食地图”，依托新五爱道等夜间经济体，组织夜市购物节、夜间美食节等系列活动。鼓励全区企业参加“购天津·春风行动”，开展电商促销季、舌尖上的红桥等7项活动，鼓励水游城、陆家嘴等大型商业载体发展首店经济，鼓励津酒、至美斋等传统实体零售企业数字化转型，利用知名第三方平台进行网络销售。支持电商快递物流企业在区内推广应用智能快递站、自提柜、无接触配送等新模式新设施。开展招商攻坚，主动开展“不见面招商”“线连线”交流、“屏对屏”沟通，引入平台企业发挥招商优势，注重以商招商，重点引育新动能企业主体，在生物制品和医疗器械领域升级加力，借助区内楼宇载体招商优势，抢抓京津冀协同机遇推进光荣道科技产业园建设。

【帮扶措施】 红桥区推行“132”（“一企三人两员”驻企帮扶组，以一个小组、三名成员的形式组成服务企业专班，“一对一”“点对点”上门服务）包保责任制，点对点精准帮扶。连续两次召开视频培训大会，组织各成员单位和“132”帮扶组成员参加，面向各市场主体召开座谈会、培训会2000户次。利用“132”工作机制，全区220余个帮扶组，660余名帮扶干部到一线宣传“惠企21条”“27条措施”等惠企政策，对不同行业不同需求收集企业防疫物资、生产经营、税费减免等各方面困难，通过一对一、点对点出谋划策，用好用足帮扶政策，解决企业各类困难。成立由17名专业律师组成的法律服务团，化解企业复工复产过程中的法律难题，发放宣传材料3万余册（页），开展政策宣传次数8.05万次，指导防疫和安全生产工作2.83万次，落实政策1.73万条，协调解决问题2787个。解决口罩需求3.73万只、消毒液19.09吨、额式测温仪843支、防护服5套、护目镜6副。结合疫情防控和复工复产整体工作形势，区市场监管局推行“政策+技术”，到企业一线了解企业亟须解决的需求和困难，对不同行业、不同类型企业特点，建立帮扶团队，梳理帮扶名册，在食品、药品、知识产权、质量、特种设备、企业注册6方面帮扶。

【全产业链复工复产】 红桥区市场监管局组织成员单位召开复工复产工作会议31次，及时传达最新政策要求，建立沟通协调、定期报送、不定期信息沟通的工作机制，形成统一指挥、联动配合、高效运转的疫情防控和复工复产加速推动组织体系。联合区

2020 年 2 月 28 日,天津卓朗科技发展公司复工员工进入公司前测量体温,扫码登记 （区卫生健康委 提供）

总工会开展线上招聘活动,83 家企业提供 417 个就业岗位,收到简历 1.90 万份,成功对接 391 人,为 1001 个单位 2.10 万名职工补贴资金 731 万元,为 142 家企业 3789 名职工开展线上职业技能培训,发放培训补贴 227.34 万元。

【服务业复工复市】 红桥区全面启动美容行业复工复产。提前排查外地人员返津情况,提早制定美发行业复工方案,第一时间启动美容行业复工。开展政策宣讲,全覆盖巡查规范,应对“二月二”消费高峰,主动对接相关惠企政策的主管部门,将惠企政策转化成 8 条具体政策解读,制定《红桥区卫生健康委惠企政策常见问题 问与答》。

【畅通道路交通】 随着道路交通运输秩序恢复常态和全市企业陆续复工复产,红桥区道路交通流量呈持续增大态势,各属地大队根据各自管界交通流量变化情况,在辖区重要路口设置高峰疏导勤务,主要道路增派巡查车勤务,做好道路通行秩序维护和交通事故快处快撤等交通管理工作。各属地大队组织警力重点加大对西站站区、长途客运站、公交、地铁等交通站场和工业园区、商务楼宇等企业聚集地区的巡查管控力度,遇有交通拥堵问题及时采取应对措施。针对周末群众购物出行集中特点,各属地大队在规范停车秩序同时,做好超市、菜市场等购物场所民生服务工作。2020 年,组织区域性治理行动 352 次,出动警力万余人次,巡查车 1408 辆次。

【线上教学】 红桥区教育系统“停课不停学”稳步推进。制定《红桥区中小学“停课不停学、学习不延期”工作指导意见》,实现“一校一方案”“一师一计划”“一生一课表”,指导各校干部教师,推进线上学习,做好线上线下有效衔接,为开学复课做好充足准备。指导区内 3 个特级教师工作室、4 个名师团队和 11 名正高级教师制作 400 余项教学资源,发挥教师进修学校“研究指导服务”优势,组建“教研员+名师”中高考毕业班备考复习讲师团,组织录制 9 场“名师高考复习指导专题讲座”和 16 节“名师复习课课堂实录”,组织基层学校骨干教师对高考 9 个学科编制 135 套的限时训练,通过微官网推送各类微课 1400 余节,播放 35 万余次,确保毕业班复习质量。发挥“互联网+”优势,采取订单式的“微教研”、菜单式的“微讲解”、问诊式的“微训练”、诊断式的“微检测”方式减轻教师负担。总结优秀教育成果和宝贵经验,编辑出版《红桥区“停课不停学”线上教学优秀案例集》《红桥区中小学战“疫”思政课优秀课例集》,开展网络教研 175 场,录制市级毕业班复习课 620 分钟,相关课程资源在广电云课堂和津云网络同步播出。

【分批次错峰开学】 红桥区切实做到开学方案到位、后勤保障到位、人员保障到位、健康监测到位、环境整治到位、宣传教育到位,各批次复课开学和疫情防控平稳有序。4 月 20 日,红桥区初、高三复课开学,5 月 6 日,红星职专复课开学,5 月 18 日,红桥区小学四五六年级、中学非毕业班复课开学,6 月 2 日,红桥区小学一二三年级、17 所公办幼儿园和 3 所民办幼儿园同步复课开学。

【复学复课】 红桥区教育局成立 4 个督导专班,对标对表复课开学细则逐项核验,提出“一校一策、一校区一策”要求,对区内 54 所中小学幼儿园的 62 个校区、59 家校外培训机构进行排查,制定《复课开学疫情防控工作方案》《教育系统疫情应急处

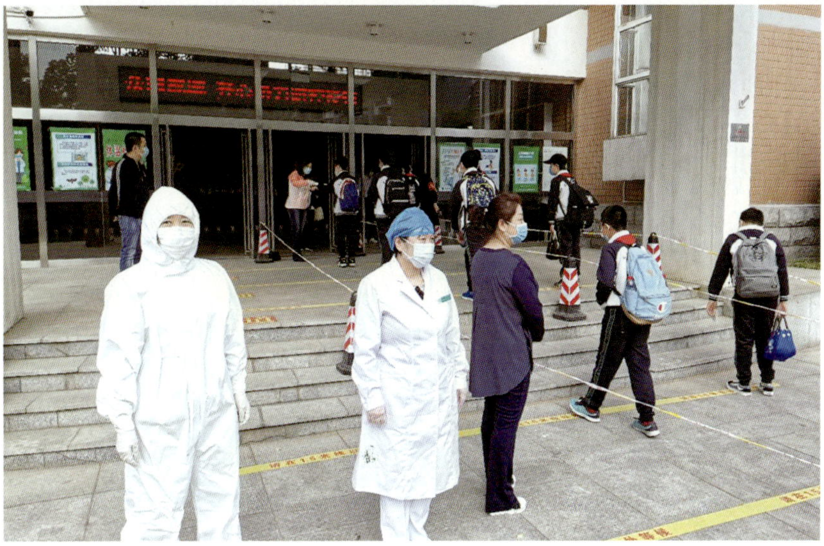

2020 年 5 月 18 日，红桥区文昌宫民族小学复课

（区卫生健康委　提供）

置预案》《中小学复课开学指导手册》，指导学校完成《人员进出管理制度》《学生晨午检制度》《因病缺勤登记和追踪制度》《疫情应急处置预案》等“九制度一预案”，建立“全域、全员、全程”包保督查机制，对标对表 16 项 40 条细则逐校逐项核验，开展 19 轮次的复课督查。

常态化疫情防控

【组织管理系统】　红桥区委组织部履行组织部门疫情防控职责，建立“区、街、社区、网格”四级防控体系，在防控一线建立临时党支部 126 个，分批次统筹安排市、区两级机关 3285 名党员干部下沉社区当“员”入列，607 名区级下沉干部服务企业复工复产。

【常态化疫情防控部署】　5 月 22 日，区疫情防控工作指挥部办公室下发《关于进一步加强我区常态化疫情防控工作的通知》，7 月 27 日再次下发《关于主动应对风险挑战进一步强化我区常态化疫情防控工作的通知》，要求执行市区各项疫情防控规定，强化涉疫突发异常情况处置与管控，精细做好防疫软硬件准备。区防控指挥部各工作组及成员单位压紧压实“四方责任”（属地责任、部门责任、单位责任、个人责任），制定完善重点人员清单、重点场所清单、重点物资清单。

【重点地区人员排查管控】　根据国内新冠肺炎疫情防控形势，红桥区利用市指挥部下发的各类大数据信息，调整重点地区到区人员管理措施，制定新疆省、大连市、云南省瑞丽市、山东省青岛市、内蒙古自治区满洲里市、成都市郫都区、黑龙江省牡丹江市等重点地区人员到区健康管理工作方案，指导各部门各街道做好排查管控。2020 年，排查武汉市、北京市新发地、乌鲁木齐市、大连市、云南省瑞丽市、青岛市、新疆省喀什市、河南省濮阳市、内蒙古自治区满洲里市、牡丹江市、沈阳市、河北省等重点地区到津人员 2.76 万人。

【重点场所疫情防控】　红桥区对辖区经营公共场所“四小”单位（小旅店、小浴室、小美容美发、小歌舞厅），及时登记顾客体温等相关信息，每日登记信息表在经营单位处留存备查。结合“四小”单位实际，更新核实各经营单位开业时间，要求各单位如暂不营业，须于营业前第一时间通知区卫生计生综合监督所到现场进行卫生监督检查。落实体温检测工作，要求各经营单位准备体温测试仪器、设备，如使用水银体温计，要做好消毒工作。对店内经营人员、顾客进入前先体温检测，必须佩戴口罩，拒不配合者不得入内。各经营单位采取预约服务、多区域等候等多种形式，避免人群聚集。加强通风消毒工作，对理发工具等服务用品严格消毒。加强环境卫生整治，彻底清理卫生死角，结合美发行业实际，提早谋划，制定人流高峰期应急预案。

红桥区组织卫生监督部门分批次、分步骤、分重点对全区各级各类医疗卫生机构的发热门诊、预检分诊处、病原微生物实验室、预防接种门诊、口腔诊所（门诊部）、隔离医学观察点以及公共场所、学校卫生等开展递进式、拉网式排查，发现问题，落实整改。按照“外防输入内防反弹”总体工作要求，对各哨点和非哨点医疗机构，重点对预检分诊、发热门诊、医院感染管理措施落实情况等方面进行督导。区卫生健康委率队对红桥区基层医疗机构疫情防控工作实地暗访检查，加强红桥区医疗机构疫情防控工作安全监管。

学校严格把好校门关，封闭式管理，维护校园及其周边安全秩序。每日进行晨午晚检，坚持实行每日疫情防控“日报告、零报告”制度，每天排查师生健康状况，对未到校师生，逐一排查缺勤原因并做好记录，每天坚持常通风，放学后做好预防性消毒工作。重视食品安全，建立学校(幼儿园)食堂和供餐单位食品安全可追溯体系，落实索证索票和进货查验制度，加强对从业人员食品安全培训，发挥校园宣传主阵地作用，科学宣传普及防治知识。

落实宗教场所“两个暂停”要求，制定巡视走访工作方案和“两登记一巡视”机制，投入防控资金31.50万元，做好宗教场所新冠肺炎疫情防控。

2020年1月30日，区卫生监督所检查丁字沽社区卫生服务中心预检分诊关键环节现场疫情防控措施落实情况

（区卫生健康委　提供）

【站区疫情防控】 红桥区西站站区办保持战时状态，全员保持24小时值班值守，第一时间制定防控预案，落实“四早”(早发现、早报告、早隔离、早治疗)要求，督促站区各单位落实测温、验码、环境消毒等日常防控工作，加强到津人员排查管控，动态调整疫情防控工作方案及应急处置流程。组织开展实战化演练，加大站区宣传引导力度，配合铁路部门及各区防控指挥部接驳境外疫情暴发初期未经隔离观察入境旅客88名，国内重点地区到津旅客70余名。站区内张贴新冠肺炎疫情防控宣传海报300余张，悬挂条幅40余条，配合大众汽车自动变速器(天津)有限公司完成企业千余名复工人员接驳工作，配合天津市教委及各高校完成2万余名大学生接站任务，配合天津市征兵办完成新老兵送迎工作。

2020年2月2日，公安红桥分局组织警力在天津西站对抵津旅客开展测温等新冠肺炎疫情防控工作　（区卫生健康委　提供）

【外籍入境人员防控】 区政府办公室绘制红桥区入境到天津人员转运流程图2份，编发新冠肺炎疫情防控工作信息日报343期。制定《关于严格做好疫情防控期间红桥区外籍人员摸排核查、管理服务工作方案》，摸清红桥区外籍人士底数并动态更新，组织召开专题会议10余次，印发《红桥区外籍人员每日情况专报》306期，协助办理陆家嘴万怡酒店、惠灵顿国际学校等单位27名外籍员工到华回津申请，组建外事翻译服务队和转运工作小组，配合区防控指挥部做好转运、隔离相关工作。

【大规模人群核酸检测筛查演练】 2020年，区卫生健康委在区疫情防控指挥部的领导下，牵头制定《天津市红桥区开展大规模人群新冠病毒核酸检测筛查演练方案》，组织各街道、各社区卫生服务中心以及相关部门开展1次大规模人群核酸检测演练。

防疫宣传

【概况】 红桥区按照全区新冠肺炎疫情防控工作的整体部署，区委宣传部牵头成立宣传组，及时制定《红桥区新型冠状病毒感染的肺炎防控工作指挥部宣传组专项行动预案》，明确工作职责，细化工作任务，落实日报告制度，报送《宣传组每日工作汇报》229期。召开社会宣传专题会议，下发《关于做好全区疫情防控社会宣传工作的通知》，推动工作全面开展，制定《关于全面加强红桥区应对疫情宣传引导工作的方案》《关于保障和关爱新冠肺炎疫情防控一线医务人员宣传报道方案》《关于深入学习贯彻习近平总书记在统筹推进新冠肺炎疫情防控和经济社会发展工作部署会议重要讲话精神的宣传报道方案》《红桥区涉疫情网络舆情管控方案》等专项工作方案，组织“红桥战‘疫’中的感动”主题宣传作品征集展示活动。

【新闻宣传】 加强新闻宣传，制发《关于做好疫情防控期间宣传工作的要求》，统筹“美丽红桥”微信公众号、《天津日报·红桥周刊》、红桥有线《红桥新闻》、“家在红桥”App、“美丽红桥”官方抖音号等区属媒体平台，开设《谁是新时代最可爱的人》《“战地”日记》《最美网格员》《抗击疫情 红桥在行动》《防控疫情一点通》等专栏，制作推出图文、动漫、短视频等融媒体产品。“美丽红桥”微信公众号推送新冠肺炎疫情防控相关新闻640余篇，《天津日报》红桥周刊采写编发红桥区疫情防控、复工复产工作等相关报道31篇，红桥有线电视台每日播出新冠肺炎疫情防控相关信息时长超过1000分钟，“家在红桥”App、“红桥发布”微博、红桥政务网等媒体平台发布相关报道1900余篇，注册认证“美丽红桥”官方抖音号，发布原创短视频13条，各单位新媒体矩阵转发推送权威机构和媒体发布的疫情信息、科普防护知识及疫情防控工作相关报道日均达百余篇次，各单位制作发布正能量短视频百余条。联系中央驻津媒体、市级媒体等，推送红桥区新冠肺炎疫情防控相关新闻线索和稿件，新华社、中央人民广播电台、央广新闻、天津电视台、天津广播电台、“津云”、《天津日报》《今晚报》等中央驻津媒体、市级主流媒体采用刊发红桥区——疫情防控相关报道近20篇次。“学习强国”平台推送《天津红桥区分类有序推进企业复工复产》等疫情防控相关报道12篇。

【舆论引导】 红桥区委宣传部加大网络舆情监看力度，牵头制定《红桥区涉疫情网络舆情管控工作方案》。对已出台《网络舆情监看处置工作制度》进行修订，建立舆情快报、网络敏感信息交办单制度，完善舆情专报机制。向各单位发送《网络敏感信息交办单制度》120期、《舆情快报》33次、《舆情专报》26期、综合报告14期。安排专人通过信息技术和人工7×24小时不间断巡查，发现并妥善处置涉区或属地新冠肺炎疫情舆情29条，发现非涉区和非属地舆情1条。增强各群主、管理员法律意识，遏制微信群、QQ群、微博群等平台传播疫情不实信息，迅速辟谣，化解多起涉疫舆情危机。

【社会宣传】 红桥区强化社会宣传，印发新冠肺炎疫情防控宣传彩页41万份，印制张贴发放《天津市防控指挥部给天津市民的通知》《预防新型冠状病毒明白纸》《关于依法惩治妨害新冠肺炎疫情防控违法犯罪行为的通告》《关于实施天津疫情防控和复工复产“健康码”的通告》等宣传海报、宣传彩页超过72万张，在社区制作悬挂宣传标语2460余幅，布置过街天桥、健康教育宣传栏891个，更换工地围挡公益广告1280平方米，利用全区413块电子显示屏、楼宇电视和社区小喇叭滚动播放新冠肺炎疫情防控知识。区卫健委更换健康教育宣传专栏700块，区教育系统利用“校讯通”及时将相关信息内容发送给全区4万多名学生家庭，各街道印制张贴悬挂《明白纸》、宣传海报和宣传条幅等宣传品。建立覆盖全区各单位的新冠肺炎疫情防控社会宣传微信群，畅通宣传渠道，建立素材库，收集视频素材10个，音频广播素材33个，图片类素材94个。区商务局为超市、农贸市场统一配备电子广告屏，高频次播放新冠肺炎疫情防控宣传视频和公益广告，利用小喇叭持续播放购物排队注意事项,指导麦德龙等超市在出入口、服务台和购物区内显著位置张贴宣传海报、悬挂布标横幅。

【秋冬季防控宣传】 红桥区落实市、区防控指挥部关于秋冬季新冠肺炎疫情防控工作要求,制定专项工作方案,做好新闻宣传,将做好秋冬季常态化疫情防控宣传报道工作纳入每月全区新闻宣传和信息报送要点。加大秋冬季疫情防控宣传报道力度,红桥有线电视台《红桥新闻》持续报道中央和市、区关于新冠肺炎疫情防控工作重点新闻,每日滚动播出疫情信息、防控知识、公示公告,日均播发130余条,350余分钟。“美丽红桥”微信公众号、“家在红桥”App、“红桥发布”微博、红桥政务网等区属新媒体平台推送《检测、监测、报告、流调……秋冬疫情防控,天津做好这些准备!》等秋冬季疫情防控相关新闻600余条次,向全区各单位、城市书吧及图书馆基层服务点发放《疫情里读懂中国》300册,向全区各单位及“快乐营地”发放《文明健康生活方式新理念》200套。

【红桥区抗击新冠肺炎疫情纪实展】 2020年,红桥区文保中心推出《红桥区抗击新冠肺炎疫情纪实展》,11月3日起在天津义和团纪念馆、天津市三条石历史博物馆、西于庄街永光楼社区、三条石街尚都家园社区等地展出,展览以全区上下勠力同心抗“疫”为主线,展示全区党员干部群众的“硬核”担当和红桥区抗“疫”斗争取得的成果。

2020年11月3日,红桥区抗击新冠肺炎疫情表彰大会在第五中学报告厅隆重举行 (区卫生健康委 提供)

【红桥区抗击新冠肺炎疫情表彰大会】 2020年11月3日,天津市红桥区抗击新冠肺炎疫情表彰大会在天津市第五中学报告厅举行,69名优秀共产党员,35个先进基层组织受到表彰,62人获红桥区新冠肺炎疫情防控工作五一劳动奖章,10家单位获红桥区新冠肺炎疫情防控工作五一劳动奖状,20家单位获红桥区新冠肺炎疫情防控工作“工人先锋号”。区委书记李清出席并讲话,区委副书记、区长何智能主持大会,区人大常委会主任郑会营、区政协主席杨焕、区委副书记芮永玲出席。区委常委、区人大常委会、区政府、区政协领导班子成员,区属各部门各单位党政主要负责人、驻区单位主要负责人、全国抗击新冠肺炎疫情先进个人、天津市优秀共产党员和先进基层党组织书记、红桥区优秀共产党员和先进基层党组织书记、红桥区新冠肺炎疫情防控工作五一劳动奖章获得者、五一劳动奖状和“工人先锋号”获得单位(部门、科室)负责人、医护人员、公安民警和街道社区基层党员干部群众代表参加。

脱贫攻坚

措施保障

【资金支持】 2020年，红桥区向甘肃省碌曲县、合水县拨付东西部扶贫协作资金7889万元，援建项目69个。其中，向合水县拨付资金4080万元，援助项目43个；向碌曲县拨付资金3809万元，援助项目21个。对口支援资金1000万元，支援项目5个。

【劳务协作】 2020年，红桥区树立“就业一人、脱贫一户”帮扶理念，针对就业困难贫困户，推动就业意愿、就业技能与就业岗位对接。打造劳务输转服务平台，完善劳务输出对接机制，建立劳务资源动态管理台账，举办线上线下专场招聘会，引导劳务企业驻县开展劳务招聘，常态化组织用工输转。针对两县贫困大学生就业难问题，提供机关事业编制和劳务派遣岗位，招录两县贫困大学生到津就业。帮扶两县贫困劳动力就业3334人，开展贫困户技能培训791人。针对拓宽贫困户就地就近就业渠道，开展创业致富带头人培训650人次，援建扶贫车间6个，出台帮助贫困人口就业支持政策文件，为850名新增就业贫困劳动力落实稳岗补助57.38万元。新冠肺炎疫情防控期间，提供交通补贴，组织包车、拼车输送农民工到津就业和外出务工。在全市首创成立劳务对口帮扶专员队伍，在受援县聘任80个行政村的村支部书记及部分村干部为劳务帮扶专员，搭建就业服务平台。全年完成劳务技能培训430人。贫困人口到津就业完成67人，贫困人口就近就地就业完成824人，贫困人口到其他省就业完成2440人。支持少数民族毕业生到天津市就业，通过事业单位招录3名藏族毕业生到津就业。

【结对帮扶措施】 2020年，红桥区134名局处级领导干部与受援县困难户结对认亲，开展“五个一”活动，通过赠送节日礼物、资助就学、购买农资、推荐就业、助力农产品销售等方式，增进两地感情，巩固脱贫成果。红桥区9个街道（社区）与两县16个乡镇、14个社区和16个贫困村深化结对协议，各街道、社区针对村镇和贫困户实际，采取购买农用物资、采购农产品、协助就业、捐款捐物等形式，深化结对帮扶，购置生产生活物资31.36万元。组织专业人员对正在筹建的村幸福养老院工作人员，进行老年人照料、护理指导培训，加强对养老院

2020年5月20日，西沽街为对口帮扶的甘肃省合水县板桥镇司家峁村和西华村捐赠化肥和轮椅 （西沽街道 提供）

整体建设与后期经营管理指导。

精准帮扶

【人才支援】 2020年，红桥区与两县构建双向挂职干部交流机制，选派6名干部在两县挂职工作，其中挂职副县长2人、政府办副主任、扶贫办副主任4人，分管扶贫协作工作。选派60名专技人才赴甘肃省碌曲县与合水县开展援派工作，其中包括2名从援鄂“抗疫”战场转战“脱贫攻坚”战场的医务人员。组织“专家博士服务团”为两县全域旅游发展和现代种养殖业提出针对性思路和举措。区委副书记、区长何智能到合水县对扶贫干部和创业致富带头人开展培训，围绕种植养殖、电子商务、文化旅游、医疗卫生、教育等主题，为受援县党政干部培训4期430人，专技人才培训1934人次。

【产业扶贫】 2020年，红桥区以消费扶贫带动产业合作，产业合作带动就近就业增收，就业增收实现脱贫为工作思路，引导一批区内企业到碌曲县、合水县投资兴业，与当地龙头企业合作，扩大企业生产规模，强化产业合作，带动当地产业发展，带动贫困户增收受益。引导6个企业在两县投资，到位资金2060万元，坚持产业带动，变“输血”为“造血”，带动贫困人口4416人。加强共建产业园区建设，引导红合盛（合水）科技有限公司入驻工业园区，实际投资100万元，增强合水县在环保监测科技方面的技术能力。

【教育扶贫】 2020年，区教育局接受甘肃省合水县、碌曲县28位干部教师到红桥区结对校跟岗交流一个月，选派30名骨干教师分赴甘肃省合水县、碌曲县支教。组建骨干名师宣讲团分赴甘肃省合水县、碌曲县开展“送培送教”主题式教育培训活动14场，培训干部教师850余人。与甘肃省合水县、碌曲县结对校开展“云享一堂课”“互通一封信”“共读一本书”等交流互动活动，运用“睿师有约 空中课堂”微信公众号微课堂与甘肃省合水县、碌曲县共享资源，利用远程平台让居家学习学生共享疫情防控知识和学科知识。红桥区教师进修学校在甘肃省碌曲县教研工作引入“四微”教研法，将“三约七减”教育法融入合水县教学和教研工作中。

【健康扶贫】 2020年，红桥区卫生健康委完成6个结对县级医疗卫生机构帮扶和“村村好”帮扶任务。派出医务人员34人，开展门急诊、手术、会诊、义诊等服务患者1.36万余人次。带教医务人员79人，开展专业技术培训1826人次，接收18名医务人员到津进修，提高县级医院基本医疗诊治能力。援派医生向百姓开展健康教育，提高百姓科学防病知识，降低因病致贫风险，援派医务人员为两县医院引进“醒脑开窍针刺法”“间接盖髓口腔治疗”等技术32项。

【科技扶贫】 2020年，红桥区联合天津市科技馆为甘肃省合水县乐蟠初级中学、碌曲县藏族中学各援建天文科普教室，捐赠科普书籍、设备以及天文课程折合金额40余万元。在两县组织青少年观测等多种科普活动，向当地青少年普及天文常识，培养他们爱好天文。碌曲县平均海拔3100米，大气视宁度高，观测气象条件佳，天津市科技馆老师给同学们上天文示范课，带领孩子们进行天文观测，通过课程演示和实际观测，让更多学生接触到天文知识，增加对太阳系以及宇宙的宏观理解。科普宣传周期间，在两县开展科普进校园活动，组织老师、医生走进合水、碌曲校园，通过讲座形式提高学生爱科学的热情。

2020年6月19日，红桥区援甘医务人员郑超（左二）在碌曲县医院给藏族病患问诊
（区卫生健康委 提供）

【文化旅游扶贫】 2020年，区文化和旅游局组织区内旅游企业（国中旅行社）到对口扶贫甘肃省合水县，注册旅游公司“津合经济协作发展交流（合水）有限责任公司”，注册资本10万元。到陕甘红军纪念馆等景点调研，完善对口扶贫合水县旅游线路，助力合水县乡村旅游发展，为合水县旅游从业者举行专题培训。为碌曲县进行文化旅游宣传推介，发放相关宣传资料4310份。利用线上旅游产业博览会，为合水县、碌曲县开展文化旅游资源宣传推介和网络扶贫商品展卖活动。为合水县图书馆捐赠图书400册，为老城镇杨坪村捐赠图书600册，为碌曲县捐赠1万元，用于购买锅庄舞服装，改善民族舞蹈室条件。

社会参与

【共青团助力脱贫攻坚】 2020年，团区委、区青联开展“线上带货”活动，组织街道、机关、企业青年录制带货视频，在团区委微信公众号“红青之声”、团区委官方抖音、腾讯视频、好看视频等平台多渠道发布，宣传推介受援地农副产品，完成25万元消费扶贫任务，为建档立卡贫困户青少年捐助价值4万余元爱心物资。

【妇女帮扶】 2020年，区妇联组织红桥区妇女姐妹线上开展“爱心家庭一元捐”活动，号召红桥区妇女姐妹和家庭参与“一家一户一元钱，脱贫攻坚爱相连”献爱心温暖传递，助力西部脱贫攻坚，捐款6.1万元。

【残疾人帮扶】 2020年，区残联对甘肃省碌曲县投入东西部协作资金100万元，用于托养照护重度残疾人、建档立卡残疾人家庭无障碍改造、残疾人产业扶贫支持、建档立卡残疾人自主创业和残疾人技能培训5个项目。碌曲县建档立卡贫困残疾人425人。100名残疾人享受到每月一次的助残康复护理服务，为70名残疾人（其中建档立卡残疾人13人）入股合作社，产生效益后取得分红。帮助4名建档立卡每人1万元的扶持发展资金，对他们自主创业提供帮助。对建档立卡的20名贫困残疾人进行培训，进一步帮助残疾人提升职业技能水平。为甘肃省合水县投入东西部协作资金54.85万元，用于残疾人培训、康复医疗服务、残疾人辅助器具适配、医疗辅具发放4个项目。合水县建档立卡贫困残疾人3541人。为140名贫困残疾人开展瓜果蔬菜种植实用技术培训。为40名贫困听力残疾人适配助听器40例。为全县402名贫困残疾人配发康复保健箱。为500名贫困残疾人发放血压计，为500名女性贫困残疾人发放健康医疗辅具。

【消费扶贫】 2020年，红桥区完成消费扶贫采购7886.16万元，设立500万元专项资金，鼓励社会企业参与消费扶贫工作。做好红桥区落实天津市消费扶贫“三专一平台”（专柜、专馆、专区和中国社会扶贫网平台）试点工作，提供2处房产作为消费扶贫专馆载体，在2家国有企业布设扶贫专柜。利用现代互联科技，组织企业赴甘肃合水县、庆城县、平凉市、天水市等实地考察，参加天津市“津城献爱心、精准助脱贫”消费扶贫“云签约”活动以及甘肃省组织的“陇货精品线上对接”大会，线上签订采购协议4200万元，涉及产品30余个。利用“五一”、国庆等节假日，与合水县、碌曲县在区内大型综合体场地举办“津扶甘百越羊奶粉厂家直销扶贫产品”展销、消费扶贫月主题展卖等活动3场，通过网络直播带货活动，借助直播平台作用，宣传介绍扶贫产品促进扶贫产品销售。

【万企帮万村】 2020年，红桥区35家企业、协会，与甘肃省合水县的34个贫困村、5个非贫困村建立结对帮扶关系，帮扶资金81.83万元（其中天津市科协助力募集资金73万余元），其中现

2020年6月6日，红桥区推出“‘青’尽所能‘碌’力‘合’心”线上带货活动，拓宽扶贫产品销售渠道 （团区委 提供）

2020年9月22日，天津市科协携手红桥区“万企帮万村”捐赠仪式在甘肃省合水县太白镇葫芦河村举行 （区合作交流办 提供）

金76.22万元，物资5.61万元；与甘肃省碌曲县6个贫困村建立结对帮扶关系，帮扶资金22.75万元。帮扶行动落实到每一个村，实现“万企帮万村”全覆盖。在对口帮扶升级加力活动中，为甘肃省碌曲县西仓镇唐龙多村投入10万元，以村集体经济方式入股专业养殖合作社，每年全部分红带贫建档立卡户10户31人。为甘肃省合水县板桥镇锦屏村投入帮扶资金10万元，用于壮大村级集体经济和发展产业，其中新打机井2眼，补助资金3万元；发展产业补助资金7万元。为吉岘镇黄寨子村投入帮扶资金10万元，由黄寨子村选择农业产业合作社，采取入股分红方式，带动本村建档立卡贫困人口10人以上，实现稳定脱贫。向结对村发放《问需调查表》，开展“订单式”结对帮扶。组织企业向合水县结对村捐赠电脑设备、学生用具、添购幸福院床位、农田灌溉井、垃圾桶、饲料等物资。对碌曲县农村网店运维人员进行培训，专业电商企业技术人员赴碌曲县进行集中培训和现场指导，免费为结对村网上店铺进行后期维护。

【动员社会力量】 2020年，区委统战部牵头制定《红桥区2020年广泛动员社会力量参与东西部扶贫协作和支援合作实施方案》《红桥区对口帮扶社会动员资金管理使用暂行办法》，发布扶贫助困倡议书。全年协助区处两级干部134人与受援县困难户结对认亲。

【“温馨之家”送温暖活动】 2020年，红桥区联系全国性公益社会组织，发挥基金会作用开展帮扶活动。中华少年儿童慈善救助基金会（以下简称儿慈会）赴甘肃省合水县开展2020年“温馨之家”送温暖活动，为合水板桥镇板桥村、曹家塬村等12个村捐赠儿童棉服1000余套，为8所小学捐赠保温杯及篮球、足球、羽毛球拍、羽毛球网架等运动器材。儿慈会与段家集乡枣洼村签订帮扶协议，儿慈会向枣洼村困难儿童家庭捐助米、面、油等生活必需品。

【东西部协作春风行动暨就业援助月活动】 2020年2月18日至4月15日，红桥区推动东西部劳务协作工作，保障节后个人求职及企业用工需求。区人社局、区妇联启动“2020年东西部协作春风行动暨就业援助月”线上招聘活动。57家企业报名，上线岗位144个，收到1.19万个求职者简历，解决大部分岗位招聘需求。

2020年6月，红桥区妇联为甘肃省合水县固城村50户贫困儿童购买书包、防烫饭盒、水杯等生活用品 （区妇联 提供）

中共红桥区委员会

综　述

【党建引领基层治理】 2020年，红桥区落实市委“战区制、主官上、权下放”党建引领基层治理体制机制创新工作要求，坚持以推进市域社会治理现代化为目标，完善党建引领基层治理体制机制创新“十个一”工作措施（一套机制狠抓落实、一根钢钎党建引领、一处阵地服务群众、一网多格全域覆盖、一座平台力促稳定、一声哨响报到督办、一家融媒多元发力、一套体系护网治网、一个中心为民解忧、一支铁军法治保障），制定工作制度汇编，形成26个配套文件、22个附件。建立区、街道、社区三级社会矛盾纠纷调处化解中心，纳入全区基层社会治理体系，赋予“调处吹哨权”。统筹公检法司力量向街道社区下沉，为基层社会治理提供法治保障。派出所所长进街道党工委班子、社区民警进社区“两委”班子，且社区民警或社区辅警每天必须深入社区；推进区法院巡回司法服务体系建设，推动社区法官工作站等服务站点覆盖全区各街道，将巡回审判、诉讼辅导、多元解纷等诉讼服务送到群众家门口；区检察院每月2次深入街道，接受群众举报、控告和申诉；区各司法所所长列席街道党工委、办事处领导班子会议，促进依法决策、依法行政。围绕基层党建和基层社会治理两个全覆盖，推进“飞地”治理，19处、45个点位全部报捷，和苑居住区和双环邨街道行政区划变更顺利完成。《天津日报》头版报道“十个一”有关工作，红桥区“飞地”治理工作得到央广网、天津电视台等中央和市级媒体宣传报道20余次。

【从严治党】 2020年，区委常委会传达学习习近平总书记重要讲话和重要指示批示精神66次，传达学习中央文件会议精神91次。围绕深化“不忘初心、牢记使命”主题教育成果，制定10个方面40项具体措施。围绕学习宣传党的十九届五中全会精神，区委主要负责人带头作宣讲报告。落实网络意识形态工作责任制，加快推进“三级确保、建设四级、多级完善”网信工作体系建设，构建网上网下综合治理一体化工作格局，筑牢网上政治安全“护城河”。坚持好干部标准和重德才、重实绩、重基层的选人用人导向，严把政治首关，注重“事功”，一批奋战在疫情防控一线干部得到提拔、晋升或重用，对在疫情防控工作中失职失责、作风不实、不担当不作为的处级干部给予免职及纪律处分。制定2020年形式主义官僚主义、不作为不担当问题专项治理工作要点，开展三年专项治理“回头看”，建立“负面问题清单”。在全市率先探索区级党委（党组）班子成员向区纪委全会述责述廉，并向街道社区延伸。巩固深化政治性警示教育“一抓三补四强化”专项行动成果，出台推进“以案三促”（以案促教、以案促改、以案促建）常态化制度化工作实施方案。

【新时代爱国主义教育】 2020年6月19日，区委、区政府印发《天津市红桥区关于加强新时代爱国主义教育的具体工作举措》，坚持把实现中华民族伟大复兴的中国梦作为主题，坚持爱党爱国爱社会主义相统一，坚持弘扬爱国主义精神与维护民族团结相融合，坚持全面覆盖和突出重点相结合,加强爱国主义教育基础建设,开展爱国主义教育主题活动,营造爱国主义教育宣传氛围,强化爱国主义教育工作保障,为实现中华民族伟大复兴的中国梦,加快建设“五个现代化天津”,打造绿色城区、建设美丽红桥贡献力量。

【“四史”学习教育】 2020年8月3日,区委印发《关于在全区深入开展党史、新中国史、改革开放史、社会主义发展史学习教育的实施方案》,强调围绕学习贯彻习近平新时代中国特色社会主义思想以及习近平总书记关于学习党史、新中国史、改革开放史、社会主义发展史的重要论述,深入开展学习教育。

重大决策

【研究确定国民经济和社会发展第十四个五年规划和二〇三五年远景目标】 2020年12月1日,区委十一届第十八次全会审议通过《中共天津市红桥区委关于制定红桥区国民经济和社会发展第十四个五年规划和二〇三五年远景目标的建议》,总结“十三五”时期红桥经济社会发展取得的成就,分析当前和今后一个时期面临的发展形势,明确提出到二〇三五年基本建成社会主义现代化大都市中心城区远景目标和发展路径。

【和苑地区划入红桥区】 2020年,红桥区依据《行政区划管理条例》和《行政区划管理条例实施办法》,经与西青区人民政府协商、市政府批复同意,将位于西青区行政区域内2.50平方千米的和苑地区区域划入红桥区行政区划,12月28日,区政府正式发布《关于行政区划变更信息的公告》。

【双环邨街道行政区划整建制划转移交】 2020年,红桥区委区政府、北辰区委区政府依法依规共同向市政府提交《关于双环邨街行政区划隶属关系变更的请示》,12月26日,经市政府批复同意,双环邨街道行政区划隶属关系由红桥区变更为北辰区。12月29日,北辰区、红桥区就双环邨街道行政区划隶属关系变更整建制划转移交举行签约仪式。北辰区委书记冯卫华,区委副书记、区长王宝雨,区委副书记陈健,红桥区委书记李清,区委副书记、区长何智能,区委副书记芮永玲出席。

重要会议

【区委全会】 2020年,中共天津市红桥区委召开区委全会5次。

1月2日,中国共产党天津市红桥区第十一届委员会第十四次全体会议暨经济工作会议召开。全会以习近平新时代中国特色社会主义思想为指导,贯彻落实党的十九届四中全会精神,落实中央经济工作会议和市委十一届八次全会暨经济工作会议部署要求,审议区委常委会工作报告、区委常委会抓党建工作情况报告,部署2020年工作任务。区委委员、候补委员;不是区委委员、候补委员的区级领导干部;区纪委常委;处级单位党政主要负责人、副处级单位主要负责人;区属处级单位副处级领导干部;部分基层党代表参加会议。邀请各民主党派、工商联主要负责人及无党派人士代表参加。

8月5日,中国共产党天津市红桥区第十一届委员会第十五次全体会议召开。全会以习近平新时代中国特色社会主义思想为指导,贯彻落实党的十九届四中全会精神,落实市委常委会扩大会议要求,总结全区2020年上半年工作,部署下半年任务,动员各方面力量,解放思想,凝心聚力,担当作为,奋勇前进,努力完成全年经济社会发展目标任务。区委委员、候补委员;不是区委委员、候补委员的区级领导干部;区纪委常委;处级单位党政主要负责人、副处级单位主要负责人参加。

8月20日,中国共产党天津市红桥区第十一届委员会第十六次全体会议召开。全会以习近平新时代中国特色社会主义思想为指导,深入贯彻党的十九大和十九届二中、三中、四中全会精神,落实市委常委会扩大会议精神和市委领导同志有关解决“飞地”问题的批示要求,审议通过《变更西青区与红桥区部分行政区域界线工作的组织实施总体方案》和《中国共产党天津市红桥区第十一届委员会第十六次全体会议决议》。区委委员、候补委员;区人大常委会党组书记;不是区委委员、候补委员的和苑地区行政区划界线变更工作领导小组组成人员;其他有关方面负责人参加会议。

10月28日，中国共产党天津市红桥区第十一届委员会第十七次全体会议召开。全会以习近平新时代中国特色社会主义思想为指导，深入贯彻党的十九大和十九届二中、三中、四中全会精神，落实市委常委会扩大会议和市委领导同志有关解决"飞地"问题的批示要求，研究讨论《关于双环邨街道行政区划隶属关系变更工作的组织实施总体方案》，部署双环邨街道行政区划隶属关系变更工作。区委委员、候补委员；区人大常委会党组书记；不是区委委员、候补委员的区委解决"飞地"问题专项工作组有关组成人员；其他有关方面负责人参加。

12月1日，中国共产党天津市红桥区第十一届委员会第十八次全体会议召开。会议坚持以习近平新时代中国特色社会主义思想为指导，深入学习贯彻党的十九大和十九届五中全会精神，落实市委十一届九次全会精神，审议通过《中共天津市红桥区委关于制定红桥区国民经济和社会发展第十四个五年规划和二〇三五年远景目标的建议(草案)》，立足新发展阶段、贯彻新发展理念、融入新发展格局，深入落实京津冀协同发展重大国家战略，大力实施生态立区、教育兴区、土地强区发展举措，打造绿色城区、建设美丽红桥，奋力开启全面建设社会主义现代化大都市中心城区新征程。区委委员、候补委员；不是区委委员、候补委员的区级领导干部；区纪委常委；处级单位党政主要负责人、副处级单位主要负责人；部分基层党代表参加会议，邀请各民主党派、工商联主要负责人及无党派人士代表参加。

【区委常委会扩大会议】

2020年，中共天津市红桥区委常委会召开扩大会议9次。

1月26日，区委书记李清主持召开区委常委会扩大会议，传达学习贯彻习近平总书记在中央政治局常务委员会会议上的重要讲话精神和市委常委会扩大会议精神，对红桥区新冠肺炎疫情防控工作进行再研究、再部署、再动员。区委副书记、区长何智能，区人大常委会主任郑会营，区政协主席杨焕，区委副书记芮永玲出席会议。

2月24日，区委书记、区新冠肺炎疫情防控工作指挥部总指挥李清主持召开区委常委会扩大会议暨区疫情防控工作指挥部视频调度会，传达习近平总书记在统筹推进新冠肺炎疫情防控和经济社会发展工作部署会议上的重要讲话精神，贯彻落实市委常委会扩大会议暨市防控领导小组和指挥部会议要求，听取区防控指挥部办公室和各工作组工作汇报，研究部署下一步统筹推进全区疫情防控和经济社会发展工作。区委常委，区人大常委会主任，区政协主席，副区长出席会议，各相关部门单位、各街道负责人和社区党委书记代表参加。

4月24日，区委书记、区委财经委员会主任李清主持召开区委常委会扩大会议暨区委财经委员会会议。会议传达学习习近平总书记在4月17日中央政治局会议上的重要讲话精神，学习贯彻中央财经委员会第六次会议和市委财经委员会会议精神，审议区委财经委员会2020年工作要点，研究分析红桥区一季度经济运行情况，区长何智能、区人大常委会主任郑会营、区政协主席杨焕出席。

6月1日，区委书记李清主持召开区委常委会扩大会议，传达学习习近平总书记在全国两会期间一系列重要讲话和在中央政治局集体学习时的重要讲话精神，学习贯彻全国两会精神和市委常委会扩大会议精神，就贯彻落实作出部署。区委常委、区人大常委会主任、区政协主席、区政府副区长出席会议，区属正处级单位党政主要负责人参加。

6月13日，区委书记、区新冠疫情防控指挥部总指挥李清主持召开区委常委会扩大会议暨区疫情防控工作指挥部工作会议，传达贯彻落实市防控领导小组和指挥部会议精神、市防控指挥部第35号令要求，对全区新冠肺炎疫情防控工作进行再动员、再部署，对防控和排查措施进行再深化、再细化。区长何智能作工作部署，区人大常委会主任郑会营、区政协主席杨焕、区委副书记芮永玲出席。

9月8日，区委书记李清主持召开区委常委会扩大会议，会议传达市委、市政府专题会议和全市殡葬行业大排查大整治专项工作部署会议精神，研究部署红桥区殡葬行业服务管理工作，审议通过红桥区殡葬行业大排查大整治工作领导小组和工作方案。区委常委、区人大常委会主任、区政协主席、区政府副区长出席会议,区有关部门单位负责人参加。

10月17日,区委书记李清主持召开区委常委会扩大会议暨区党建引领基层治理体制机制创新工作领导小组会议,区长何智能、区人大常委会主任郑会营、区委副书记芮永玲出席会议,区委常委、区委办公室主任于鹏洲通报近期"飞地"基层社会治理属地化工作进展情况,与会区领导和部门单位负责人交流发言。

11月10日,区委书记李清主持召开区委常委会扩大会议暨区疫情防控指挥部工作会议,传达全市各区各部门疫情防控工作专题会议精神,通报全市冷链从业人员和冷冻货品核酸检测"两个全覆盖"排查情况,就严格落实"两全""两封"工作要求,研究部署红桥区具体举措。区委常委,区人大常委会主任,区政协主席,区政府副区长出席会议;区疫情防控指挥部各工作组常务副组长,各街道党工委书记、办事处主任,区卫生健康委和区市场监管局全体领导班子成员参加。

12月21日,区委书记、区委财经委员会主任李清主持召开区委常委会扩大会议暨区委财经委员会会议,区长何智能传达习近平总书记在中央经济工作会议上的重要讲话精神和市委常委会扩大会议、市政府常务会议精神,会议听取2020年经济工作完成情况汇报,研究2021年主要指标和重点经济工作。区委常委、区人大常委会主任、区政协主席、区政府副区长出席会议,各相关部门单位负责人参加。

(杨 洁)

重要工作

【国家安全】 2020年,红桥区委办公室(区委国安办)制发区委国安委2020年工作要点,推动解决涉及国家安全重点难点问题。健全完善维护国家安全工作机制,抓好信息报送、议事协商、风险排查等各项工作,加强国家安全宣传教育,增强全民国家安全意识。围绕"4·15"全民国家安全教育日、"11·1"反间谍法颁布纪念日等时间节点,开展国家安全宣传教育,4月15日,在陆家嘴广场举办国家安全日宣传活动。召开迎接市委国安办贯彻落实有关国家安全督查检查工作部署推动会,制定工作方案,完成市委的督查检查任务。

(杨 洁)

【"飞地"基层社会治理】 2020年,红桥区扎实推进"飞地"治理属地化,19处45个点位"飞地"治理全部报结。和苑居住区和双环邨街道行政区划变更顺利完成。区委办公室牵头制定关于推进"城中村"治理属地化工作实施方案,明确全区涉及的9处2类"城中村"治理重点任务,强化保障措施,确保"城中村"治理属地化工作取得实效。推进农村集体经济组织划转工作,推动"城中村"党的建设和基层社会治理全覆盖,促进红桥区"城中村"重难点问题解决。

【党内法规和规范性文件工作】 2020年,区委常委会专题学习研究党内法规有关工作17次,研究制定工作举措,制发规范性文件10余件,扩大党内规范性文件备案审查范围,审查文件36件,督促限时改正。编纂《中共天津市红桥区委党内规范性文件选编》,收录党的十八大以来区委党内规范性文件39件,推动全区各级党组织和广大党员干部遵规学规守规用规。开展党内法规制度建设调研评估,现场指导帮助部门单位查找问题。

【整治形式主义为基层减负】 2020年,区委大力控制发文数

2020年4月15日,区委办公室(区委国安办)在天津陆家嘴广场举办全民国家安全日宣传活动 (区委办公室 提供)

量，全年以区委名义印发的党内规范性文件、议事协调机构类文件、通报类文件同比减少30%以上。严格控制会议数量，把控会议范围和参会级别，倡导讲短话、开短会，需要多层次召开会议的专项工作，直接延伸至基层，减少逐级传达。开展规范移动互联网应用程序整治工作，清理“僵尸类”“空壳类”移动互联网应用程序、网络工作群和其他信息系统，研究长效管理机制，强化常态化监管，纠治加重基层负担做各类做法。

（刘　栋）

组织工作

【概况】 2020年，红桥区贯彻落实新时代党的建设总要求和新时代党的组织路线，抓好理论“铸魂”，织密建强党的组织体系，培养忠诚干净担当的高素质干部队伍，全年提拔晋升处级干部148人次，发展党员155人，审批预备党员转正178人，集聚爱国奉献的各方面优秀人才，实施“海河英才”行动计划和“子牙人才”计划落户4479人，建立区管领导班子分工调整备案机制，举办专题培训，开展专项检查，召开基层党建工作重点任务推进会，履行组织部门疫情防控职责。2020年，吴伟强等4人被评选为市级优秀共产党员，丁字沽街道光荣道社区党委等3个基层党组织被评选为市级先进基层党组织，表彰35个区级先进基层党组织和69名区级优秀共产党员，9名先进分子在抗击疫情一线入党，50余名一线人员向党组织提出入党申请。

【党的科学理论武装】 2020年，红桥区落实《关于区委常委会带头把学习贯彻习近平新时代中国特色社会主义思想不断引向深入的意见》，围绕党的十九届四中、五中全会精神，举办2期区委常委会专题读书班，带动其他3个区级班子和全区处级领导班子开展学习研讨。举办“一把手”政治能力建设专题班、党性教育专题班等主体班次10个，培训干部998人次。全年围绕京津冀协同发展、社会治理等，举办“干部学习大讲堂”6期，受众1800余人次。依托干部在线学习平台，举办学习贯彻党的十九届四中全会精神等网络专题培训9期、专业化能力培训班10期，培训党员干部6542人次，开展“千名支部书记讲党课”“党课开讲啦”等活动1300余场次，轮训全区党员3万余人。

【学习贯彻新时代党的组织路线】 2020年，红桥区围绕学习贯彻习近平总书记在中央政治局第二十一次集体学习时的重要讲话精神，召开组织系统专题座谈会，区委主要负责人出席讲话。在街道系统举办专题研讨会，召开全区专题交流推动会，对贯彻落实好新时代党的组织路线进行再部署再推动。8月份，在全区集中开展“党的组织制度学习月”活动，对党的十八大以来中央和市委制定或修订的制度规范进行学习，查找问题不足，全区各单位查摆问题330项，立行立改141项，长期坚持整改的189项。

【基层党组织建设】 2020年，红桥区召开基层党建工作重点任务推进会，围绕加强基层党组织政治功能和组织力，部署包括巩固主题教育成果、抓实街道社区党建等4个方面16项重点任务。深化“战区制、主官上、权下放”，修订区委常委会组成人员直接联系群众包保街道社区等配套制度文件26项及附件22个。以党的组织体系建设为重点，推行“社区党委—网格党支

2020年10月15日，红桥区召开深入学习贯彻习近平总书记重要讲话精神、坚定不移贯彻落实新时代党的组织路线交流推动会

（区委组织部　提供）

部—楼门党小组”组织设置，将辖区部门单位、“两新”组织(新经济组织和新社会组织)等纳入基层治理网格，强化网格党支部兜底管理职能，使党组织工作进楼入户。统筹推进各领域基层党建工作，制定提高区级机关党的建设质量工作举措，建立机关党建工作责任清单。抓好国有企业党建30项重点任务，理顺学校、公立医院等事业单位党建工作领导体制，推进党组织领导下校(院)长负责制。加大互联网企业、律师行业和菜市场等重点领域党建工作推动力度，全区互联网企业党组织单独组建率100%，5人以上律师事务所党组织单独组建率75%。抓好党员教育管理工作，发展党员155名，审批预备党员转正178名，处置失联党员、不合格党员4名。提高基层党组织服务能力，研究制定《社区党群服务中心规范化建设的指导意见》。整顿20个软弱涣散基层党组织，开展“党员干部进网格访民情”实践活动，32名区级领导、136名处级领导带领941名机关党员干部到社区一线，帮助群众解决实际问题。

【干部队伍建设】 2020年，红桥区落实领导干部政治素质考察实施办法，细化5个方面14项考核标准，对政治上有问题的干部“一票否决”。注重在疫情防控、创文创卫、招商引资、东西部扶贫等攻坚一线方面的个人表现，全年提拔晋升处级干部148人次，对在疫情防控工作中作风不实、履职不力的2名处级领导干部免职处理。加大干部交流力度，交流(提拔)区管干部135人，其中机关与街道间领导干部交流49人次，占交流干部总数36.30%，进一步盘活干部资源，激发干部队伍活力。培养选拔优秀年轻干部，组织开展优秀年轻干部专题调研，调整补充优秀年轻干部储备库，加强年轻干部源头培养，围绕习近平总书记提出的“七种能力”(提高政治能力、调查研究能力、科学决策能力、改革攻坚能力、应急处突能力、群众工作能力、抓落实能力)重要要求，举办第35期中青年干部培训班，选派150余名优秀年轻干部到疫情防控、巡视巡察、信访维稳、对口帮扶等一线重要岗位锻炼，结合2021年社区组织换届选派21名机关优秀干部担任社区党组织书记。

【公务员管理】 2020年，红桥区公务员管理工作坚持以贯彻落实《中华人民共和国公务员法》为主线，以建设高素质专业化公务员队伍为目标，强化依法管理，切实加强公务员队伍建设，落实公务员职务与职级并行制度，拓宽选人视野，加强教育培养锻炼，完善公务员考核体系，提高公务员管理工作规范化、科学化水平。2020年，组织公开招考公务员24名，面向全区企事业单位公开选调公务员2名，面向优秀社区工作者定向考录街道机关公务员5名。

【干部管理监督】 2020年，红桥区建立区管领导班子分工调整备案机制，对落实“三重一大”等制度开展专项督查，制定《关于进一步加强区管领导班子民主集中制建设，贯彻落实“三重一大”决策制度的工作方案》，举办专题培训，开展专项检查。加强经济责任审计监督，对30名“一把手”进行离任检查、离任交接。建立领导干部家访制度，制定《红桥区领导干部家访工作办法(试行)》，家访党政主要领导干部25人，推动向科级干部延伸。开展选人用人专项检查、“一报告两评议”(专题报告年度干部选拔任用工作情况、评议干部选拔任用工作，评议选拔出来的干部)和“带病提拔”(干部在提拔前或提拔过程中，存在有违纪违法行为但组织未能发现或查实，得以提拔任职的情况)倒查。加强对受问责干部的教育管理和关心激励，帮扶教育在处分影响期内的干部196人。

【人才工作】 2020年，红桥区实施“海河英才”行动计划和“子牙人才”计划，落户4479人。推荐5家企业入选市级重点支持的“项目+团队”名单，2家驻区重点企业申报天津市第五批战略性新兴产业领军企业成功。推进天津市企业家队伍建设“111”工程(选拔培养百名以上具有国际化视野、善于国际化经营管理、具有一定市场影响力的“杰出企业家”，千名以上经营业绩突出、创新能力处于国内同行业领先地位、在行业或区域具有一定知名度的“新型企业家”，万名以上富有创新精神、具有一定行业或区域影响力的“优秀企业家”)，推荐1人入选“新型企业家”培养对象。制定《支持“两高”人才子女入学实施办法》(高贡献能力企业人才和高学术水平人才)和区委联系专家制度，完善人才绿卡服务功能。

(张静伟)

宣传工作

【概况】 2020年，红桥区围绕庆祝中国共产党成立99周年等时间节点，运用读书班、交流研讨、辅导讲座等方式，通过"小院理论夜校"等新的基层宣讲载体，推动学习宣传贯彻习近平新时代中国特色社会主义思想走深走实。落实市委"四个全面"要求，印发《天津市红桥区贯彻落实〈党委（党组）意识形态工作责任制实施办法〉工作规范》，全年有300余篇新闻报道被中央、市级主流媒体采纳刊发，较2019年增长1倍，《天津日报》头版刊发红桥区新闻报道9篇。红桥区入选第二届天津市文明城区，实现区委"双创双成"工作目标，全区6家单位获全国文明单位称号。

【理论武装】 2020年，红桥区制发《2019年红桥区党委（党组）理论学习中心组学习情况通报和2020年学习重点安排》，运用读书班、交流研讨、辅导讲座等方式，开展区委理论学习中心组和区处两级理论学习中心组联合集体学习23次，编印《习近平总书记关于新冠肺炎疫情防控工作重要讲话和重要指示批示精神摘编》等学习资料12期，开展"坚守初心、强化担当、勇于作为，加快美丽红桥建设"学习讨论活动，组织观看纪录片《奋进新时代》210余场次，覆盖1.20万余人次，做好《习近平谈治国理政》第三卷学习使用。开展"四史"学习教育，组织区内高校和区委党校专家学者组成党委讲师团，走进机关、企业、社区开展宣讲，通过参观展览、学习征文、网络答题等多种方式进行学习。开展基层宣讲800余场次，受众1.70万余人，创新开设"小院理论夜校"，联合平津战役纪念馆，开展纪念中国人民抗日战争暨世界反法西斯战争胜利75周年主题巡展活动，覆盖全区10个街道，1.40万人参观。

【新闻宣传】 2020年，红桥区根据新闻宣传工作特点策划新闻选题，选准角度和切入点，挖掘与中央、市委部署要求相吻合，在全市具有典型性和示范性的经验做法，以点带面反映红桥区整体工作面貌。全年被中央、市级主流媒体采纳刊发新闻报道上百篇，《天津日报》头版刊发《红桥区"一企一策"解难题 助力企业商户快速"回血"》《"出棚入楼"安居乐业幸福长》等新闻报道9篇，是2019年刊发总量的4倍，居市内六区第二位。协调中央电视台《新闻联播》《朝闻天下》《新闻直播间》《共同关注》等栏目，连续报道红桥区新冠肺炎疫情期间社会生产生活恢复情况，时长和篇幅在全市处于领先位置。

【新闻发布】 2020年，区委宣传部秉持"围绕中心 服务大局"工作原则，加强组织协调，确定新闻发布会选题和举办时间，联络各相关部门提前拟定发布内容，拟定新闻发布会方案、新闻通稿等，做好新闻发布会全流程各项工作及发布内容的宣传报道。2020年，举行专题新闻发布会4场，向全市发布红桥区集中医学观察隔离点工作开展情况及区医疗救治、源头防控、物资保障和社会稳控及红桥区开展东西部扶贫协作和支援合作等方面情况。

【媒体融合发展】 2020年，红桥区用好"美丽红桥"微信公众号、《天津日报》红桥周刊、红桥有线《红桥新闻》、"家在红桥"App、"美丽红桥"官方抖音号等区属媒体平台，围绕学习贯彻习近平总书记系列重要讲话精神、推进疫情防控和经济社会发展、决战决胜脱贫攻坚、全面建成小康社会、纪念中国人民志愿军抗美援朝出国作战70周年、党建引领基层治理"十个一"工作模式等重大安排部署、重要时间节点和重点工作任务开展宣传报道，策划开设"抗击疫情 红桥在行动""谁是新时代最可爱的人""复工复产 红桥按下快进键""走向我们的小康生活"等系列专题专栏，制作推出《红桥区战"疫"十二时辰》《连线湖北》《红桥英雄凯旋》《最美网格员》等专题报道，制作播发文字、图片、动漫、视频、H5等各类媒体产品1.85万余篇次。

【文化惠民】 2020年，红桥区举办纪念中国人民抗日战争暨世界反法西斯战争胜利75周年文艺演出、红桥区纪念中国人民志愿军抗美援朝出国作战70周年群众文艺会演、第十八届社区文体艺术节暨第三届群众文艺创作表演大赛等大型文艺活动，推出红桥区抗击新冠肺炎疫情纪实展、"学习'四史'、坚守初心"老物件藏品展等文化活动。推进图书馆总、分馆制建设，建成图书馆街道分馆10个，社区服务点79个，图书馆总分馆服务体系覆盖全部街道，9个街道56个社区综合文化服务中心获全市达标称号。推进竹园提升改造、文化文物资源数字化管理云平台等7个大运河国家文化公园重点项目建设，核定公布区级文物保护单位4处，公布第九批区级非遗代表性项目名录。申报“第十一届天津相声节——相声走向云端”“津卫肇始·沽水流觞‘纪念天津设卫筑城616周年’庆生堂会”“孚真书店(二期)建设”项目。完成27家出版物零售单位、12家印刷企业年度核验和统计工作。

2020年9月28日下午，红桥区举行第十八届社区文体艺术节暨第三届群众文艺创作表演大赛决赛　　（区委宣传部　提供）

【意识形态工作】 2020年，红桥区印发《天津市红桥区关于加强新时代爱国主义教育的具体工作举措》《天津市红桥区关于加强新时代公民道德建设的具体工作举措》，制定《天津市红桥区贯彻落实〈党委(党组)意识形态工作责任制实施办法〉工作规范》，召开季度全区意识形态风险研判会4次，形成季度风险研判报告。区委宣传部牵头做好市委宣传和意识形态工作督查检查，对全区27个单位开展三轮次意识形态专项检查，推动问题整改，将意识形态工作纳入全区专项督查范围，制定《红桥区2020年意识形态工作专项督查工作方案》。召开2020年红桥区“扫黄打非”工作会议，调整“扫黄打非”工作领导小组，部署“扫黄打非”“新风”“正道”等专项行动，组织各成员单位开展日常检查、政治性有害出版物和信息专项整治，查处“扫黄打非”全国重大案件1起。

【“小院理论夜校”】 2020年，红桥区创新基层宣讲方式方法，开办“小院理论夜校”，实现基层宣讲从“固定课堂”到“自家小院”转变、从“要我听”到“我要听”转变、从“教育群众”到“服务群众”转变。12月2日，区委党校高级讲师张卓到和苑街道营和园社区的“小院理论夜校”宣讲党的十九届五中全会精神等内容。

【出版物清理整顿和信息专项整治】 2020年，红桥区“扫黄打非”工作领导小组结合春节、全国“两会”、国庆等重点时间节点，坚持专项整治与日常检查相结合，出动检查人员400人次，检查辖区内印刷企业、出版物零售单位、游商地摊、校园周边文具店、打字复印店等各类场所100家次，收缴各类非法出版物120余册。

【《云游美丽中国》之“云游天津”红桥区直播活动】 2020年，红桥区配合央视开展

2020年12月2日上午，区委党校高级讲师张卓(前排中间)到和苑街道营和园社区的“小院理论夜校”宣讲党的十九届五中全会精神、市委十一届九次全会精神　　（区委宣传部　提供）

《云游美丽中国》之“云游天津”红桥区直播活动，向全国网友推介红桥区的文化资源、旅游资源、新时代建设成就等，展现红桥区历史底蕴、文化内涵和新时代城市变迁风采、人民群众物质及精神生活等内容。

（刘星华）

网络安全和信息化建设

【概况】 2020年，红桥区落实全国、全市网络安全和信息化工作会议、宣传思想工作会议精神。健全网信工作体系，加强网络宣传工作，全面提高网络内容建设与管理、网络安全和信息化工作水平，持续推动大数据、云计算、人工智能、5G、区块链等信息化技术建设。

【网信工作体系建设】 2020年，红桥区加快推进“三级确保、建设四级、多级完善”网信工作体系建设。4月16日，完成41个区级党政部门内设机构加挂网信办牌子。完成10条街道网络安全和信息化委员会及其办公室单独组建。明确123个社区党组织专职副书记兼职作为网络信息员从事网信工作。设置网络安全应急指挥中心，组织召开街道网信工作推动会，将网络综合治理纳入党建引领基层治理体制机制创新“十个一”工作措施，初步形成网上网下综合治理一体化工作格局。区委常委会召开3次网信专题会议，定期召开网络意识形态工作分析研判会。

【网络宣传】 2020年，区委网信办在新媒体平台通过“一图读懂”、网上答题、文艺宣讲、短视频等形式，推广适应移动化、大众化网上宣传1200余条，网宣平台头版位置宣传习近平总书记系列重要讲话精神、《习近平谈治国理政》第三卷、习近平对国家网络安全宣传周作出重要指示精神。做好决胜脱贫攻坚全面建成小康社会、纪念中国人民抗日战争暨世界反法西斯战争胜利75周年、中央环保督查、“扫黑除恶”专项斗争、“创文、创卫、创城”“四史”学习教育等主题宣传，新闻推送1.24万条。持续推进“争做中国好网民”工程，网信办原创网络公益歌曲《小锦鲤》获市级比赛三等奖。组织开展“网络中国节”“津彩60s”等网络文化活动，推出网络文化专题页面97个，发布稿件220篇。10月23日，在西沽公园开展网络宣传活动，推进红桥区网络评论队伍体系化建设，扩充网评队伍至1700余人。

【“津彩60s”短视频活动】 2020年，红桥区组织开展“遇见智能新生活 · 津彩60s”短视频主题活动，分享科技带给的惊喜，记录生活中智能场景。

【网络生态治理】 2020年，区委网信办开展属地网站信息筛查清理工作，重点整治各类网上不文明行为和违法信息，规范网络传播秩序，加强移动应用程序、互联网小程序备案管理。完善网信、公安、文化等部门协调联动机制，开展网络空间“净网”“清朗”“扫黑除恶”等专项行动，对网络谣言“零容忍”。发布《致红桥区网络群主的一封信》，在新冠肺炎防疫关键时期，增强各群主、管理员法律意识，遏制微信群、QQ群、微博群等平台传播疫情不实信息。联合网络安全办公室约谈违规属地网站运营者，查处涉低俗色情网站。备案管理辖区网络直播活动。

【网络安全保障】 2020年，红桥区宣传贯彻《中华人民共和国网络安全法》，开展2020年国家网络安全宣传周专题培训会暨网

2020年4月16日，红桥区委网络安全和信息化委员会会议召开

（区委网信办 提供）

络安全应急演练活动。围绕“网络安全为人民、网络安全靠人民”主题,开展网络安全进基层活动139场,覆盖全区51个单位、34个社区、54个中小学及直属单位,5万余人参加。开设“2020国家网络安全宣传周”专栏,发布稿件228条,发放网络安全明白纸、宣传折页2.30万余份。启动红桥区安全态势感知平台建设项目,开展全区网络安全专项检查。

2020年10月23日,区委网信办在西沽公园法治广场开展网络宣传活动 (区委网信办 提供)

【国家网络安全宣传周专题培训会暨网络安全应急演练】 2020年,红桥区坚持总体国家安全观和网络安全观,落实习近平总书记关于国家网络安全周指示批示精神,宣传贯彻《中华人民共和国网络安全法》,提高网信系统干部网络安全意识,普及网络安全法律知识,增强防范意识,提升应对技能,开展2020年国家网络安全宣传周专题培训会暨网络安全应急演练。

【安全态势感知平台建设项目】 2020年,区委网信办启动红桥区安全态势感知平台建设项目,推进安全态势感知平台建设,对政务外网中所有网络设备、终端、病毒防护软件进行统一监测与管理,提高区电子政务外网安全防护能力,从区域全局视角提升对安全威胁的发现识别、理解分析、响应处置能力。动态更新关键信息基础设施台账,开展全区网络安全专项检查,做好等级保护测评工作,规范全区外网邮箱使用,筑牢网络安全屏障。

【信息化网络建设】 2020年,红桥区电子政务外网接入各委办局、街道等109家单位,接入党群服务中心123家,建立国家、市、区三级政务外网网络体系,做好政务外网硬件设备日常维护工作,完善电子政务云平台建设,为全区业务系统提供重要“云”支撑。完成全区协同办公系统国产化改造及项目验收,完成无纸化办公流程梳理,推动20家单位实现无纸化办公,做好数据中心与应急指挥中心运维保障。

【数据共享】 2020年,区委网信办落实《天津市促进大数据发展应用条例》,做好政务数据“四清单”编制发布和挂接工作。建立数据共享平台对接机制,完成全区40个涉及数据共享部门全部开通系统账号,进行数据挂接,编制全区政务数据“四清单”目录数5439个,实现全部挂接。向天津市信息资源共享平台传送数据14.19万条,增幅105%,完成推动全国一体化政务服务平台区级数据需求填报工作,提升政务

2020年12月3日,区网格化中心开展邵公庄街道社会治理网格化管理平台培训 (区网格化中心 提供)

数据共享应用效能，推动“互联网+监管”工作，实施清单覆盖率95.86%。加快网信军民融合，组织区内企业申报2020年天津市智能制造项目专项，推荐4家企业提交项目申报书并参加专家评审。组织全区有关单位开展天津市智慧城市发展评估工作，调研区域数字产业培育情况，引进京津冀优质数字产业项目资源，聚焦孵化培育数字企业、电商企业发展。推动与中国移动天津公司开展战略合作，打造中国移动5G示范园区。运用大数据手段助力新冠肺炎疫情防控和复工复产工作，宣传推广健康码使用，全区健康码申领61.47万个。做好健康码相关数据收集、上报、派发工作，数据量2.10万条次。

（赵岩斌）

网格化管理

【概况】 2020年，红桥区网格化管理中心（以下简称区网格化中心）做好全区党建引领社会治理、打好新冠肺炎疫情防控攻坚战、助力复工复产、扶贫助困、创文创卫等方面工作，为红桥区城市建设发展和社会稳定，实现疫情防控与经济发展“双战双赢”作出贡献。

【平台设备功能提升】 2020年，区网格化中心升级设备功能，对社会治理网格化平台驾驶舱（展示页面）进行升级完善，新增疫情分析统计表、事件数据可按照年份选择功能，事件上报实时监控，实现精准治理，提升驾驶舱数据全面性。对采集通、指挥通、领导通、百姓通4款移动端进行优化升级，优化后对网格员打卡、巡视定位精准到米。全年中心对平台设备进行漏洞修补升级64次，确保平台安全运行，区综治平台取得专利著作权11项，通过国家级科技成果鉴定，获国家领先资质。

【平台管理功能完善】 2020年，红桥区结合新冠肺炎疫情防控工作，在指挥平台新增疫情防控功能。根据录入信息的实际情况不断调整，明确解除隔离人员与返津自行居家隔离的上报内容和方式。新增统一战线模块上线工作，将全区民族宗教场所全部纳入网格化管理。完成民政系统视频权限布置，汇聚全区20个养老院视频接入平台系统，实现对养老院24小时监控。结合保基本民生、保基层运转任务，确保百姓反映问题渠道畅通，公众号“我爱红桥”改为“百姓通”。2020年，中心将区内“飞地”纳入网格化平台管理范畴。发挥网格指挥平台的综合指导作用，实现“一个平台管大家，一张网格全覆盖”，将“8890”便民服务热线、矛盾调解中心纳入平台。为区委、区政府、各街道和部门使用平台召开视频会议提供保障，全年视频会议召开668场。2020年，中心接待全国各省、市相关单位参观52次。向区委办、区政府办、区委组织部、区委宣传部、区委统战部、区城市管理委、区委政法委、公安红桥分局、各街道办事处等相关单位报送平台数据周报51期。9月，完成综合治理平台一期软件测评、验收、审计等工作，完成一期平台建设。

【平台业务培训】 2020年，区网格化中心加强业务培训，完善平台使用功能，确保基层操作人员熟练、准确使用。对全区各街道及相关委办局开展培训14场，通过线上线下等各种方式，培训千余人，发放明白纸1360份。

（孙宏喆）

统战工作

【概况】 2020年，中共天津市红桥区委统一战线工作部（以下简称区委统战部）发挥统战部门在大统战工作格局中的牵头协调作用，推动党中央和市、区委关于统一战线各项决策部署要求落地落实。全年提请区委常委会审议统战工作相关议题14个，区委书记参加统战活动7次。重新调整区委统一战线工作领导小组成员单位并明确职责分工，组织召开区委统一战线工作领导小组会议、对台工作领导小组会议、统战工作联席会、宗教工作联席会等28次，研究部署全区统战工作，解决一批重点难点问题。对全区68家单位开展“落实全面从严治党主体责任 加强对统一战线工作的领导”专题调研检查工作。全年统战系统获中央和市级奖项34个。

【宣传教育】 2020年，区委统战部制订《区委统战部2020年宣传工作计划》，通过“津门统战”“美丽红桥”“红桥统战”等平台，发布统战信息490余篇，在中央、市级媒体刊发信息50余篇，其中

《中国统一战线》杂志采用信息1条,中央统战部采用信息1条,市级媒体《津门统战》刊载7条,《天津民宗》刊载1条。采用“云课堂”“大讲堂”线上线下相结合方式,开展各类活动180余次。举办红桥区党外代表人士培训班、“红桥统战大讲堂”等学习培训12场,覆盖民主党派骨干成员500余人次,支持各民主党派开展“不忘合作初心 继续携手前进”主题教育活动,各民主党派开展自主培训15场,中心组学习21次,组织党派成员集中学习80余次。制定区级党员领导干部与党外代表人士联谊交友工作制度,全体区级领导干部与38名党外代表人士建立沟通联系,谈心谈话110人次。

【民主党派工作】 2020年,红桥区贯彻落实党中央关于加强参政党建设“三个文件”精神,起草红桥区贯彻落实具体措施等相关文件4个,以“五抓五促五提升”为抓手,加强红桥区各民主党派自身建设。制订《红桥区2020年政党协商和民主监督工作计划》,邀请各民主党派负责人列席区委全会、政府工作会议、廉政工作会议等重要会议,坚持每季度召开统战工作联席会,召开各类民主协商、通报会6次。召开党外代表人士座谈会,区委、区政府主要负责人和区有关职能部门面对面就《红桥区“十四五”规划和2035年远景目标》以及红桥区经济社会发展形势、优化营商环境等内容听取党外人士意见建议。支持各民主党派深入开展“不忘合作初心 继续携手前进”主题教育活动,协助各民主党派举办自主培训15场。8月6日,组织召开党外人士座谈会暨红桥区领导与企业家恳谈会。制定各民主党派组织发展工作规则,吸纳农工党中研院总支部委员会加入农工党红桥区委员会,指导成立民革红桥区委员会监督工作委员会,在全市率先完成各民主党派党(盟、会)费独立账户的建立。

【党外代表人士工作】 2020年,区委统战部制定《红桥区党外代表人士队伍建设规划(2020—2027年)》和《关于红桥区各民主党派加强骨干队伍建设的实施方案》,储备一支360人的民主党派骨干队伍。区委统战部贯彻落实与区委组织部“六个共同”机制,明确“党管干部”原则,推动区委组织部、区委统战部联席会议工作制度化、常态化,将党外干部培训纳入红桥区干部教育培训内容,联合区委组织部、区社会主义学院举办2020年红桥区党外代表人士培训班。对全区党外人才资源进行摸底调研,调整充实党外干部人才库,梳理“十百千”工程人选。将党外干部纳入全区党政领导干部提拔交流总体安排,安排优秀党外干部到脱贫攻坚、信访维稳等基层一线岗位任职,邀请党外干部列席参与全区重要会议、重大活动。全年提拔交流使用处级党外干部8人次,推荐4名党外人士担任区政协委员。加强区社会主义学院建设,建立咨询委员会。促进红新品牌新的社会阶层人士统战工作实践创新示范基地辐射作用的发挥,促推全区广大党外知识分子、新的社会阶层人士响应号召,为抗击疫情贡献力量。11月,举办新的社会阶层人士、民营经济人士培训班。

【民营经济及商会建设】 2020年,红桥区出台落实《关于加强新时代民营经济工作的意见》的细化措施。加强对民营经济人士的思想政治引领,召开红桥区民营经济统战工作会议、红桥区企业家恳谈会,区级有关领导与17名民营企业家开展“一对一”谈心谈话。加强基层商会规范化建设,开展“四好”商会

2020年8月6日,红桥区党外人士座谈会暨“坚定信心增活力 开拓创新勇担当”——红桥区领导与企业家恳谈会召开

(区委统战部 提供)

2020 年 11 月 25 日至 27 日，新的社会阶层人士、民营经济人士培训班举办 （区委统战部 提供）

（政治引领好、队伍建设好、服务发展好、自律规范好）建设，批复组建区青年商会党支部。宣传天津市扶持企业的政策措施，开展“双万双服促发展”活动，举办政策解读会、普法宣传活动、“六稳”“六保”护航民企发展检察开放日等活动，组织参加“融洽会”。发挥街道商会职能优势，动员会员企业参与红桥区招商引资工作，推动有实力企业落户红桥。

（孙 辉）

政策研究

【概况】 2020 年，中共天津市红桥区委研究室（以下简称区委研究室）围绕市委决策部署和区委工作要求，服务推动实施生态立区、教育兴区、土地强区发展举措，建立重点调研课题台账，开展专题调查研究，推动调研成果转化。推进重点改革任务落实，出刊《红桥信息》，向市委报送红桥党建和经济社会发展成果。

【服务决策】 2020 年，区委研究室起草完成区委交办各类文稿 256 篇 150 余万字。起草完成《红桥区党建引领基层治理体制机制创新“十个一”工作措施》《红桥区党建引领基层治理“十个一”工作成效》《把“飞地”作为担当尽责的重要考场 以党建引领基层社会治理全覆盖》等材料，推动红桥区经验做法在《天津日报》《支部生活》《工作交流》等媒体刊物刊发。服务区“十四五”规划编制工作，起草完成区委“十四五”规划建议，参与组织“十四五”规划建议座谈会 3 场，完成《中共天津市红桥区委关于制定红桥区国民经济和社会发展第十四个五年规划和二〇三五年远景目标的建议》。参加区“十四五”规划纲要专家学者论证研讨会 8 轮，研究区“十四五”规划纲要和各专项规划，提出意见建议。

【文稿撰写】 2020 年，区委研究室完成区委十一届十四次、十五次、十六次、十八次会议材料，完成区委主要负责人在市委十一届九次全会、市“两会”、市委高危人群安全防范工作专题会上的发言，以及在区委人大工作会议、区委政协工作会议、区公安工作会议、区援鄂医务人员返津欢迎仪式、区抗击新冠肺炎疫情表彰大会上的讲话材料等。完成红桥区贯彻落实习近平总书记在统筹推进新冠肺炎疫情防控和经济社会发展工作部署会议上重要讲话精神和天津市重点任务分工方案的具体举措、落实市委书记李鸿忠调研红桥区指示要求的情况报告、区委处置网络舆情和信访维稳等突发事件的情况报告。

【调查研究】 2020 年，区委研究室履行推动全区调研工作职责，印发《红桥区 2020 年调研工作要点》《红桥区 2020 年度区、处级领导干部重点调研课题台账》，印发《工作提示》2 次，指导全区各部门各单位开展调查研究工作。围绕实施生态立区、教育兴区、土地强区开展专题调研，完成《聚焦立德树人 坚持“教育兴区”全力以赴办好人民满意的教育》等调研报告。《红桥区把好“三道关口”，筑牢校园疫情防控安全线》《红桥区精心部署 科学施策 有力有序推进恢复正常医疗服务工作》等一批调研成果被市委采用。

【推动改革】 2020 年，区委研究室发挥推动改革职能作用，制定《红桥区 2020 年全面深化改革工作要点》《2020 年全面深化改革任务台账》，明确改革任务 22 项，包括重点改革任务 8 项。向市委改革办报送“深化基层监督改革创新”等工作情况，报送改革信息33篇。制定《2020年重点改革任务督察方案》，采取个别访谈、实地督察、书面督察等方式对12家单位落实重点改革任务情况进行督察，持续跟踪工作进展。组织落实市全面深化改革绩效考评，研究制定《红桥区2020年全面深化改革绩效考评实施细则》，组织有关单位做好2020年度改革工作总结和佐证材料报送工作。

【信息资政】 2020年，区委研究室印发《关于进一步加强党委信息工作的实施办法(暂行)》，建立科学的信息报送质量评价体系，举办红桥区党委系统信息工作培训会。全年上报各类信息1086条，被市委采用400余条。收集红桥区工作动态，出刊《红桥信息》91期。

(王 尧)

机构编制

【概况】 2020年，红桥区贯彻落实习近平总书记关于机构编制工作的重要指示批示精神，以习近平新时代中国特色社会主义思想为指导，以《中国共产党机构编制工作条例》为依据，以深化改革为主线，坚持围绕中心、服务大局，把加强党的领导贯彻到机构编制的各方面和全过程，抓好各项改革任务，优化机构编制资源配置，为推动区域社会治理体系和治理能力现代化、促进各方面事业发展提供编制保障。

【综合行政执法改革】 2020年，红桥区制定相关领域综合行政执法队伍组建方案，明确区、街执法主体执法权限，确保执法边界清晰、职责划分明确，法定职能履行到位，督促相关单位严格按照方案调整完善机构职能、依法履行职责。

【公益类事业单位改革】 2020年，红桥区通过跨部门整合共性事业单位、部门内整合相关事业单位、整合“小散弱”事业单位等方式，精简事业单位37个，精简率53.60%，精简事业编制40.40%，重新拟定印发涉及23个部门35个事业单位的“三定”规定，涉改单位全部完成法人注册、机构挂牌、人员转隶工作。

【机构编制事项调整】 2020年，红桥区在41个党政部门相关科室加挂网络安全和信息化办公室牌子，在各街道办事处设立网络安全和信息化委员会办公室。落实燃气设施运行监管市、区分级管理工作。设立红桥区社会主义学院。在红桥区政府办公室单独设置企业家服务科。在红桥区委宣传部理论教育科加挂区“扫黄打非”工作领导小组办公室牌子。在红桥区政府办公室、红桥区政府研究室、西站站区办“三定”规定主要职责中明确承担安全生产职责。明确区委政法委承担反暴恐相关职能。设置区委全面依法治区委员会办公室秘书科。不再保留区委保密和机要局(区国家保密局)，在区委办公室加挂区委保密委员会办公室(区国家保密局)、区委机要局(区密码管理局)牌子。

【教育卫生领域编制保障】 2020年，区委编办为红桥医院、红桥区中医医院增加150名事业编制。为组建红桥区第二幼儿园、红桥区第四幼儿园、红桥区第九幼儿园、红桥区第十二幼儿园、红桥区第十三幼儿园、红桥区第十五幼儿园提供足额编制保障。配合教育局落实“区管校聘”改革，下放编制调整权限。

【权责清单优化】 2020年，区委编办健全红桥区权责清单职权审核、动态调整、对外公布机制。26个部门调整职权4185项，其中取消职权314项、增加职权309项、修改职权3562项。印发《天津市红桥区街道党工委和街道办事处职责清单准入制度》，推进赋权减负工作落实。

【实名制管理】 2020年，区委编办落实《红桥区机关、事业单位编制使用审核办法》。健全完善实名制管理制度，对红桥区编制实时动态监管、前置审核，全年办理实名制联审事项1200项。制定《红桥区编外人员聘用审核办法(试行)》，初审部门编外用人事项19个。

【机构编制监督检查】 2020年，区委编办做好十一届区委第九轮、第十轮、第十一轮巡察机构编制专项检查工作。完成红桥区超审批权限设置机构、超规格超职数配备领导干部、自行设置领导职务名称情况自查自纠工作，对发现问题督促立行立改。完成事业单位法人公示信息“双随

2020年11月，区委编办到红桥区计量检定所开展事业单位法人公示信息“双随机”抽查工作　　（区委编办　提供）

机”抽查工作，实现自2016年以来第一次抽查全覆盖。

（韩海寰）

区直机关党建

【概况】 2020年，中共天津市红桥区委区级机关工作委员会（以下简称区委区级机关工委）会同区委组织部制定印发相关工作举措，发挥机关基层党组织的监督作用，对区级机关基层党组织书记进行培训，组织基层党组织党员、干部开展专题交流研讨、专题讲座，指导18个基层党组织进行换届选举，提高机关党员干部整体素质。区委区级机关工委所属基层党组织47个（党委4个，党总支5个，党支部38个），中共党员1369名。

【思想政治建设】 2020年，区委区级机关工委执行《区委关于建立健全学习贯彻落实习近平总书记重要讲话重要指示批示精神工作闭环的措施》，会同区委组织部制定印发《关于深入贯彻落实习近平总书记在中央和国家机关党的建设工作会议上的重要讲话精神，全面提高区级机关党的建设质量的工作举措》。支持配合区纪委监委履行监督责任，发挥机关基层党组织的监督作用，加强对机关党员、干部工作时间以外监督。推动被巡察10个单位基层党建存在问题的整改，接受区委第九轮巡察。会同区委组织部对区级机关基层党组织书记进行培训。2020年，组织基层党组织党员、干部开展专题交流研讨2次。制定印发《关于做好党的十九届五中全会精神学习宣传工作的通知》，举办“汇智‘十四五’奋进新时代——学习党的十九届五中全会精神”专题讲座。开展“四史”学习教育，举办“从‘四史’中汲取民族复兴的智慧力量”专题讲座，完善机关党员、干部理论学习制度。举办区级机关大讲堂系列专题讲座3期，组织党员结合自身思想和工作实际讲“微党课”，运用“学习强国”等新媒体平台，实现党员、干部在线学习常态化。

【组织作风建设】 2020年，区委区级机关工委执行换届提醒督促工作机制，指导18个基层党组织进行换届选举，实现按期换届率100%，新建1个基层党组织，撤销1个基层党组织。选优配强基层党组织班子，选举产生新一届党组织书记18名，委员41名，届中调整党组织书记11名。强化党员教育管理监督，全年发展

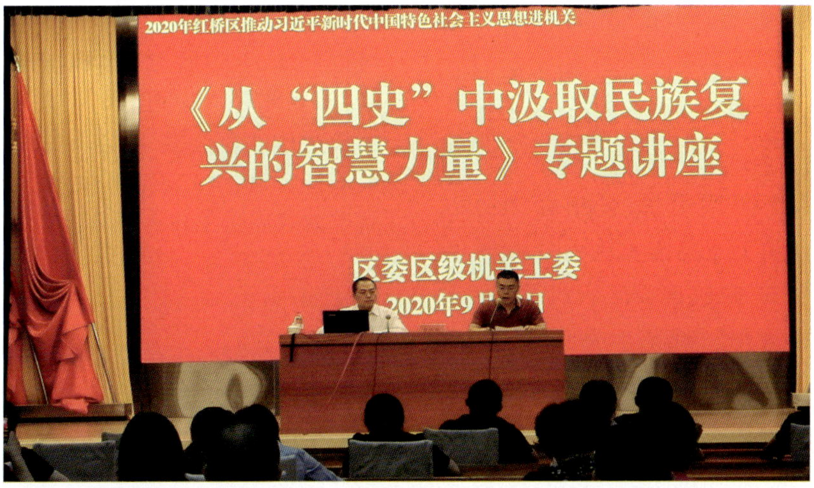

2020年9月18日，区委区级机关工委邀请天津商业大学马克思主义学院教师曾德刚作《从“四史”中汲取民族复兴的智慧力量》专题辅导讲座　　（区委区级机关工委　提供）

党员 10 名,其中 35 岁以下青年党员占比 70%,“两新”组织党员占比 10%。严格落实组织生活制度,推进机关党建工作档案“五卷十册”。研究制定《区委区级机关工委 2020 年党员教育培训计划》,举办加强区级机关基层党建工作专题培训班。组织推荐在抗击新冠肺炎疫情中表现突出的先进基层党组织 4 个,优秀共产党员 4 名。动态更新区级机关困难党员信息库,“两节”“七一”期间集中开展走访慰问老党员、生活困难党员、患重大疾病党员 17 人次,发放慰问金 1.80 万元。落实中央八项规定精神,在重要时间节点运用典型案件开展警示教育,坚决防止“四风”回潮复燃。落实市委《关于深入开展不作为不担当问题专项治理三年行动方案(2018—2020)》,完善“好差评”制度体系建设,提升窗口单位基层党组织服务水平。推进党建引领基层治理体制机制创新有关要求,推动机关基层党组织与包保社区党组织整合党建工作资源,深化在职党员到居住地社区报到工作,配合区委组织部做好机关党员、干部参与新冠肺炎疫情防控、“创文、创卫、创城”等工作。

【纪律建设】 2020 年,区委区级机关工委落实民主集中制,完善并落实《区委区级机关工委议事规则》,规范工委会议内容和程序,全年召开工委会议专题研究机关党建工作 14 次,审议议题 131 项。领导班子成员开展履职谈话和廉政谈话,传达区警示教育大会精神,集中观看警示教育片,重要时间节点开展警示教育,增强党员干部廉洁自律意识和组织纪律观念。开展谈心谈话,加强对党员干部工作时间以外的监督。修订完善工作人员请(休)假管理办法、离岗离津外出请假报备制度及机关考勤制度,组织全体干部学习执行考勤登记备案及请(休)假、离岗离津审批程序。

(戴玺文)

老干部工作

【概况】 2020 年,红桥区全面落实习近平总书记关于老干部工作的一系列重要指示和全国、市老干部局长会议精神,确定“助力打好疫情阻击战,推动老干部工作高质量发展”的工作思路,落实老干部政治待遇,组织各种形式学习活动,为 6 个社区离退休干部党支部挂牌;提高老干部生活待遇,坚持重大节日走访慰问老干部制度。加强老干部工作宣传,微信公众号全年发布信息 200 余条次,上报各类工作信息 50 余条,《天津支部生活——老干部版》《天津中老年时报》、天津广播电台《枫叶正红》等媒体多次报道。区关心下一代工作委员会获 2020 年全国关心下一代工作先进集体,两名老干部获先进工作者称号。

【老干部政治待遇】 2020 年,红桥区为老干部订阅《天津支部生活——老干部版》《天津中老年时报》,举办老干部大讲堂,为老干部做《习近平谈治国理政》第三卷理论辅导讲座。疫情期间,网上组织老干部学习有关党的理论和精神,参加“两读一看”知识竞答活动,组织全区老干部和老干部工作人员关注中组部“离退休干部工作”和天津市“枫叶正红 与党同行”微信公众号,学习宣传习近平总书记关于做好新冠肺炎疫情防控重要指示和批示精神,学习最新修订的《中华人民共和国民法典》,宣传全国老干部“双先”表彰大会精神和红桥区先进集体、个人事迹。组织老干部参观“人民至上——天津抗疫纪实展”“国家荣誉——中国女排精神展”、观看纪念抗美援朝战争胜利 70 周年影片《金刚川》。加强老干部党支部和社区离退休干部党支部建设,坚持每季度印发《老干部党支部学习安排》,为党支部发放学习资料,为 6 个社区离退休干部党支部挂牌,发放 28 个社区离退休干部党支部书记工作补贴 6 万余元。建立社区离退休干部管理人员信息库。开展“凝心中国梦、助力建小康”活动,组织老干部撰写征文。开展“我看脱贫攻坚新成就”专题调研活动,征集意见建议 60 余条。开展“助力社会治理奉献月”活动,向老干部印发《倡议书》,新冠肺炎疫情期间老干部捐款捐物,区政协原副主席、离休干部周陈熊捐款 2 万元。老干部宣讲团通过微信群、网络在社区开展宣传活动 20 余次。

【老干部生活待遇】 2020 年,区委老干部局在新冠肺炎疫情期间通过微信公众号、微信群向老干部宣传疫情防控知识。局领导带队走访慰问离休干部和生活上有特殊困难的退休干部 55 位。做好新冠肺炎疫情期间离休干部医药费报销工作,拨付医药费 244 万余元,对重病离休干部进行大病救助12人次。坚持重大节日走访慰问老干部制度，全区各单位在元旦、春节期间开展走访慰问老干部670余人次，结合“抗日战争胜利75周年”和中秋、国庆等节点，对抗日时期老干部和离休干部进行走访慰问。加强与河怡养老院合作，完善“红桥区老干部养老基地”建设，推进与社区医疗机构合作，建立老干部就医“绿色通道”。

【老干部晚年生活】 2020年，红桥区加强老干部活动中心建设，区委书记李清到老干部活动中心现场办公研究解决有关问题。组织开展“奋进新时代·聚力筑小康”主题文化活动，组织参加市局举办的“讴歌新时代 共圆小康梦”摄影比赛，组织老干部参加“铭记历史 圆梦中华”天津市老干部纪念抗日战争胜利75周年书画爱好者笔会活动，举办第八届“红桥杯”天津市老干部象棋邀请赛。

【天津市离退休干部第八届中国象棋邀请赛】 2020年10月30日，天津市离退休干部第八届中国象棋邀请赛在红桥区红旗社区党群服务中心举办，全市10支老干部代表队参加比赛，经过6轮50余场角逐，市委宣传部代表队获冠军，宝坻区、红桥区代表队分获第二、三名。

【老干部养老基地建立】 2020年，红桥区拓展服务措施，创新养老新模式，与红桥区鸿佳和怡养老院建立“红桥区离退休干部养老基地”，满足独居、无人照顾及需要日间托管老干部的生活需求。养老基地设养老床位200张，托老床位百余张，对离退休干部实行优惠，并为有特殊需求的离退休干部提供上门服务，提高居家养老水平。

（王　琦）

保密和机要工作

【概况】 2020年，红桥区坚持党管保密机要原则，提升保密机要工作现代化法制化规范化水平，组织开展机要密码工作90周年主题教育月活动，组建区保密督导检查分队，拓展工作方法，组织开展保密“互查互评”活动，开展多层次保密法治宣传教育，提升保密工作能力。

【保密管理】 2020年，红桥区组建区保密督导检查分队，开展相关检查70余次，检查计算机150余台，实现两年实地督导“全覆盖”。开展保密“互查互评”活动，开展多层次保密法治宣传教育。组织全体区级领导到天津市保密实训平台参训，开展“区委保密委主任讲党课”活动，推动保密知识保密常识纳入区委党校年度主体班次课程，为区级机关和区属单位开展业务培训11场。制发保密宣传提纲及PPT，在全区开展层层宣讲活动，到社区宣传《中华人民共和国保密法》、播放宣传标语、印发保密标志海报。制发《天津市红桥区定密工作制度》《天津市红桥区定密权限单位及定密责任人名录》，确定定密权限单位及定密责任人，规范定密工作流程。开展互联网邮箱、Windows系统、疫情防控等专项保密问题隐患排查工作，到重点单位、商户开展专项工作检查50余次。

【机要密码工作】 2020年，区委保密机要局强化规范管理，保障密码通信安全畅通。加强机要密码干部管理，全年组织填写个人事项报告4次，开展集体宣誓活动3次，开展机要密码干部特

2020年10月30日，天津市离退休干部第八届中国象棋邀请赛在红桥区红旗社区党群服务中心举办　　（区委老干部局　提供）

色教育活动1次。落实局内24小时值班和领导带班制度，完善交接班流程，规范值班日志记录，疫情暴发初期坚持双人值班、领导在岗带班，快速处理涉及疫情文件。做好党政电视电话会议、视频指挥等通信系统红桥节点的技术保障，做好各条线路保障和设备使用管理维护，全年完成市委视频会议、视频电话服务保障百余次。

（鲁元亨）

2020年9月30日，红桥区督促检查工作培训会召开

（区委督查室 提供）

督 查

【概况】 2020年，中共天津市红桥区委督查室（以下简称区委督查室）深入贯彻落实习近平总书记关于督促检查的重要论述精神，在区委的坚强领导下，锚定督促推动党中央决策部署和市区委工作要求，协调推动全区全面从严治党主体责任落实目标，锐意进取，开拓创新，各项工作取得良好成效。

【督促检查工作】 2020年，区委督查室每季度督促推动责任部门落实《中共天津市红桥区委关于认真学习贯彻习近平总书记在上海考察时重要讲话精神的具体措施》《发挥北方枢纽优势打造"服务雄安新区、对接京冀"桥头堡工作举措》等相关文件要求，实地督查习近平总书记在统筹推进新冠肺炎疫情防控和经济社会发展工作部署会议上重要讲话、关于制止餐饮浪费行为重要指示等贯彻落实情况。组建蓝军督战队，实地查找全区在疫情防控、复工复产中存在的漏洞和薄弱环节，督促推动整改，累计出动500余人次，检查点位1200余个，向市委报送督查快报42期。紧盯市委调研巡查反馈意见整改，开展3轮次督查，推动整改到位。紧盯市政府2020年重点工作、市区民心工程、中央直达资金使用等市、区重要工作，发挥"利剑"作用，一督到底，督促职能部门尽快落实。协同区"飞地"治理专班组成督办组，全覆盖督查19处、45个点位，压实属地管理责任。加强督查检查规范统筹，牵头制定《红桥区2020年督查检查考核计划》，做好日常执行监管，严禁非计划事项开展，总结全区为基层减负特色亮点，形成情况报告。跟踪督办区社会治理网格化管理平台吹哨超时事项，累计办结41件。做好"互联网+督查"、人民网、北方网留言办理工作，2020年累计办理各类留言反映问题850余件，按时回复率100%。全年出刊《红桥督查》52期，专项督查报告1期。

【主体责任工作】 2020年，区委督查室牵头起草《中共天津市红桥区委落实全面从严治党主体责任检查考核暨政治生态建设考核评价反馈红桥区问题整改任务分解和责任分工》《中共天津市红桥区委常委会2020年全面从严治党主体责任清单和任务清单》，经区委常委会审议后印发全区并督促落实。按月梳理汇总区委常委会履行全面从严治党主体责任情况，录入主体责任监管平台。撰写区委常委会2020年上半年及全年落实全面从严治党主体责任情况报告，汇总起草《中共天津市红桥区委落实市委2019年全面从严治党主体责任检查考核暨政治生态建设考核评价反馈问题阶段性整改情况报告》,经区委常委会审议后向市委报送。每月印发《区级党政班子成员履行全面从严治党主体责任重点工作提示》,提示区级党政班子成员抓好分管领域全面从严治党主体责任的落实。组织区级党政班子成员听取全区2019年度全面从严治党主体责任检查考核排名靠后的6家单位反馈问题整改情况。指导全区各处级单位制定全面从严治党"两个清单",审核全区2019年度主体责任检查考核排名靠后单位和下属基层党组织较多单位制定的领导班子"两个清单"。每月利用主体责任监管平台开展不少于1轮监督检查。牵头组建区委主体责任工作专班,组织做好市委2020年度落实全面从严治党主体责任考核暨政治生态建设考核评价的迎检工作,组织开展区委相应考核评价工作。

(郝　强)

党校教育

【概况】 2020年,中共天津市红桥区委党校、天津市红桥区行政学院、中共天津市红桥区委党史研究室(以下简称区委党校、区行政学院、区委党史研究室)以习近平新时代中国特色社会主义思想为指导,务好主业讲好主课尽好主责,开办各专题培训班,开展基层宣讲活动,突出理论教育和党性教育,聚焦政府重大决策部署、社会热点难点问题开展科研工作,为红桥区建设提供思想政治保证、人才保证和智力支持。全年开办主体班32个,培训干部1577人。

2020年6月15日,红桥区2020年干部教育培训开学典礼在区委党校召开　　(崔　健　摄)

【干部培训】 2020年,区委党校开办发展对象培训班3期(第72期、73期、教育局1期),新党员培训班4期(第25期、26期、27期、教育局1期),习近平新时代中国特色社会主义思想专题班2期,东西部扶贫协作和对口支援干部专题培训班1期,专业化能力专题班10期(执政能力建设专题、依法治区专题、社会治理专题、京津冀协同发展专题、城市风险防范和维护安全稳定专题、科教兴国战略专题、创新驱动发展战略专题、人才强区战略和优化营商环境专题、网络舆论与意识形态专题、深入推进供给侧结构性改革专题),党性教育培训班4期,党外代表人士培训班1期,科长任职培训班2期,处级干部进修班2期(第8、9期),红桥区第35期中青年干部培训班1期,红桥区"一把手"政治能力建设专题班1期,第二期"青年马克思主义者培养工程"培训班1期。开展基层宣讲活动,宣讲习近平新时代中国特色社会主义思想、党的十九届四中全会精神、《中国共产党党员教育管理工作条例》《中国共产党党支部工作条例(试行)》、"四史"教育等,宣讲95场,受众干部千余人。

【教学管理】 2020年,区委党校突出理论教育和党性教育的主业主课地位,在主体班次课程安排中,确保党的理论教育和党性教育课程的比重在70%以上,党性教育课程在20%以上,在处级进修班、中青班等一个月以上的班次中组织学员进行党性分析。区委党校把马克思主义经典著作导读课作为重要课程,把深入学习习近平新时代中国特色社会主义思想作为重中之重,把党章教育列为各个班次的必修课。拓展研发《习近平新时代中国特色社会主义思想概论》《新中国史——党对社会主义建设道路的探索》《将改革开放进行到底——40年的回顾与展望》等10个新“四史”专题。根据基层单位和学员需求,推出《共和国反腐第一案历史警示录——刘青山、张子善一案点评》《公职人员政务处分法解读》《人类社会发展的必由之路——社会主义运动500年的回顾与展望》等新专题。开展主题辩论会,主体班次互动式教学课程比重占总课时30%。细化培训环节,注重教学流程管理,制定完善《主体班学员管理规定》,实行手机上下课签到制,提高管理效果。加强对学员培训情况考核,执行学员请销假制度,请假时间不得超过总学习天数的1/7,超过予以退学。

【科研立项】 2020年,区委党校聚焦红桥区中心工作、区委和区政府重大决策部署、社会热点难点问题开展科研工作。文章《深化“四史”教育,从历史文献中感悟中国共产党人的初心和使命》获得市委党校举办的学习研究“四史”专题征文活动二等奖。区委党校成立2个课题组参加市委党校组织的科研及决策咨询立项活动,第一课题组的《“全周期管理”:探索社区防控公共卫生重大风险“全”策略》参加决策咨询立项,并被《中国科学学报》录用,第二课题组的《新时代加强社区志愿服务工作与构建基层治理新格局研究——以天津市红桥区为例》参加科研立项。3位教师申报“天津市党建研究会2020年度重点研究课题科研征文”活动获批准。

(李悦嘉)

2020年12月24日,区委党校教师范红娜在天津市第三中学逸夫楼开展“红船精神”党史主题宣讲 (崔丽妹 摄)

党史编研

【概况】 2020年,区委党史研究室以习近平新时代中国特色社会主义思想为指引,抓好党史研究及成果转化,深化党史征编,推进党史宣传教育工作,拓展宣传教育覆盖面,开展党史进校园活动,举办“红船精神”党史主题宣讲,汇集资料,整理编纂《红桥区2019年大事述要》。

【党史资料征编】 2020年,区委党校会同区委宣传部重新整理、更新红桥区党史方面重大事件遗址、重要会议遗址、重要机构遗址、重要人物旧居以及重要纪念场馆等历史情况和信息资料,整理记录中国共产党领导新民主主义革命和人民解放等重要历史情况和信息资料,做好史料存档和材料报送工作。征集、整理党史资料,通过OA网、“美丽红桥”公众号等多种渠道搜集和汇集资料,逐条记录和整理修改。总结和记录区委、区政府2019年在社会、经济、政治、文化等诸多方面的重要工作、重点工程、重大项目,为资政工作留存史料。集稿并编纂《红桥区2019年大事述要》,为市委党校编纂《中共天津工作(2019)》提供稿件。

【党史宣传教育】 2020年,红桥区开展党史进校园活动,在天津市第三中学逸夫楼举办“红船精神”党史主题宣讲,向青年学生诠释习近平总书记提出并阐述的“红船精神”的内涵,彰显“红船精神”理论魅力。在广大青少年中播撒红色火种,传承革命优良传统,激励他们学习科学文化知识,树立报效祖国的信心和决心。

【《红桥区2019年大事述要》编纂】 2020年,区委党校通过多种渠道搜集资料,总结记录区委、区政府2019年在社会、经济、政治、文化等诸多方面重要工作、重点工程、重大项目,为资政工作留存史料,集稿并编纂《红桥区2019年大事述要》。

(崔丽妹)

红桥区人民代表大会

综　述

【监督审议】　2020年，区人大常委会执行环境报告制度，强化环保责任落实，依法听取审议年度环境质量状况和环境保护目标完成情况报告，组织代表开展调查研究，监督推动城市精品公园建设、再生资源智能回收，专题听取区政府落实教育兴区发展举措情况报告，连续两年审议提升教育教学质量情况专项报告。听取审议区政府落实《天津市学前教育条例》情况汇报，结合“大力推动幼儿园建设”民心工程项目实施，加大对落实常委会审议意见的跟踪检查力度。加强与教育界代表沟通联系，教育兴区6件代表建议全部得到落实。组织代表到棚改地块调研土地整理状况，视察政府落实土地强区发展举措情况，提出意见建议。年内，听取审议专项工作报告23项，作出决议、决定9项，提出审议意见8项。

【视察调研】　2020年，区人大常委会坚持围绕中心服务大局，聚焦经济社会发展重点任务，推动区委部署要求落实，紧盯改革发展稳定的关键环节，履行人大职能。到重点项目、民心工程、街道社区等百余处场所开展执法检查和视察调研60余项，召开常委会会议9次，听取审议专项工作报告23项，作出决议、决定9项，提出审议意见8项。对区政府贯彻落实生态立区任务目标暨环境质量状况和环境保护目标完成情况、2019年度全区财政决算情况、2019年预算执行情况和其他财政收支的审计工作情况、贯彻落实《天津市学前教育条例》情况、2020年1至9月份预算执行情况、2020年上半年国民经济和社会发展计划执行情况、2019年国有资产管理情况、2020年国民经济和社会发展计划执行情况与2021年国民经济和社会发展计划主要内容、养老体系建设情况、推进光荣道科技园区建设情况、贯彻实施“七五”普法规划情况以及2020年民心工程项目实施情况开展专项视察调研。对区人民法院落实《天津

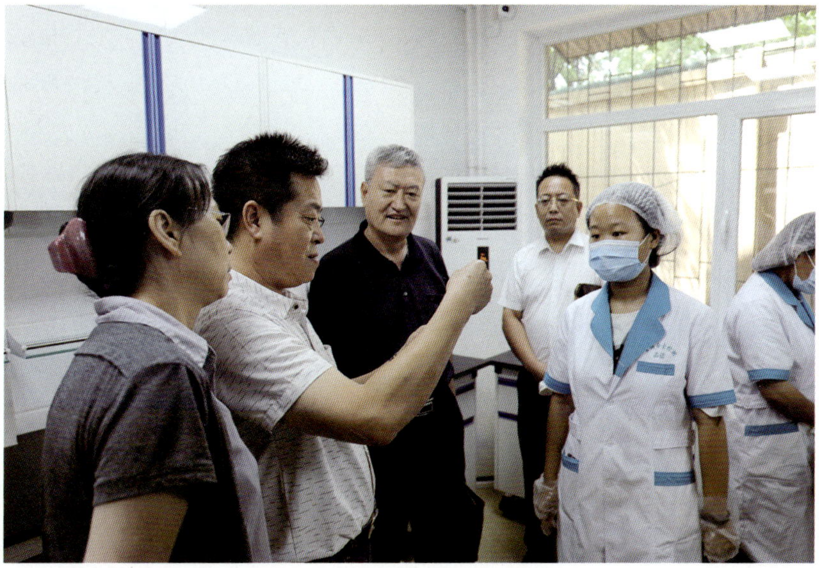

2020年8月18日，区人大常委会财政经济专委会委员调研食品安全工作

（区人大常委会　提供）

市优化营商环境条例》推动优化营商环境工作情况，对区人民检察院工作信息化建设情况开展视察调研。

【服务红桥高质量发展】 2020年，区人大常委会围绕落实京津冀协同发展战略，连续四年持续跟踪监督，组织专项视察，依法听取审议国民经济和社会发展计划报告，就政府贯彻落实新发展理念，推进供给侧结构性改革，有效应对风险挑战等方面提出审议意见。重视法治化营商环境建设，听取审议区法院服务营商环境工作情况报告，保障各项司法服务举措落实。听取审议区光荣道科技园区建设情况报告，调研民营企业发展情况，促进落实"一制三化"改革要求，提高办事效率。

【基层普法大宣讲活动】 2020年，区人大常委会领导到街道、社区宣讲《中华人民共和国民法典》，区人大常委会结合群众关心的民生热点问题，开展《天津市学前教育条例》和《中华人民共和国老年人权益保障法》等专题讲座。订购配发《中华人民共和国民法典》单行本，举办红桥人大讲堂，组织市、区两级人大代表开展民法典专题学习。市、区两级人大代表参与"联系+主题"活动，依托街道人大工委、人大代表之家和社区人大代表联络站三级网络，组成多支"宣讲分队"，启动"典"进民心、携法同行等主题活动，到基层开展民法典宣讲活动，送法进街道、进社区、进企业、进学校。

【街道人大工作】 2020年，区人大常委会按照市人大常委会《关于进一步加强和改进我市人大街道工委工作的意见(试行)》要求，结合红桥实际，制定实施《红桥区人大常委会街道工作委员会工作清单》，汇总5大类23项量化指标，推动人大工作在基层延伸。主任会议成员联系包保街道，定期到各工委，听取意见建议，加强工作指导，协调解决困难和问题，支持保障其依法有效履职。

(高　明)

重要会议

【区人民代表大会会议】 2020年，红桥区人民代表大会会议召开2次。

1月6日至7日，区第十七届人民代表大会第六次会议召开。听取审议红桥区人民政府工作报告；审查红桥区2019年国民经济和社会发展计划执行情况与2020年国民经济和社会发展计划草案的报告；审查红桥区2019年预算执行情况和2020年预算草案的报告；批准红桥区2020年预算；听取审议红桥区人民代表大会常务委员会工作报告；听取审议红桥区人民法院工作报告；听取审议红桥区人民检察院工作报告；对红桥区2020年民心工程进行票决；选举何智能为红桥区人民政府区长，选举于清为红桥区监察委员会主任。

8月10日至11日，区第十七届人民代表大会第七次会议召开。选举穆强为红桥区第十七届人民代表大会常务委员会副主任，李丽玲为红桥区第十七届人民代表大会常务委员会副主任。

【区人大常委会会议】 2020年，区十七届人大常委会会议召开9次。

2月27日，区人大常委会第二十六次会议召开。审议通过人事事项，举行被任命人员向宪法

2020年1月6日，天津市红桥区第十七届人民代表大会第六次会议召开　　(区人大常委会　提供)

宣誓仪式；讨论通过红桥区人大常委会2020年主要工作安排意见；听取审议区政府关于红桥区2019年环境质量状况和环境保护目标完成情况的报告，作出审议意见；传达贯彻习近平总书记在统筹推进新冠肺炎疫情防控和经济社会发展工作部署会议上的重要讲话和一系列会议精神，以及《天津市人民代表大会常务委员会关于依法做好新型冠状病毒肺炎疫情防控工作切实保障人民群众生命健康安全的决定》。

3月8日，区人大常委会第二十七次会议召开。审议通过区人大常委会主任会议提请的人事事项，决定：接受管兴桥提出辞去红桥区人民政府副区长职务请求。

4月28日，区人大常委会第二十八次会议召开。审议通过人事事项，举行被任命人员向宪法宣誓仪式；听取《天津市学前教育条例》讲座；听取审议区政府关于落实《天津市学前教育条例》情况的报告，作出审议意见；听取审议区法院关于落实《天津市优化营商环境条例》推动优化营商环境工作情况的报告，作出审议意见；听取审议区检察院关于检察工作信息化建设情况的报告，作出审议意见；书面审议区政府《关于〈区人大常委会对红桥区2019年环境质量状况和环境保护目标完成情况报告的审议意见〉落实情况的报告》。

6月29日，区人大常委会第二十九次会议召开。审议通过人事事项，举行被任命人员向宪法宣誓仪式；审议通过区人大常委会主任会议提请关于接受个别代表辞去红桥区第十七届人民代表大会代表职务请求决定（草案）议案；审议通过区人大常委会主任会议提请的关于终止个别红桥区第十七届人民代表大会代表的代表资格审查报告；作出补选红桥区第十七届人民代表大会代表决定，审议通过红桥区补选领导小组成员名单；审议通过区政府提请的关于审查和批准红桥区2019年财政决算（草案）的报告的议案；听取审议区政府关于红桥区2019年财政决算（草案）的报告，作出相应决议；听取审议区政府关于红桥区2019年区级预算执行和其他财政收支的审计工作报告；听取审议区政府关于推进光荣道科技产业园区建设情况的报告，作出审议意见；书面审议区政府《关于〈区人大常委会对红桥区关于落实《天津市学前教育条例》情况的报告的审议意见〉落实情况的报告》；书面审议区法院《关于〈区人大常委会对关于落实《天津市优化营商环境条例》推动优化营商环境工作情况的报告的审议意见〉落实情况的报告》；书面审议区检察院《关于〈区人大常委会对关于检察工作信息化建设情况的报告的审议意见〉落实情况的报告》。

7月24日，区人大常委会第三十次会议召开。审议通过区人大常委会主任会议提请罢免事项，决定：罢免李宝锟天津市第十七届人民代表大会代表职务。

8月3日，区人大常委会第三十一次会议召开。审议通过人事事项，举行被任命人员向宪法宣誓仪式；听取区补选领导小组关于补选区十七届人大代表情况的报告；审议通过关于区十七届人大代表资格的审查报告，确认224名代表的代表资格有效；审议通过关于召开区十七届人大七次会议决定；审议通过区十七届人大七次会议有关事项。

8月27日，区人大常委会第三十二次会议召开。审议通过人事事项，举行被任命人员向宪法宣誓仪式；听取区政府关于红桥区2020年上半年国民经济和社会发展计划执行情况报告；听取审议区政府关于2019年区属国有资产管理情况综合报告，作出审议意见；听取区政府关于红桥区2020年上半年食品安全工作报告；听取审议区政府关于贯彻实施《天津市文明行为促进条例》情况报告；听取审议区人大常委会执法检查组关于检查《天津市文明行为促进条例》实施情况报告；传达区委人大工作会议精神。

10月28日，区人大常委会第三十三次会议召开。审议通过人事事项，举行被任命人员向宪法宣誓仪式；听取《中华人民共和国老年人权益保障法》讲座；听取审议区政府关于养老服务体系建设情况的报告，作出审议意见;听取审议区政府关于2020年1—9月份预算执行情况的报告;听取审议区政府关于红桥区贯彻实施“七五”普法规划情况的报告,作出审议意见;审议通过区政府提请的关于调整红桥区2020年民心工程个别项目的议案,作出相应决定;听取审议区政府关于区十七届人大六次会议以来代表建议办理情况的报告;听取审议区人大常委会关于区十七届人大六次会议以来代表建议督办情况的报告;审议通过关于召开区十七届人大八次会议的决定;书面审议区政府《关于落实〈区人大常委会对推进光荣道科技产业园建设情况的报告的审议意见〉的情况报告》;书面审议区政府《关于落实〈区人大常委会对我区《天津市文明行为促进条例》实施情况执法检查的报告〉的情况报告》。

12月29日,区人大常委会第三十四次会议召开。审议通过人事事项,举行被任命人员向宪法宣誓仪式;补选俞绍平为天津市第十七届人民代表大会代表;听取部分区选的市十七届人大代表履职情况的报告;听取区政府关于红桥区2020年民心工程完成情况和2021年民心工程候选项目形成情况的报告;听取区人大常委会关于红桥区2020年民心工程实施情况的评价报告;初审区政府关于红桥区国民经济和社会发展第十四个五年规划和二〇三五年远景目标纲要草案主要内容的报告;初审区政府关于红桥区2020年国民经济和社会发展计划执行情况与2021年国民经济和社会发展计划草案主要内容的报告;审议通过区政府提请的关于审查和批准红桥区2020年区级预算调整方案的议案,听取有关情况说明,并作出相应决议;初审区政府关于2021年预算主要内容的报告;审议通过区十七届人大八次会议的有关事项;书面审议区政府《关于红桥区2019年区级财政预算执行及其他财政收支审计查出问题整改情况的报告》;书面审议区政府《关于落实〈区人大常委会对2019年度红桥区国有资产管理情况综合报告的审议意见〉的情况报告》;书面审议区政府《关于落实〈区人大常委会对红桥区养老服务体系建设情况的报告的审议意见〉的情况报告》;书面审议区政府《关于落实〈区人大常委会对红桥区贯彻实施“七五”普法规划情况的报告的审议意见〉的情况报告》。

(高　明)

监督工作

【概况】 2020年,红桥区人民代表大会常务委员会把监督“一府一委两院”工作同依法履职有机统一起来,做到真监督真支持。开展落实京津冀协同发展战略情况监督、财政和国有资产监督、社会事业监督、法治建设监督及街道人大工作监督,制定常委会联系指导基层人大组织贯彻落实会议精神工作台账,班子成员牵头走访街道人大工委、人大代表和对口联系部门,推动会议精神向基层延伸落实。

【财政和国有资产监督】 2020年,区人大常委会依法对财政预算开展审查监督,听取审议预算、决算、审计等5个专项报告,跟踪监督审计查处问题落实整改,推动政府依法理财。健全区属国有资产报告和监督公开机制,听取审议区属国有资产管理情况专项报告和综合报告,提出加强管理制度建设、完善市场化经营机制等审议意见,推动国有资产规范运行。

【社会事业监督】 2020年,区人大常委会跟踪监督养老事业发展,听取审议区养老体系建设情况报告,围绕养老机构、老年日间照料中心、老人家食堂等项目建设情况开展专项调研,就应对人口老龄化,满足养老服务需求等问题提出审议意见。结合民心工程项目监督,对基层体育公共服务设施建设、早期教育中心运营情况、困难群体帮扶等方面开展视察调研。围绕大运河文化遗产传承保护、提升中医药服务能力、推进基层卫生信息化、药品保障供应等情况开展视察检查。

【法治红桥建设】 2020年,区人大常委会听取审议区政府贯彻实施“七五”普法规划情况报告,组织代表定期督查、开展调研评估,保障"七五"普法规划完成。依法加强对扫黑除恶专项斗争工作监督,开展集中视察、座谈,与公检法部门负责人共同分析形势任务,推动专项工作开展。听取审议区检察院检察工作信息化建设情况报告,围绕强化检务公开、推进现代科技与检察工作融合、构建智慧检务工作机制等提出要求。组织代表对红桥区规范性文件备案审查、区法院涉诉信访办理情况进行视察调研,制定《区人大常委会机关信访工作流程》,全年受理群众来信来访 109 件次。

【创文创卫创城工作视察】 2020 年,区人大常委会汇聚区人大代表、各执法部门力量,依法实施《天津市文明行为促进条例》执法检查,制定工作方案,到 40 余个点位开展集中视察和暗访活动 8 次,现场查找问题,拍摄暗访纪录片,对照创建标准,以主任会议形式单独开展专题询问,发现疑难问题 23 个。听取区食品安全工作报告和教育系统创文创卫工作汇报,专题调研美丽社区和精品美丽社区创建情况。专题部署人大代表助力创文创卫活动,依托街道人大工委,每周至少开展 10 场人大代表访察服务活动。

(刘　昊)

代表工作

【概况】 2020 年,区人大常委会组织代表参加社会监督、专题询问、立法调研、政策宣讲等活动,加强人大代表培训工作,组织市、区人大代表到红桥区各领域调查研究,邀请百余名代表召开座谈会。

【代表培训】 2020 年,区人大常委会发挥红桥人大讲堂阵地优势,举办党的十九届五中全会精神、市区委人大工作会议精神等宣讲会,邀请区长向全体代表通报区情区政。组织常委会会前学法活动,针对审议议题,进行《天津市学前教育条例》《中华人民共和国老年人权益保障法》专题讲座。学习宣传《中华人民共和国民法典》,举办"《中华人民共和国民法典》与国家治理现代化"专场报告会,组织代表开展基层普法大宣讲活动,依托专委会和街道人大工委培训代表千人次。

【代表活动】 2020 年,区人大常委会拓展"家站"建设,发挥"家站"阵地作用,定期接待选民听取民意,全年开展各项活动 200 余次,接待、联系选民 1600 余人次,搜集反映意见建议 200 余条,协调有关部门解决社区道路维修、供水改造、文化休闲场所提升等 40 余件群众身边事。人大代表参与常委会、专委会、街道人大工委工作,参加社会监督、专题询问、立法调研、工作评议、政策宣讲、征求意见等活动百余次。代表们参与消费扶贫、教育扶贫和对口帮扶,捐赠扶贫款 43.50 万元,人大代表魏所库获"天津市扶贫协作和支援合作工作先进个人"称号。依法补选 10 名区人大代表,建立代表履职记录制度,65 名代表向选区述职、向群众汇报,促进代表履职尽责,接受人民监督。在疫情防控和复工复产中,人大代表企业卓朗科技获全国工商联授予的"抗击新冠肺炎疫情先进民营企业"称号,13 名市、区人大代表获市、区级荣誉称号,《天津日报》《天津人大》宣传报道于海斌、靳怀军、徐长青、时岩、符维萍等 25 名市、区人大代表先进事迹。

【建议办理和督办】 2020 年,区人大常委会听取审议建议办理和督办情况报告,会同区政府召开多轮办理协调会、推动会和开展现场视察,促进有关单位提高按时办结率和优质办成率。坚持办理"三公开"机制,对涉及部门多、办理难度大的 12 件重点建议由主任会议成员督办。区内承办的 87 件代表建议全部办复完毕,其中水木天成中心园提升改造、新春花苑和七〇七社区易积水点位改造、加强社区环境整治等群众关注重点建议得到解决。

【市人大代表联络工作】 2020 年,区人大常委会组织区选市人大代表参加全国人大举办的履职培训班,参加"做好新时代人大工作"专题研讨班和交流研讨会7期。组织市人大代表参与“联系+主题”活动,集中进基层、访民情、听民意,提交、督办涉及红桥意见建议20余件,参加会前视察活动,在建言“十四五”等5场座谈会上提出意见建议。

【民心工程人大代表票决制】2020年,区人大常委会实施民心工程人大代表票决制,把红桥群众关心的项目以法定形式纳入民心工程,成立专项监督小组,开展监督。疫情期间,常委会与区政府及各承办部门联动,人大代表参与,落实2020年民心工程。

【代表之家和代表联络站建设】 2020年,区人大常委会在拆迁地块、高校、商厦等场所设立人大代表联络站,突破层级限制,将红桥区45名市人大代表与222名区人大代表统筹编组入家进站。突破家站“流水线”建设模式,鼓励家站根据街道社区区域情况“个性化”发展,截至年底,全区建成人大代表之家9个和人大代表联络站89个。

(沈　洋)

人事任免

【概况】 2020年,区人大常委会发挥人事任免职能,召开人大常委会会议任免国家机关工作人员82人次,任命人民陪审员59人。

【任免事项】 2月27日,区人大常委会第二十六次会议召开。任命:刘敬为红桥区人大常委会邵公庄街道工作委员会主任。免去:李宝英红桥区人大常委会办公室副主任职务,刘杰红桥区人大常委会邵公庄街道工作委员会主任职务。决定任命:密松为红桥区人民政府副区长。任命:庞连发为红桥区人民法院副院长,陈强为红桥区人民法院行政审判庭庭长。免去:邢福兴红桥区人民检察院检察员职务。

3月8日,区人大常委会第二十七次会议召开。决定:接受管兴桥提出辞去红桥区人民政府副区长职务请求。

4月28日,区人大常委会第二十八次会议召开。任命:刘婉婷为红桥区人大常委会丁字沽街道工作委员会主任。免去:王志城红桥区人大常委会财经(城建)工作委员会主任职务,李广明红桥区人大常委会三条石街道工作委员会主任职务,丁世云红桥区人大常委会丁字沽街道工作委员会主任职务。决定任命:李广明为红桥区市场监督管理局局长,李冬为红桥区住房和建设委员会主任。决定免去:赵海航红桥区市场监督管理局局长职务,于鹏洲红桥区住房和建设委员会主任职务。免去:张宝龙红桥区人民法院审判员职务。免去:徐泽英红桥区人民检察院检察员职务。

6月29日,区人大常委会第二十九次会议召开。决定:接受陈淑芳提出辞去红桥区人大常委会副主任职务请求。决定任命:张东明为红桥区人民政府副区长,赵霞为红桥区人民政府副区长。决定免去:李丽玲红桥区人民政府副区长职务,贾俊河红桥区科学技术局局长职务。任命:贾俊河为红桥区人大常委会监察和司法工作委员会(红桥区人大常委会民族宗教侨务工作委员会、红桥区人大常委会社会建设工作委员会)主任,高明为红桥区人大常委会办公室副主任,李健为红桥区人大常委会三条石街道工作委员会主任,吴鸿年为红桥区人大常委会双环邨街道工作委员会副主任,焦其谊为红桥区人大常委会三条石街道工作委员会副主任。免去:孙占海红桥区人大常委会双环邨街道工作委员会副主任职务,乞明红桥区人大常委会三条石街道工作委员会副主任职务。免去:景建红桥区监察委员会副主任职务。

8月3日,区人大常委会第三十一次会议召开。任命:张莹为红桥区监察委员会副主任。免去:刘会广、王常刚红桥区监察委员会委员职务。

8月27日,区人大常委会第三十二次会议召开。任命:李泽江为红桥区人大常委会法制室主任,赵国庆为红桥区人大常委会丁字沽街道工作委员会主任,刘欣为红桥区人大常委会铃铛阁街道工作委员会副主任,杨建升为红桥区人大常委会和苑街道工作委员会副主任。免去:杨书苓红桥区人大常委会办公室主任职务，刘婉婷红桥区人大常委会丁字沽街道工作委员会主任职务，杨立男红桥区人大常委会和苑街道工作委员会副主任职务。决定任命：张爱春为红桥区体育局局长。免去：李泽江红桥区监察委员会委员职务。任命：贾亚强为红桥区人民法院副院长、审判委员会委员、审判员，陈国女为红桥区人民法院民事审判第一庭庭长，赵坤为红桥区人民法院民事审判第二庭庭长，王霞为红桥区人民法院民事审判第三庭庭长，杨德润为红桥区人民法院审判员，刘宁为红桥区人民法院审判员。免去：方红红桥区人民法院副院长、审判委员会委员、审判员职务，赵坤红桥区人民法院执行一庭庭长职务，王志文红桥区人民法院民事审判第一庭庭长、审判委员会委员职务，王霞红桥区人民法院民事审判第二庭庭长职务，张健红桥区人民法院审判监督庭庭长职务。

10 月 28 日，区人大常委会第三十三次会议召开。任命：艾霞为红桥区人大常委会西于庄街道工作委员会主任，刘昊为红桥区人大常委会办公室副主任。免去：封明红桥区人大常委会办公室副主任职务，赵文裕红桥区人大常委会西于庄街道工作委员会主任职务。决定任命：杨永祥为红桥区科学技术局局长，李大为为红桥区卫生健康委员会主任，白伟为红桥区人民政府国有资产监督管理委员会主任。决定免去：杨永祥红桥区卫生健康委员会主任（红桥区爱国卫生运动委员会办公室主任）职务，白伟红桥区退役军人事务局局长职务，曹会起红桥区人民政府国有资产监督管理委员会主任职务。免去：尹会久红桥区监察委员会副主任职务。任命：于泓、于静、马欣悦、马洋、王建为、王艳华、王萍、王焜、田宇、冯兰、吕晓萌、朱卫、刘亚琳、刘坤、刘栋青、刘娜、许文乐、许瀚文、孙梦莹、严子杰、苏娟、李凤喜、李亚函、李进庄、李丽、杨洪斌、杨津龙、邱建婕、何平、宋志会、张春艳、张宽、张锐来、陈虹、周丽欣、赵树桂、赵美、赵蓉、赵静、柳续新、种子儒、侯秀伟、袁静、铁丽彬、徐长利、徐文博、寇凡、焦丽华、路帼君为红桥区人民法院人民陪审员。免去：庞连发红桥区人民法院副院长职务，李志霞红桥区人民法院审判委员会委员职务，刘浩红桥区人民法院执行二庭庭长职务，李海华红桥区人民法院执行一庭副庭长、审判员职务，王刚红桥区人民法院执行一庭副庭长职务，刘明德红桥区人民法院审判员职务，安媛媛红桥区人民法院审判员职务。

12 月 29 日，区人大常委会第三十四次会议召开。决定任命：谷继文为红桥区退役军人事务局局长，田野为红桥区监察委员会委员，王正刚为红桥区人民法院刑事审判庭副庭长，齐欣为红桥区人民法院行政审判庭副庭长，成永哲为红桥区人民法院民事审判第一庭副庭长，鲁令波为红桥区人民法院民事审判第二庭副庭长，杨立明为红桥区人民法院民事审判第三庭副庭长。免去：孙颙琰红桥区人民法院审判员职务，贺继成红桥区人民检察院副检察长、检察委员会委员、检察员职务，贾胜经红桥区人民检察委员会委员、检察员职务。

（高　明）

专门委员会工作

【概况】 2020 年，区人大常委会各专门委员会助推生态立区、教育兴区、土地强区发展举措，服务保障《红桥区“十四五”规划和 2035 年远景目标纲要》编制，组织市、区人大代表到区各领域调查研究、召开座谈会，围绕区域规划、经济布局、基层治理、社会事业等方面对《纲要》进行论证。

【财政经济委员会】 2020 年，区人大常委会财政经济委员会开展财政预算监督工作，为区人大常委会听取审议区政府预决算草案、预算执行情况和其他财政收支情况的审计工作情况、预算执行和调整情况、国民经济和社会发展计划执行情况、行政事业单位国有资产管理情况等做调查研究，提出相关建议。服务主任会议成员调研区落实京津冀协同发展战略情况，做好区“十四五”规划编制初审工作的前期调研。组织专题报告会，邀请区政府主要领导向全区人大代表报告上半年国民经济和社会发展计划执行情况。

(张利利)

【监察和司法委员会】 2020年,区人大常委会监察和司法委员会组织专委会委员和部分区人大代表做好司法监督工作。对区法院落实《天津市优化营商环境条例》情况报告、区检察院检察工作信息化建设情况报告进行审议,形成审议意见,跟踪落实情况,旁听法庭庭审活动,对庭审法官进行评议,对全区扫黑除恶专项斗争开展情况进行视察调研,听取公安红桥分局、区法院、区检察院工作情况汇报。

(陈佳雯)

【教育科学文化卫生委员会】 2020年,区人大常委会教育科学文化卫生委员会就教育兴区发展举措、民心工程等区民生热点难点开展监督工作。服务常委会主任会议专题听取区政府落实教育兴区目标任务、全面提升教育教学质量情况报告,听取审议区政府落实《天津市学前教育条例》情况汇报。对推进光荣道科技园区建设情况、加强基层体育公共服务设施建设情况开展视察调研。对政府落实人大常委会关于推进国医堂建设、提升中医药服务能力审议意见情况进行跟踪检查。对区推进大运河文化遗产传承保护情况,加强卫生信息化建设,提升基层卫生服务水平情况和加强药品保障供应、满足百姓用药需求情况开展调研。服务常委会会前学法,组织《天津市学前教育条例》专题讲座,推动区政府及相关部门落实推进学校体育场馆开放情况、红桥区中医医院新建工程、西沽街社区卫生服务中心迁建工程等10项民心工程。

(张　悦)

【城市建设环境保护委员会】 2020年,区人大常委会城市建设环境保护委员会围绕土地强区、生态立区开展监督调研,组织代表到棚改地块调研土地整理状况,视察政府落实土地强区发展举措情况,就科学做好土地规划、整理出让、招商引资工作与有关部门保持沟通,提出意见建议。发动代表宣传红桥棚改成果和土地储备资源,为红桥发展做好宣传推介,依法听取审议年度环境质量状况和环境保护目标完成情况报告,组织代表开展调查研究,监督推动城市精品公园建设、再生资源智能回收。

(宋延东)

【社会建设委员会】 2020年,区人大常委会社会建设委员会开展民生监督工作,5月至6月,就《天津市文明行为促进条例》落实情况开展执法检查。8月4日,区人大常委会主任会议召开专题询问会议,现场提出9方面问题,11个责任部门单位应询,巩固《条例》实施成果,推动建设常态长效机制。9月至10月,审议《红桥区养老体系建设情况报告》,组织代表对养老体系建设工作开展常委会会前视察调研,就《中华人民共和国老年人权益保障法》开展常委会会前学法讲座。对"提升养老服务水平""推进老人家食堂建设""帮扶残疾人群体""创建美丽社区和精品美丽社区"4项民心工程项目开展监督,助推各项民心工程项目如期完成。9月组织代表视察区消防安全工作情况,强化人大监督助力安全稳定。

(陈佳雯)

红桥区人民政府

综　述

【经济建设】 2020年，区政府举办土地云招商、承接北京疏解资源等招商推介会，完成国内招商引资到位额41.70亿元，新增注册企业2307家，注册资金99.63亿元，其中注册资金千万元以上企业200家，实际利用外资1417万美元。推进创新驱动发展，全区新认定国家科技型中小企业168家，天津市雏鹰企业52家，瞪羚企业2家，科技领军企业1家。国家自主创新示范区红桥分园、国家人力资源服务产业园红桥分园、智慧能源服务创新示范区同步建设取得新进展。推动产学研用深度融合，中船重工七〇七研究所、中铁（天津）勘察设计院有限公司先后获天津市科学技术进步一等奖。大力发展楼宇经济，盘活空置商务载体，陆家嘴金融广场等商务楼宇税收贡献显著。加快发展金融业，加快银行网点设立和划转，金融业留区税收增长6.5%。

【营商环境优化】 2020年，区政府落实“一制三化2.0”改革措施，优化审批流程，涉及民生105项事项一律延伸至街道办理，13项政务服务事项下沉到社区办理，建成3个政务服务无人超市和12个自助网点。落实减税降费政策措施，政策性新增减税降费超过2亿元。开展政务服务“好差评”活动，整体好评率在98%以上。

【民生保障】 2020年，区政府加大对大学毕业生等重点群体的就业扶持力度，在全市首批成立25个以街道党群服务中心和社区卫生服务中心为主的见习基地。超额完成居民医保和企业职工参保任务，保障困难群众基本生活，累计发放各类保障和救助金3.56亿元。完成北岸等3座标准化菜市场建设。抓好全区各级退役军人服务中心（站）规范化建设，完成部分退役士兵养老保险缴补工作，联合农业银行开发网络服务平台。提升为老服务水平，全区养老院增加到31家、养老床位3280张，达到每千名65岁以上老人拥有养老床位30张的国家标准。建设“养老机构智慧安防管理平台”，持续完善老人家食堂服务环境，全部建成街道一级老人家食堂、社区二级老人家食堂，红桥区公建民营养老机构经验做法得到天津电视台、《每日新报》等多家媒体报道。累计向甘肃省碌曲县、合水县投入帮扶资金1.97亿元，完成消费扶贫采购资金1.45亿元，携手实现全面小康。

【法治政府建设】 2020年，区政府办理人大代表建议和政协提案228件，办复率和满意率均100%。完成法治政府建设攻坚行动，全部指标达标，完成区委、区政府新一轮法律顾问团队选任和配备。做好行政应诉工作，行政机关负责人出庭应诉率提升，完成“七五”普法总结验收工作。政务公开和信息公开依法应公开尽公开，绩效管理工作更加科学严谨，“8890”“公仆热线”等群众来信来访办结率、满意率进一步提升。

（刘泽峰）

重大决策

【红桥区2020年20项民心工程】 2020年1月7日，红桥区第十七届人民代表大会第六次会议召开。人大代表投票表决出红桥区2020年20项民心工程项目，以人民为中心的发展思想，贴近群众所急所需，把增进民生福祉作为发展根本目的。补齐民生领域短板，打造宜居宜业美丽家园，提升便民利民水平。

2020 年红桥区 20 项民心工程项目台账

表 2

序号	项目名称	实施内容	牵头单位
1	社区再生资源智能回收	通过"保保回收"智能分拣体系,以固定点位+定时流动方式,开展线上线下可回收物收集和交易	区城管委
2	保康路道路提升改造工程	保康中道至光荣道道路工程、排水工程、给水工程、再生水工程、照明工程、交通工程、绿化工程、配套管线工程等	区住建委
3	启动咸阳北路公交场站建设工程	启动咸阳北路公交场站建设,新建 1900 平方米公交场站,配套建设机械式停车楼一座	区住建委
4	大力推动幼儿园建设	碧春园幼儿园实现开园招生,启动民族幼儿园建设	区住建委
5	0~3 岁儿童早期教育中心运营项目	面向婴幼儿及家长定期组织亲子活动,早期教育咨询指导,每周 2 次	区妇联
6	西沽街社区卫生服务中心迁建	建设社区服务中心一座,地上五层,地下一层,附属用房两间,总建筑面积 4000 平方米	区卫健委
7	红桥区中医医院新建工程	建设门诊、住院楼一座,地上 5 层,地下 1 层。总建筑面积 1.20 万平方米	区卫健委
8	开展"阳光心田"心理健康服务	举办心理健康知识讲座	区卫健委
9	推进社区老年健康服务	鼓励有条件老年人参加家庭医生签约服务,为 60 岁以上失能、半失能人员提供入户医疗护理服务	区卫健委
10	提升养老服务水平	新建社区老年日间照料中心(站)105 个,新增养老床位 500 张	区民政局
11	推进老人家食堂建设	提升 12 个一级和 107 个二级老人家食堂管理服务水平	区民政局
12	帮扶残疾人群体	为符合条件残疾人发放居家托养服务补贴	区残联
13	第 30 届天津运河桃花文化商贸旅游节	打造天津市运河文化旅游品牌,采取在大型商圈设置分会场的形式,举办各类主题活动,营造文化旅游商贸氛围,吸引全国各地及国外客人来津参观游览	区文化旅游局 按法定程序停办
14	举办红桥区第 27 届民族团结月	开展少数民族政策宣传教育活动,以慰问少数民族宗教界人士及困难少数民族群众等形式多样、内容丰富的活动,为少数民族群众办好事、办实事,促进各民族团结和睦、社会和谐稳定	区民族和宗教事务委员会

序号	项目名称	实施内容	牵头单位
15	水木天成中心公园提升改造	水木天成中心公园十字轴绿化带及两个湖体改造，包括：水木天成中心湖、南湖改造，公园内种植草坪、乔木、灌木、绿篱及地被花卉，新建健身步道、塑胶跑道、广场、毽球场等，新增健身器材、娱乐设施	区住建委
16	推进学校体育场馆开放	推进文昌宫民族小学、天津师范学校附属小学总校、新华中学和苑学校的体育场馆向社会开放	区教育局
17	更新社区室外健身园器材	新建、更新29个社区健身园健身器材	区体育局
18	推进未成年人“五爱”教育阵地建设	在全区建设11个未成年人“五爱”教育阵地	区文明办
19	创建美丽社区和精品美丽社区	创建4个美丽社区和2个精品美丽社区	区民政局
20	推进菜市场建设	新建北岸社区标准化菜市场，提升20个现有菜市场	区商务局

【红桥区第九批非物质文化遗产代表性项目】 2020年6月29日，红桥区落实《非物质文化遗产法》《天津市非物质文化遗产保护条例》等相关法律法规，印发《天津市红桥区人民政府关于公布红桥区第九批非物质文化遗产代表性项目名录的通知》，坚持“科学保护，提高能力，弘扬价值，发展振兴”工作思路，提升红桥区非物质文化遗产保护传承水平，推动非物质文化遗产在打造绿色城区、建设美丽红桥任务中发挥作用。

（纪　希）

重要会议

【区政府常务会议】 2020年，红桥区人民政府召开常务会议57次。

1月12日，区长何智能主持召开区政府第127次常务会议。传达学习习近平关于生态环境保护工作的指示精神，传达学习中央经济工作会议、市委十一届八次全会暨经济工作会议以及区委十一届十四次全会精神，传达学习市级机关处长大会、市第十七届人民政府第二次全体会议、第88次市政府常务会议精神，传达学习中共中央、国务院关于推进贸易高质量发展、关于营造更好发展环境支持民营企业改革发展相关文件精神，传达学习市委、市政府关于进一步加强规划和土地管理工作的意见，通报市对外开放领导小组关于表彰奖励2017—2018年对外开放工作先进单位通知，传达学习全国和全市扫黑除恶专项斗争有关会议、全市道路交通安全工作会议精神，审议关于落实行政机关首长出庭应诉工作实施意见（试行）及区政府负责人出庭应诉工作相关规定、《红桥区关于贯彻落实天津市第三生态环境保护督察组〈关于对红桥区进行生态环境保护督察“回头看”的督察报告〉整改工作方案》及整改任务分解清单和红桥区改革完善医疗卫生行业综合监管制度实施方案，听取2019年消防安全形势分析评估报告；通报人事任免事项。

1月23日，何智能主持召开区政府第128次常务会议。传达学习贯彻习近平总书记对新型冠状病毒感染的肺炎疫情的重要指示和国务院常务会议，市委、市政府专题会议，市委常委会会议有关精神；传达学习十九届中央纪委四次全会和市纪委十一届七次全会、市十七届人大三次会议和市政协十四届三次全会精神，传达市委督查通报、市政府第90次常务会议和马顺清到红桥区调研棚改工作的讲话精神，传达学习中办、国办印发《关于促进劳动力和人才社会性流动体制机制改革的意见》的通知，中办、国办印发《关于减轻中小学教师负担进一步营造教育教学良好环境的若干意见》通知，天津市人民政府关于印发健康天津行动实施方案通知；传达区纪委关于严格落实中央“八项规定”精神狠刹“违规吃喝风”通知，并通报红桥区2起违反中央“八项规定”精神问题，听取关于向市政府报审西站商务区西于庄地区城市设计成果，关于成立区文物审查委员会情况汇报，审议铃铛阁地块控规调整方案，审议并通报人事任免事项。

2月6日，何智能主持召开区政府第130次常务会议。传达学习习近平重要指示精神和李鸿忠批示要求，2月3日习近平在中共中央政治局常务委员会关于研究加强新型冠状病毒感染的肺炎疫情防控工作会议上重要讲话精神及2月4日市委常委扩大会议有关要求，1月28日市委常委扩大会议暨天津市新型冠状病毒感染的肺炎疫情防控工作领导小组和指挥部会议精神，2月1日全市疫情防控工作视频会议精神，市委办公厅、市政府办公厅《关于王增田同志在疫情防控工作中严重失职失责问题的通报》，国务院印发《中央应对新型冠状病毒感染肺炎疫情工作领导小组关于做好春节后错峰返程加强疫情防控工作的通知》以及市委、市政府关于加强当前疫情防控工作通知，通报区政府领导工作分工调整情况。

2月21日，何智能主持召开区政府第131次常务会议。会议审议《红桥区2020年人大代表建议和政协提案办理工作安排意见》《2020年政府工作报告任务分解台账》、关于开展第七次全国人口普查的通知和关于调整红桥区拆迁结算项目综合管理指挥部职责方案。

3月2日，何智能主持召开区政府第132次常务会议。传达学习习近平总书记在统筹推进新冠肺炎疫情防控和经济社会发展工作部署会议上讲话精神，市委常委会扩大会议暨市防控领导小组和指挥部会议精神以及市委、市政府印发《关于认真学习贯彻习近平总书记重要讲话精神统筹推进新冠肺炎疫情防控和经济社会发展工作的通知》精神，审议《红桥区关于落实保障和关爱新冠肺炎疫情防控一线医护人员若干措施的实施细则》。

3月7日，何智能主持召开区政府第133次常务会议。会议传达学习中共中央政治局常务委员会研究当前新冠肺炎疫情防控和稳定经济社会运行重点工作会议，市委常委会扩大会议暨市防控领导小组和指挥部会议精神，市委、市政府办公厅有关文件精神，《天津市消防安全责任制规定》，国办《关于进一步精简审批优化服务精准稳妥推进企业复工复产通知》《中央应对新型冠状病毒感染肺炎疫情工作领导小组关于全面落实疫情防控一线城乡社区工作者关心关爱措施的通知》及李鸿忠批示要求，市防控指挥部印发《关于对网格员实施关爱激励十条措施的通知》，通报《红桥区关于关爱激励社区网格员实施方案》，审议《天津市红桥区移动通信基站站址布局专项规划（2019—2030）》，通报《天津市红桥区人民政府关于2019年法治政府建设情况的报告》，听取关于授予红桥医院第一批援鄂医疗队“天津市红桥区卫生健康系统新冠肺炎疫情防控工作先进集体”称号情况汇报，审议并通报人事任免事项。

3月10日，何智能主持召开区政府第135次常务会议。会议传达学习习近平总书记在决战决胜脱贫攻坚座谈会上重要讲话精神和市委决战决胜脱贫攻坚动员部署会并套开市委农村领导小组会议暨全市农村工作会议精神、《中共天津市委办公厅关于对管兴桥同志问责情况的通报》；通报区政府领导工作分工，审议并通报人事任免事项。

3月13日，何智能主持召开区政府第136次常务会议。会议传达学习习近平总书记在湖北省考察新冠肺炎疫情防控工作时重要讲话精神和市委常委会扩大会议暨市防控领导小组和指挥部会议精神，审议《红桥区落实保障和关爱新冠肺炎疫情防控一线医务人员若干措施的实施细则（修订稿）》、红桥区关于落实国办《关于进一步精简审批优化服务精准稳妥推进企业复工复产的通知》工作举措和关于应对疫情影响加大对个体工商户扶持力度具体举措和《关于开展"小金库"问题专项治理实施方案(审议稿)》,听取2019年全区应急管理工作回顾和2020年一季度工作情况汇报;通报红桥区落实《市政府办公厅关于印发天津市打赢新型冠状病毒感染肺炎疫情防控阻击战进一步促进经济社会持续健康发展若干措施的通知》情况。

3月17日,何智能主持召开区政府第137次常务会议。会议传达学习《中共天津市委 天津市人民政府关于认真学习贯彻习近平重要讲话精神统筹推进新冠肺炎疫情防控和经济社会发展工作的通知》精神和区委常委会议要求,部署红桥区贯彻落实措施,传达学习市委办公厅、市政府办公厅印发关于高质量推进东西部扶贫协作和支援合作助力如期完成脱贫攻坚任务相关文件精神和区委常委会议要求,并部署红桥区贯彻落实措施;审议红桥区落实《天津市支持中小微企业和个体工商户克服疫情影响保持健康发展若干措施》责任分工和红桥区食品安全事故应急预案,听取关于对红桥区新冠肺炎疫情防控期间表现突出的医务人员及时奖励情况汇报,审议并通报人事任免事项。

4月1日,何智能主持召开区政府第139次常务会议。会议传达学习中办关于推动高质量发展相关文件精神、中央政治局会议精神及国务院扶贫开发小组通知文件精神,审议通过甘肃省合水县、碌曲县2020年帮扶资金项目计划、《红桥区节庆活动管理工作实施方案》,审议通过人事任免事项。

4月11日,何智能主持召开区政府第140次常务会议。会议传达学习习近平总书记在中共中央政治局常务委员会上分析国内外新冠肺炎疫情防控和经济运行形势,研究部署落实常态化疫情防控举措、全面推进复工复产工作会议上重要讲话精神,市委常委扩大会议暨市防控领导小组和指挥部会议关于学习贯彻习近平总书记在中央政治局常委会议上重要讲话精神及解决天津市"飞地"基层社会治理属地化有关问题部署要求,习近平总书记在浙江考察时重要讲话精神,中共中央政治局分析国内外新冠肺炎疫情防控和经济运行形势研究部署统筹推进疫情防控和经济社会发展工作会议精神及市委常委会扩大会议暨市防控领导小组和指挥部会议有关要求,市领导关于隔离医学观察点建设管理工作批示要求,市领导在《2020年1—2月全市查处形式主义官僚主义不作为不担当问题的情况报告》上的批示精神,区委办公室关于印发《贯彻落实〈中共天津市红桥区委常委会2020年工作要点〉重点工作分工方案》通知,全国安全生产电视电话会议精神,国务院安全生产委员会全体会议精神并通报京广铁路郴州段火车脱轨事故情况,审议通过红桥区2019年耕地保护督察和历年土地例行督察限期未整改到位问题整改工作方案、《红桥区第二十七届民族团结月活动方案》《红桥区2020年促进消费扶贫奖励实施方案》,通报一季度《2020年政府工作报告台账》重点工作完成情况,审议通过人事任免事项。

4月22日,何智能主持召开区政府第142次常务会议。会议传达学习东西部扶贫协作考核发现问题整改暨重点工作推动会精神并听取红桥区相关工作情况汇报,市领导在市委平安天津建设领导小组扩大会议暨市委政法工作会议上讲话精神,市委、市政府办公厅印发《关于改革完善体制机制加强粮食储备安全管理的措施》通知,2020年市防汛抗旱指挥部市区分部防汛工作会议和2020年全市防汛抗旱工作会议精神,党中央国务院关于加强新时代大中小学劳动教育相关文件精神,审议通过《红桥区关于全面推行行政规范性文件合法性审核机制实施方案》《天津市红桥区应急队伍建设管理办法》、红桥区推进中小学教师"区管校聘"管理改革实施方案,听取红桥区2020年20项民心工程及市民心工程涉及红桥区的项目一季度完成情况报告。

4月29日,何智能主持召开区政府第143次常务会议。会议传达学习《中共中央办公厅关于持续解决困扰基层的形式主义问题为决胜全面建成小康社会提供坚强作风保证的通知》《中共中央、国务院关于构建更加完善的要素市场化配置体制机制的意见》,关于相关人员严重违纪违法问题通报文件精神,市党建引领基层治理体制机制创新工作领导小组《关于学习贯彻习近平总书记给武汉东湖新城社区全体社区工作者回信重要指示精神推进全市社区疫情防控常态化工作的通知》精神、市党建引领基层治理体制机制创新工作领导小组关于解决“飞地”治理属地化有关问题督办相关文件精神,审议通过关于解决“飞地”治理属地化有关问题实施方案、《红桥区2020年根治拖欠农民工工资工作要点》,审议通过人事任免事项,听取关于宝能现代科技广场消防备案抽查工作情况汇报,安排部署“五一”假期期间工作。

5月9日,何智能主持召开区政府第145次常务会议。会议传达学习市委常委扩大会暨京津冀协同发展领导小组扩大会精神,市委常委扩大会暨市新冠肺炎疫情防控工作领导小组和指挥部会议精神,关于李国文严重违纪违法问题相关文件精神,全国扫黑办主任会议和天津市扫黑除恶领导小组会议精神,市委、市政府办公厅关于天津市党委和政府维护稳定工作领导责任制相关文件精神,全国和天津市禁毒工作会议精神,审议通过红桥区有效应对新冠肺炎疫情影响促投资扩消费稳运行工作举措,红桥区2020年小学、初中招生工作方案,听取关于解决部分二次供水单位办理卫生许可工作的情况汇报、关于红桥区十一人制标准足球场地建设工程项目的情况汇报。

5月19日,何智能主持召开区政府第147次常务会议。会议传达学习5月14日中共中央政治局常务委员会分析国内外新冠肺炎疫情防控形势,研究部署抓好常态化疫情防控措施落地见效,研究提升产业链供应链稳定和竞争力会议精神和5月15日中共中央政治局讨论《政府工作报告》会议精神,5月16日市委常委扩大会议暨市防控领导小组和指挥部会议有关落实举措、习近平总书记在山西考察时重要讲话精神和5月13日市委常委扩大会议暨市防控领导小组和指挥部会议精神,5月13日市疫情防控指挥部工作通报会精神,5月8日市委常委扩大会议暨市防控领导小组和指挥部会议关于学习贯彻习近平总书记在中央政治局常委会会议上重要讲话精神有关要求,市委办公厅关于进一步解决形式主义突出问题持续为基层减负相关文件精神,2020年3月形式主义、官僚主义、不作为不担当问题典型案例相关文件精神,全市信访工作联席会议暨全国“两会”信访稳定工作动员部署和推进三级社会矛盾纠纷调处化解中心建设工作电视电话会议精神,市领导在相关文件上批示要求,听取红桥区有关工作情况汇报,中办国办印发《2020—2021年贯彻落实〈关于强化知识产权保护的意见〉推进计划》,审议通过《红桥区城市管理委所属事业单位改革工作方案(审议稿)》,审议通过人事任免事项,听取关于区政府与国网电力签订战略合作框架协议情况汇报,关于区政府与中铁投资集团签订战略合作协议情况汇报,大运河国家文化公园重点项目竹园维修改造情况汇报,通报天津市4起形式主义、官僚主义典型问题,2020年4月份市政府对红桥区大气污染防治工作考核情况,2020年第134次区长办公会纪要修改情况,并就贯彻落实市政府办公厅印发关于有效应对新冠肺炎疫情影响促投资、扩消费、稳运行若干举措和关于做好稳就业工作实施意见文件精神进行再部署、再要求。

5月27日,何智能主持召开区政府第148次常务会议。会议听取关于将佳宁里小区底商市场监管职能移交北辰区的情况汇报。

6月2日,何智能主持召开区政府第149次常务会议。会议传达学习市委、市政府办公厅印发关于大运河文化保护传承利用实施规划相关文件精神,中办国办关于印发省(自治区、直辖市)污染防治攻坚战成效考核措施相关文件精神,审议通过红桥区土地资源利用清查整治专项行动实施方案、红桥区打击走私“国门利剑2020”联合专项行动方案,审议通过人事任免事项,听取关于将解放天津烈士公墓公布为区级文物保护单位的情况汇报、关于天津师范学校第二附属小学等教育资源建设工作情况汇报。

6月10日,何智能主持召开区政府第150次常务会议。会议传达学习习近平总书记在专家学者座谈会上发表重要讲话精神和市委常委会扩大会议暨市防控领导小组和指挥部会议有关贯彻落实措施,李鸿忠在市委理论学习中心组集体学习时讲话精神,市委党的建设工作领导小组扩大会精神,市政府办公厅关于对天津市获得国务院办公厅2019年度督查激励涉及相关区、部门和单位给予表扬的通报精神,审议通过2020年事业单位工作人员招聘计划、《红桥区“智慧国资”监管平台建设实施方案》、红桥区区管国有企业违规经营投资责任追究试行办法、红桥区区管国有企业负责人薪酬管理办法、经营业绩考核办法及考核细则、红桥区贯彻实施健康天津行动工作方案、红桥区第九批非物质文化遗产代表性项目名录、红桥区与西青区变更和苑地区行政区划方案、红桥区与北辰区关于13个“飞地”落实属地化管理协议,审议通过人事任免事项;听取关于委托土整中心承担红桥区棚户区改造项目土地出让相关工作情况汇报、关于批准红桥区环卫一体化特许经营权授予情况汇报,通报区政府领导工作分工调整情况。

6月18日,何智能主持召开区政府第151次常务会议。会议传达学习习近平总书记在宁夏考察时重要讲话精神和6月11日市委常委扩大会议及市防控领导小组和指挥部会议精神,市纪委关于5起扶贫助困领域腐败和作风典型问题通知,中共中央国务院关于加快推进社会治理现代化开创平安中国建设新局面意见,2020年处置非法集资部际联席会议和天津市防范和处置非法集资领导小组会议精神,研究红桥区贯彻落实措施、中办国办印发关于进一步推进服务业改革开放发展相关文件精神,中办国办印发关于推动基础设施高质量发展相关文件精神,中办国办中央军委办公厅印发关于国防领域中央与地方财政事权和支出责任划分改革相关文件精神,市河(湖)长制工作领导小组会议暨全市防汛抗旱工作会议精神,习近平总书记关于统计工作重要批示精神和相关文件精神,天津市扫黑除恶专项斗争领导小组全体(扩大)视频会议精神,李鸿忠在市社会矛盾纠纷调处化解中心调研座谈会上讲话精神和市委、市政府办公厅印发关于建立社会矛盾纠纷调处化解综合机制相关文件要求,市委、市政府办公厅印发关于深化新时代学校思想政治理论课改革创新若干措施相关文件精神,市委、市政府印发关于深化教育教学改革全面提高义务教育质量若干措施相关文件精神,审议通过2019年区级财政预算执行情况和其他财政收支审计工作报告,并审议通过人事任免事项,听取2020年上半年安全生产工作总结和下半年重点工作安排。

6月23日,何智能主持召开区政府第152次常务会议。会议传达学习天津市党政代表团到甘肃庆阳市学习考察有关情况,6月18日市委常委会会议精神,4月形式主义、官僚主义不作为不担当问题典型案例选编,市委印发关于新时代爱国主义教育相关文件精神,市委印发关于新时代公民道德建设相关文件精神,审议通过红桥区2019年财政决算(草案)、《天津市红桥区安全生产专项整治三年行动计划》、红桥区消防物联网二期项目建设方案、关于扎实做好“六稳”工作落实“六保”任务工作举措,通报落实“市惠企21条”和“27条政策”工作情况。

6月30日,何智能主持召开区政府第153次常务会议。会议传达学习市委、市政府办公厅关于做好2020年高考、中考工作相关文件精神,汇报红桥区高考、中考准备工作情况,市委、市政府关于促进中医药传承创新发展相关文件精神,审议通过《红桥区临时救助办法实施细则(试行)》《天津市红桥区人民政府关于规范“三重一大”决策工作实施意见》。

7月7日,何智能主持召开区政府第154次常务会议。会议通报区政府领导工作分工调整情况,听取关于落实有效应对新冠肺炎疫情影响促投资扩消费稳运行工作举措的情况汇报,审议通过《红桥区新动能引育五年行动计划(2020—2024年)》,听取关于“稳就业”“保居民就业”工作的情况汇报。

7月15日,何智能主持召开区政府第155次常务会议。传达学习市委、市政府关于贯彻落实《交通强国建设纲要》实施意见,市委审计委员会第四次会议精神,市委、市政府印发关于营造更好发展环境支持民营企业改革发展相关文件精神,审议通过2020年法治政府建设年度计划和任务台账、2020年食品安全监管计划及任务台账、关于成立和调整部分区政府议事协调机构的情况汇报、机关事业单位财务业务代理实施方案,听取上半年20项民心工程及市民心工程涉及红桥区项目完成情况;审议通过甘肃省合水县2019年帮扶结余资金及2020年东西部扶贫协作天津帮扶资金调整计划,听取上半年消防安全形势分析报告,审议并通报人事任免事项。

7月24日,何智能主持召开区政府第156次常务会议。审议通过《红桥区2020年幼儿园招生工作方案(审议稿)》。

8月4日,何智能主持召开区政府第157次常务会议。传达学习习近平总书记在企业家座谈会上重要讲话精神和7月22日市委常委扩大会议精神,听取红桥区上半年经济运行情况汇报并研究部署下半年工作任务,传达市纪委《关于7起"小金库"违纪违法典型案例的通报》,听取关于成立落实与国网天津城西公司战略合作框架协议领导小组情况汇报,传达学习市委办公厅、市政府办公厅关于印发《天津市推进贸易高质量发展行动方案(2020—2022年)》通知,审议并通报人事任免事项。

8月12日,何智能主持召开区政府第158次常务会议。传达学习8月6日市委常委会会议精神,市委、市政府办公厅印发《关于构建现代环境治理体系的实施意见》通知,审议通过关于变更西青区与红桥区部分行政区域界线实施方案,审议并通报人事任免事项。

8月18日,何智能主持召开区政府第159次常务会议。传达学习习近平总书记关于制止餐饮浪费行为重要指示和8月13日市委常委会会议精神并部署红桥区贯彻落实措施,李鸿忠、张国清关于近期全市防汛抢险救灾工作批示精神和市防汛指挥部专题会议要求,8月13日市委理论学习中心组集体学习内容,《天津市关于促进劳动力和人才社会性流动体制机制改革的若干措施》,审议通过2020年上半年国民经济和社会发展计划执行情况报告、《2019年度红桥区国有资产管理情况综合报告》、天津城市交通改善项目红桥区地铁接驳工程规划设计方案。

8月25日,何智能主持召开区政府第160次常务会议。传达学习2020年第16期《求是》杂志发表的习近平总书记重要文章《不断开拓当代马克思主义政治经济学新境界》和8月20日市委常委会会议精神,市领导约谈年度全面从严治党主体责任检查考核排名靠后单位主要负责人讲话要求,市安委会办公室《关于开展"隐患就是事故,事故就要处理"专题教育活动方案》和《关于天津汇洋石油储运有限公司问题隐患等有关情况的通报》精神,审议关于设立红桥区社区矫正委员会方案,审议并通报人事任免事项。

8月31日,何智能主持召开区政府第161次常务会议。传达学习习近平总书记在安徽省考察、扎实推进长三角一体化发展座谈会、经济社会领域专家座谈会重要讲话精神,在中国人民警察警旗授旗仪式上训词精神和8月27日市委常委会会议精神,市委办公厅关于相关项目重大质量事故所涉严重违纪违法问题通报,全市安全生产工作会议暨天津市安委会会议和安全生产专项整治三年行动工作领导小组会议精神并研究红桥区贯彻落实和相关整改举措,中央环保督察天津市工作动员会议精神并通报红桥区迎检工作情况,听取关于红桥区2020年沿街商铺等散小众杂商业经营主体无煤化专项治理情况汇报,审议通过《红桥区2020年治理车辆超限超载工作实施方案(审议稿)》《红桥区消防安全责任制规定实施细则(审议稿)》,审议并通报人事任免事项。

9月8日,何智能主持召开区政府第164次常务会议。听取关于加强中央直达资金管理工作情况汇报,审议通过红桥区落实全市支持发展智能制造政策措施,传达学习市委全面依法治市委员会执法协调小组第二次全体(扩大)会议暨行政机关负责人出庭应诉工作推动会精神,市委、市政府专题会议和全市殡葬行业大排查大整治专项工作部署会议精神并研究红桥区贯彻落实方案,听取关于与北京京煤集团签订战略合作协议的情况汇报,审议并通报人事任免事项。

9月13日,何智能主持召开区政府第165次常务会议。传达学习习近平总书记在全国抗击新冠肺炎疫情表彰大会上重要讲话精神和市委常委会扩大会议暨市防控领导小组和指挥部会议有关要求，习近平总书记在教师节向全国广大教师和教育工作者致以节日祝贺和诚挚慰问，李鸿忠在天津中医药大学召开“贯彻落实习近平总书记重要讲话精神，祝贺张伯礼获‘人民英雄’国家荣誉称号”大会上讲话精神，全国深化“放管服”改革优化营商环境电视电话会议精神和9月11日市政府常务会议精神，中央财经委员会第八次会议精神，中共中央国务院转发《国家发展和改革委员会关于上半年经济形势和做好下半年经济工作的建议》通知，审议通过《红桥区关于建立健全企业家服务工作机制实施方案》（审议稿），听取关于近期落实红桥区有效应对新冠肺炎疫情影响促投资扩消费稳运行工作举措情况汇报，关于成立红桥区第一次全国自然灾害综合风险普查领导小组情况汇报，传达学习市委办公厅、市政府印发有关“飞地”治理工作文件精神，市扫黑除恶专项斗争领导小组2020年第三次全体（扩大）视频会议精神并研究红桥区贯彻落实措施，天津市法治政府建设集中攻坚专项行动动员部署视频会议精神，听取关于红桥房地产开发公司和红房拆迁有限公司划归区拆迁综合管理指挥部管理的情况汇报，关于聚合宏程公司入股陇象集团200万元情况汇报，关于与天津市津安热电公司签订《供热资产整合协议》情况汇报。

9月22日，何智能主持召开区政府第166次常务会议。审议通过红桥区人民政府落实《天津市人民政府关于落实国务院〈政府工作报告〉重点工作的任务分工》工作台账，听取关于成立红桥区“十四五”规划专家咨询委员会情况汇报；审议通过《天津市红桥区关于推进“城中村”治理属地化工作的实施方案》，听取红桥区人民政府与北辰区人民政府签订《关于北辰区天穆镇西于庄股份经济合作社管辖权移交划转的协议》情况汇报；传达学习中办国办印发有关“邻避”问题文件精神和市领导批示精神，中办国办关于印发《国企改革三年行动方案（2020—2022年）》通知，审议并通报人事任免事项。

9月29日，何智能主持召开区政府第167次常务会议。开展政府信息公开条例法治专题讲座，与会领导干部集中学习，传达学习市纪委监委《关于中秋、国庆期间严格遵守中央八项规定精神、清廉节俭过节的通知》文件精神并进行节前廉政教育，第三次全市信访工作联席会议暨全市重复信访集中治理专项工作部署会议精神并研究红桥区贯彻落实措施，市京津冀协同发展、“一基地三区”建设、现代信息产业专题会议精神，审议通过《红桥区营职及以下职务和专业技术级军转干部安置“积分选岗”暂行办法（审议稿）》《红桥区政府落实〈天津市建设国家新一代人工智能创新发展试验区行动计划〉若干举措的实施方案（审议稿）》；听取关于与中国移动通信集团天津有限公司签订合作协议情况汇报，审议并通报人事任免事项。

10月13日，何智能主持召开区政府第168次常务会议。传达学习市委、市政府办公厅印发关于加快推进中央生态环境保护督察边督边改工作方案通知，研究红桥区贯彻落实举措。

10月16日，何智能主持召开区政府第169次常务会议。听取关于天津市红桥区人民政府和中海油天津化工研究设计院有限公司签订投资框架协议情况汇报，听取关于区十七届人大六次会议和闭会期间代表建议、批评和意见办理情况报告，传达学习10月13日市政府第124次常务会议精神，研究红桥区贯彻落实举措。

10月26日，何智能主持召开区政府第171次常务会议。传达学习中办国办印发《关于调整完善土地出让收入使用范围优先支持乡村振兴的意见》通知及中办国办关于印发《建立基本养老金合理调整机制方案》通知，10月23日市委常委（扩大）会议精神，《天津市人民政府关于加强和规范事中事后监管的实施意见》精神，并研究红桥区贯彻落实举措，传达学习近期区委常委会会议精神，并研究区政府贯彻落实措施，审议通过红桥区2020年1月至9月份预算执行情况报告、《红桥区提高自然灾害防治能力三年行动方案及项目清单》《红桥区人民政府关于双环邨街行政区划隶属关系变更工作的组织实施总体方案》、红桥区人民政府落实国务院第三次廉政工作会议任务分工,听取关于在全区事业单位中开展脱贫攻坚专项奖励情况汇报、红桥区2019年度绩效考评结果和绩效奖励发放安排的情况通报,通报人事任免事项。

11月4日,何智能主持召开区政府第172次常务会议。传达学习中办国办印发《关于深化应急管理综合行政执法改革的意见》的通知,并研究红桥区贯彻落实措施,传达学习市委、市政府办公厅印发《关于推进城市安全发展的实施意见》通知,并研究红桥区贯彻落实措施,传达学习《天津市生活垃圾管理条例》精神,并研究红桥区贯彻落实措施;传达学习贯彻党的十九届五中全会精神和10月30日市委常委(扩大)会议精神,审议通过《红桥区深入推进京津冀协同发展2020年工作要点》《红桥区人民政府2020年度重大行政决策事项目录》、甘肃省合水县2020年东西部扶贫协作资金项目调整计划,审议通过并通报人事任免事项及区政府领导工作分工调整情况。

11月11日,何智能主持召开区政府第173次常务会议。传达学习11月8日市疫情防控指挥部紧急会议精神,市领导现场指挥调度中新生态城海联冷冻食品有限责任公司疫情防控工作有关要求和11月9日全市各区新冠肺炎疫情防控工作视频会议精神、《市委、市政府关于完善国有金融资本管理的实施意见》,审议通过《关于明确农村集体经济组织及其党组织领导和监督管理机构的通知》,听取关于东西部扶贫协作和支援合作工作第三批天津帮扶资金使用计划情况汇报。

11月17日,何智能主持召开区政府第174次常务会议。传达学习中共中央国务院印发《深化新时代教育评价改革总体方案》及中办国办印发《关于全面加强和改进新时代学校体育工作的意见》和《关于全面加强和改进新时代学校美育工作的意见》,习近平总书记在浦东开发开放30周年庆祝大会上重要讲话精神,天津2020中国企业家大会精神及市委、市政府办公厅印发《天津市中小学教师减负清单》,审议通过红桥区重点项目推动工作专班组建方案,审议通过并通报人事任免事项。

11月23日,何智能主持召开区政府第175次常务会议。传达学习习近平总书记在江苏考察和全面推动长江经济带发展座谈会上重要讲话精神及市委、市政府办公厅关于印发市国企改革三年行动相关文件精神,审议通过红桥区关于落实《天津市政府投资条例》实施方案、《天津市红桥区一般疫苗安全事件应急预案(试行)》,听取关于红桥区2019年区级财政预算执行和其他财政财政收支审计查出问题整改情况的报告,审议通过并通报人事任免事项,通报关于免予刘玉明政务处分决定。

11月30日,何智能主持召开区政府第176次常务会议。审议通过《红桥区城市检测基地建设实施方案》。

12月2日,何智能主持召开区政府第177次常务会议。审议通过《红桥区街道综合执法辅助人员管理暂行办法》《红桥区行政复议体制改革领导小组工作职责及成员名单》《红桥区重大行政决策程序规定实施办法》,审议通过并通报人事任免事项。

12月6日,何智能主持召开区政府第178次常务会议。开展违法建设治理工作法治专题讲座,与会领导干部集中学习;传达学习习近平总书记在中央全面依法治国工作会议上重要讲话精神和11月20日市委常委会(扩大)会议精神,全市重点项目现场办公会议精神,审议通过《红桥区军人随军家属就业安置实施细则》《红桥区区属单位房屋新建、改扩建及加固修缮等工程类项目管理程序的规定》(审议稿)、红桥区政府法律顾问名单、《红桥区强化知识产权保护实施方案》,听取红桥区知识产权保护工作情况汇报,听取关于红桥区今冬明春火灾防控工作的情况汇报。

12月9日,何智能主持召开区政府第179次常务会议。审议通过红桥区支持冷链物流企业发展若干政策,红桥区发放2019年教师考评绩效奖励工作实施方案,审议通过并通报人事任免事项。

12月16日,何智能主持召开区政府第180次常务会议。通报12月10日第132次市政府常务会议精神和12月15日市政府

《政府工作报告(讨论稿)》征求意见座谈会精神,传达学习市委、市政府办公厅关于印发《天津市高质量发展综合绩效评价实施办法(试行)》的通知,听取关于红桥区2020年区级预算调整说明和2021年财政预算主要内容的情况汇报,关于红桥区土地资源利用清查整治专项行动工作的情况汇报,审议通过人事任免事项。

12月22日,何智能主持召开区政府第181次常务会议。传达学习中办国办中央军委办关于师级以下离退休干部退休士官及伤病残初级士官和义务兵移交政府安置管理相关文件精神及中央经济工作会议,12月19日市委常委扩大会议和区委常委会扩大会议暨区委财经委员会会议精神,听取关于《政府工作报告》起草情况说明,审议红桥区2020年民心工程完成情况和2021年立项情况,《天津市红桥区国民经济和社会发展第十四个五年规划和二〇三五年远景目标纲要(草案)》,红桥区2020年国民经济和社会发展计划执行情况与2021年国民经济和社会发展计划草案的报告,红桥区2020年预算执行情况和2021年预算草案的报告,《区人大常委会对区人民政府〈2019年度红桥区国有资产管理情况综合报告〉的审议意见》落实情况报告,《红桥区关于加强住宅小区安全防范系统建设和使用管理的意见》,审议通过并通报人事任免事项。

12月27日,何智能主持召开区政府第182次常务会议。审议通过《关于双环邨街道行政区划隶属关系变更整建制划转移交的协议》《关于和苑地区行政区划变更有关区域管辖权移交协议》。

12月29日,何智能主持召开区政府第183次常务会议。传达学习市委、市政府办公厅关于做好2021年元旦、春节期间有关工作的通知,审议通过《红桥区促进中医药传承创新发展的若干措施(2020—2022年)》(审议稿),审议通过并通报人事任免事项。

(纪　希)

重要工作

【土地云招商推介会】 2020年5月8日,红桥区借助网络“云”平台,举办“千年魅力大运河、悦动美丽新红桥”2020年土地云招商推介会。区委副书记、区长何智能,区委常委、区委办公室主任于鹏洲出席会议,中铁投资、红星美凯龙、碧桂园、金茂、金地、金隅、万达、首创、保利、华润等50余家房地产知名企业和相关行业知名企业线上参会。中铁投资、红星美凯龙、天津管网公司、天津津旅海河游船公司、天津九河文化旅游公司分别与红桥区签署合作协议。

【创文创卫创城工作】 2020年,红桥区成功创建天津市文明城区和国家卫生区。开展“文明健康 有你有我”公益宣传行动,引导市民养成文明健康生活习惯。贯彻落实“健康天津”行动计划,举全区之力,集中开展“三小”和“四小”行业专项治理、控烟集中执法检查等攻坚行动,着力补齐基础设施、社区管理等创建短板,积极倡导文明交通等习惯养成,成功创建国家卫生城区和天津市文明城区。圆满完成五年违法建设专项治理工作任务,累计治理账内违法建设3.54万间、48.71万平方米,拆除账外违法建设1.49万间、16.43万平方米。开展违规散养家禽家畜专项治理行动,累计治理问题点位526处。依法依规拆除违规鸽棚鸽舍853处、1.2万平方米。提升改造公厕18座,统一设置残障间,全区公厕无障碍设施覆盖率达90%以上。推进国家食品安全示范城市创建工作,顺利完成市级初评验收。深化各类食品安全风险隐患排查,推进餐饮服务行业“明厨亮灶”工程,全力守护群众“舌尖上的安全”。

【建议提案办理】 2020年,红桥区强化建议提案办理能力和民心工程推动力度。全年接收市“两会”建议提案件16件、区“两会”建议提案件212件,办复率100%,满意率100%。

【服务企业家】 2020年,区政府办公室单独设立企业家服务科,制定《红桥区关于建立健全企业家服务工作机制实施方案(试行)》,建立健全五大服务机制,对接惠灵顿国际学校、中军军弘集团、中国移动天津分公司等

40余家企业，建立《红桥区企业家重点服务名录》，吸纳录入企业家238名，安排服务专员，拨打电话350余次，发放《红桥区企业家服务承诺书》和《企业家服务直通车》300余份，解决企业各类诉求17件。

【群众接待】 2020年，区政府定期开展公仆接待日活动，全年7位区领导现场倾听群众意见建议，办理群众反映问题89条，办结率100%。组织参加“公仆走进直播间”节目，区长何智能与相关部门负责人参加活动，畅谈红桥区重点工作，现场接听居民反映的问题23条，逐条进行解决。接收转办“政民零距离”“区长信箱”“人民网”和“两报查刊”等平台留言1434件，答复率100%，满意率94.34%。

【政府信息】 2020年，区政府办公室向市政府办公厅报送相关信息698条，天津市《要情快报》(昨日要情)刊物采用60条，完成市政府办公厅专题约稿15篇，编辑出刊《红桥政务信息》10期，在政府网站和政务新媒体矩阵推送新冠疫情相关信息238条，推送政府工作报告32次，推送国务院总理李克强记者会相关信息61条。

【政务公开】 2020年，区政府推进政务公开工作，完成依申请公开答复200余件，发布新闻信息2000余条，组织“政务e访谈”活动8场，回答120余位网友提问。完成相关领域基层政务公开标准目录编制，编制《天津市红桥区政府2019年政府信息公开年度报告》《2020年红桥区政务公开工作要点》，并向社会公开。加强网站集约化建设，完成全区政府信息公开专栏清理工作。

(纪　希)

港澳台事务　侨　务

【对台湾事务】 2020年，红桥区召开对台工作领导小组会议，传达天津市2020年对台工作要点，印发红桥区2020年对台工作要点，在全区开展涉台教育“四进”工作(进党校、进机关、进学校、进社区)。区委书记服务驻区台企，现场办公协调解决企业诉求，结合新冠肺炎疫情防控工作，向广大台商台胞转发统一战线成员倡议书、台企e码通，落实惠台“46条措施”，开展“春风行动”协调职能部门帮助其复工复产。台胞台商向红桥区新冠肺炎疫情防控工作指挥部捐赠一次性医用口罩1万只、医用手套3000副。举办“2020新春年货节——暨台湾特色商品展卖活动”，举办两岸线上交流活动——“海河情”津台青年创新创业线上沙龙活动，来自两岸科技、商贸、旅游等多个行业20余位企业负责人参加活动，两岸近20家媒体争相报道。与对口县市就经贸、社区、青年等多个领域建立常态化交流机制，举办“中秋情牵两岸，云端共话亲情”津台两地社区线上交流活动，举办首场体育类线上交流活动第三届“津台两地”剑道大赛。

【台湾特色商品展卖活动】 2020年1月14日至22日，红桥区在正融科技大厦举办“2020新春年货节——暨台湾特色商品展卖活动”。有10余家台湾企业参展，高山茶、高粱酒、新竹米粉、特色文创商品及网红零食等28类台湾特色商品参加展卖，活动专门设置台湾青年创业展台。

【“海河情”津台青年创新创业线上沙龙活动】 2020年，由天津市红桥区青年商会(以下简称区青年商会)主办，天津伍创电子商务有限公司承办的“海河情”津台青年创新创业线上沙龙在正融科技大厦举办，吸引来自两岸科技、商贸、旅游等多个行业20余位企业负责人参加。活动中企业负责人围绕创业的初衷与历程、未来企业发展的规划与梦想、微型企业如何在创业阶段进行资源整合、微型企业成功创业的要素、未来市场分析、合作发展愿景6个话题分享和交流。

【“中秋情牵两岸 云端共话亲情”津台两地社区线上交流活动】 2020年9月27日，红桥区西于庄街绮水苑社区与新竹县竹东镇商华社区发展协会举办“中秋情牵两岸 云端共话亲

2020年7月15日，区委统战部在正融科技大厦举办“海河情”津台青年创新创业线上沙龙活动　　（区委统战部　提供）

情”津台两地社区线上交流活动，两岸社区民众近百人参加。绮水苑社区党群服务中心向新竹县竹东镇商华社区居民介绍社区概况，以直播的形式带领竹东镇商华社区民众“逛社区”，两岸居民通过京剧、评剧、舞蹈、歌曲等节目互动。

【港澳海外人员登记】　2020年，红桥区开展海外归国留学人员、港澳人员登记工作。截至12月底，红桥区海外归国留学人员285人，其中党政机关7人、教育系统7人、街道社区社会人员44人、河北工业大学109人、天津商业大学50人、其他社会人员68人，推荐天津市欧美同学会（天津市留学生联谊会）会员10人，港澳人员9人。

【侨务工作】　2020年，红桥区制定《红桥区归国华侨联合会改革方案》，指导区侨联落实改革方案。在10个街道组织开展侨法宣传工作，切实提高基层保障归侨侨眷权益的思想认识。在全区开展红桥区海外华侨、归侨侨眷、困难侨胞排查工作。截至12月底，海外华侨5人；归侨侨眷118人，其中60岁以上归侨侨眷109人；困难侨胞12人，低保家庭2户、孤寡老人家庭2户、特殊困难老归侨1户、重大疾病致贫7户。全年累计为困难侨胞发放补助6.3万元。

（孙　辉）

政策研究

【概况】　2020年，红桥区人民政府研究室（以下简称区政府研究室）贯彻落实中共十九大和十九届四中、五中全会精神，学习习近平在津考察工作和在京津冀协同发展座谈会上重要讲话精神，围绕中心服务决策，开展课题调研、起草文稿，结对社区做好创文创卫、新冠肺炎疫情防控等各项工作。

【服务决策】　2020年，区政府研究室结合全国、市、区重点热点工作，围绕疫情防控、复工复产、脱贫攻坚、“十四五”规划等主题，编发《决策参考》20期，其中2期得到区政府主要领导批示，并作为学习借鉴依据转发区内相关经济部门。参与红桥区“十四五”规划专题研讨交流，对“十四五”规划编制纲要和部门专项规划提出针对性意见建议。参加市政府研究室组织召集促进市场活力专题座谈会研讨交流。

【政府报告任务分解】　2020年，区政府研究室撰写区年度政府工作报告，结合区情对报告所涉及内容进行任务分解，提出工作举措和完成时限。经过梳理汇总和两轮意见征询，形成《红桥区2020年政府工作报告任务分解台账》5部分101项具体任务，涵盖区政府系统各个单位职能，以区政府文件形式下发全区。区政府研究室会同区政府督查室对《2020年政府工作报告台账》重点工作完成情况进行梳理汇总，从财政收入和重点经济指标方面、重点项目建设方面、重点市政道路建设方面、土地整理及出让方面、招商引资方面、引育发展新动能方面、对口扶贫方面、“一制三化”改革方面形成汇报材料，梳理出存在问题，提出意见建议。

【文稿撰写】　2020年，区政府研究室做好《天津年鉴（2019）》

《天津年鉴红桥区主条目》《红桥区提前超额完成棚改“三年清零”任务释放发展空间》《高标准推进创文创卫工作打造宜居宜业的良好环境》《强化服务意识优化营商环境》《红桥区推动京津冀协同发展向纵深拓展》《“红桥模式”打造智能化基层社会治理“新引擎”》《做好绿化美化工作打造绿色城区》7 篇稿件。

【调查研究】 2020 年,区政府研究室组织开展 2020 年度部门处级领导干部重点调研,确定 2020 年区级领导调研课题,承担区政府主要领导《关于大力开展招商引资的研究》调研课题,撰写完成调研报告。组织干部到区合作交流办开展招商引资专项调研,对红桥区如何开展招商工作研讨交流并提出意见建议。围绕疫情防控等年度中心工作开展专项调研,撰写完成《关于统筹推进新冠肺炎疫情防控和经济社会发展工作的研究》《关于完善疾病防控体系,提高应对突发重大公共卫生事件的能力和水平的研究》等报告。

(李　睿)

政务服务

【概况】 2020 年,天津市红桥区人民政府政务服务办公室(以下简称区政府政务服务办)推进“一制三化”改革,区政务服务中心全年办件量 8.95 万件,其中线上受理 6.61 万件、线下受理 2.34 万件,办件咨询量 12.98 万次。企业登记服务完成 7074 件,其中设立 2449 件、变更 2778 件、注销 1847 件。行政许可完成 1723 件,其中“一次办”占 93.40%、“网上办”占 92.30%、“马上办”占 50.70%、承诺制办件 147 件,建设项目联审完成 102 件。

【营商环境优化】 2020 年,区政府利用政府门户网站、微信公众号等形式宣传、解读涉及疫情防控、复工复产、创新创业、人才、产业等各项相关政策,在“政策一点通”专栏进行公布公示,多渠道在线查询,落实《优化营商环境条例》,推动本区 20 个一级指标和 92 个二级指标逐一明确责任做好落实,聘请营商环境监督员,参与营商环境建设和监督工作。

【服务民生项目】 2020 年 12 月,区政府政务服务办为丁字沽街中心幼儿园改制问题上门服务,提前一次性告知后续涉及房屋建设审查、消防设备审查、食品安全审查、空气质量审查、教育教学规范审查的办事须知,并依据审查特点针对办理过程中需要注意的事项提出合理化建议,提炼出民办园登记材料标准“模板”,供申请人参考。及时与园方工作人员建立微信群,点对点 24 小时掌握项目推进情况,通过电话沟通、面对面讲解、一对一上门等系列服务,将工作时限压缩至 10 个工作日内。

【政务服务“智能化”建设】 2020 年,区政府坚持“让数据多跑路,让居民少跑腿”原则,加强政务服务“智能化”建设,提高政务服务水平,同步开发“智慧大厅”系统、审批要件复用、微信扫码对接审批系统等功能,简化审批环节,提升“网上办”审批效率,区政务服务办“网上办”审批比率达到 90%以上。

【审批提速】 2020 年,区政府

2020 年 9 月 23 日,“万达单家面铺项目”正式取得“建筑工程施工许可证”

(区政府政务服务办　提供)

政务服务办跟进重点项目，开辟联审联办、全程帮办带办绿色通道。7月，天津红桥万达地产开发有限公司签订《天津市国有建设用地使用权出让合同》，红桥区政府政务服务办第一时间为该企业“万达单家面铺项目”立项，9月23日，“万达单家面铺项目”取得“建筑施工许可证”。坚持每个环节专人对接，与规划和自然资源红桥分局、区住房建设委、区人防办等部门沟通，协调项目单位，解决项目前期审批手续，9月23日，“万达单家面铺项目”正式取得“建筑工程施工许可证”，从拍下土地到取得开工证全流程用时55个工作日，并在2小时内帮助企业取得营业执照和企业印章。

（邢继斌）

2020年12月31日，区信访工作联席会议办公室召开第三次信访联席会议，推动信访积案化解工作　（区信访办　提供）

信　访

【概况】　2020年，区政府深化信访制度改革，落实信访工作责任，解决信访突出问题，防范化解重大风险，规范信访基础业务，建设信访干部队伍，统筹做好新冠肺炎疫情防控工作，打造阳光信访、责任信访、法治信访，依法、及时、就地解决信访问题。

【信访接待】　2020年，区信访办完善来访接待工作流程，加大网信办理力度，处理网上信访事项，抓好信访“三率”（自办率、办结率、反馈率）日常管理。开展全区矛盾纠纷大排查3次，做到情况清、底数明，发挥联席会议机制作用，推进人民调解员进驻接待大厅、公职律师定期给予法律援助等访调对接机制。

【积案化解】　2020年，区信访办以“清积案、化初访、控非访”为目标，在“事要解决、事心双结”上下功夫，12月31日，召开第三次信访联席会议，推动化解信访积案。开展持续3年集中治理重复信访、化解信访积案专项工作，推动信访案件得到解决。

（方杰聪）

退役军人事务

【概况】　2020年，红桥区退役军人事务局（以下简称区退役军人局）开展“思想政治工作年”“基层基础基本建设年”活动，加强退役军人服务保障体系建设，完成2020年度秋冬季退役士兵接收工作，组织退役军人线上招聘12次，推荐就业岗位200余个，吸纳退役军人就业创业服务培训机构10家。所属事业单位红桥区军队离休退休干部休养所（以下简称区军休所）被授予“天津市爱国拥军模范单位”称号，区退役军人局党组成员、副局长谷继文被授予“天津市爱国拥军模范”称号。

【退役军人事务工作委员会】　2020年，红桥区组织召开区委退役军人事务工作委员会专题会议2次，制定出台区委退役军人事务工作委员会成员单位工作职责和联络员工作职责。制定印发《天津市红桥区关于落实〈中共中央 国务院 中央军委关于加强新时代退役军人工作的意见〉的具体工作举措》，召开“思想政治工作年”“基层基础基本建设年”活动动员部署视频会议。

【服务保障】　2020年，红桥区落实退役军人移交安置、就业创业、走访慰问、帮扶解困、保险接续、法律援助等各项工作，设立退役士兵接收落户、接转组织关系、参训报名等“一站式”服务窗口。新冠肺炎疫情期间，采取“电话联系、线上发布”等多种方式搭建就业平台,组织退役军人线上招聘12次,吸纳10家驻区培训机构提供退役军人就业创业服务,组织2020年自主就业退役士兵开展职业技能培训,开发大龄困难退役军人公益性岗位。开展春节、“八一”大走访活动,向全区退役军人、优抚对象和驻区部队发放慰问金和慰问品,按时完成优抚对象抚恤补助调标工作,补发抚恤补助金104万元,涉及优抚对象441人,对因个人、家庭大病致困退役军人实施帮扶,支出帮扶资金20余万元。吸纳10家爱心拥军单位服务困难退役军人,开展红桥区部分退役士兵社会保险接续工作,针对行动不便、常居异地或忙于工作没有时间办理等困难,安排工作人员主动上门服务,协助办理打印社保缴费清单、寻找人事档案等工作。利用专项帮扶资金解决部分生活困难退役军人保险接续问题。推广新时代“枫桥经验”,区、街两级退役军人法律服务工作站和老兵调解室提供法律服务,新冠肺炎疫情期间开展疫情防控专项法治宣传,依托“美丽红桥”微信公众号,解读疫情防控典型案例和退役军人热点问题,引导广大退役军人知法守法用法。

【“基层基础基本建设年”活动】 2020年,红桥区开展“基层基础基本建设年”活动,加强全区各级退役军人服务中心(站)规范化建设,为街道退役军人服务站统一配备电脑、电话、打印机、传真机等办公设备,健全退役军人信息化网络。到10个街道开展实地调研,听取各街道关于“基层基础基本建设年”活动开展情况汇报,检查各街道退役军人服务站、退役军人之家建设情况,坚持退役军人权益保障和服务需求导向,落实退役军人就业创业、帮扶解困、走访慰问、保险接续等工作任务,完善规章制度,提供“一站式”“窗口式”标准化、规范化综合服务。开展全区退役军人事务系统业务技能练兵大比武,4名社区退役军人服务站工作人员获“2020年度天津市退役军人服务中心(站)业务能手”称号。与和苑街道办事处、平津战役纪念馆、武警执勤第一支队和执勤十五中队签订双拥四方共建协议,建立“兵妈妈”志愿服务队和“老兵”志愿服务队。街道社区“退役军人之家”依托党群服务中心、社区服务中心开展读书交流、谈心谈话、文艺宣传、体育健身、书画学习等活动,提供退役军人法律咨询、老年人订餐等服务。

【职业技能培训】 2020年,红桥区贯彻落实《退役军人事务部办公厅〈关于印发退役军人就业创业培训工作管理指南〉的通知》和《天津市退役军人就业创业培训机构管理办法(试行)》文件精神,开展退役军人职业技能培训工作,经机构申报、资料审查、实地考察、社会公示,确定9家培训机构作为区级退役军人技能培训承训机构。按照市退役军人职业技能承训机构目录,组织2020年自主就业退役士兵开展职业技能培训,邀请明星导师讲解当前社会就业形势、就业创业职业规划等课程。依托区退役军人就业创业基地,为2020年自主就业退役士兵开展适应性培训,引导退役士兵调整就业预期,科学规划职业生涯,加快角色身份转换,投身地方经济社会发展建设。

【专场招聘】 2020年,区退役军人局与各级退役军人服务站做好联动,强化退役军人失业监测

2020年7月6日,区退役军人局到三条石街道尚都家园社区开展实地调研,听取关于“基层基础基本建设年”活动开展情况汇报,实地检查退役军人服务站、退役军人之家建设情况 (王 皓 摄)

预警，加大对就业困难人员和“零就业”退役军人家庭摸底工作，掌握退役军人就业需求和方向，加大就业岗位推荐力度，通过微信、电话等形式将用人企业岗位信息传递给有需求的退役军人。会同区人社局等部门，利用网络、微信平台、自媒体线上线下相结合形式推进退役军人就业创业工作，发布线上招聘活动30次，线下招聘活动1次，101家招聘企业为退役军人提供就业岗位238个。

【军转干部安置】 2020年，区退役军人局做好全区营职及以下职务和专业技术级军转干部安置工作，形成“阳光安置”工作机制。会同区委组织部、区委编办、区人社局，共同起草《红桥区营职及以下职务和专业技术级军转干部安置“积分选岗”暂行办法》，经区委常委会、区政府常务会审议通过，以区委组织部、区人社局、区退役军人局名义印发实施，为全区营职及以下职务和专业技术级军转干部安置工作提供政策支持。

【军休工作】 2020年，红桥区做好军休工作，更新军休干部服务用车，建立门球训练基地，改造办公场所网络设施，修缮老化电路，加强政策学习，从软硬件方面提升军休服务水平，2020年，获市退役军人事务局授予的星级评定“三星军休所”称号，市双拥工作领导小组授予的“天津市爱国拥军模范单位”称号。落实军休干部政治待遇和生活待遇，在春节、“八一”、国庆节前夕开展离退休干部、患病军休干部和军休干部遗属走访慰问，发放军休干部慰问金和遗属慰问金30万元。开展“今生有战友，前行手牵手”慰问活动，走访慰问区内困难老兵9名，送去慰问金和慰问品。落实新冠疫情防控工作要求，开展线上文娱活动，在妇女节、建军节和中秋节等重要节日时点，通过微信群组织联谊活动，丰富军休干部文化生活，发挥军休余热奉献社会，组织捐资助学活动，捐款2.51万元。疫情期间，军休干部及遗属、军休所工作人员114人通过区红十字会，向武汉市雷神山医院和荣誉军人医院定点捐款4.85万元。

【优抚抚恤】 2020年，区退役军人局执行重点优抚对象抚恤补助政策，完成重点优抚对象抚恤补助金调标补发、伤残人员伤残抚恤金调标补发和发放以及重点优抚对象物价补贴、参试人员年度体检费和养老保险补贴等待遇落实工作。局领导带队分3个调研小组到全区10个街道退役军人服务站实地调研，通过座谈会议、查阅资料、现场交流等方式，了解各街道优抚对象抚恤补助待遇、困难退役军人帮扶资金使用等实际情况，召开座谈会3场，与20余名街道、社区代表座谈交流，收集意见建议20余条。

【清明祭英烈】 2020年清明节期间，红桥区开展“致敬·2020清明祭英烈”网上祭扫活动，以退役军人事务部、市退役军人事务局、全市部分烈士陵园门户网站和中华英烈网为主要平台，组织发动全区各单位、各街道、社区退役军人服务站通过“网上祭英烈”活动专题页面网上祭扫，引导社会各界足不出户瞻仰烈士陵园和线上祭扫烈士。

【“连心卡”发放】 2020年，

2020年12月22日，天津市退役军人事务局组织召开军休服务管理工作暨星级评定总结会，红桥区军休所荣获三星军休所称号

（区退役军人局　提供）

区退役军人局依托区、街道、社区三级退役军人服务保障体系,在“八一”期间,通过全区各级退役军人服务中心(站)和关爱退役军人协会(服务站),为全区退役军人发放连心卡,完善与退役军人之间联系渠道,增进与退役军人之间的情感交流,提供便捷服务。

【中国人民志愿军抗美援朝出国作战70周年纪念活动】
2020年,红桥区开展中国人民志愿军抗美援朝出国作战70周年纪念活动,走进英烈家庭走访慰问。9月30日上午,组织区退役军人局党员干部、各街道退役军人服务站工作人员、2020年度由政府安排工作退役士兵及退役军人代表参观平津战役纪念馆。红桥区委、区政府主要领导带队走访慰问抗美援朝老战士,送去“中国人民志愿军抗美援朝出国作战70周年”纪念章。

【“最美退役军人”学习宣传】 2020年,红桥区结合“思想政治工作年”工作,挖掘“最美退役军人”及退役军人先进典型,特别是在新冠肺炎疫情防控中涌现的先进人物事迹,通过在“美丽红桥”微信公众号开设专栏、设计制作退役军人宣传手册、组织收听收看2020年度“最美退役军人”发布仪式等方式,在全区开展“最美退役军人”“模范退役军人”宣传学习,弘扬退役军人优秀形象。

2020年1月14日,“军民鱼水情,共谱新华章”主题迎新春军民联欢会在天津市第五中学报告厅举办 (区退役军人局 提供)

【军民新春联欢】 2020年1月14日,红桥区举办以“军民鱼水情 共谱新华章”为主题的2020年迎新春军民联欢会。市、区相关负责人,驻区部队首长,全区各委办局、各街道社区以及爱心拥军单位、退役军人先进代表、社会各界人士450余人观看演出,联欢会由驻区部队、区军休所和部分双拥共建单位编排表演。

【退役士兵专题教育活动】
2020年,红桥区组织2020年度符合政府安排工作条件退役士兵开展“穿上军装是保卫者,脱下军装是建设者,都是中国特色社会主义事业奋斗者”专题教育活动。组织《退役士兵安置条例》《关于进一步加强由政府安排工作退役士兵就业安置工作的意见》《关于促进新时代退役军人就业创业工作的意见》《符合政府安排工作条件退役士兵服役表现量化评分暂行办法》等法规政策集中学习,建立待安置退役士兵联系通讯录,签订待安置期间安全责任承诺书,实行离津报备制度。开展“坚持人民至上 践行初心使命”主题征文活动,评选出优秀作品,在区退役军人局庆祝中国共产党成立99周年主题党员大会上展示交流,组织参观平津战役纪念馆。引导退役士兵转变身份顺利投入工作岗位。

【退役军人党员过“政治生日”】 2020年,红桥区发挥区、街两级关爱退役军人协会功能型党支部作用,结合区退役军人服务中心、街道和社区退役军人服务站服务保障体系,组织“庆祝建党99周年”为退役军人党员过“政治生日”活动,通过为退役军人党员发放政治生日纪念卡、讲授专题党课等形式,提升退役军人党员的党性修养。

(王 皓)

政协红桥区委员会

综　述

【助推经济社会发展】　2020年，区政协深化委员“四个一”活动，走访天津津酒集团有限公司、耳朵眼餐饮集团有限公司、正融科技大厦等区重点企业和委员企业，宣讲政策、纾难解困，帮助企业增强信心、渡过难关，推进复工复产。组织委员、邀请异地商会负责人到天津滨水饭店走访调研，就盘活闲置楼宇，推动楼宇经济发展建言献策。邀请市政协经济委员会到红桥区调研座谈，考察招商项目。开展招商对接，引进工银安盛人寿保险有限公司天津分公司、天津锐网数据科技有限公司、深圳市万通顺达科技股份有限公司天津分公司等企业落地红桥。落实东西部协作和对口支援等机制，动员委员和机关党员干部认购甘肃省合水县高原苹果2500余箱，其中区政协常委朱宝钧出资20万元，认购2000箱苹果并全部捐赠给红桥区困难群众。

【助力创文创卫攻坚战】2020年，区政协落实包保责任制，巩固创文创卫成果，领导带队到区市场监管局和包保街道社区调研督导，协调解决创建工作中遇到的实际困难。机关党员干部进网格、访民情，开展义务清整劳动，宣讲创文创卫工作要求，引导居民主动融入社区建设。政协委员围绕巩固创文创卫成果，加强食品安全和创城工作，就牛羊肉屠宰管理等方面问题开展调研，提出意见建议26条。创新活动载体，面向全区20所小学开展环保征文活动，与市政协文化文史委员会、天津音乐学院、区委宣传部联合举办第49届“六五”世界环境日“‘童声嘹亮’美丽中国 我是行动者”红桥区少年儿童环保教育唱响及征文颁奖活动，活动视频在中央和市、区级13家媒体同步进行线上“云展示”，浏览量突破3万人次。

【民生保障】　2020年，区政协修订完善街道委员联络中心工作制度，将227名委员重新整合划分到各街道，开展20余次“委员进社区”活动，倾听民声、汇集民意。协调区卫生健康委为各街道委员联络中心免费配备血压计和血糖仪，组织委员到社区开展音乐讲座、法律咨询、健康知识普及等活动。围绕“加强和改进新时代政协工作”主题，召开9场征求意见座谈会，执行委员履职管理办法，实行委员履职“积分制”。

（杨　丹）

重要会议

【政协全委会议】　2020年1月5日至7日，中国人民政治协商会议天津市红桥区第十四届委员会第四次会议在区政府礼堂召开。区政协主席杨焕代表政协红桥区第十四届委员会常务委员会作工作报告，会议宣读“优秀提案”表彰决定，通过政协红桥区第十四届委员会第四次会议政治决议。区委书记李清，区委副书记、代理区长何智能，区人大常委会主任郑会营等领导出席。

【常务委员会议】 2020年,区政协召开常务委员会议7次。

1月5日,区政协召开第二十次常委会议。会议审议通过有关人事议题,新增5名政协委员;听取各组召集人关于委员讨论区十四届政协常委会工作报告、提案工作情况报告的情况。区政协主席、副主席、秘书长、常务委员出席。

1月6日,区政协召开第二十一次常委会议。会议听取各组对区政府工作报告、大会决议(草案)讨论情况的汇报,听取区十四届政协四次会议提案审查情况的汇报,协商通过大会决议(草案)。区政协主席、副主席、秘书长、常务委员出席,大会各组召集人列席会议。

3月18日,区政协召开第二十二次常委会议。会议传达中央和市、区委统筹推进新冠肺炎疫情防控和经济社会发展工作部署会议精神,通报《红桥区政协关于贯彻落实〈关于坚决贯彻落实中央和市委部署要求统筹推进新冠肺炎疫情防控和履职工作的实施意见〉的工作安排》,通报《红桥区政协2020年工作要点》,通报《政协红桥区委员会2020年协商工作计划》;协商审议2020年常委会议议题安排,审议有关人事议题,听取各专委会关于新冠肺炎疫情防控工作的情况及2020年重点工作安排的汇报,听取机关相关处室2020年重点工作安排的汇报。区政协主席、副主席、秘书长、常务委员出席,机关各室主任、副主任,各专委会主任、副主任,机关全体干部列席。

7月22日,区十四届政协召开第二十三次常委会议。区政协主席杨焕传达2020年全国"两会"精神,通报《红桥区政协关于学习宣传贯彻落实全国"两会"精神的工作安排》,审议通过免去和增补区十四届政协委员建议名单,听取区政协机关各处室、八个专委会2020年上半年工作总结和下半年重点工作安排,各位副主席分别对分管的专委会和处室工作进行点评,审议通过有关人事议题。区政协主席、副主席、秘书长、常务委员,各专委会主任,区政协机关各处室主任、副主任和有关工作人员出席。

10月28日,区十四届政协召开第二十四次常委会议。会议审议有关人事议题,区政协主席、副主席、常务委员出席,区委统战部副部长、区政协党组成员列席。

12月9日,区十四届政协召开第二十五次常委会第四次专题议政会议。会议以"打造绿色城区 建设美丽红桥"为主题,围绕生态立区、教育兴区、土地强区等方面进行专题协商。区委书记李清,区长何智能,区委常委、统战部部长井春燕,区政协主席、副主席、常务委员出席。区委办公室、区委研究室、区委网信办、区政府办公室等有关部门负责人出席会议。区政协党组成员,机关各室主任、副主任和有关工作人员列席。

12月22日,区十四届政协召开第二十六次常委会。会议审议有关人事议题,听取区政府十四届政协四次会议以来提案办复工作情况通报,听取区政协委员联络中心社情民意信息的情况,听取各专委会2020年工作总结和2021年工作安排,听取区政协机关一办、二办、提案办、委联室、研究室2020年工作总结和2021年工作安排,各位副主席分别对分管的专委会和机关处室工作进行点评,审议通过《红桥区十四届政协常委会工作报告(审议稿)》,审议通过《红桥区十四届政协常委会提案工作情况报告

2020年12月9日,政协红桥区第十四届委员会第二十五次常委会第四次专题议政会议召开 (区政协 提供)

（审议稿）》；听取《政协红桥区委员会2021年协商计划》的汇报，审议通过召开区十四届政协五次会议的决定（草案），审议通过区十四届政协五次会议有关文件。区政协主席、副主席、常务委员出席，区政协党组成员、机关各室主任、副主任列席。

【主席会议】 2020年，区政协召开主席会议13次。

3月11日，区十四届政协召开第二十五次主席会议。会议传达天津市委通报，区政协主席、副主席、秘书长出席。

3月18日，区十四届政协召开第二十六次主席会议。会议传达中央和市、区委统筹推进新冠肺炎疫情防控和经济社会发展工作部署会议精神，通报《红桥区政协关于贯彻落实〈关于坚决贯彻落实中央和市委部署要求统筹推进新冠肺炎疫情防控和履职工作的实施意见〉的工作安排》，通报《红桥区政协2020年工作要点》，通报《政协红桥区委员会2020年协商工作计划》，审议通过2020年主席会议议题安排，协商审议2020年常委会议议题安排，研究确定召开十四届政协第二十二次常委会议的时间和议题，审议有关人事议题。区政协主席、副主席、秘书长出席。

4月14日，区十四届政协召开第二十七次主席会议。会议传达市委巡视工作领导小组对红桥区巡视的反馈意见。区政协主席、副主席、秘书长出席。

5月21日，区十四届政协召开第二十八次主席会议。会议审议有关人事议题。区政协主席、副主席、秘书长出席。

5月25日，区十四届政协召开第二十九次主席会议。会议审议有关人事议题，区政协主席、副主席、秘书长出席。

7月22日，区十四届政协召开第三十次主席会议。会议传达2020年全国“两会”精神，通报《红桥区政协关于学习宣传贯彻落实全国“两会”精神的工作安排》，审议区十四届政协增补委员建议名单，听取区政协机关处室、八个专委会2020年上半年工作总结和下半年重点工作安排的汇报，副主席分别对分管专委会和处室工作进行点评，研究确定召开区十四届政协第二十三次常委会议的时间和议题，审议有关人事议题。区政协主席、副主席、秘书长出席。

8月19日，区十四届政协召开第三十一次主席（扩大）会议。传达市政协主席盛茂林到区调研讲话精神，部署下一步区政协落实讲话精神的具体举措，安排部署8月份区委组织部关于“党的组织制度学习月”相关工作，安排部署议政性常委会调研报告相关工作。区政协主席、副主席、秘书长出席，机关各室主任、副主任列席。

9月10日，区十四届政协召开第三十二次主席（扩大）会议。审议《红桥区政协关于建立习近平新时代中国特色社会主义思想学习座谈会制度的实施办法（试行）（审议稿）》，审议《红桥区政协庆祝中华人民共和国成立71周年暨“奋进新时代 奋进新征程 政协委员展风采——为有书香扑面来”主题读书演讲活动方案》，安排部署红桥区政协委员联络中心相关的活动事宜，听取议政性常委会调研报告相关工作的进展情况。区政协主席、副主席出席。区政协党组成员，机关各室主任、副主任，各街政协委员联络中心机关联络人列席。

9月18日，区十四届政协召开第三十三次主席（扩大）会议。会议听取区委政协工作会议筹备情况的汇报。区政协主席、副主席出席，区政协党组成员、机关各室主任、副主任列席。

10月28日，区十四届政协召开第三十四次主席（扩大）会议。会议审议《红桥区政协贯彻落实中共红桥区委政协工作会议精神的任务分工》，听取各专委会调研课题组外出调研工作及课题准备情况的汇报，听取区十四届政协五次会议材料筹备分工情况的汇报，审议有关人事议题。区政协主席、副主席出席，区政协党组成员，机关各室主任、副主任，调研课题撰写人列席。

11月11日，区十四届政协召开第三十五次主席（扩大）会议。会议听取各街政协委员联络中心活动开展情况的汇报，审议2020年专题议政会议各专委会的协商发言材料。区政协主席、副主席出席，区政协党组成员，区政协机关各室主任、副主任，各街政协委员联络中心主任、副主任、联络员,各专委会协商课题撰写人列席。

12月8日,区十四届政协召开第三十六次主席(扩大)会议。会议审议人事议题,审议《红桥区十四届政协常委会工作报告(征求意见稿)》,审议《红桥区十四届政协常委会提案工作情况报告(征求意见稿)》(由提案办公室作说明),研究确定召开十四届政协第二十六次常委会议的时间、议题。区政协主席、副主席出席,区政协党组成员,机关各室主任、副主任列席。

12月22日,区十四届政协召开第三十七次主席(扩大)会议。会议听取区政协委员联络中心社情民意信息的情况,听取《政协红桥区委员会2021年协商计划》的汇报,审议通过召开区十四届政协五次会议的决定(草案),审议通过区十四届政协五次会议有关文件,审议有关人事议题。区政协主席、副主席出席,区政协党组成员、机关各室主任、副主任列席。

(杨　丹)

政治协商

【概况】 2020年,区政协推动建言资政和凝聚共识双向发力,组织协商议政活动,做好"六稳"工作、落实"六保"任务,开展专题协商、对口协商、提案办理协商、界别协商,发挥社情民意信息"直通车"作用,15条建议被区政府有关部门采纳。7月份,各位副主席分别围绕"将历史文化遗存融入城市建设""高水平创建具有红桥特色园林城市绿化景观""加强红桥中医院软硬件建设""开展中小学法治教育"等议题召开对口协商会8场。健全民主党派和工商联参加政协协商机制,在区十四届政协四次会议上,各民主党派、工商联围绕红桥产业发展、环境保护、民计民生和政商关系等方面作大会发言。组织工会界别委员到区总工会就工会救助、职工工资等内容开展调研,讨论建立长效机制,推动职工权益问题落实。

【主席会议协商】 2020年3月18日,区十四届政协第二十六次主席会议,通报《红桥区政协2020年工作要点》和《政协红桥区委员会2020年协商工作计划》。9月10日,召开第三十二次主席(扩大)会议,审议《红桥区政协庆祝中华人民共和国成立71周年暨"奋进新时代 奋进新征程 政协委员展风采——为有书香扑面来"主题读书演讲活动方案》,部署红桥区政协委员联络中心相关活动事宜。11月11日,召开第三十五次主席(扩大)会议,听取各街政协委员联络中心活动开展情况的汇报,审议专题议政会议各专委会的协商发言材料。12月22日,召开第三十七次主席(扩大)会议,听取区政协委员联络中心社情民意信息的情况汇报,听取《政协红桥区委员会2021年协商计划》的汇报。

【常委会会议协商】 2020年12月9日,区十四届政协召开第二十五次常委会第四次专题议政会议。以"打造绿色城区 建设美丽红桥"为主题,专题协商生态立区、教育兴区、土地强区等方面重点工作。区委书记李清,区委副书记、区长何智能等领导出席,区委办公室、区委研究室等有关部门负责人列席会议。

(王冉冉)

民主监督

【概况】 2020年,区政协聚焦全区重点工作,开展监督性履职活动,推动任务落地、问题解决。探索民主监督精准化,组织委员参加区级年度考核民主测评和区纪委述责述廉现场评议,组织委员参与红桥区教育发展督导评估,选派委员担任民主监督员,对红桥区大事、要事开展现场监督。

【会议监督】 2020年,区政协组织15名委员参加区级领导班子、领导干部年度考核民主测评和区纪委十一届九次全会述责述廉现场评议。

【专项监督】 2020年,区政协组织5名委员参与红桥区教育发展督导评估,选派17名委员担任民主监督员,对全区"小升初"随机派位、食品安全示范城区创建、"飞地"治理等工作进行现场监督。

(王冉冉)

参政议政

【概况】 2020年，区政协紧扣生态立区、教育兴区、土地强区，聚焦改进常态化疫情防控、“十四五”规划编制等重点工作，围绕加强运河文化工作、加快红桥城市更新、建立民族团结进步教育基地等课题，10月至11月，各位副主席带队到先进地区和相关部门学访调研。组织委员参与红桥区“十四五”规划编制工作。组织召开部分政协委员企业、企联会会员企业座谈会，区相关部门介绍红桥经济发展情况、解读相关政策，通过提案、调研、专题协商等形式，帮助解决疫情影响下企业实际困难。召开第二十五次常委会第四次专题议政会议，7篇调研成果得到区委、区政府主要领导肯定，被政府有关部门采纳。

【重点调研课题】 2020年，区政协围绕重点调研课题进行调研，形成调研报告。《关于加强区域应急处置能力建设的建议》围绕构建应急管理体系提出建议；《关于进一步加强红桥区运河文化工作的建议》围绕运河文化资源挖掘、整理和利用提出建议；《关于进一步加快光荣道科技产业园建设促进区域经济高质量发展的建议》为加快光荣道科技产业园建设，发挥好其对区域经济发展的支撑和引领作用提出建议，《关于充分借助土地资源优势加快推进城市更新进程的建议》就借助土地资源优势，破解土地出让难题，加快推进城市更新进程提出建议。《关于疫情防控常态化下进一步促进全民健康普及的建议》针对疫情防控进入常态，如何促进全民健康普及、提高自防能力提出建议。《关于建立红桥区民族团结进步教育基地的建议》提出建立民族团结进步教育基地，宣传红桥民族团结进步工作，讲好红桥故事，树好红桥形象，提高知名度和美誉度。《关于利用平津战役纪念馆资源建立红桥区中小学研学实践教育基地的建议》为推动全区中小学利用纪念馆资源开展研学实践教育活动提出建议。

（王冉冉）

2020年4月21日，区政协举办部分政协委员企业、企联会会员企业座谈会 （区政协 提供）

提案和社情民意信息

【概况】 2020年，区政协贯彻落实中央和市、区政协工作会议精神，以红桥区“十四五”规划编制为导向，发挥提案在民主协商中的重要作用，推动政协委员通过提案履职建言。新冠肺炎疫情发生以来，委员们广集良策，为统筹推进常态化疫情防控和经济社会发展贡献力量，发挥社情民意信息“直通车”作用。

【提案办理】 2020年，区政协围绕全区工作重点和人民群众普遍关心的难点，提出提案148件，经审查立案125件，经各承办单位和部门努力，提案全部办复。在经济建设方面，围绕贯彻新发展理念、促进经济高质量发展等提出提案26件，占总数20.80%。在社会建设方面，围绕加强和创新社会治理、提高人民健康水平、完善社会保障机制、办好人民满意的教育等提出提案83件，占总数66.40%。在文化建设方面，围绕发扬传统文化、推动文化事业和文化产业发展等提出提案10件，占总数8%。在生态文明建设方面，围绕打好污染防治攻坚战，加强生态环境保护，建立环境卫生治理长效机制等提出提案6件，占总数4.80%。新冠肺炎疫情发生以来,广大政协委员和各民主党派投入抗疫工作,围绕复工复产和加大对中小微企业扶持力度等提出即时意见建议。

【社情民意信息】 2020年,区政协围绕新冠肺炎疫情防控和复工复产提出疫情期间支持帮助区内企业复工复产,加强废弃口罩处理措施,进入公众场所人工登记改为电子数据采集,新冠肺炎疫情期间增设小区交通导引图,加强防疫宣传、关爱值守人员等建议。围绕区内经济发展提出以创新招商方式推动红桥经济高质量发展等建议。

(王冉冉)

专门委员会工作

【概况】 2020年,区政协各专门委员会围绕全区中心工作,安排全年工作计划,把握以学习为基础、以协商为抓手、以调研为主线的专委会总体工作思路,为打造绿色城区、建设美丽红桥献计献策。

【文化文史委员会】 2020年新冠肺炎疫情期间,文化文史委员会李清资创作《生命誓言》《母女情怀》两首抗"疫"歌曲,在市政协举办"学好'四史'牢记使命,委员履职展风采"——李清资独唱音乐会。副主任周醉天受邀参加天津滨海广播《城市记忆》节目,主持抗击新冠肺炎疫情特别节目《从天津走出的中国卫生防疫事业先驱——伍连德》,结合三八国际妇女节,主持抗击新冠肺炎疫情三八国际妇女节特别专题,讲述百年前的"新"女性故事。委员况瑞峰、姚景卿、张福义、王智忠等书画家,参加天津市"万众一心 众志成城"防控新型肺炎疫情书法家新媒体书法展和"以艺抗疫书法作品微展"等市区两级书画展活动。在庆祝中国共产党成立99周年期间,书画家委员参加专委会开展的"书画作品云展示"活动,参展作品50余幅。在李叔同诞辰140周年之际,文化文史委和李叔同故居纪念馆、交响乐团联袂举办"芳草长亭炎黄风情"室内音乐会,弘扬津沽文化传统。在第四十九届世界环境保护日,主办"'童声嘹亮'美丽中国 我是行动者"天津市红桥区少年儿童"6·5"环保教育唱响及征文颁奖活动。孔维斌率部分委员经过1年调研考察,完成《关于进一步加强我区运河文化工作的建议》的调研报告。副主任张春林执笔与20余名委员联名撰写《资源共享 将历史文化遗存融入城市建设》的提案,联合港澳台委委员韩文华等,到原铃铛阁中学实地考察调研,协商议政专题建言。委员霍迎迎作为艺点意创核心创始人,在第四届世界智能大会上,与市科学技术局携手,规划设计天津"设计之都"云展厅。

【提案委员会】 2020年,区政协提案委员会组织委员到滨海新区等地实地调研,完成2020年度协商议政课题《关于加强区域应急处置能力建设的建议》。新冠肺炎疫情期间,教师委员铁丽彬做好线上授课讲解,委员张坚实、王维全、史晓光、杨洋、李锐钧为丰宁满族自治县光伏扶贫专项行动、天津市光彩事业促进会、东西部扶贫协作等项目捐款捐物。提案委员会以委员联络中心为载

2020年9月29日,区政协举办庆祝中华人民共和国成立71周年暨"奋进新时代 奋进新征程 政协委员展风采——为有书香扑面来"主题读书演讲会

(区政协 提供)

体，开展理论学习、协商议政、征集社情民意、社会实践等活动。组织委员到三条石街道尚都家园社区党群服务中心，协助社区开展创文创卫、人口普查等工作，通过讲解法律知识，帮助社区居民切实解决物业管理问题。

【经济科技委员会】 2020年，区政协经济科技委员会发挥委员作用，协助做好正融科技大厦新冠肺炎疫情防控工作，协调七〇七化工研究所向区里捐赠两台红外线测温仪。委员所在企业捐款7.50万元，捐赠口罩1.50万只、消毒液900吨，开放免费直播课观看10万人次。委员所在企业响应政府号召为中小企业减免租金1200万元。落实对口帮扶和脱贫攻坚工作，委员所在企业购买扶贫产品50.37万元，委员个人扶贫捐款5800元。开展专业扶贫，委员所在企业组织专业人员或派出驻村扶贫干部，到扶贫一线开展专业对口扶贫。全年通过自身成立或招商引进方式实现注册企业23家。开展调研协商工作，完成《关于以光荣道科技产业园为载体，打造三大品牌子区，促进产园融合的建议》和《关于进一步提高光荣道科技产业园建设成效 促进区域经济高质量发展的建议》专题调研报告。

【城建城管委员会】 2020年新冠肺炎疫情期间，区政协城建城管委员会用时1天半时间参与完成大丰路如家、汉庭尚都、西站如家等3个隔离点改造任务。应西沽街、和苑街等属地街道驰援需求，及时完成北菜园、玉门四里、南岭道、涟源西里等社区及道路封闭围挡近2000米。城建城管委委员累计捐款5万余元，捐赠口罩1.7万个、酒精消毒液400瓶、护目镜480个、遮阳伞200个，总价值16.88万元。组织开展“不等吹哨、主动报到”和“做足融文化”等活动，收集社情民意，及时协调各方为社区群众解决污水外溢、路面整修等各类问题50余件。提出“加快后棚改时代城市建设”“加快土地整理出让步伐”“进一步完善城区规划”等20余份提案和建议。立足实施“生态立区”和“土地强区”战略，重点围绕《高标准编制规划 高水平创建具有红桥特色的园林城市绿化景观》和《关于充分借助土地资源优势加快推进城市更新进程的建议》专题，定期组织开展实地调研和研讨论证，形成调研成果。

【社会法制委员会】 2020年，区政协社会法制委员会就“在全区中小学进一步开展法制教育”的议题提出“创造良好校园法制教育环境”“开设法制教育课程”等建议。就“西沽公园地区环境综合治理”提案，实地了解西沽公园周边地区整治工作情况和进展，与区城管委、规划资源局红桥分局举行座谈，了解西沽公园及西沽南地区的规划情况和城市管理改革的相关情况。在宪法宣传日，深入邵公庄街道千禧园社区参加法律宣传活动，向居民发放《中华人民共和国民法典》《中华人民共和国宪法》和一些法律宣传资料，为全民普法守法做出积极努力。

【教育卫生体育委员会】 2020年，区政协教育卫生体育委员会开展垃圾分类、创建国家食品安全示范城市等宣传活动，对社区管理提出意见建议，为群众解决问题。促成惠灵顿中学、红桥区培智学校和甘肃省碌曲县藏族小学的手拉手活动。组织委员参加学校的“慈善步行”活动，扩大教育界别学校间的交流。新冠肺炎疫情期间，卫健系统11位委员全员上岗，5名委员昼夜奋战在救治一线；教育领域委员利用网络信息化手段，坚持网上授课、答疑、作业批改、毕业论文指导等工作；体育界委员全部下沉到社区居委会和公共场所，始终战斗在社区值守抗疫一线。完成调研课题《关于促进疫情期间全民大健康事业发展的建议》以及协商课题《关于中小学生视力下降明显的原因及对策的建议》。

【民族宗教委员会】 2020年，区政协民族宗教委员会开展委员进社区活动，组织委员前往芥园街委员联络中心，学习委员联络中心工作制度，围绕“十个一”社区治理开展座谈。走进弘丽园社区，与协商建言相结合，推进民主监督、参政议政工作。走进金融大厦、政务中心开展调研服务企业活动。组织委员到天津市民族文化宫开展调研座谈活动,参观重建后的天津市民族文化宫,围绕市、区两级民族团结进步宣传阵地作用发挥开展座谈,畅谈通过文化体育阵地建设搭建各民族交流、增进情感的平台,提升议政建言质量。组织委员先后到天津市周邓纪念馆、浙江省舟山市鸦片战争纪念馆、嘉兴市南湖革命纪念馆参观,学习将民族团结进步融入爱国主义教育的好经验、好做法,结合市区现状,提出突出政治引领,弘扬爱国主义主旋律,整合资源突出特色,增强宣传辐射以及健全组织机构创建标准细则等意见建议。

【港澳台侨委员会】 2020年,区政协港澳台侨委员会18名委员通过单位、民主党派、红十字会等渠道捐款1.33万元。加强重点课题调研,围绕关于“加强港澳台青年来津交流学习”的建议开展调研,形成调研报告。做好《关于利用纪念馆资源助力我区中小学生研学实践教育》的调研课题,调研组对区教育局和区内近10所中小学校进行走访,了解实际情况,到研学活动开展较为灵活的南方城市进行实地调研,助力红桥区中小学生研学实践教育迈上新台阶。

(王冉冉)

重要提案摘要

【关于进一步优化红桥区营商环境的建议】 2020年,红桥区将“营商环境更加具有吸引力,市场主体更加充满活力”写入区“十四五”规划之中。通过实地调研、与企业经营者沟通对话,发现企业对于区内营商环境最关注的注册开办效率、投资环境和资金支持政策等需求。针对企业需求,红桥区营商环境尚有亟须改进之处。提出加大金融支持力度、整合政府部门间数据平台、提升政务服务效能建议。

【关于进一步完善红桥区社会治理网格化管理的建议】 2020年,红桥区落实市委部署,推进“战区制、主官上、权下放”党建引领基层治理体制机制创新,借助“互联网+”大数据信息化手段,建设红桥区社会治理网格化管理平台,推行现代社会治理网格化管理模式,构建起人防、技防为一体,资源合理规划、数据全面打通、流程全面优化的社会治理新体系。在新冠肺炎疫情防控、创文创卫等突发事件和重大事项中发挥作用,为基层社会治理智能化、精细化提供范本。通过对部分社区基础网格化运行的调查研究,对存在的问题梳理分析,提出建议,为推动红桥区网格化管理不断完善发展提供参考。

【关于提升红桥区基层公共文化服务能力的建议】 2020年,红桥区在加强公共文化服务体系建设、提升基层公共文化设施建设和服务水平方面开展大量工作。全区10个街道及下属社区均建立综合性文化服务中心,社区文体团队200余支,每个社区年均开展文体活动12场次,受益群众万余人次。

(杨　丹)

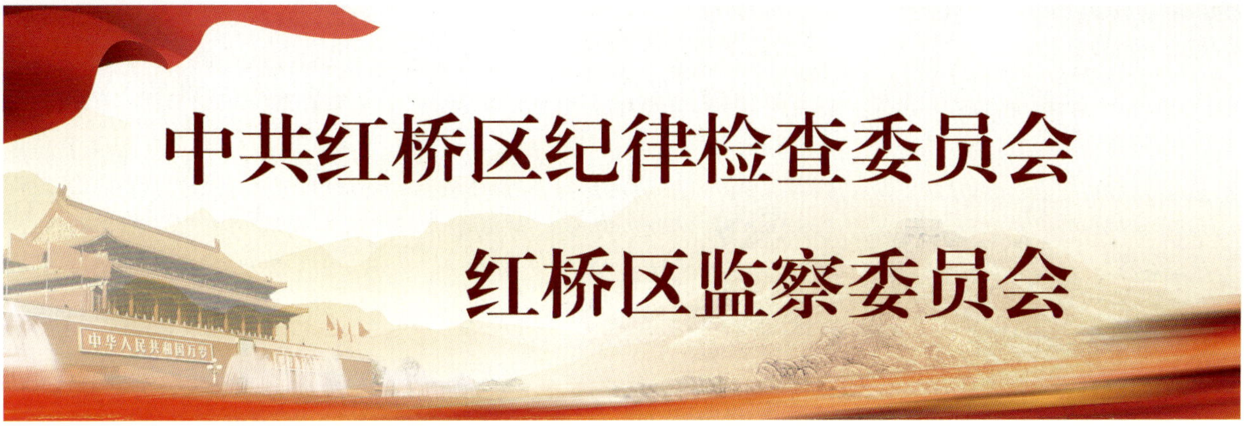

中共红桥区纪律检查委员会
红桥区监察委员会

综　述

【监督责任和协助职责履行】 2020年，区纪委监委把“两个维护”作为政治监督首要内容，传达贯彻习近平总书记重要讲话和重要指示批示精神74次，对标制定年度监督工作要点，制发每月政治监督清单，建立季度检视机制，发现并推动整改问题，确保落地见效。协助区委制定全区政治生态建设重点任务，开展政治生态分析研判，提请区委常委会传达贯彻上级要求、研究部署党风廉政建设和反腐败工作58件次。围绕全区重点工作加大案件查处力度，召开全区警示教育大会，以案为鉴强化警示教育。创建“清风红桥”廉洁文化品牌，发挥廉润人心效果，营造风清气正的政治环境。召开区纪委十一届九次全会，在全市率先探索区级党委（党组）班子成员向区纪委全会述责述廉，做实同级监督。

【正风肃纪反腐】 2020年，区纪委监委严格落实中央八项规定及其实施细则精神，深化形式主义官僚主义、不作为不担当问题专项治理，严肃查处不作为不担当和形式主义官僚主义问题。推动“小金库”问题专项治理。全年累计立案252件，严肃查处一批有影响力的案件，挽回经济损失7900余万元。巩固深化“一抓三补四强化”专项行动成果，推进“以案三促”工作常态化制度化，做实案件查办“后半篇文章”。

【纪检监察体制改革】 2020年，红桥区加强对街道纪检监察工委的领导，推动街道纪检监察干部交流任职，通过整建制抽调、以干带训、片区协作等方式，提高街道纪检监察干部监督办案能力。将街道纪检监察工委“三转”（转职能、转方式、转作风）情况纳入区委巡察，对不支持、不配合基层纪检工作的党组织及时约谈提醒、督促整改。深化区级派驻机构改革，建立健全工作例会、任务交办、工作互查、重要事项报告等制度机制，提升派驻监督实效。调整区纪委监委监督检查室联系单位范围，加强监督检查室对派驻纪检监察组的联系指导。

（贵荣杰）

重要会议

【区纪委全会】 2020年，区纪委召开全体会议2次。

1月22日，红桥区纪委十一届八次全体会议召开，贯彻落实

2020年1月22日，中共红桥区纪委十一届八次全体会议在区委礼堂召开　（区纪委　提供）

党的十九届四中全会精神，学习贯彻习近平在十九届中央纪委四次全会上重要讲话和中央纪委四次全会精神，落实市委十一届七次、八次全会，市纪委十一届七次全会和区委十一届十三次、十四次全会部署，总结2019年全区纪检监察工作，部署2020年任务。区委书记李清出席并讲话，区委常委、区纪委书记、区监委主任于清作题为《突出政治属性 强化监督职责 为红桥区高质量发展提供坚强纪律保障》的工作报告。

7月29日，红桥区纪委十一届九次全体会议召开，围绕统筹疫情防控和经济社会发展、打赢脱贫攻坚战等重点任务中全面从严治党主体责任落实，专题开展述责述廉。区委书记李清出席并讲话，区委常委、区纪委书记、区监委主任于清主持讲话。会议首次安排区级领导向区纪委全会述责述廉，区委常委、统战部部长井春燕和区政府党组成员、副区长徐卫京现场述责述廉，8名处级单位党组织主要负责人现场或书面述责述廉。会议内容在新华社、人民网、《中国纪检监察报》等媒体上报道。

（臧晓森）

监督执纪

【概况】 2020年，红桥区落实中央“八项规定”及实施细则精神，深化巩固作风建设成果。深化基层监督，做细做实日常监督，推动工作落实。谋划各轮次巡察安排，推动巡察监督向基层延伸。

【净化政治生态】 2020年，红桥区把“两个维护”作为政治监督首要内容，制定年度监督工作要点，每月制发政治监督清单，建立季度检视机制，发现并推动整改问题911项。紧盯市委主体责任考核、历次巡视、调研巡查反馈问题，强化整改监督。明确政治生态建设重点任务，开展政治生态分析研判，形成全区政治生态报告。召开处级领导干部警示教育大会，通报棚改拆迁领域典型案件，组织全区学习典型案件通报和警示教育片，以案为鉴强化警示教育。严把选人用人关口，出具廉政意见函复1126人次，全年查处违反政治纪律问题3起。

【作风建设】 2020年，红桥区落实中央“八项规定”及其实施细则精神，重要节点采取H5动画、微信长图、廉政短信、OA通知等方式，重申纪律规定。制定形式主义、官僚主义、不作为不担当问题专项治理工作要点，建立“负面问题清单”，组织开展三年专项治理“回头看”，推动各单位建章立制、巩固成果。全年查处不作为不担当问题48件次，第一种形态处理29人次，处分44人次，查处形式主义官僚主义问题56件次，第一种形态处理31人次，处分51人次。

【基层监督】 2020年，红桥区深化基层监督，制定工作方案和系列配套文件，推进基层纪检监察组织建设，在全区科所站队、社区、医院、学校等设立党委的基层单位组建纪委111个，其余设立党总支、党支部的单位全覆盖设立纪检委员，在20个社区试点配备专职纪委书记。依托基层纪委，在10个街道和100个党委建制的社区全覆盖开展同级述责述廉，向群众汇报，让群众监督，提升群众对全面从严治党满意度。将基层监督与“吹哨报到”机制结合，实现区、街、社区三级纪委联动，发现落实“吹哨报到”机制不力问题22个，第一种形态处理18人。聚焦社区群众反映强烈的突出问题，推动开展全区违规养鸽问题专项治理，清拆鸽笼853处，群众满意率100%。

【检举控告工作规则学习宣传】 2020年，区纪委监委以贯彻落实《纪检监察机关处理检举控告工作规则》为契机，加大检举控告工作宣传力度，畅通群众信访渠道。印制宣传海报、宣传折页、易拉宝等3.70万余份，开展区、街、社区三个层面宣传。组织召开街道纪检监察干部会议，学习解读《纪检监察机关处理检举控告工作规则》，推动工作落实。规范全区132个纪检监察专用举报信箱设置，打通群众信访举报“最后一公里”。

【日常监督】 2020年，红桥区制定《红桥区关于运用监督执纪“第一种形态”管理办法（试行）》，全区运用“第一种形态”处理605人次，发挥批评教育帮助作用，运用第二、三、四种形态分别处理141人次、11人次、18人次。制定纪律监督、监察监督、派驻监督、巡察监督统筹衔接的任务安排和实施方案，形成统筹管理、重点协作、信息共享、成果共用、系统集成5项机制。建立党内监督与其他监督部门联席会议制度，形成17类61项重点监督事项清单，共享问题102个。

【疫情防控监督】 2020年，红桥区纪委监委学习贯彻习近平关于统筹疫情防控和经济社会发展的重要讲话重要指示批示精神，第一时间跟进监督。根据新冠肺炎疫情形势制定工作方案和提示，向指挥部派驻临时纪检监察组，发挥贴身督战作用，组织疫情防控专项监督1935人次，检查点位4946个次，发现问题319个，制发建议书、提示函等42份，确保全部问题整改到位。对在疫情防控工作中履职不力的，第一种形态处理24人，处分5人。

【激励担当作为】 2020年，红桥区坚持严管厚爱结合、激励约束并重，健全激励担当作为工作机制，对73名干部开展回访。落实容错纠错、澄清正名机制，对9名干部立案后免予处分，为2名干部澄清正名。

（臧晓森）

审查调查

【概况】 2020年，区纪委监委坚持一体推进不敢腐不能腐不想腐，坚持有腐必反、有贪必肃，加强对重点问题线索的分析研判力度，保持高压正风反腐，持续整治侵害群众利益的不正之风和腐败问题。

【以案三促】 2020年，区纪委监委制定“以案三促”（以案促教、以案促改、以案促建）实施方案和工作办法，推动全区各单位通过警示教育会、案件剖析反思会、专题民主生活会等形式，充分发挥身边典型违纪违法案件警示震慑作用。针对监督和办案发现的典型问题，制发纪检监察建议书91件次，通报曝光典型案例18人次，做实案件查办“后半篇文章”。

【惩治腐败】 2020年，区纪委监委受理群众来信来电来访和网络举报1814件次，其中检举控告类272件次（含重复件80件次），处置问题线索466件，立案252件，留置15人（其中本区干部5人），结案189件，处分169人，移送司法机关6人，挽回经济损失7900余万元。

【群众身边腐败问题整治】 2020年，红桥区持续整治侵害群众利益的不正之风和腐败问题，制定扶贫助困领域专项治理要点，查处“微腐败”问题28件次，第一种形态处理5人次，处分33人次。加强异地协作，联合区合作交流办、财政局、审计局、教育局、卫生健康委组成检查组，赴红桥区对口帮扶的甘肃省碌曲县、合水县开展异地监督，检查点位41个、项目24个，走访重点贫困户12户，与20个职能部门和单位座谈，发现问题现场反馈两地党委和相关部门。工作做法在《中国纪检监察报》上报道。

（贵荣杰）

反腐倡廉宣传教育

【概况】 2020年，红桥区通过制发警示教育读本、组织旁听庭审、召开警示教育大会等多种形式，以案为鉴，分层分类开展警示教育。强化纪律教育，创新运用学习载体和宣传平台，深化廉洁文化建设和政德家风宣传，切实增强“不想腐”的自觉。

【廉政宣传教育】 2020年，红桥区开发上线“清风红桥”学习平台，作为强化纪律教育重要抓手和开展警示教育重要载体。平台聚焦“关键少数”，依托平台开展“每月一测”，覆盖全体区领导和处级以上领导班子成员，推动领导干部学习党章党规党纪，用好8小时以外时间，实现纪律教育常态化。制作“清风红桥”主题logo和“清小风”“红小乔”卡通形象，发布廉洁主题微信表情包，上线“清风红桥·有声图书馆”。

【廉洁文化建设】 2020年，区纪委监委开设《廉洁家书诉初心》视频专栏，组织全区多名正处级领导干部，为家人录制亲笔书写的廉洁家书，充分体现红桥区领导干部对初心使命、责任担当的感悟以及对家风建设的坚守和执着。设计制作H5动画作风建设倡议作品《廉洁过节提醒约？不约！》和长图《关于吃喝 你必须知道的事》，在列明负面清单的基础上，增强互动性和趣味性，强化对党员干部的教育引导。

【法律法规学习宣传】 2020年，红桥区制定法律法规专项宣传方案，做好《中华人民共和国公职人员政务处分法》学习宣传贯彻工作。联合区普法办（区司法局）制发《中华人民共和国公职人员政务处分法》图解海报和动漫短视频,利用各单位宣传栏、宣传橱窗、LED屏以及网络新媒体宣传普及。组织全区公职人员参与《中华人民共和国公职人员政务处分法》在线答题活动,参与答题7600余人。

【政务处分法学习宣传动漫短视频】 2020年9月,区纪委监委以“开讲啦,清小风红小乔带你学习《中华人民共和国公职人员政务处分法》”为题,制作学习宣传动漫短视频,视频入选市纪委监委廉韵津沽·微视频展播作品,在“廉韵津沽”网站面向社会公开播放。视频融入红桥廉洁文化“代言人”——“清小风”“红小乔”和清风红桥logo,打造“清风红桥”廉洁文化品牌精品,以动画形式解读《中华人民共和国公职人员政务处分法》,对公职人员开展教育引导。

【处级领导干部警示教育大会】 2020年9月11日,红桥区处级领导干部警示教育大会在区委礼堂召开,通报区土地房屋征收中心原主任刘某某严重违纪违法涉嫌职务犯罪案件审查调查情况。区委书记李清出席并讲话,区委常委、区纪委书记、区监委主任于清通报案件情况。

【违纪违法典型案件警示教育大会】 2020年12月3日,红桥区违纪违法典型案件警示教育大会在区法院召开,与会人员通过直播方式旁听区法院开庭审理红桥区查处的区政府办政府信息与政务公开科原科长赵某某职务犯罪案件,集体观看赵某某反思忏悔视频。全区各单位各部门分管财务工作和分管内审工作领导,区财政局、区审计局相关业务主管和科室负责人120余人参加会议。区纪委监委、区财政局、区审计局就以案促改工作提出要求。

(宋晨静)

巡　察

【概况】 2020年,中共天津市红桥区委巡察工作办公室(以下简称区委巡察办)贯彻巡视工作方针,紧扣“三个聚焦”,深化政治巡察,全年组织开展3轮常规巡察和1轮“回头看”,巡察28个处级单位和40个社区党组织,发现问题1294个,移交问题线索32件。

【第九轮巡察工作】 2020年,区委巡察办开展十一届区委第九轮巡察,5月18日至6月24日派出6个区委巡察组,对区政府国资委、区委研究室、区司法局、区委编办等10个单位党组织开展常规巡察,对站区办、区住房建设委、咸阳北路街道办事处、区卫生健康委、区财政局、区信访办等单位党组织开展巡察“回头看”。

【第十轮巡察工作】 2020年,区委巡察办开展十一届区委第十轮巡察,8月10日至9月16日派出5个区委巡察组,对双环邨街道党工委、三条石街道党工委、芥园街道党工委、邵公庄街道党工委和所属36个社区党组织以及和苑街道党工委所属4个社区党组织开展常规巡察。

【第十一轮巡察工作】 2020年,区委巡察办开展十一届区委第十一轮巡察,11月9日至12月14日派出4个区委巡察组,对区委办公室(含区委保密机要局)、区政府办公室、区委督查室、区委网信办等8个单位党组织开展常规巡察。

(唐　鑫)

2020年5月13日,区委巡察办召开十一届区委第九轮巡察工作动员部署会　　(区委巡察办　提供)

民主党派

中国国民党革命委员会红桥区委员会

2020 年 8 月，民革红桥区委会举办“不忘合作初心 继续携手前进”主题教育培训活动　　（民革红桥区委会　提供）

【概况】　2020 年，中国国民党革命委员会天津市红桥区委员会（以下简称民革红桥区委会）团结带领民革党员，全面加强思想建设、组织建设、参政议政等各项工作。举办“不忘合作初心继续携手前进”暨“四史”学习主题教育活动，邀请天津市社会主义学院统一战线领域专家、副教授李雯，为区委会党员作“统一战线史”专题讲座，区委会党员齐勇、李健分别作援鄂抗疫先进事迹报告，郭书宏作《中华人民共和国民法典》主题宣讲。组织各支部到河北省保定市和雄安新区开展“四史”学习暨调研活动。至 2020 年底，民革红桥区委会有党员 163 人，下设 4 个支部，其中市政协常委 1 人，市人大代表 1 人，区人大代表 3 人，区政协副主席 1 人，区政协副秘书长 1 人，区政协常委 2 人，区政协委员 13 人。

【组织建设】　2020 年，民革红桥区委会发展新党员 8 名，对 6 名申请人开展谈话，对 8 人进行外调考察工作，8 人参加市委会新党员培训，完成“十百千”工程党员信息资料整理、报送工作，民主党派代表人士推荐工作。整理完成区委会 2011 年至 2020 年的纸质、电子档案录入上报工作及 2019 年年鉴撰写工作，成立内部监督工作委员会。

【参政议政】　2020 年“两会”期间，民革红桥区委会党员中各级人大代表提交议案 7 篇，市、区政协委员提交提案 23 篇，在区政协会议上作题为《关于策划精品旅游项目 促进红桥区商旅文化产业融合发展的建议》的发言。《关于建立健全物业市场化矛盾纠纷调处机制的建议》和《关于加快红桥区数字化政府建设的建议》被评为区政协优秀提案。完成市政协议政性专题常委会“补齐教育、医疗、社保等民生短板 全面建成小康社会”专题调研报告，在市委会参政议政研讨会上作题为《多措并举均衡发展 改善教育领域短板》的专题发言。提交《发挥法律服务资源优势 进一步优化营商环境》等“十四五”规划意见建议 2 篇。分别向民革市委会和市政协社法委提交《关于充分发挥社区社会组织在社区治理中作用的建议》《服务与监管并重 积极发挥社会组织在社会治理中作用的建议》调研报告 2 篇。区委会党员撰写的《关于加快建立执业律师〈中华人民共和国民法典〉学习培训机制和平台的建议》被全国政协《每日社情》单条采用,党员撰写的市委会重点调研成果《休闲视角下开发我市废弃铁路及周边工业遗存的建议》被民革市委会报送市政协作为专题协商会发言,并报送市政府。

【助力脱贫攻坚】 2020年是脱贫攻坚、决胜全面建成小康社会的收官之年,民革红桥区委会向全体党员发起东西部扶贫捐款号召,捐赠款项近2万元。党员王旻、何梅、李健赴甘肃省继续开展扶贫协作技术帮扶工作,诊疗患者千余人次。响应民革中央号召,开展"我为扶贫下一单"消费扶贫和助力解决受疫情影响湖北滞销农产品活动,发动党员进行购买,购买各类产品近万元。

【社会服务】 2020年,民革红桥区委会发挥党员法律人才资源优势,拓展法律服务领域范围,立足基层社区,组织开展"民法典进社区"系列宣讲活动2场。10月21日上午,系列活动的首场讲座在红桥区水木天成一社区举办,社区群众、志愿者40余人参加活动。10月27日上午,第二场《中华人民共和国民法典》系列宣讲活动在铃铛阁街睦华里社区举办,社区群众20余人参加。民革红桥区委会党员、天津典一律师事务所主任郭城明律师围绕《中华人民共和国民法典》的诞生历程、重大意义、法条解读、案例分析等板块进行全面介绍。

(赵　萍)

中国民主同盟红桥区委员会

【概况】 2020年,中国民主同盟天津市红桥区委员会(以下简称民盟红桥区委会)深入贯彻中共十九大精神和中共十九届四中、五中全会精神,坚持中国共产党领导的多党合作和政治协商制度,落实中共中央关于加强中国特色社会主义参政党建设有关文件精神,不断推进自身建设,全面提升履职能力,扎实开展社会服务,秉承民盟"奔走国是,关注民生"的优良传统,为红桥区实施"生态立区、教育兴区、土地强区"发展举措献计献策。

截至2020年底,全区有盟员311人,下设14个基层支部。2020年,民盟红桥区委会获民盟中央"民盟思想政治建设和宣传工作先进集体"、民盟中央"社会服务工作先进集体"、民盟中央"群言杂志社发行工作突出成绩奖"和民盟市委会"抗击新冠肺炎疫情先进集体"荣誉称号,民盟红桥区委会卫生支部获民盟中央"盟务工作先进基层组织"和民盟市委会"抗击新冠肺炎疫情先进集体"荣誉称号。2020年12月,盟员刘玉明、郭荔、刘建军获"民盟天津市委会抗击新冠肺炎疫情先进个人"荣誉称号,罗明荣获"抗击新冠肺炎疫情最美逆行者"称号。盟员应雪娇于3月到新疆策勒参加援疆工作,9月被天津市对口支援新疆工作前方指挥部授予"疫情防控先进个人"荣誉称号。

【组织建设】 2020年,民盟红桥区委会增补高宇虹为民盟红桥区第七届委员会副主任委员,邹世娟、罗明为民盟红桥区第七届委员会委员。下发《红桥区民主党派基层支部工作手册》,制定下发《民盟红桥区委会关于组织开展"三个一"活动的通知》,制定《民盟红桥区委会盟费收缴、使用和管理规定》,对盟费统一收缴、使用和管理。组织区委委员、支部主委、骨干盟员及新盟员开展"不忘合作初心 继续携手前进"主题教育活动,邀请区委党校讲师作专题辅导讲座。开展"七五"普法暨《中华人民共和国民法典》专题讲座并分组讨论。12月,民盟红桥区委会召开巩固深化"不忘合作初心 继续携手前进"主题教育活动成果暨2020年度总结表彰大会。

【参政议政】 2020年,民盟红桥区委会申报完成民盟市委会调研课题,盟员邹世娟带队进行提升空气质量调研,完成《关于城乡建筑垃圾资源化利用的建议》

2020年12月10日,民盟红桥区委会召开民盟红桥区第七届委员会,开展届中调整选举工作

(民盟红桥区委会　提供)

调研报告，经民盟市委会转化推荐至民盟中央作为全国两会民盟中央集体提案。上报《关于全面提升区域环境质量 加强生态环境治理的建议》，并在区政协第十四届委员会第五次会议上发言。上报《发挥传统文化优势深化多党合作制度》的统战理论研究成果。向全区盟员下发《关于征集抗击新冠肺炎疫情重大政策建议的通知》，全年上报党外人士意见建议 23 篇。《关于美学教育进校园的建议》被市委统战部采用，并作为全国政协十三届三次大会期间委员提案。

【助力疫情防控工作】 2020 年，民盟红桥区委会发出倡议书，号召全区广大盟员主动担当作为，为新冠肺炎疫情防控工作贡献力量。区委委员刘建军将新建的即将开业的老人院提供给区政府作为隔离点使用，区委会 1 位爱心盟员通过民盟市委会途径匿名为新冠肺炎疫情防控工作捐款献爱心 1 万元。全区盟员通过多种途径为新冠肺炎疫情防控工作捐款献爱心 3.58 万元。全体教育界别盟员积极响应“停课不停学”要求，充分利用线上平台开展工作。全体医务工作者奋勇当先，坚守在各自工作岗位的第一线。

【助力脱贫攻坚】 2020 年，民盟红桥区委会全面动员社会力量参与脱贫攻坚，审议通过《民盟红桥区委会关于进一步加强动员盟员捐款捐物献爱心组织工作方案》，动员全区盟员参与东西部扶贫协作和支援合作工作，通过多种途径捐款 1.31 万元，购买扶贫产品 7562 元。盟员白冰 2020 年 4 月赴甘肃省合水县开展支教工作。

（刘宇新）

中国民主建国会红桥区委员会

【概况】 2020 年，中国民主建国会天津市红桥区委员会（以下简称民建红桥区委会）带领会员学习贯彻习近平新时代中国特色社会主义思想，学习贯彻中共十九大和十九届二中、三中、四中、五中全会精神，开展“四史”学习教育，强化会员政治思想引领，持续推进区委会自身建设，履行参政党职能，在各项工作中展示中国特色社会主义参政党的新担当、新作为。

【组织建设】 2020 年，民建红桥区委会召开专题主委会议、全委会议，成立民建红桥区委会第一届内部监督委员会。2020 年新发展会员 23 人，其中硕士 4 人，本科 18 人，平均年龄 35 岁。围绕民建成立 75 周年，天津民建地方组织成立 70 周年组织主题征文活动，开展市级先进支部、优秀会员、先进会务工作者评选。一支部和六支部获市级先进支部称号，王凯等 12 名会员分别获市级优秀会员和优秀会务工作者称号。通过线上和线下相结合方式，组织会员学习中共十九届四中、五中全会精神以及市区委会议精神和工作部署。推进基层组织民建之家建设，区委常委、区委统战部部长井春燕和市委会主委李文海出席基层支部民建之家成立揭牌仪式。组织支部观看爱国教育电影，召开支部主委座谈会，参观爱国主义教育基地。

【参政议政】 2020 年区“两会”期间，民建红桥区委会提交人大建议 3 件，政协个人提案 17 件，集体提案 1 件，区委会的《关于进一步完善院前医疗急救体系的建议》作大会发言。市政协会议期间，提交市政协提案 5 件。区委会《关于挖掘红桥区独特地方文化内涵 打造个性化城市名片的建议》获 2019 年区政协优秀提案集体奖，马增悦、谢玉贵获区政协优秀提案个人奖，李金胜撰写的《关于加快我市急救医疗体系建设的建议》获市政协优秀提案奖，迟永梅撰写的《鼓励天津市 24 小时便利店发展的建议》被市委统战部“海河同舟”采用。

【社会服务】 2020 年疫情防控期间，20 余位会员投身抗疫一线，会员杨津龙、杨玉琴、王向军、

2020 年 11 月，民建红桥区委会理论中心组组织开展“四史”学习

（民建红桥区委会 提供）

杨阳等人参与一线抗疫活动。会员和会员企业捐款27万余元,向天津市和湖北疫区捐赠价值340余万元的消毒液、空气净化器、心电监护仪等防疫物资。区委会、四支部和十支部获天津市抗击新冠肺炎疫情先进集体,刘春彤等7名会员获抗击新冠肺炎疫情突出贡献奖,马鸿骉等38名会员获市级抗击新冠肺炎疫情先进个人称号。韩金明被评为民建中央优秀会员,侯红宇被评为民建中央抗击新冠肺炎疫情先进个人。为对口扶贫地区捐款20余万元。区委会获市级脱贫攻坚先进集体称号,刘铁超等6名会员获脱贫攻坚先进个人称号。

(侯红宇)

中国民主促进会红桥区委员会

【概况】 2020年,中国民主促进会天津市红桥区委员会(以下简称民进红桥区委会)开展"庆祝中国共产党成立99周年 中国民主促进会成立75周年"主题活动、学"四史"系列活动及"不忘合作初心 继续携手前进"主题教育活动。2020年,民进红桥区委会有会员216人,其中,男会员101人,女会员115人,市政协委员2人,区人大代表4人,区政协委员14人。

【组织建设】 2020年,民进红桥区委会发展新会员5人。1月8日,组织会员到周邓纪念馆参观学习。7月20日,开展"庆祝中国共产党成立99周年、庆祝中国民主促进会成立75周年——重走长征路"主题活动。8月28日,组织会员观看红色革命教育影片《八佰》。10月11日至14日,组织骨干会员赴甘肃省庆阳市调研,参观南梁革命纪念馆、军民大生产纪念馆、抗大七分校旧址、陕甘红军纪念馆、庆阳市博物馆,实地考察太白水稻种植基地、太白后台山公园、段家集乡美丽乡村建设示范点、吉岘镇中富奶山羊养殖合作社。2020年,完成20位支部主委、副主委候选人的函调工作,完成12个支部换届工作。

【参政议政】 2020年"两会"期间,民进红桥区委会上报意见建议24篇,副主委孔维斌执笔的《关于借助京津冀一体化的发展优势 促进天津市高校慕课建设的建议》被市委会作为团体提案报送市政协大会并收到市教委提案答复。参政议政工作委员会上报新冠肺炎疫情防控社情民意信息7篇。3月1日,召开参政议政工作委员会2020年第一次工作会议,孔维斌就"如何撰写调研报告"向会员们做培训。7月20日,召开参政议政工作委员会2020年第二次工作会议,邀请天津商业大学科研处副处长、会展研究所所长杨琪作题为"如何开展社会调查与咨政工作"讲座。2020年,区委会的《关于加强网络课程建设与应用 促进高校教育教学质量提升的建议》《关于进一步推进健康医疗平台体系建设的建议》立项为市级课题,设立区级培育课题3个。10月26日,孔维斌、区级课题组组长律莉带队到教育综合服务中心召开调研座谈会,完成调研报告《关于进一步加强我区中小学校医和保健教师队伍建设的建议》。

【助力东西部扶贫协作】 2020年,民进红桥区委会将全套《空中课堂》赠予甘肃省庆阳市合水县和蓟州区孙各庄满族乡的孩子们,让远在他乡的学生在家与名师见面。6月2日,民进红桥区委会与甘肃省庆阳市工委在"庆阳市 红桥区 东西部扶贫协作社会动员工作专项座谈会"上,签署"东西部战略友好合作伙伴"协议。10月13日,民进红桥区委会深入甘肃省庆阳市合水县乐蟠小学详细了解学校师资培训、课程设置等情况,举行民进红桥区委员会捐助暨"红合情"足球队成立仪式,向合水县乐蟠小学捐赠足球队服12套。

【教育支援】 2020年,副主委徐长青为甘肃省合水县乐蟠小学教师做简约教学现场培训及研讨,为北京师范大学庆阳附属(实验)学校师生们现场做四年级数学示范课例《优化》,向老师们做题为《基于核心素养视角的

2020年10月13日,民进红桥区委会向合水县乐蟠小学捐赠足球队服12套,成立"红合情"足球队　　(民进红桥区委会　提供)

简约教育》的学术报告。

（马艺雯）

中国农工民主党红桥区委员会

【概况】 2020年，中国农工民主党天津市红桥区委员会（以下简称农工党红桥区委会）开展“不忘合作初心 继续携手前进”主题教育活动，专题学习中共十九届五中全会精神，学习农工党成立90周年纪念大会精神，组织党员参加农工党市委会举办的庆祝农工党成立90周年书画摄影展和“农工党党员之家”揭牌仪式、“九秩风雨同舟渡，百年愿景一梦圆”文艺演出、中国农工民主党成立90周年纪念大会。完成中医药研究院总支部委员会隶属关系调整工作。至2020年底，有农工党员218名，其中男党员108人，女党员110人，全国人大代表1人，市人大代表、常委1人，区人大代表5人，其中常委1人，区政协委员15人，其中常委3人。下设总支部委员会1个和支部委员会6个。2020年，中医药研究院总支部委员会获农工党中央纪念中国农工民主党成立90周年“宣传思想工作先进集体”称号，李大为获农工党中央“优秀党员”称号，农工党红桥区委会获农工党天津市委会纪念中国农工民主党成立90周年“先进集体”称号，马卫东、范明、李振、陈振中获市委会“先进个人”称号，孙志萍获“援鄂先进个人”称号。

【组织建设】 2020年，农工党红桥区委会召开换届工作动员部署大会。完成天津市党外代表人士队伍建设“十百千工程”人员推荐。10余名党员参加农工党市委会、区委统战部培训班。落实农工党市委会《关于农工党天津市中医药研究院总支部委员会合并到农工党红桥区委员会的决定》要求，对中研院总支部委员会多次进行走访、沟通，完成支部隶属关系调整工作。

【参政议政】 2020年，农工党红桥区委会在区政协十四届四次会议上提交集体提案3件，代表、委员建议和提案14件。到首创（天津）置业管理有限公司开展助推“土地强区”策略实施调研座谈会，了解区内新开工、新投产项目情况。调研参观西横堤水质自动监测站，了解区内地表水自动监测网络建设和自动水站的工作情况。到区卫生健康委进行护理人员现状走访调研，为推动护理人员职业发展，完善保障和培养体系，加强护理人员队伍建设建言献策。完成《加强护理人才队伍建设 走可持续发展道路》《积极加大创新中药品牌扶植 加快推进中医药事业发展》《关于完善我区公共文化服务体系的建议》等调研课题。结合疫情防控、医院建设、中医药发展等，提交意见建议9篇，其中2篇被市委统战部采纳。

【关爱行动】 春节前夕，红桥医院支部组织党员到桃花源养老院为老人送去春节年货。教育支部到双环邨浩达公寓居委会看望慰问困难群众10户。医药卫生支部党员到双环邨社区卫生服务中心慰问贫困家庭学生4户并捐资助学。医药卫生支部联合商业大学支部组织党员赴蓟州区白涧镇刘吉素中心小学开展助力脱贫攻坚关爱困难家庭留守儿童帮扶活动，为30余个困难家庭留守儿童送去书包、文具、水杯、足球、羽毛球拍等文娱用品。

【助力疫情防控】 2020年，农工党红桥区委会40余名医护人员日夜奋战在医院、隔离医学观察点、疾控中心、社区卫生服务中心等抗疫一线，承担发热门诊、医技检查、专家会诊、重点捷运出入口体温监测、发热病人应急转运等工作。原区委会副主委马卫东捐赠抗疫物资140余万元。从大年初三开始，区委委员范明用时11天，完成南开医院10余间发热门诊病房改造工作。区委委员孟卫红帮助市委会联合天津百事可乐有限公司向多个区级疾控中心和卫生监督所一线人员捐赠纯净水和电解质饮料。文艺界党员

2020年9月26日，农工党红桥区委会到首创（天津）置业管理有限公司开展助推“土地强区”策略实施调研工作

（农工党红桥区委会 提供）

创作音乐作品《炽热的心》歌颂抗疫战士，表达众志成城、战胜疫情的决心和信心。农工党红桥区委会组织广大党员为疫情防控捐赠爱心善款2.63万元。

（牛　洁）

中国致公党红桥区委员会

【概况】 2020年，中国致公党天津市红桥区委员会（以下简称致公党红桥区委会）团结带领全区致公党员深化理论学习、加强自身建设、参与疫情防控、助力脱贫攻坚。12月25日至26日，召开巩固深化“不忘合作初心 继续携手前进”主题教育活动暨2020年度总结表彰大会，第一、二、三支部、河北工业大学总支4个优秀支部和史晓光、李玮等54名优秀党员受到表彰。至2020年底有党员163人。其中归侨、侨眷、留学归国人员98人，占总人数60.10%，本科以上学历142人，占总人数87.10%，具有中高级职称117人，占总人数71.80%，有18名党员分别担任市、区人大代表和市、区政协委员。

【组织建设】 2020年，致公党红桥区委会补选6名年轻党员扩充到支部班子，组织14名新党员参加市委会举办的新党员培训班，完成商业大学支部换届。2020年发展新党员8人，平均年龄36岁，其中博士1人，硕士2人，本科5人，侨海占比75%，中级以上职称占比37.50%。向区委统战部、致公党市委会上报工作信息41条。

【参政议政】 2020年，致公党红桥区委会召开2020年参政议政工作会议，向区政协报送发言稿《加快红桥区科技金融发展的建议》。新冠肺炎疫情防控期间，副主委王常柏撰写《关于正确使用新冠肺炎名称防范污名化问题的建议》《关于防止新冠肺炎病毒传播在飞机上推行分批就餐的建议》《关于在肺炎救治环境中增加供氧暨改进防护设备的建议》《关于解决我国滞留海外人员归国的建议》《6月17日天津新增本土病例所揭示的防疫漏洞及建议》。区委会参政议政委员会秘书史晓光组建参政议政课题小组，提出《关于将天津打造成新金属材料研究基地的建议》《探索我市利用数字经济发展推动新型信息基础建设的建议》《关于防范中药注射剂安全问题的几点建议》《关于完善我国诚信体系 推荐精神文明建设的建议》《关于由外卖送货服务群体年轻化引发行业经济布局的思考的意见建议》等。河北工业大学老师杨宇婴提出《关于为促进高校毕业生就业，推行和完善职业资格证制度的建议》，西沽市场监管所监管干部何志涛提出《关于加强预付式消费市场管理的建议》，南开医院急诊科医生卞晓林提出《关于住院医师规范化培训的几点建议》等。其中，王常柏、史晓光联名撰写的《关于推进我市自动售药机建设的建议》被市委统战部采纳，史晓光撰写的《关于推进我国产业工人队伍建设的建议》被致公党中央采纳予以表彰。河北工业大学老师杨宇婴完成天津市哲学社会科学规划（统一战线理论研究专项）2020年度课题《万水千山总关情 有效争取港澳台青年一代人心问题的初步研究》申报。

【助力东西部扶贫】 2020年，致公党红桥区委会组织党员为东西部扶贫捐款6.32万元。响应致公党中央“公益+助农 消费+扶贫”号召，在京东芬香平台“弘善小镇西好货”购物活动中，20余位党员下单购买价值3000元的扶贫产品。

【助力创文创卫】 2020年，致公党红桥区委会将“社区讲堂”室内讲座转化为社区志愿者室外活动，以实际行动支持创文创卫工作，组织16名党员到西于庄街道秀水苑社区开展“不忘合作初心 继续携手前进”社区志愿者活动。

（徐文博）

2020年11月24日，致公党红桥区委会天津商业大学支部换届大会召开

（致公党红桥区委会　提供）

人民团体

红桥区总工会

【概况】 2020年，红桥区总工会（以下简称区总工会）履行工会组织引导职工听党话跟党走的政治责任，竭诚服务职工群众，维护职工合法权益，推进工会改革、疫情防控、复工复产、脱贫攻坚等工作。截至9月底，全区有基层工会359个，涵盖单位2798个，会员2.84万人。

【职工思想政治工作】 2020年，区总工会召开习近平给郑州圆方集团职工回信精神学习宣讲会、“弘扬劳动精神 争做时代先锋”庆五一先进典型座谈会。召开学习宣传贯彻习近平总书记在全国劳动模范和先进工作者表彰大会上重要讲话精神宣讲会，动员劳动模范等先进典型开展宣讲45场，受众2800余人次。邀请河北工业大学教授苑帅民为基层工会干部职工开展“四史”专题授课。

【基层工会组织建设】 2020年，区总工会以非公有制经济组织、社会组织、新产业新业态、工业园区为重点领域，推进建会入会工作，吸纳医院、学校等社会组织成立工会。加强建会入会政策宣传，印制建会入会宣传页2000份发放至各街道总工会。开展25人以上单位建会入会集中行动，全区25人以上单位169家，建会163家。健全完善基层工会组织和会员会籍信息数据库，推进“智慧工会”建设，全区工会实名制会员2.38万人。

【解困脱困工作】 2020年，区总工会对困难职工实施精准帮扶，召开6次困难职工调查摸底专项工作会议，制定《红桥区工会帮扶资金使用管理实施细则》。开展两节送温暖慰问活动，对重点企业、困难职工、“八大群体”（货车司机、快递员、护工护理员、家政服务员、商场信息员、网络送餐员、房地产经纪人员、保安员）、坚守岗位一线职工发放慰问金200余万元。发放疫情关爱资金0.73万元，春季助学金和秋季助学金1.20万元，“十一”慰问金1.08万元。做好全总、市总困难职工解困脱困三方评估迎检工作，对2017年以来解困脱困职工逐一回访核查，掌握困难职工动态信息。

【帮扶救助】 2020年，区总工会推进“四季帮扶”（春送岗位、

2020年10月16日，区总工会邀请河北工业大学教授苑帅民为基层工会干部职工开展“百年大党 百年辉煌”的“四史”专题授课

（区总工会 提供）

夏送凉爽、金秋助学、冬送温暖)工作常态化。春节期间,慰问坚守在工作岗位的外来务工人员717人,开展"吃饺子送年夜饭"活动,投入资金7.17万元。推进就业惠民工程,开展"春风行动"招聘活动,联合区人力社保局,依托智联招聘平台,开展助力小微企业复工复产,推动和谐红桥建设网络招聘活动,发布招聘岗位417家,服务83家用工企业。组织全区各单位参加市总工会"战疫情送真情 促就业暖民心"网上招聘活动6期,为就业者免费搭建就业平台,提供就业岗位。围绕企业复工复产,在微信公众平台开设招聘板块,发动各街道总工会开展"春风送岗"系列网络推介活动。开展"夏送凉爽"慰问活动,慰问战高温斗酷暑的6400余名一线岗位职工,全区各单位投入送凉爽慰问资金50余万元。

【普惠服务】 2020年,区总工会开展线上线下普惠性、精准化服务,完成2.53万张工会会员服务卡动态调整和缴费续保工作,为新入职工会会员办理会员服务卡1436张。细化会员大病审核程序与救助流程,为45名患重病持卡会员职工申报市总会员专享保障金和区叠加救助金30余万元。慰问住院工会会员职工400余人,发放住院慰问金30余万元。为22名会员职工发放大病救助金80余万元。组织全区1100名困难职工、农民工免费健康查体活动。组织"关爱职工行动"心理健康服务活动,开展团体辅导2场,个人辅导6场,为有心理疏导、心理咨询需求的职工、工会干部提供心理服务。改善户外劳动者工作条件,为解决户外劳动者饮水、如厕、纳凉、取暖、歇脚等实际问题,新建5个户外劳动者服务站。截至年底,全区有户外劳动者服务站20个。

【职工权益维护】 2020年,区总工会通过微信、电话、公众号,向中小微企业宣传新冠肺炎疫情防控期间国家出台支持中小企业发展的相关政策。对10个街道集体协商工作人员开展培训,强调结合疫情影响和企业特点开展协商。截至2020年9月30日市总工会考核节点,全区建立工会并正常经营企业有1632家签订协议,签订率100%。开展"聚合力促发展"优秀职工代表提案征集活动,征集提案55件。组织"国家宪法日"宣传活动,做好"七五"普法收官总结工作,实现网格化全覆盖。发挥律师志愿服务团作用,联合市总派驻律师事务所开展"普法下基层"系列活动,完成普法宣讲5场。

【优模评选】 2020年,区总工会组织推荐2020年全国劳动模范和先进工作者工作,杨兆畏获2020年全国劳动模范荣誉称号。推荐天津市抗击新冠肺炎疫情劳动模范和模范集体,全区获天津市抗击新冠肺炎疫情劳动模范称号6人,获天津市抗击新冠肺炎疫情模范集体2个。推荐2020年天津市劳动模范和模范集体,全区获2020年天津市劳动模范荣誉称号17人,获2020年天津市模范集体荣誉称号1个。组织红桥区新冠肺炎疫情防控工作五一劳动奖章(状)和工人先锋号评选工作,62人获红桥区新冠肺炎疫情防控工作五一劳动奖章,10个单位获红桥区新冠肺炎疫情防控工作五一劳动奖状,20个集体获红桥区新冠肺炎疫情防控工作

2020年7月27日,区人大常委会副主任、区总工会主席孙玉龙(右一)带队到红桥医院开展慰问一线职工"送凉爽"活动

(区总工会 提供)

工人先锋号。

【服务劳模】 2020年，区总工会开展劳模春节慰问，走访慰问5名全国劳模和241名市级劳模，发放慰问金24.10万元，发放慰问品价值12.30万元。组织各级工会开展80岁以上劳模生日慰问，为29名80岁以上劳模送去每人价值500元的生日慰问品。开展劳模困难情况调查，联合区人力社保局开展对生活困难表彰奖励获得者的帮扶工作，有全国劳模2人和市级劳模23人申报。组织146名全国劳模、市级劳模健康查体。

【劳动技能竞赛】 2020年，区总工会指导卓朗科技发展有限公司开展第二届“最强工程师”技术比武大赛暨首届“卓朗杯”安全争霸赛，全国近400名职工参与线上理论竞赛和操作演示比武。指导顺博医疗和旭海津药公司开展包装线生产包装竞赛和防控物资采购竞赛。推动圣威科技公司选拔一线职工组队参加2020年天津市职工职业技能大赛——汽车维修工比赛。推动教育工会开展“坚定理想信念 厚植教育情怀”师德展示竞赛、思政教师说课大赛、班主任班级文化展示等竞赛。

【安全生产教育】 2020年，区总工会以“消除事故隐患 筑牢安全防线”为主题开展2020年“安全生产月”活动。学习习近平总书记关于安全生产重要论述，利用微信公众号宣传安全生产知识技能，开设事故警示教育专栏，开展线上“安全宣传咨询日”活动。组织5名劳动模范和先进人物进企业、下班组，采取操作现场讲解、微信授课答疑、网络视频会议等方式，对370余名职工进行安全知识和技能教育培训。联合区应急局开展安全生产知识微信答题活动，8600余人参加。征集8个班组安全建设与管理成果微视频，召开红桥区班组安全建设与管理成果展示暨“安康杯”竞赛活动经验交流会。

【工会经费管理监督】 2020年，区总工会对未上缴2019年工会经费的机关单位进行催缴，催缴工会经费收入350余万元，2月份对全区42个一级预算单位工会经费全部完成足额上缴。制定《红桥区总工会疫情防控专项资金使用管理办法》，保障专项资金专款专用。加强审计监督，对防疫资金使用情况进行中期检查，对10条街道总工会和3个重点单位下达整改通知，帮助完善审批和签领手续。开展三项专项审计和“五个统一”（统一组织领导、统一审计方案、统一标准口径、统一审计报告、统一问题处理）集中审计行动，对15家二级工会及延伸22家基层工会的三项专项资金分配、管理、使用情况实施专项审计。对76个基层工会2018至2019年度财务收支情况集中审计。

【职工主题实践活动】 2020年，区总工会组织“我爱红桥”职工主题实践活动，学习贯彻习近平新时代中国特色社会主义思想，贯彻落实习近平总书记关于工人阶级和工会工作的重要论述，各街道总工会和教育、卫生、公安等16个系统工会组织，开展涵盖红桥优秀文化挖掘传承、职工思想政治引领、城区文明素质提升、科学技术技能升级等9大类19小项内容的主题实践活动。

【免费健康查体活动】 2020年，区总工会在落实天津市20项

2020年6月，区总工会扎实开展“安全生产月”系列活动，图为中铁十五局集体第五工程有限公司开展安全生产视频培训会

（区总工会 提供）

民心工程工作中承担为困难企业职工、困难职工和农民工开展免费查体工作。从市政环卫一线、建筑工地、困难企业开始,对符合条件的农民工、困难职工、困难企业职工进行全面摸底核查,让更多职工享受普惠政策。9月24日至30日,分五批次组织全区困难企业职工、建档困难职工和环卫、建筑一线的农民工1100人到天津市工人疗养院集中查体。

【"关爱职工行动"心理健康服务活动大会】 2020年,区总工会落实市总工会开展心理服务进基层活动要求,面向基层工会,开展团体辅导2场和个人辅导6场。11月25日,在陆家嘴万怡酒店开展主题为"压力和情绪管理"的团体辅导讲座,受益职工20人。11月24日,在区教育局机关工会开展"情绪疏导 疗愈身心——六步情绪疏导法",受益职工24人。

【"聚合力 促发展"提案征集活动】 2020年9月,区总工会在全区企事业单位开展"聚合力 促发展"天津市优秀职工代表提案征集推荐活动,征集提案55条,其中卫生系统推荐的区卫生计生综合监督所提交的《关于精准指导 细化流程 全力推动我区美发行业复工复产的提案》和教育系统推荐的河北工业大学附属红桥中学提交的《关于建议学校给教师配备小型扩音器的提案》被评为"聚合力 促发展"天津市优秀职工代表提案。

【安全建设与管理成果展示暨"安康杯"竞赛】 2020年7月至8月底,区总工会开展班组安全建设与管理成果微视频征集活动,征集微视频8个,其中5个微视频在天津市第十一届班组安全建设与管理成果展示活动中获优秀奖,区总工会被评为优秀组织单位,天津陆津房地产开发有限公司被授予2018—2019年度全国"安康杯"竞赛优胜单位称号,中铁十五局集团第五工程有限公司合安项目部被授予2018-2019年度全国"安康杯"竞赛优胜班组称号。8月27日,区总工会在中铁十五局五公司召开班组安全建设与管理成果展示暨"安康杯"竞赛经验交流会。交流会上,中铁十五局五公司、国网新源检修分公司、旭海津药、中粮利金等4家企业通过微视频展示交流班组安全建设与管理成果,中铁十五局五公司分享企业安全生产工作和"安康杯"竞赛活动经验。

(袁　鹏)

共青团红桥区委员会

【概况】 2020年,共青团红桥区委员会(以下简称团区委)学习贯彻党的十九届五中全会精神,紧扣团的根本任务,坚持"强三性去四化"(增强政治性、先进性、群众性。去除机关化、行政化、贵族化、娱乐化)。全年主要围绕思想引领、团组织建设、少先队建设、志愿服务、扶贫助困、招商引税等方面开展工作。截至2020年8月底,团区委有下级团组织665个,基层团干部1123人,共青团员6554人。其中,团委20个,团工委11个,团总支5个,团支部404个,毕业生团组织225个。

【青年思想引领】 2020年,团区委开展"坚定制度自信 绽放战疫青春"线上故事分享会、"学贺信精神 寻红色足迹"、党的十九届五中全会精神系列宣讲等各类主题党团队日活动650余场,覆盖人群1.20万余人次。开展第二届"青年五四奖章"等系列评选工作,评选表彰出94个先进集体和343个先进个人,其中获市级"两红两优"和向上向善好青年等荣誉称号11个。

【服务招商引资】 2020年,团区委坚持"开展活动促招商,整合资源促招商,提升服务促招商"的工作主线,借助青联组织优势,举办天津市青年企业家走进红桥促招商活动,邀请市青年企业家协会代表一行,参观红桥区重点企业并召开座谈会,宣讲区楼宇、土地、人才、产业政策。

【青年志愿者服务】 2020年,团区委动员全区青年,提供防疫期间医护保障志愿服务,组织发动团员青年和志愿者5000余人次,关爱服务市区两级医护人员及家属550余户,携手南开大学团委,开通"公益家教"平台,组建

2020 年 10 月 25 日，团区委在平津战役纪念馆承办市级“致敬抗美援朝 争做时代新人”特别主题党团队日活动 （团区委 提供）

外语志愿者团队 37 人，协助区疫情防控指挥部参与机场接驳工作 7 次。

【中国少年先锋队天津市红桥区第五次代表大会】 2020 年 10 月 17 日，中国少年先锋队天津市红桥区第五次代表大会召开，全区各中小学校、各相关单位的 150 名少先队员、少先队辅导员和少先队工作者参会。大会审议通过第四届红桥区少工委工作报告，选举产生 50 名第五届红桥区少先队工作委员会委员、10 名第五届红桥区少先队理事会理事。

【“致敬抗美援朝 争做时代新人”特别主题党团队日活动】 2020 年 10 月 25 日上午，团区委承办的“致敬抗美援朝·争做时代新人”天津市青少年纪念中国人民志愿军抗美援朝出国作战 70 周年特别主题党团队日活动在平津战役纪念馆举行。活动中奏唱《中华人民共和国国歌》，向为抗美援朝战争英勇牺牲的中国人民志愿军烈士默哀，全体少年儿童献唱《我们是共产主义接班人》，4 名少先队员代表做《致敬抗美援朝·争做时代新人》主题演讲，少先队员代表向一级战斗英雄杨连弟之子杨长林敬献鲜花并佩戴红领巾，致敬老一辈革命家和中国人民志愿军的不朽功勋。全体党员、团员、少先队员分别重温入党誓词、入团誓词、入队誓词。活动仪式后，与会领导、嘉宾和青少年参观抗美援朝战争专题展，全面回顾中国共产党领导抗美援朝战争的光辉历程和宝贵经验。全区各界优秀青年、青马学员、团员代表及少先队员代表 150 余人参与活动。

【青少年权益保护】 2020 年，团区委落实天津市 2020 年预防青少年违法犯罪会议精神，推动成立红桥区预防青少年违法犯罪工作领导小组。与区检察院达成关于构建未成年人检察工作社会支持体系合作框架协议，建立“蓝天护‘未’队”。新冠肺炎疫情防控期间线上开展“团团预青课堂”宣传教育，开展“学法立行 助力成长”“津青小课堂”自护安全、普法活动。开展“点亮微心愿 播种新希望”扮靓家园活动，做好重点困难青少年帮扶工作。

【共青团新媒体建设】 2020 年，团区委新媒体阵地创新推出官方抖音平台“红青之声”，以短

2020 年 7 月 14 日，团区委与区检察院在检察院报告厅签署“红桥区未成年人检察工作社会化支持体系合作框架协议”

（团区委 提供）

视频等新媒体为传播载体,宣传新冠肺炎疫情防控、"四史"学习教育、抗美援朝纪念日等实时热点。向全网播放"坚定制度自信 绽放战疫青春"线上故事分享会,线上点击1.40万余人次。开展向上向善好青年点赞活动,网络点击突破160万人次。

【青年调查研究】 2020年,团区委以"党员干部进网格访民情"和"海河青听"工作为契机,到全区学校、基层社区及非公有制企业团组织,就少先队建设、基层团组织规范化建设、青年发展、团企合作等方面进行交流,了解红桥青年实时需求,在"青年大调研"云平台帮助青年解决、解答问题291个。

【"公益家教"建设】 2020年2月,团区委与南开大学团委联手,开展"成长守护"工作,组织志愿者对医务人员子女进行学习辅导,开通"公益家教"平台,南大学子作为志愿者对医护子女进行"一对一"线上辅导。服务防疫一线医护家庭4户。

【建立"蓝天护'未'队"】 2020年,红桥区检察院与团区委共同打造13人组成的"蓝天护'未'队"普法志愿团,增强未成年人司法保护社会支持普法力量,人员涉及检察干警、团干部、心理咨询师、青少年事务社工。

【"团团预青课堂"宣传教育】 2020年,团区委整合社会优势组织资源,联合因爱团聚社会公益组织共同开展"学法立行 助力成长"主题实践活动,邀请专家在街道、社区、学校开展法治教育课30堂。

【扮靓家园活动】 2020年,团区委贯彻落实《天津市中长期青年发展规划(2017—2025年)》要求,发挥"扮靓"品牌活动作用,2020年"美丽天津 扮靓家园"活动,帮助困难青少年家庭改善学习、生活环境3户,其中为家庭进行免费装修1户,为家庭捐赠学习桌椅、护眼灯2户。

(王　雪)

红桥区妇女联合会

【概况】 2020年,红桥区妇女联合会(以下简称区妇联)发挥党联系妇女群众的桥梁纽带作用,团结动员广大妇女群众在新冠肺炎疫情防控和经济社会发展中积极发挥作用,聚焦保持和增强政治性、先进性、群众性,以党建带妇建,深化妇联组织改革。营造良好就业环境,服务妇女发展,持续做好新冠肺炎疫情防控服务保障工作。增强妇女法律维权意识,保障妇女儿童合法权益,做好特殊时期家庭防护,开展精准帮扶,助力东西部扶贫,圆满完成第四期中国妇女社会地位调查工作。

【宣传引领】 2020年,红桥区开展"百千万巾帼大宣讲"活动。组建巾帼"四史"宣讲团,开展"知史爱党、知史爱国"巾帼讲"四史""奋斗的我 最美的国"主题云宣讲等,线上线下宣传宣讲活动百余场,受众人数2万余人。选树先进典型,发挥妇女"两个独特作用",霍迎迎获2019年度"全国三八红旗手",王红榕获"全国巾帼建功标兵",区法院民四庭、梦和园社区党群服务中心被授予"全国巾帼文明岗"称号。评选出市级三八红旗手8名、三八红旗集体2个,区级三八红旗手54名、三八红旗集体7个。评选新冠肺炎疫情防控工作市级三八红旗手13人、三八红旗集体3个,区级三八红旗手51人、三八红旗集体10个。开展寻找"最美家庭"活动,赵鑫家庭获全国五好文明家庭,吴伟强家庭获全国抗疫最美家庭,李冬梅家庭获2020年度第二批全国最美家庭,马芳菲家庭获京津冀最美绿色家庭。17户家庭被命名为天津市最美家庭,10户家庭被命名为天津市最美抗疫家庭,154户家庭被命名为红桥区最美家庭。

【服务保障】 2020年,红桥区开展"一线医务人员家庭陪伴暖心行动"三八国际妇女节走进红桥医院、疾控中心等地,慰问一线医护人员,送去600支鲜花和护手霜、洗面奶等慰问品。入户慰问5名一线医务人员家属,做好援鄂医务人员后勤保障工作,完成31户家庭家政服务。为14个社区送去 400 公斤消毒液、酒精棉和一次性手套、口罩。2000 个口罩和 200 瓶消毒液送到 300 余名单亲困难母亲手上。开通“两微三线”（两微指“心灵瑜伽”线上女子学堂、心理健康微课堂，三线指妇联 12338 热线、区妇联疫情防控心理疏导和法律咨询服务热线、团委 12355 心理疏导热线），接待心理咨询 112 人次。走进红桥医院、区卫生建康委等单位，举办“以画疗心 关爱最美巾帼战士”心理疏导活动 7 场，114 名一线医务人员受益。

【新媒体阵地】 2020 年，区妇联加强“红桥女性”微信平台建设，线上启动“隔离不隔爱 阅读常相伴”亲子阅读打卡 21 天活动，活动经验在《中国妇女报》上刊载。制作《致敬疫情中的巾帼力量》《守望相伴 国强家暖》短视频，推出“致敬了不起的她”“最美巾帼奋斗者”等专题专栏，刊登系列报道 50 余篇。三八国际妇女节前夕，组织红桥区最美家庭、医护人员、企业家、警察、巾帼志愿者等群体网络隔空拍摄《期待那一天》短视频，浏览量 3000 余人次，点赞互动 200 余条。以《用两千年战瘟疫》绘本为剧本，组织红桥区一线工作者家庭开展剧本表演陪伴活动，创作《以“读”攻毒 春在前方》小视频。

【巾帼创业就业】 2020 年春节前夕，区妇联到天津宁波商会、艺点意创科技有限公司走访慰问，向企业赠送女性创业就业政策汇编，解读红桥优惠政策。开展创业女性专题调研活动，收集问卷百余份，推动女性创新创业工作开展，助力“六稳”“六保”。举办 3 场“巾帼双创领头雁”活动，受益妇女百余人。组织全区妇女参加“津姐学家政”网上课堂，做好巾帼家政培训，提升家政服务从业人员综合素质，开展点赞“最美家政员”活动，推荐天津市“最美家政员”2 名。

2020 年 10 月 20 日，区妇联开展“与伟人同行 感家国情怀”活动，组织桃花园小学部分外来务工子女、困难家庭参观周邓纪念馆

（区妇联 提供）

【家风传承】 2020 年，红桥区开设网络直播课“家庭阅读日漫话亲子阅读活动”“巾帼书香 家风传承”，展示家庭抗疫故事，吸引红桥区 2000 余个家庭观看直播。在 6 个街道、3 所学校启动“读一悟二”亲子阅读 show 项目，开展 35 场体验式阅读活动。组织红桥区桃花园小学部分外来务工子女、困难家庭参观周邓纪念馆，开展“与伟人同行 感家国情怀”活动。组织部分外来务工家庭走进天津自然博物馆，开展“感受自然之美 尽享欢乐童年”活动，组织双环邨街道外来务工家庭走进天津自然博物馆，活动经验发布在“中国妇女”官方网站。

【帮扶救助】 2020 年，区妇联开展“娘家温情送到家”走访慰问活动，将价值 3 万余元的米、面、油等慰问品送到 155 位单亲困难母亲手中。助残日前夕，通过邮寄陆续将 8480 元慰问品寄到残疾单亲困难母亲家中。暑假期间开展“让梦想起航”秋季助学活动，帮扶 36 名困难学生，发放帮扶金 6.70 万元。在本溪和佳园南里社区开展小候鸟活动，协调天津市妇女儿童发展基金会为 2 个社区送去图书 200 余本，价值 2000 余元。开展“深耕基层联动破难 情暖飞地为民解忧”入户慰问“飞地”困难妇女活动，发放慰问金 4000 元。

【权益保障】 2020 年，红桥区在文诺律师事务所建立红桥区婚

2020 年 6 月,区妇联到区中心小学开展新冠肺炎疫情防控期间心理疏导活动 （区妇联　提供）

姻家庭纠纷调解室,工作经验在“今日头条”官方账号上发布。邀请优秀心理咨询师组成讲师团,到社区、机关、医院、学校举办“心灵瑜伽”心理讲座、团体辅导和心理减压体验课 20 场,2175 人受益。建立妇女议事会制度,鼓励妇女群众参与协商涉及妇女儿童权益的大事实事,参与公共事务管理。做好新冠肺炎疫情防控中的矛盾纠纷多元化解工作,2020 年接待来电来信来访 458 件,排查化解矛盾纠纷 138 件次。红桥区的“母爱走失 妇联解困”案例入选 2020 年天津市妇女儿童维权十大典型案例。

【“巾帼双创领头雁”活动】 2020 年,区妇联在卓朗科技、艺点意创、青年创业园举办“巾帼双创领头雁”活动 3 场,邀请优秀女企业家进行经验交流分享,激励学生投身创业实践,助力区域经济发展,受益百余人。

【“爱心家庭一元捐”活动】 2020 年,区妇联在线上开展“爱心家庭一元捐”活动,号召红桥区妇女姐妹和家庭参与“一家一户一元钱 脱贫攻坚爱相连”献爱心温暖传递,助力西部脱贫攻坚,筹集资金 6.10 万余元。

（杨博宇）

红桥区科学技术协会

【概况】 2020 年,天津市红桥区科学技术协会(以下简称区科协)落实“四服务”职能(为科技工作者服务、为创新驱动发展服务、为提高公民科学素质服务、为党和政府科学决策服务),加强科协组织建设,推进全域科普,打赢疫情防控阻击战。在 2020 年通报的 2019 年公民科学素质调查和绩效考评结果中,全区公民具备基本科学素质比例 17.90%,位列全市第 5 名。区科协在全市全域科普工作绩效考评中,位列全市第 2 名。“天津市红桥区全域科普工作巡展”“保持阳光心态,不做草莓人——防疫心理疏导科普讲座”科普活动,获 2020 年全国科普日优秀活动。

【全域科普】 2020 年 5 月,红

2020 年 8 月 23 日,区委宣传部、区文明办、区科协等全域科普成员单位、各街道办事处在陆家嘴中心开展“科技战疫 红桥有我”红桥区第 34 届科技周主场活动 （区科协　提供）

桥区审议通过《2020 年度提升公民科学素质工作方案》，明确全年全域科普工作目标任务。以第 34 届科技活动周、全国科普日等活动为契机，向社区群众、青少年、公务员开展科学普及活动 400 余场。为全区各学校、各街道社区科普阵地和科技工作者之家配发《提升公民科学素质读本》和系列科普读物 395 种 4700 余册。与甘肃省合水县、碌曲县教育系统联合策划，组织“决胜全面小康 助力精准扶贫”科普进校园活动，选派优秀师资力量到甘肃省合水县第一中学、碌曲县藏族一中开展科普讲座系列活动。

【科协基层组织建设】 2020 年，红桥区召开区科协七届四次全委会，补选挂职副主席 1 名。落实基层科协组织建设三年行动，全区 121 支科技志愿者服务中队注册科技志愿者 5225 人，开展各类志愿服务活动。规范行业协会管理，完成天津市红桥区电气产业协会脱钩工作。

【科技服务】 2020 年，弘扬科学家精神，向全区科技工作者发出“坚决制止餐饮浪费 切实培养节约习惯 做良好社会风尚的引领者和践行者”倡议书。落实科技人才服务机制，推荐 7 人申报天津市第三批青年人才托举工程、杰出人才、最美科技工作者评选。健全科技工作者联系体系，建立区科协、街道科协、社区科协委员、代表的联系机制。落实基层科协组织建设三年行动，充实志愿服务队伍，科普信息员 4856 人，全区 121 支科技志愿者服务中队注册科技志愿者 5225 人，开展各类志愿服务活动。

【“决胜全面小康 助力精准扶贫”科普进校园活动】

2020 年全国科普日期间，红桥区与定点扶贫地区甘肃省合水县、碌曲县联合开展“送科普进校园”活动。天津民族中学物理教师李瑞在合水县第一中学为同学们讲授“中国航天史”专题内容，丁字沽街道社区卫生服务中心医生王焕焕在碌曲县藏族一中为同学们进行“科学防控疫情 健康洗手七步法”专题辅导，讲座分别对科技创新、航天技术、提升公民素质和健康科学防疫等问题进行学习和交流。

【“守护青春之花 助力健康天津”全国科普日活动】

2020 年 9 月 23 日，天津市医药科学研究所科普基地、区科协与求真小学联合举办以“从心晴开始 做阳光少年”为主题的团体心理辅导活动。科普基地心理学专业老师张添铭带领同学们做“我抓心情小怪兽”热身游戏，指导同学们通过填充姜饼人游戏觉察、表达自己开学前后的心情变化，通过制作心情快乐餐活动教会同学们如何调节负面情绪。

（魏 冉）

红桥区工商业联合会（红桥区商会）

【概况】 2020 年，红桥区工商业联合会（以下简称区工商联）学习贯彻习近平总书记关于新时代民营经济统战工作的重要指示精

2020 年 9 月 23 日，天津市医药科学研究所、红桥区委宣传部、区文明办、区教育局、区科协在区求真小学联合开展“守护青春之花 助力健康天津”红桥区 2020 年全国科普日重点活动

（区科协 提供）

神,加强对民营经济人士的宣传教育,引导民营经济人士增进对中国特色社会主义的政治认同、思想认同、情感认同。发挥桥梁纽带作用,做好民营经济统战工作,促进非公有制经济健康发展和非公有制经济人士健康成长。新冠肺炎疫情期间,动员民营企业和民营企业家参与抗击新冠肺炎疫情,推动会员企业复工复产。落实东西部扶贫任务,深化万企帮万村工作。

【民营经济人士理想教育】 2020年,区工商联召开执委会传达民营经济统战工作会议精神,学习贯彻中共十九届五中全会精神,动员会员企业坚定理想信念,不忘报国初心,汇聚民企力量,助力经济复苏,推动民营经济高质量发展。出台红桥区落实《关于加强新时代民营经济工作的意见》的细化措施。加强对年轻一代的教育引导,以区青年商会为依托,开展教育活动,引导青年企业家继承和发扬“听跟走”光荣传统,弘扬新时代优秀企业家精神。组织区领导与17名民营企业家开展谈心谈话活动。

【基层商会组织建设】 2020年,区工商联加强基层商会规范化建设。推动党的统战工作向基层商会覆盖。落实好市、区关于促进工商联所属商会改革和发展的实施意见,批复组建区青年商会党支部。推动基层商会依法登记工作,截至年底,除和苑街道商会外,其余街道商会完成依法登记工作。加强对基层商会的指导,推动开展“四好”商会建设。

【服务会员】 2020年,区工商联配合区委统战部举办政企对接座谈会,区长何智能出席座谈会并与企业家就营造良好营商环境、促进红桥区经济发展进行交流,民营企业家针对优化营商环境,实现高质量发展提出意见和建议。与区司法局、区律师行业党委、区律师工委联合举办普法宣传活动,邀请专业律师全面解读民营企业依法维权过程中涉及的《中华人民共和国民法典》法条、案例,提高民营企业家依法经营、依法治企、依法维权意识。与区检察院共同举办服务“六稳”“六保”护航民企发展为主题的检察开放日活动。举办政策解读会,搭建服务平台。邀请区人社局相关工作负责人就在疫情影响情况下的劳动力用工和人才引进相关政策、推进复工复产政策做解读和介绍。组织民营经济人士参加“融洽会”等活动,寻求合作商机,提升企业发展能力。发挥职能优势,动员会员企业参与红桥区招商引资工作,与中南集团等大公司洽谈,推动有实力企业落户红桥。

(董　璐)

法 治

政法委与综治

【概况】 2020年，中共天津市红桥区委政法委员会（以下简称区委政法委）贯彻落实《中国共产党政法工作条例》要求及中央、全市政法工作会议精神，坚持党的绝对领导，坚持以人民为中心，坚持稳中求进的工作总基调，围绕创建“无黑”城区、打造更高水平的平安红桥和法治红桥、筑牢更坚固的首都“政治护城河”等重点任务目标，推进全区政法工作。红桥区始终以夯实基层基础、完善制度机制为着力点，把维护国家政治安全放在第一位，为百姓创造安全的政治环境、稳定的社会环境、公正的法治环境和优质的服务环境，为区域经济社会高质量发展和安全稳定提供保障。

【政治督察和巡察整改】 2020年，区委政法委针对市委政法委对红桥区反馈的学习总书记思想、落实《中国共产党政法工作条例》、推进从严治警、意识形态工作、主动担当作为、履职尽责6大方面14个问题，制发整改方案，牵头制定全区政法系统6项制度，政法委机关18项制度，向市委政法委进行专题报告3次，反馈问题整改完毕。11月2日，市委政法委专项整改督办工作组对红桥区进行实地检查，围绕区委第五巡察组指出的三个聚焦六大方面26个问题和意见建议，制定整改方案，做到“件件有着落，事事有回音”，问题全部整改落实到位，向区委第五巡察组专题汇报3次。

【政法干部队伍建设】 2020年，区委政法委落实政治建警、从严治警要求，完善和落实政治轮训制度，同区委组织部联合制定《中共天津市红桥区委政法委员会关于协助加强政法单位领导班子和干部队伍建设工作办法（试行）》。9月18日，组织召开“学习面对面 理论现场说——改进我们的学习”政法干警学理论现场交流会。

【平安红桥建设】 2020年，区委政法委启动红桥区市域社会治理现代化试点创建工作。针对国家提出的治理体制现代化，工作布局现代化，治理方式现代化3个板块88项重点任务和天津市提出的2个任务、10个项目、61项测评指标等内容，结合红桥特色的党建引领基层社会治理体制机制创新“十个一”工作措施（一套机制狠抓落实、一根钢钎党建引领、一处阵地服务群众、一网多格全域覆盖、一座平台力促稳定、一声哨响报到督办、一家融媒多元发力、一套体系护网治网、一个中心为民解忧、一支铁军法治保障），研究制定市域社会治理现代化实施方案。深化矛盾排查化解“双百”行动（矛盾纠纷100%排查、100%化解稳控），以抓实“九全”机制（人员全配备、入户全覆盖、信息全采集、民情全掌握、问题全上报、微信全建立、力量全整合、奖惩全兑现、责任全压实）为举措，梳理排查“四失五类”人员（失独、失业、失意、失常四失人员，低保户、低收入家庭、失独人员、残疾人员、疫情受损人员五类人员）4.88万人，实行重点关注。制定《关于做好重大疫情网格化专项排查工作方案》，排查网格住户 19.15 万户，排查住户人数 46.96 万人。完成扫黑除恶各项任务，组织开展“六清行动”，实现线索清仓、逃犯清零、案件清结、伞网清除、黑财清底、行业清源，制发的“三书一函”(纪检监察建议书、司法建议书、检察建议书、公安提示函)全部得到回复。制定《红桥区禁毒工作三年规划(2020－2022年)》，开展吸毒人员排查见面和管理工作。在全区开展禁毒日主题宣传活动。推进司法力量下沉，优化“1+2+N”(1 名社区民警+2 名社区辅警+网格员和楼门长、老党员等群防群治力量)基础网格警务模式，落实派出所所长进“两委”班子。在街道、社区矛盾调解中心设立巡回法庭、法官工作站、检察官工作站、司法所。

2020 年 6 月 26 日，红桥区开展禁毒日主题宣传活动

(区委政法委　提供)

【法治红桥建设】　2020 年，区委政法委完成法治政府建设及党政主要负责人履行法治建设第一责任人职责专项督察迎检工作。对照 100 项创建指标，采取实地督查、督办、约谈等措施，推动 95 项指标基本完成。做好新冠肺炎疫情防控法治宣传工作，组织 18 家司法执法部门开展《中华人民共和国民法典》集中宣传活动。对全区 64 家单位开展“七五”普法验收，提出问题及整改建议。组织全区 18 个重点领域和街道执法部门开展行政执法案卷“百卷评查”暨执法体检，指导培训系列活动。针对执法程序、法律适用和行政裁量开展专题培训，全区通报评查情况。

2020 年 11 月 13 日，红桥区政法系统举办“端正执法司法理念”主题演讲比赛

(区委政法委　提供)

【端正执法司法理念主题演讲比赛】　2020 年 11 月 13 日上午，红桥区组织政法系统端正执法司法理念主题演讲比赛，区委政法委、公安红桥分局、区法院、区检察院及区司法局的 12 名选手参加。比赛邀请街道社区基层代表作为大众评委参加投票，评出一等奖、二等奖、三等奖和优秀奖。

(叶大洋)

法治政府建设

【概况】　2020 年，红桥区全面执行区人大及其常委会的决议和决定，自觉接受区人大常委会和区政协监督，听取各民主党派、工商联、无党派人士和人民团体意见，办理人大代表建议和政协提案228件，办复率和满意率100%。完成法治政府建设攻坚行动，全部指标实现达标。完成区委、区政府新一轮法律顾问团队选任和配备，依法做好行政应诉工作，行政机关负责人出庭应诉率相对提升。完成“七五”普法总结验收工作，政务公开和信息公开依法应公开尽公开。

【合法性审查】 2020年，红桥区推进法治政府建设，接受市委全面依法治市办督察组对红桥区的督导检查。梳理、汇总《市县法治政府建设示范指标体系》中100项指标体系的依据文件，形成汇编印发全区各单位。召开区委全面依法治区委员会执法协调小组第二次全体（扩大）会议暨法治政府建设推动会。制定《红桥区法治政府建设及行政执法统计年度报告制度》《红桥区执法监督月通报制度》《红桥区街道综合执法辅助人员管理暂行办法》《红桥区行政执法案卷评查办法》《红桥区行政处罚案卷评查标准》《红桥区司法局关于建立健全行政执法机关内部人员干预、插手案件办理的记录、通报和责任追究制度的指导意见》等制度。加强重大行政决策及行政规范性文件合法性审查工作。印发《关于进一步加强全区行政规范性文件合法性审核工作的通知》。对涉及野生动物保护领域和不符合《优化营商环境条例》《中华人民共和国民法典》规定的行政规范性文件进行清理。制定《红桥区重大行政决策程序规定实施办法》，规范政府重大行政决策工作流程，健全完善全区依法决策工作机制。公布《红桥区行政规范性文件制定主体清单》，推进行政规范性文件工作法治化。

【政府法律事务】 2020年，红桥区举行区委、区政府法律顾问聘任仪式，发挥法律顾问在建言资政、咨询论证、审核把关等方面的作用，提升区依法决策、科学决策水平。参与市级立法和市区政策制定工作，以红桥区人民政府名义向市级各部门反馈意见47件，就全区各有关部门制定的面向全区的文件、方案等向司法局各有关部门征求意见127件次。抽查部分单位行政执法案卷并及时反馈抽查结果。向市司法局报送典型差案及优秀案例各1件。为各街道和执法部门遇到的执法难题提供法律支持和保障。建立并完善行政机关负责人出庭应诉制度，区级负责人和各委办局及街道负责人出庭应诉率均为100%。尝试立案和审理分离的办案模式，推动案件承办人负责制度，制定十项规范性复议程序制度，建立行政复议格式文本范文库。

【行政复议】 2020年，红桥区收到行政复议申请16件，申请人撤回复议申请4起，撤诉率33.30%。以红桥区政府为被申请人的市政府行政复议案件191件，如期答复胜诉率100%。代表区政府出庭应诉22件，其中以区政府为单独被告的诉讼案件20件。收到高院邮寄的上诉状31件，办结25件，胜诉率100%。办理市检察院监督案件10件，结案9起，胜诉率100%。办理国家赔偿案件1起。推动区级会议2次，区级负责人、各委办局及街道负责人出庭应诉率100%。建立红桥区行政复议机构窗口接待工作机制，规范行政复议案件全部流程的文书模板。成立区、局两级行政复议体制改革领导小组，草拟行政复议体制改革规范性文件10套，建立行政复议与应诉部门规范化建设管理制度10项，草拟行政复议体制改革实施细则、行政复议体制改革内设机构岗位职责操作细则。

2020年12月17日，红桥区委、区政府法律顾问聘任仪式举行

（区司法局　提供）

2020 年 10 月 13 日,红桥区组织 2020 年度新申领行政执法证件人员进行公共法律知识考试　　（区司法局　提供）

【行政执法监督】 2020 年,红桥区制发《关于切实做好疫情防控期间行政执法工作的通知》《关于落实“服务雄安新区对接京冀”部署 加强重大行政处罚法制审核工作要求的通知》《关于进一步落实调整我区街道执法事项的通知》,明确各街道不再行使的 15 项行政处罚职权,改为行政检查职权。开展新执法监督平台管理,组织全区 34 个执法平台单位分两期召开监督平台工作推动和培训会。完成全区 1100 余名执法人员备案统计和注销信息审核。制发《关于加强和规范我区行政执法监督平台运行使用要求的通知》,完善执法信息归集通报机制,新平台 5 月份逐步试运行,向平台单位发送执法数据录入情况集中通报 5 期,促进各部门主动依法履职。截至年底,全区 34 个新平台单位录入执法检查处罚等信息 1.78 万余件。组织开展行政执法“百卷评查”执法体检活动,从全区 34 个平台单位中抽查 18 个重点执法单位的百余册行政执法案卷,开展互查互评、集中评查,结合查找出的问题开展专题业务培训,将情况向全区通报。10 月 13 日下午,组织完成 2020 年度新申领执法证人员公共法律知识考试工作。

（吴程斌）

公　安

【概况】 2020 年,天津市公安局红桥分局(以下简称公安红桥分局)贯彻习近平重要训词精神,围绕坚决打赢疫情防控阻击战、决战决胜脱贫攻坚、全面建成小康社会总目标,以政治建警为统领,以党建引领基层社会治理和平安红桥建设为主线,以派出所警务机制改革为动力,以锻造公安红桥铁军为保证,忠实履行公安机关新时代职责使命,完成元旦、春节、全国“两会”、中共十九届五中全会等重大节点安保任务,全年查处治安案件 4816 起,行政拘留 381 人,查获“三非”(非法入境、非法就业、非法居留)案件 15 起,依法查处涉案人员 20 人。全年破获各类刑事案件 1911 起,“八类案件”(故意杀人、故意伤害致人重伤或者死亡、强奸、抢劫、贩卖毒品、放火、爆炸、投毒罪)破案率 90.20%。抓获各类犯罪嫌疑人 944 人。

2020 年,公安红桥分局继续保留“全国文明单位”称号。国保支队被公安部授予集体一等功。打击犯罪侦查支队副支队长王勇被授予天津市优秀共产党员,治安管理支队副支队长赵斌斌被授予天津市劳动模范称号。1 个单位被评为“天津市政法系统人民满意的政法集体”,4 名民警被评为“天津市政法系统人民满意的政法干警”。1 名民警光荣入选“天津好人榜”。1 名民警被授予 2019 年度天津市“五一”劳动奖章荣誉称号。1 个单位获团市委和市公安局共同颁发的 2019—2020 年度“青年文明号”。西于庄派出所民警曹向开在天津市 2019 年“点赞最美女性”主题活动中被评为“最美女警”,西于庄派出所民警曹向开家庭获“天津市最美抗疫家庭”荣誉称号,西于庄派出所社区民警李雁获“天津市巾帼建功标兵”荣誉称号。分局退休民警哈子英在市局“以老带新、以老带邻、以老带家”活动中被评为“发挥正能量优秀老同志”,1 个单位获“青年文明号”荣誉称号,1 名民警获得“津城警星”提名奖,4 名民警被评为“津城红桥警星”,16 名民警获“津城红桥警星”提名奖。

【反恐应急】 2020 年,公安红桥分局牵头组织有关单位开展

2020 年 1 月 9 日，红桥区组织开展反恐联合实战演练

（公安红桥分局　提供）

“2020 年 1 号”反恐联合实战演练，检验全区联勤联动机制、科技信息化应用和网络舆情管控的实际效果，磨合各部门之间协同作战能力。应对新冠肺炎疫情，协调区卫生健康委、驻区武警中队、区消防救援支队等应急力量，建立“战时”应急联络机制，组织各部门最小作战单元做好驻地备勤与日常训练工作，为高效应对暴恐突发案（事）件打下基础。

【扫黑除恶专项斗争】 2020 年，红桥区打掉涉黑组织 1 个、恶势力犯罪集团 6 个，涉恶团伙 4 个，破获各类涉黑涉恶案件 140 起，对 140 余名涉黑涉恶犯罪嫌疑人采取刑事强制措施，扣押、查封、冻结涉案物品 2270 万余元，挽回经济损失 922 万余元。接报各类线索 380 条，办结 380 条，办结率 100%。3 名上网追逃涉黑涉恶逃犯全部抓获归案，10 个涉黑涉恶犯罪团伙全部审判终结。其中，涉黑判决 33 人，涉恶集团判决 47 人、涉恶团伙判决 18 人，案件全部清结。辗转辽宁、山东、河南三省五市，抓获境内一级“洗钱跑分”团伙主要犯罪嫌疑人 7 人，破获刑事案件 38 起，治安案件 15 起。

【新型侵财犯罪打击】 2020 年，红桥区电信诈骗案立案 491 起，破案 606 起，抓获作案成员 136 人。帮信案立案 86 起，破案 88 起，抓获作案成员 75 人。侵犯公民个人信息案立案 180 起，破案 179 起，抓获作案成员 15 人。国庆节期间，分局反电诈专班以西于庄、西沽派出所辖区连续发生的 3 起百万级冒充公检法手段电信诈骗案件为重点，锁定全国各地 10 余名在实施电诈犯罪活动中参与“黑灰产”犯罪嫌疑人，7 个抓捕组分别到北京、河北、山东等 7 个省市开展追踪抓捕，抓获涉嫌电信诈骗案件中“黑灰产”犯罪嫌疑人 16 人。

【食药环犯罪打击】 2020 年，公安红桥分局破获食品、药品和环境案件 113 起，抓获违法犯罪嫌疑人 106 人。侦破涉疫情刑事案件 28 起，其中制售假冒口罩等防护物资案 10 起、交易野生动物案 18 起，抓获犯罪嫌疑人 38 人。破获涉及食品、药品和环境领域犯罪案件 75 起，采取刑事强制措施 96 人。破获部督案件 1 起、市督案件 5 起，发起集群战役 1 起，侦破食品药品类案件 39 起。破获环境资源保护类案件 18 起。破获侵犯知识产权类案件 18 起。8 月份，摧毁 1 个产、销系列“A 型肉毒素针剂”假药的特大犯罪团伙，抓获制售假药犯罪嫌疑人 4 人，现场查获美国“保妥适”、韩国“粉毒”、国产“衡

2020 年 8 月 28 日，红桥区在陆家嘴广场开展扫黑除恶专项斗争宣传

（公安红桥分局　提供）

力”等各类肉毒素针剂假冒药品2000余支,裸玻瓶针剂6000余支,包装设备2台,各类假品牌包装材料9万余件,涉案总价值3000余万元。9月份,摧毁1个假冒商标生产、销售不符合标准桶装水的犯罪团伙,抓获申某某、张某某等犯罪嫌疑人12人,涉案价值300余万元。

【经济犯罪打击】 2020年,红桥区经济类案立案97起,破案77起,抓获嫌疑人45人,移诉区检察院嫌疑人57人,挽回经济损失3054余万元。协查全国各省市经济类案件165起,取协查笔录1258份。

【矛盾纠纷化解】 2020年,红桥区按照创建“枫桥式公安派出所”工作要求,筑牢社会和谐稳定新防线,排查矛盾纠纷,做到全覆盖无死角。落实“公调对接”化解机制,调处化解一批影响社会稳定的矛盾纠纷,消除风险隐患,排查各类矛盾纠纷4641件,化解4471件,转为治安案件处理80件,告知自诉90件,化解率98.06%。设立驻派出所调解室12个,专职调解员12人,兼职调解员28人,接受法律咨询226件,转递矛盾纠纷43件,反馈化解28件。

【出租房屋清查】 2020年,公安红桥分局结合“万名民警进百万家”活动,排查出租房屋、日租房,会同网格员落实走访检查。对治安状况复杂、安全隐患突出、案件易高发的流动人口和出租房屋、日租房聚集地区,开展集中清理清查。排查出租房屋2.34万间,日租房66家556间,流动人口4.28万人。出动警力6500余人次,检查出租房屋3.56万余间次,日租房6400余间次。新登记录入流动人口1.98万人,同比上升58.01%。新登记出租房屋1.14万间,同比上升81.74%。化解矛盾纠纷4641起,同比上升24.62%。查处治安案件4816起,查处违法人员498人。

【网络诈骗防范宣传】 2020年,红桥区开展防范电信网络诈骗宣传活动,开展为期15天的防范电信网络诈骗社区民警集中入户见面宣传专项行动。悬挂宣传横幅1251幅,张贴宣传海报6.90万张,发放宣传品25万余份,在400余块LED屏幕滚动播放宣传视频5万余次,入户走访宣传5.30万余户,收集群众意见建议4008条,到单位宣传5000余个(次)。成功拦截27起可能发生的电信网络诈骗案件,电信网络诈骗案件同比下降6.93%。

【“飞地”治理】 2020年,公安红桥分局解决治安和人口管理空白问题,压实西于庄240亩菜地、苗圃大院和鱼池地块、盖来普工业园、德文物资回收大院、北菜园、前园以及过渡期期间和春里、佳庆里28至37门、新凯西里的社会治安和户政管理责任,强化实有人口管理,实现全覆盖。与市局和相关区职能部门对接,移转不在红桥区行政区划或行政管辖范围内的社会治安和户政管理职责。对接解决新凯西里、和苑C地块“飞地”治安管辖。完成双环邨派出所整建制、双环邨地区及关联的新凯西里、唐家湾地块、北空地块、辰昌路地块及和苑C地块治安管辖权移交工作,完成“飞地”治理工作目标。

【户口整顿】 2020年,红桥区组织开展户口整顿工作,推动指导、走访核查,确保“街不漏房、房不漏人、有房必采、有人必登”,理清动态、静态项目,确保人口信息数据完整准确。集中核查阶段100%入户,开展人户分离核查。分局职能部门每日组织人员到各派出所进行推动指导,现场解答社区民警在工作中遇到的疑难问题。红桥区以全市第一的进度100%完成人户分离人员核查任务。

【户政工作】 2020年,全区办理出生2418人,所内移居2996人,移入12102人,迁入登记8118人,迁出注销672人,变更项目78670人次,死亡注销5111人,迁往国外、港澳台注销30人,回国落户1人。办理户限人员落户1342人,呈报蓝转常34本,蓝印户口3本,高职迁入35人,“海河英才”人才引进4660人,制作居民身份证2.50万余个,首次制证2764个、丢失7749个、换证1.45万余个。发放临时身份证1955个,外区制证1461个,外省制证2301个，发证1.20万余个，办理流动人口居住证2711个。办理港澳台居民居住证4个。截至2020年年底，全区常住居民210544户509323人，其中男性251300人、女性258023人。少数民族41个，其中回族16448户40365人，占全区人口的8%，其中男性19868人、女性20497人。寄宿人口88154人，暂住人口54379人，境外人口300人。

【大数据平台应用】 2020年，公安红桥分局为全区105个社区警务室接入公安网，社区民警在警务室登录社区警务平台等相关业务系统处理工作，提高社区民警工作效率。新冠肺炎疫情初期，通过大数据平台梳理武汉到津人员198人次，为疫情排查工作提供数据。加强对疫情推送平台的值守，对涉疫关注人员、来华归国人员、新冠肺炎疫情重点地区人员全面梳理、核查，向各派出所和区疫情防控专班推送预警指令34万余条。组织专人开展“津门战疫”扫码等防疫系统专门培训，培训3000余人次。

【网络安全工作】 2020年，公安红桥分局制定疫情防控工作方案和应急处置预案，建立联络员机制。以公安部“净网2020”专项工作为抓手，发挥相关警种职能作用，全面打击网络违法犯罪，破获部督案件5起，破获黑客案件91起，侵犯公民信息案件296起，破获利用帮助网络犯罪案69起。深化“护网”专项行动，组织9个单位参加市局网安总队的攻防演练。组织43家单位参加全国网络安全员技能竞赛，完成10家重点单位的系统登记保护测评工作。APP备案4个，网站备案37家。全面排查智能楼宇、创意产业园和互联网企业，敦促企业落实互联网管理主体责任，强力整顿网上秩序，落实分局监督管理职能。联合区委网信办等部门联合检查网吧236次，网站备案9家，检查网站千余次，对违法网站警告253家，整改网站漏洞8家，停机整顿39家，云平台检测2家。

【监所工作】 2020年新冠肺炎疫情期间，红桥区看守所7次实行监所封闭勤务模式。10月26日，恢复疫情防控常态化下的正常勤务模式，落实场所封闭和进出人员管理措施。新收押人员在隔离监区进行不少于14天的过渡监测，落实体温监测、消杀通风、食品安全管理等日常防控措施，与区卫生健康委等部门进一步健全联防联控机制，建立“黄色、橙色、红色”三级预警机制，按照处置预案流程，实现发热等可疑情况、疑似病例、确诊病例的分类预警和快速处置。集中开展为期2个月的“协助破案专项行动”，获取线索80余条，与相关部门建立工作对接机制，确保线索转递、政策兑现落实到位。保障刑事诉讼正常进行，分局与区法院、检察院及分局执法办案中心、信访接待中心等部门，分别建立4套远程视频提讯会见系统，在看守所设立4间远程提讯会见室。通过视频系统远程提讯1020人次、远程开庭210人次、远程会见400人次。

【反恐联合实战演练】 2020年1月9日上午，红桥区反恐怖工作领导小组在天津西站南广场组织“2020年1号”反恐联合实战演练。演练以处置暴恐分子预谋在天津西站实施爆炸恐怖袭击事件为科目，检验西站地区各联勤单位和各应急部门力量快速集结、协同配合和武力处置能力。

【“严明纪律、严肃作风、严塑形象”专项教育整顿】 2020年，公安红桥分局开展“严明纪律、严肃作风、严塑形象”百日专项教育整顿工作，研究制定分局教育整顿方案，逐项细化分解具体任务，把“严明纪律、严肃作风、严塑形象”总要求贯穿到教育整顿全过程各方面。成立专项教育整顿领导小组，7月24日上午，召开“严明纪律、严肃作风、严塑形象”专题教育整顿推动会。强化理论武装，各单位落实《红桥分局理论学习制度》，利用每天点名和每周五集中学习时间，组织全体辅警学习各项辅警管理规章制度，签订承诺书。加强警示教育，组织全体民警、辅警集中学习市局通报文件，集中观看市局暗访视频片，召开座谈会组织辅警、民警和领导干部开展讨论活动。开展自查自纠，组织全体辅警查摆自身存在的问题，列出问题清单、整改措施、责任人和期限。各单位通过走访社区群众、邀请辖区企事业单位代表开展座谈等方式,听取各方面意见建议,对自查自纠发现的问题和群众反映热点,剖析存在问题原因。开展集中整顿,逐项分析、逐项整改、逐项落实,各单位确保每名辅警由一名民警管理,加强对辅警日常监管。

(贺俊刚)

2020 年 9 月 1 日,区检察院第五检察部围绕京杭大运河遗迹文物保护开展公益诉讼线索摸排 (区检察院 提供)

检　察

【概况】 2020 年,红桥区人民检察院(以下简称区检察院)围绕"基础建设年"主题,开展新冠肺炎疫情防控、服务保障复工复产、扫黑除恶专项斗争刑事检察、民事检察等工作,深化主题教育成果,抓好巡视整改落实。选送干警参加区委政法委和市检察院组织的理论知识竞赛和演讲比赛,3 次获一等奖。处置一起涉企复工复产信访案件并入选最高检"全国检察机关依托'12309'检察中心依法妥善处置涉疫典型案(事)例"作为全国检察系统打造法治化营商环境典型案例被《人民日报》刊登。8 篇理论调研文章获国家、省部级荣誉。干警高志家庭获"天津市最美抗疫家庭"荣誉称号,干警李小龙获"天津市政法系统人民满意的政法干警"荣誉称号。

【刑事检察】 2020 年,区检察院受理审查逮捕案件 132 件 210 人,审查起诉案件 347 件 513 人,其中批准逮捕 81 件 110 人、不批准逮捕 39 件 84 人。受理一审公诉案件 288 件 429 人,审结 298 件 517 人,其中起诉 238 件 404 人,不起诉 59 件 111 人。办结涉恶案件 6 件 39 人,实现涉黑恶案件全部清零。建立"1+2+1+N"机制,强化捕后引导侦查工作,通过制发"继续侦查取证意见书"、与公安机关会商、形成证据补查清单、采用 N 种途径督促整改执法不规范问题等方式提升案件办理质效。拓展未检社会支持体系,与团区委签署合作框架协议并组建"蓝天护'未'队"普法志愿者队伍,联合公安、民政、街道、妇联等部门打造未成年人案件"一站式"工作模式。推进"法治进校园",开展暑期儿童关爱活动,"开学第一课"系列活动,全年开展法治宣讲 26 次。落实"谁执法谁普法"责任制,开展国家安全、防电信网络诈骗《中华人民共和国民法典》宣传活动 37 次,区检察院走进西沽公园宣传《中华人民共和国民法典》活动情况登上"学习强国"APP。

【刑事执行检察】 2020 年,区检察院落实认罪认罚从宽制度,适用率 89.90%。创新打造"检察+网格"监外执行监督新模式,通过网格员实地走访和摸排监外执行人员情况,发现问题通过网格管理系统反馈。出台《派驻社区检察室工作实施意见》,以部门为单位在全区各街设立派驻检察室,以"定时到岗+随时约岗"模式,将涉检信访接待窗口前置,让群众在"家门口"解决问题。社区检察室挂牌后,提供法律咨询 500 余人次,接待信访事项 300 余件,解决民生问题 20 余件。

【民事检察】 2020 年,区检察院办理各类公益诉讼案件 30 件,受理民事、行政监督案件 19 件,立案行政公益诉讼一审案件 28 件,开展民事终结本次执行监督专项活动,办理 9 件终结本次执行监督案件。对全区窨井盖安全隐患进行排查。围绕京杭大运河遗迹文物保护开展公益诉讼线索摸排，撑起文化遗址“保护伞”。办理2起涉嫌售卖国家野生保护动物砗磲贝壳制品案件。与北京军事检察院联合办理1起保护英雄烈士纪念设施公益诉讼案件，向相关单位发出诉前检察建议，督促整改落实，并于建军节前夕开展“回头看”。疫情防控期间针对辖区内未设置废弃口罩专用收集桶，群众随意丢弃口罩现象，以行政公益诉讼案件立案审查，向行政单位制发检察建议，促使全区新增、更换废弃口罩投放点120余个，向群众发放废弃口罩投放“明白纸”3万余份。

【控告申诉检察】 2020年，区检察院落实“群众来信件件有回复”，强化矛盾化解、权利救济、监督制约职能，受理接待控告申诉信访事项233件318人次，受理办理57件，立案审查国家赔偿案件1件，办理国家司法救助案件2件2人，发放救助金11万元。新冠肺炎疫情防控期间仅用7天时间妥善处置1起涉企复工复产信访案件，帮助民营企业解冻非涉案资金500余万元，为小微企业解决疫情防控期间企业实际困难，该案例被最高人民检察院选入“全国检察机关依托12309检察服务中心依法妥善处置涉疫典型案（事）例”，并作为全国检察系统打造法治化营商环境典型案例在《人民日报》刊登。

【综合检察监督】 2020年，区检察院用好综合评价体系“指挥棒”，加强对负向指标的剖析，强化督促整改。组织制定基础项业务考核指标并纳入员额检察官考核体系，通过“周汇报+月分析+季通报”工作机制，不断提高员额检察官案件办理质效，完善“员额检察官办案个人台账”。作为试点单位协助市政法委开展跨部门大数据办案平台建设，推进安可替代化、统一业务应用系统2.0、综合事务管理平台等工作部署和应用，加大远程提讯系统使用力度，为检察办案提供技术保障。落实落细“三个规定”（《领导干部干预司法活动、插手具体案件处理的记录、通报和责任追究规定》《司法机关内部人员过问案件的记录和责任追究规定》《关于进一步规范司法人员与当事人、律师、特殊关系人、中介组织接触交往行为的若干规定》）及重大事项记录报告工作，班子成员和中层领导带头填报，2020年报送记录表117份，获得市院、高检院认可。举办第十届“红桥检察论坛”，以“检察机关参与基层社会治理的理论与实践”为主题，征集论文60余篇，在全国或省级刊物发表调研文章20余篇，10人次在国家级或省级调研评奖中获奖，4篇调研文章入选国家级论文集。

【未成年人案件“一站式”工作模式打造】 2020年，区检察院前移未检工作节点，强化对公安机关落实未成年人特别程序落实的监督，实现性侵害未成年人案件提前介入全覆盖，形成取证指引、询问重点建议、法律适用研讨等“一站式”工作模式。引入区民政局、团区委、区关工委、区妇联等部门，对未成年被害人实施司法救助、社会救助，实现未成年被害人“一站式”救助，依托公安机关执法办案中心，对未达刑事责任年龄涉罪未成年人、未成年人行政违法、涉未成年人家庭暴力与监护缺失等问题，联合公安机关开展训诫、帮教、亲职教育等工作，实现临界预防、观护帮教、亲职教育等惩教工作“一站式”开展。

【“法治进校园”活动】 2020年11月30日，区检察院“红检·蓝天工作室”未检干警到区实验小学参加学校升旗仪式，向学校20余名学生代表暨学校小记者团成员进行专题宪法宣讲。

【暑期儿童关爱活动】 2020年，区检察院蓝天工作室依托“蓝天护‘未’队”普法宣讲团，联合团区委预青工作组、市“因爱团聚”少儿成长公益社及各街道，到多个社区开展“守护童年 牵手共成长”暑期儿童关爱活动，将法治宣传、安全教育、心理疏导等服务送到未成年人身边。未检干警走进和苑街道康和园、西沽街道河怡花园、咸阳北路街道凤城里等社区，通过现场问答、情景演示、播放动画视频等方式，开展防性侵、防拐卖、防意外、防灾害、防校园暴力“五防”教育。对《中华人民共和国民法典》中涉及未成年人保护的新规定、未成年人性侵害防范等内容进行现场讲解，现场派发未检工作宣传单。

【“开学第一课”活动】 2020年秋季开学，区检察院“红检·

蓝天工作室”走进天津市第三中学,开展“开学第一课 护航新学季”活动,未检干警对《中华人民共和国民法典》相关知识进行讲解,讲解校园欺凌类型、危害及防范,讲授预防性侵害、加强自我保护的方式方法,向学生发放“绿书签行动”、《中华人民共和国民法典》宣传资料及未成年人自护、远离校园暴力、提升网络安全意识等普法书籍。

2020年12月18日,区检察院举办第十届“红桥检察论坛”暨交流表彰会（区检察院 提供）

【“检察+网格”监外执行监督新模式打造】 2020年4月9日,区检察院与区网格化管理中心组织召开社区矫正执行监督与网格化管理相结合工作机制启动会。区检察院党组书记、检察长张春明与区网格化管理中心负责人张会群共同签署《关于建立“社区矫正执行监督与网格化管理相结合”工作机制的意见》,就区网格化管理中心开通权限端口,推动信息共享,检察院依法履行法律监督职责,构建“监”“管”“服”一体化工作新机制等达成共识。

【第十届“红桥检察论坛”】 2020年12月18日,区检察院举办第十届“红桥检察论坛”暨交流表彰会。武清区院、北辰区院、宝坻区院负责调研人员应邀出席会议。论坛以“检察机关参与基层社会治理的理论与实践”为主题,征集论文60余篇,评选出获奖文章12篇,管玮唯、王浩然、柳维睿作为优秀代表在会上做交流发言。

【“同舟共济·检护明天”检察开放日活动】 2020年5月27日,张春明带队到天津市第三中学,了解复课复学情况和学校疫情防控措施,实地走访医务隔离室、防疫物资仓库、水房、楼道、安全门等重点场所及点位。推动“护苗2020·绿书签”专项活动走进校园,线上线下同步开展“同舟共济·检护明天”检察开放日活动,与高三学生代表进行面对面交流,了解新冠肺炎疫情防控期间学生的学习形式、备考情况、心理状态等。未检检察官以视频短片、线上法治课形式向同学们介绍检察机关及未检工作职能。

（杨 飞）

法 院

【概况】 2020年,天津市红桥区人民法院(以下简称区法院)围绕“努力让人民群众在每一个司法案件中感受到公平正义”目标,履行宪法和法律赋予的职责,做好疫情防控和执法办案,开展扫黑除恶专项斗争、服务基层社会治理、营造法治化营商环境等各项工作,被最高人民法院、人力资源社会保障部联合授予“全国模范法院”称号。全年受理民事、刑事、行政、执行等各类案件1.41万件(含旧存731件),审结执结1.34万件,结案率95.04%,分别比上年下降20.44%、16.83%和0.15%。

【刑事审判】 2020年,区法院受理各类刑事案件309件(含旧存28件),审结285件,结案率92.23%。依法惩治生产销售铝超标油条、假肉毒素等危害食品药品安全犯罪,判处罪犯12人。依法审理全区首例高空抛物危害公共安全入刑案。严惩电信网络诈骗、非法吸收公众存款等涉众犯罪,判处罪犯105人。严厉打击侵犯公民个人信息、非法控制计算机系统程序、帮助信息网络

2020 年 10 月 29 日，区法院少年家事审判庭在洪湖里家事法庭开庭审理继承案件 （谢 飞 摄）

犯罪等新类型网络犯罪，判处罪犯 18 人，维护网络安全环境。

【民事审判】 2020 年，区法院受理各类民事案件 8121 件（含旧存 464 件），审结 7710 件，结案率 94.94%。妥善审理劳动争议、医疗卫生、物业服务等民生案件 5033 件。加大调解力度，做到应调尽调、能调尽调，民事案件调解撤诉率 64.92%。深化家事审判实践，加强与区妇联合作机制建设，审结婚姻家庭、继承等家事纠纷 946 件，家事审判案例分别入选天津法院保护未成年人合法权益典型案例和涉争夺抚养权典型案例。推动天津长庚老年产业投资有限公司破产案件办理，发放司法救助款 51.50 万元，减免诉讼费 1.70 万余元。

【行政审判】 2020 年，区法院受理各类行政案件 152 件（含旧存 9 件），审结 147 件，结案率 96.71%。做好协调工作，推动行政争议实质性解决，促成原告主动撤诉或达成和解 22 件。推进行政机关负责人出庭应诉制度，上半年出庭应诉率提升至 50%，下半年达到 100%。完善司法与行政良性互动机制，发布行政审判白皮书，为法治政府建设建言献策。延伸审判职能，为区政府和委办局、街道干部等开展行政执法培训 23 次。依法审理赵某贪污案，全区 120 余名处级以上领导干部旁听庭审。

【执行攻坚】 2020 年，区法院受理各类执行案件 4876 件（含旧存 229 件），执结 4691 件，结案率 96.21%。深化执行指挥中心实体化运行，制定执行款管理、执行异议办理等操作规程，提升执行工作质效。完善跨部门执行协作和联合惩戒，协同交通管理部门查扣车辆 6 辆，在线查冻财产 9000 余万元，网络司法拍卖成交 5237.12 万元。围绕教育、土地整理等全区重点工作和群众反映强烈问题，开展涉腾房、涉民生专项执行行动。坚决打击逃避、抗拒执行行为，依法对 6972 人采取拘留、罚款、限制出境、限制高消费等惩戒措施，公开失信被执行人信息 831 人。区法院执行局被评为天津法院基本解决执行难工作先进单位。

【诉讼服务】 2020 年，区法院推进一站式多元解纷和诉讼服务体系建设，为人民群众提供司法公共服务。完善多元解纷机制，整合各方资源，引入区物业办、区

2020 年 8 月 21 日，区法院刑事审判庭到和苑街道梦和园社区党群服务中心对一起危险驾驶案件进行庭审 （区法院 提供）

律师协会等主体参与调解，诉前调解各类纠纷2375件，对562件人民调解协议进行司法确认。现场立案1.16万件、网上立案1715件、跨域立案13件。鉴定、保全、送达等辅助事项在窗口集约办理，方便群众参与诉讼。建设律师服务平台，开辟绿色通道，保障律师依法依规执业。区法院被评为全国法院一站式多元解纷和诉讼服务体系建设先进单位。

【司法改革】 2020年，区法院深化以审判为中心的刑事诉讼制度改革，落实“三项规程”（庭前会议、排除非法证据、法庭调查），发挥庭审实质性作用，实现律师辩护全覆盖。探索未成年刑事审判与家事审判统筹推进、协同发展，少年家事庭审理涉未成年人犯罪案件4件。落实司法责任制，修订审判委员会工作规则、审判权力和责任清单，明确审判权限。压实院庭长审判监管职责，运用信息平台识别监管33件“四类案件”（涉及群体性纠纷，可能影响社会稳定的案件；疑难、复杂且在社会上有重大影响的案件；与本院或者上级法院的类案判决可能发生冲突的案件；有关单位或者个人反映法官有违法审判行为的案件）。院庭长带头办理疑难复杂、涉诉信访等案件4585件。

【司法公开】 2020年，区法院依托互联网公开审判流程信息8751条、生效裁判文书6113份，开展庭审网络直播1437次。落实普法责任制，加大习近平法治思想、《中华人民共和国民法典》宣传教育力度，发布10则“践行和弘扬社会主义核心价值观”典型案例，提升全民法治意识。加强与媒体互动合作，干警先进事迹、工作开展情况等在中央电视台、天津广播电视台播出，《法治日报》《天津日报》等宣传报道50余次。做好新媒体建设，动漫作品在全国法治动漫微视频征集活动中获一等奖，“一点号”被中央政法委评为全国政法系统优秀新媒体平台账号。

【扫黑除恶案件审理】 2020年是扫黑除恶专项斗争收官之年，7月份，区法院在全市率先实现“案件清结”。专项斗争开展期间审结涉黑涉恶案件18件，判处罪犯102人，重刑率（判处五年以上有期徒刑的罪犯人数比率）36.27%。推进“黑财清底”，强化立审执联动，涉黑恶执行案件立案258件，结案率100%，执行到位金额1735.03万元，执行到位率71%。围绕长效常治，加强源头治理、系统治理，针对金融、租赁、二手车交易等行业领域薄弱环节，发出司法建议12份，100%回复落实。

【基层社会治理】 2020年，区法院继承和发扬新时代“枫桥经验”，开展巡回司法服务体系建设，推动司法力量下沉，工作站点在全区街道全覆盖，接待群众494人次，办理各类服务541项，调解纠纷569件。协同属地部门解决楼道堆物、外墙脱落等民生问题。选取婚姻家庭、物业服务等典型民事案件，交通肇事、故意伤害等典型刑事案件到社区开庭10次，通过“四个就地”（就地开庭、就地调解、就地宣判、就地释明）方式，使社区巡回审判成为“法治公开课”，相关经验做法在《人民法院报》头版头条刊登。

【营商环境法治化】 2020年，区法院树立“法治是最好的营商环境”理念，依法审结金融借款、股东权益等商事案件1731件。创新服务方式方法，建立司法纾困、问题反馈、法治宣传等9项机制，服务保障民营经济健康发展。强化善意文明执行，严禁超标的查封、扣押、冻结财产，创新适用“活封活扣”等强制措施，减少对企业正常经营的影响，某通信科技公司申请执行案被评为天津法院服务保障民营企业发展典型案例。

【涉民生专项执行行动】 2020年，区法院全面保障涉民生案件执行，开展夏日攻坚执行、落实“六稳”“六保”工作任务等涉民生专项执行行动，对追索劳动报酬、赡养费、抚养费、扶养费、抚恤金、交通事故人身损害赔偿及工伤保险待遇等案件，优先立案、优先办理、优先发款。用足用好限制消费、集中传唤、拘传拘留、强制腾清、搜查、现场查扣等执行手段，提高财产处置效率，执结各类涉民生案件554件。抓好涉民生执行案件困难申请执行人救助，及时启动司法救助程序，发放司法救助款51.50万余元。

【一站式多元解纷和诉讼服务体系建设】 2020年，区法院整合诉讼服务资源，丰富诉讼服务中心职能，建立健全诉讼辅导等工作机制，建成集导诉、立案、咨询、调解等功能于一体的诉讼服务中心。开展“3+N”巡回司法服务体系建设，巡回审判、巡回法庭、法官工作站同步推进，与街道、社区等主体联动共建，融合巡回审判、多元解纷、诉讼服务、普法宣传、吹哨报道、决策参考、党建共建7项职能，选派9名法官到社区开展工作，化解矛盾纠纷2375件，实现司法公共服务关口前移，相关经验做法在《人民法院报》头版头条刊发。

【金融放贷领域专项整治】 2020年，区法院结合扫黑除恶专项斗争“行业清源”工作要求，发挥职能作用，将金融放贷领域衍生的黑恶势力犯罪纳入惩治重点，打击“套路贷”等违法犯罪行为，审结相关案件6件，判处被告人39人。强化源头治理，就案件审理中无资质放贷、超范围经营、虚假广告宣传等问题分别向

2020年12月4日，区法院组织开展“法院开放日”活动，邀请天津市第五中学师生参观诉讼服务大厅 （弘轩 摄）

区金融局、区市场监管局等单位发出司法建议，利用传统媒体与新媒体加强金融放贷政策、防范“套路贷”知识普及，提高群众防范意识。

【国家宪法日宣传活动】 2020年12月4日，区法院组织开展国家宪法日系列宣传活动，开展“旁听声”活动，区政府各委办局、街道等80余名干部通过现场旁听和同步视频直播形式，旁听行政诉讼案件庭审全过程。举办“法院开放日”活动，邀请天津市第五中学40余名同学参观诉讼服务大厅、模拟庭审。

（孙嘉晖）

司法行政

【概况】 2020年，红桥区司法局（以下简称区司法局）做好“六稳”工作、落实“六保”任务，履行行政执法、刑事执行、公共法律服务职能，服务经济建设、保障改善民生、维护社会稳定，为统筹推进常态化疫情防控和经济社会发展提供法治保障和法律服务。对司法行政各项制度进行梳理完善，新增制度11项，修订制度1项。深化全媒体运用，在红桥政务网、长安网、法治号等网站、客户端公开信息700余条，发布微博139条，微信公众号推送147期394条，被各级媒体转发106次。

【普法工作】 2020年，红桥区落实“谁执法谁普法”责任制，召开区委全面依法治区委员会普法守法协调小组会议暨落实普法责任制联席会议，审议通过《2020年天津市红桥区普法依法治理工作意见》。通过市检查组和区人大对红桥区“七五”普法规划实施情况的检查验收。开展《中华人民共和国民法典》学习宣传，

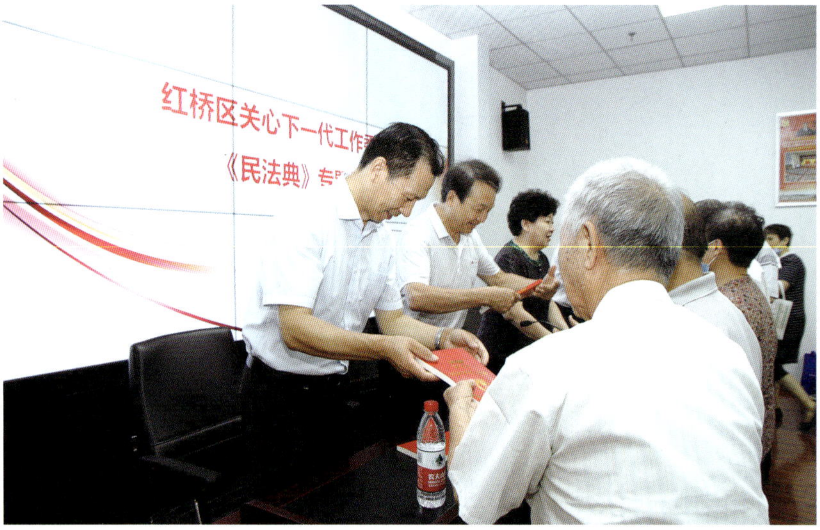

2020年8月20日，区司法局开展《中华人民共和国民法典》宣传活动 （区司法局　提供）

组织区处两级领导干部专题学习，组织普法守法协调小组成员单位及各街道分管法治负责人、街居两级综治主任、“五老”宣讲团成员开展专题培训，联合18家司法执法部门开展集中宣传活动。邀请律师制作10期系列讲座，提升改造西沽法治公园。

【社区矫正】　2020年，红桥区组织《中华人民共和国社区矫正法》教育宣传，依法设立红桥区社区矫正委员会，召开社区矫正委员会第一次会议，开展社区矫正工作规范化建设专项活动。对社区矫正对象实行“网格化”“精细化”管控，强化部门协作衔接，实现疫情排查全覆盖、教育管控全到位。推进刑罚执行一体化，组织驻区戒毒警察参与社区矫正工作。通过政府购买服务方式引入心理咨询服务公司普遍开展心理矫正，提供专业化辅助服务。建设“智慧矫正”大平台，区司法局转发《天津市“智慧矫正”建设工作实施方案》，“智慧矫正”设备终端于11月20日安装到首批试点单位。为全区9个司法所配备人证对比机、高拍仪、智能手机终端、社矫自动终端等信息化设备。做好疫情防控期间人户分离刑满释放人员衔接管控，建立“双列管”台账，确保刑满释放人员不脱管、不失控。加强重点时段走访排查力度，做好重点帮教对象管理和“三无”人员（无家可归、无亲可投、无业可就）的帮扶救困。2020年全区在册社区矫正对象172人，安置帮教刑满释放人员951人。

【调解服务】　2020年，组织全区各司法所和各级人民调解委员会做好矛盾纠纷集中排查化解工作，排查涉及邻里关系、婚姻家庭、房产物业等方面的矛盾纠纷1.10万次，调解案件1920件，调解成功1884件。成立区委平安红桥建设领导小组矛盾纠纷“大调解”工作组，召开第一次工作会议暨全区调解工作会议，制定《天津市红桥区关于推进矛盾纠纷调处化解工作实施意见（试

2020年7月15日，区司法局联合开展红桥区社会治理专题讲座 （区司法局　提供）

行)》,纳入党建引领基层治理体制机制创新系列保障制度。推动落实司法所长列席街道领导班子会。配合区委政法委建设区三级矛盾调处化解中心,派驻区信访事项调委会和各街道调委会的专职调解员分别进驻区、街两级矛调中心。制定《红桥区人民调解工作流程要点》。成立红桥区调解服务中心。深化"公调对接"机制建设,在咸阳北路街凤城社区、化工社区设立"公调对接"调解工作室,全区"公调对接"调解成功案件413件。

【法律服务行业监督】 2020年,区司法局明确三级实体平台服务人员工作职责并形成制度,与担任社区法律顾问的律所和街道、社区进行双向对接,核对人员变更情况。结合《保障农民工工资支付条例》宣传实施、防范非法集资法治宣传等活动,开展法律服务进工地、进社区。

【公证业务】 2020年,红桥公证处为公民个人受理继承、委托书、各类协议书、遗嘱书、承诺书、声明书、证据保全、现场监督等公证4961件,出证4558件。办理京冀协查45件。拓展公证业务领域,与和信公证处开展合作,探索公证参与司法辅助业务,与区城投建设开发总公司签订委托合同,新招聘公证助理2名。

【律师行业管理】 2020年,红桥区开展律师行业依法规范执业专项治理活动,引导全区律师事务所、执业律师全部签署承诺书,对发现的9类问题进行督促整改。加大投诉律师积案的处理力度,通过行政调解达成调解协议2份,涉及金额3.23万元。进行律师违规兼职专项清理,发现涉及违规执业律师43人,整改后继续执业的律师29人,注销律师证14人。做好区属律师代理涉黑恶刑事案件的监管工作,落实备案登记、承诺、约谈制度,全年派员旁听庭审28次,约谈律师63人次。推动区委法律顾问、公职律师制度落实,区委及其工作部门、人民团体全部选聘法律顾问。抓实律师行业党建工作,新成立1个律所党支部,调整优化3个律所党支部书记人选。召开行业党建工作会议,对标对表明确改进任务、标准、要求。推广"三亮三先、三抓三促"("三亮"是指"律师党员亮身份、律师工作亮标准、律师服务亮承诺";"三先"是指"公益为先、服务为先、创新为先";"三抓三促"是指"抓思想,促律师党性强化;抓学习,促律师能力提高;抓制度,促律师职业规范")的律师行业党建红桥经验。2020年,全区有律所31家,专职律师215人,在册律师党员78名。

【行政执法案卷评查】 2020年7月17日,区司法局开展行政执法案卷评查工作,从全区34个执法单位中抽查区生态环境局、区市场监管局、区城市管理委、区文化和旅游局等18个重点执法单位96本行政执法案卷,组织互查,集中评查,汇总、梳理问题及时整改。

【法律援助】 2020年,红桥区法律援助中心接待来电来访咨询1107人次,办理法律援助案件488件。2月,区法律援助中心被司法部授予"全国法律援助工作先进集体"荣誉称号。新冠肺炎疫情防控时期,中心引导群众"预约办""网上办""掌上办",通过拨打窗口热线电话、使用"12348"天津法网进行线上法律咨询。以农民工、残疾人、老年人等特殊群体为重点,依托妇女节、"助残日"、重阳节等重要时间节点,通过咨询、讲座等形式开展"法援惠民生 助力农民工""法援惠民生 关爱残疾人""法援惠民生 扶贫奔小康"专项法律服务活动。扩大法律援助覆盖面,将因疫情导致的劳动报酬支付、劳动关系解除、房屋租赁等纠纷纳入法律援助事项范围,对疫情防控一线的医务人员、人民警察、社区工作者等提出的法律援助申请,免于审查经济困难状况。对行动不便的孤寡老人、残疾人等提供上门服务30余人次。为残疾人办理法律援助案件90件,为老年人办理法律援助案件160件,办理未成年人法律援助案件19件,为农民工提供法律援助25件。开展案卷质量评查3次,参加司法部和市局组织的法律援助案卷质量同行评估2次。

(吴程斌)

仲　裁

【概况】　2020年,红桥区以提高调解仲裁质量和效率为中心任务,结合红桥区实际情况和区域特点,稳妥处理劳动争议案件。贯彻落实国家有关劳动法律法规,坚持"预防为先、调解为主、裁决为辅"的办案原则,完善仲裁维权绿色通道,会同监察大队建立联合办案制度。对涉及拖欠民工工资争议、困难群体、弱势群体的案件做到快立、快调、快审、快结,降低维权成本,维护用人单位和劳动者合法权益,促进劳动关系和谐稳定。

【劳动争议案件办理】　2020年,红桥区进一步规范劳动人事争议仲裁,全年受理各类劳动争议案件636件,其中立案563件、不予受理案件73件,为职工挽回经济损失786万元,时效内结案率100%。

【日常接待】　2020年,红桥区仲裁院高效畅通劳动者合法权益维权渠道,严格执行首问负责制和一次告知制,从程序、要件到政策法律解释都一次性告知,让当事人维权少跑路。对集体争议、重点案件、行业、区域倾向性问题,及时向区仲委会、区法院及其他职能部门通报情况,形成解决合力,切实保障劳动者的合法权益,为区域经济高质量发展创造良好的法治环境。

【裁决审批】　2020年,红桥区仲裁院探索新的裁决审批方式,由原先的院长审核制调整为仲裁员合议制。由3名或3名以上仲裁员结合庭审对接法条,对案件进行合议,确保案件做到公平、公正、高效处理,最大限度的做到案结事了。以案代训,提升贯彻落实《中华人民共和国劳动法》《中华人民共和国劳动合同法》《中华人民共和国劳动争议调解仲裁法》等法律法规的能力和水平。

【业务培训】　2020年,红桥区仲裁院针对新型业态劳动用工产生的诸多法律关系,采取多种形式开展业务培训,定期开展"拍案说法"等特色学习活动,使仲裁员进一步夯实办案理念、拓宽办案思路,及时更新仲裁调解处理技能,结合典型案例示范引领,不断提升办案质效。

(陈　玲)

军 事

区人武部

【概况】 2020年，天津市红桥区人民武装部（以下简称区人武部）坚持以习近平新时代中国特色社会主义思想为指导，学习贯彻习近平强军思想，以深化拓展“学、做”活动为牵引，按照常态防控保稳定，备战打仗求突破，建强队伍提素质的工作思路，创新开展年度各项工作。按照上级要求及时健全疫情防控组织领导，与区卫生健康委、各基层武装部等部门建立联防联控机制，发挥民兵情报信息员身处一线、分布广泛、情况熟悉的优势，掌握辖区疫情动态和舆情情况。为驻区部队、执勤民兵发放疫情防控物资，为抗击新冠疫情提供保障。专题召开国防动员委员会工作会议，研究制定《红桥区国防动员总体方案》，参加中部战区组织的国防动员平战转换演练，增强国防动员反应能力。探索疫情防控条件下的兵役征集工作，创新征兵宣传手段，科学制定体检计划，被市征兵工作领导小组表彰为征兵工作先进单位。为基层武装部配备应急器材，确保基层武装部人员结构合理、装备器材完备。按照2020年国防潜力数据调查和天津市国民经济办公室计划要求，与区经济动员办公室协调对接，与区内多家民营企业签订国民经济动员协议书。召开区委常委议军会议，解决制约驻区部队全面建设的关键难题。探索实施网格化安全管理模式，采取建立互助小组，全员参与、全部纳入，编织单位安全管理网。以“双百竞赛”和“百日安全”活动为契机，投入资金完善保密设备，建立资料室。

【政治工作】 2020年，区人武部抓好习近平新时代中国特色社会主义思想和习近平强军思想的学习贯彻，开展读书评书活动，召开红桥区2020年区委议军会议和街道党工委书记述职会，将党管武装工作纳入区从严治党绩效考核体系。把加强社会主义核心价值观教育同国防教育结合起来，研究制定《红桥区2020年全民国防教育工作要点》，以平津战役纪念馆为依托，配合警备区举行天津市第31届国防教育宣传周启动仪式。在全区中小学开展国防教育进校园活动，为各学校发放宣传折页和海报万余份，组织开展“国防知识微课堂”，9000余名中小学生参与活动。

【民兵训练】 2020年9月，区人武部组织多部门进行军地联合应急演练，修订完善《应急分队战备方案》《抢险救灾行动方案》等方（预）案。组织街道工委书记、主任以及年度参训民兵进行实弹射击考核，完成年度训练任务。组织民兵参加防汛抢险备勤、征兵体检和西站新兵起运等执勤任务，通过实地检验提升应急分队的能力素质。助力新冠肺炎疫情防控工作，动用民兵、车辆参与区内执勤执守工作。

【民兵建设】 2020年，区人武部注重基层基础建设，对专武干部队伍进行优化调整，确保基层武装部人员结构合理。投入140余万元，用于各基层武装部购置应急器材、装备器材等。召开民兵调整改革任务推动部署会，两次组织应急连补训和强化训练，做好军委国防动员部检查准备，提升应急连遂行任务能力。10月20日，全市基层武装建设现场会上，红桥区就阵地建设作经验介绍，和苑街道、机电学院分别作为代表就基层武装建设进行示范录像展示。投入80余万元资金配齐街道民兵应急器材，保证各民兵应急连平时应急、战时应战任务顺利展开。对高炮和应急车辆进行维修保养，保障全区民兵防汛演练和全市防汛任务、民兵分队整组训练、征兵体检及役前训练任务的组织实施。

【兵役征集】 2020年6月19日，区人武部在天津机电职业技术学院召开"国防特色班"建设推动会，利用学校专业优势，研究探索开办航空机电维修班，为部队定向培养专业人才，加快贯彻落实精准征兵步伐。利用新媒体手段，突出大学生和毕业班辅导员群体，抓好征兵宣传工作，组织网络授课辅导、座谈交流5次，下发各类宣传资料1.50万余张，完成兵役登记征集任务。在河北工业大学启动天津市2021年度征兵宣传进高校仪式。注重典型挖掘，蒙古族老人白瑞轩千里送孙参军的事迹，先后被"人民网"、《解放军报》公众号、《国防报》《每日新报》报道。

2020年6月9日，区人武部在河北工业大学组织开展征兵宣传进校园活动 （区人武部 提供）

【国防动员】 2020年6月18日，区政府主要领导组织各专业办公室负责人召开国防动员委员会会议，研究年度国防动员工作，各专业办公室受领相关任务。会同区发展改革委、区商务局、区财政局、区科技局等20余家单位，参照疫情防疫物资潜实力转化模式，研究拟制《红桥区国防动员潜力调查方案》，召开任务部署和业务培训会。

【防汛比武】 2020年，区人武部探索南开区、红桥区津河险段防汛联防联控机制，6月11日汛期前，协调两区政府签订"两区一河"共平安联防联控协议，两区政府主要领导、应急局领导、消防救援队领导参加签字仪式，组织区应急连120余人在津河险段开展防汛演练比武，展示落水群众打捞、冲锋舟救援和油机排水科目演练，提高各级防汛抢险技

2020年6月11日，区人武部组织在津河沿岸进行防汛考核比武，图为区领导为比武前三名获得者颁发证书 （区人武部 提供）

能，警备区战建局领导现场指导。

【联合演练】 2020年11月23日，区人武部组织国防动员专业办公室参加中部战区组织的国防动员平战转换演练，依据专业知识，采集核实辖区经济、交通、信息、人防等动员潜力，拟制动员方案。

（赵跃强）

人民防空

【概况】 2020年，天津市红桥区人民政府人民防空办公室（以下简称区政府人防办）把握新常态下统筹人防建设与经济社会融合发展的新要求，依据人防训练大纲，抓好人防的训练演练、通信警报工作，落实人防“十四五”规划，做好人防工程建设、管理和“一制三化”审批服务工作，推进人防腐败问题调查整顿。落实稳投资保市场主体的工作职责，走访调研企业10个，开展会议座谈15次，完成审批服务保障12次，为企业解决实际困难10个。组织中国电子天津数据中心项目公司及区相关职能部门召开项目推动会4次。

【训练演练】 2020年，区政府贯彻“能打仗、打胜仗”和“铸就坚不可摧的护民之盾”核心要求，推进人防演训工作。开展4个训练日32个课时的人防指挥业务培训，完成40个训练日195个课时的专业知识和基本技能训练。8月，结合雨季防汛工作，完成机动指挥车训练任务2次。参加京津冀人防跨区联合支援通信演练，参加市人防办组织的人民防空行动想定作业演练。11月份，参加中国人民解放军天津警备区组织的军地联合应急指挥演练和联合保障专项演练。

【人防宣传】 2020年，区政府人防办落实疫情防控措施和职责，开展全国防灾减灾日宣传教育活动，在部分社区、菜市场及登发装饰城等区域开展人防宣传，发放宣传资料1500份。9月，开展国防教育日警报试鸣活动，在全区各防空警报点开展人防宣传，发放宣传材料500余份。在邵公庄街道咸阳社区、三条石街道御河湾社区、丁字沽街道十三段社区完成人防示范社区建设任务3个。

【人防工程管理】 2020年，区政府人防办加强人防工程日常巡查管理，制定《人防工程维护管理岗位职责制度》《人防工程维护保养档案制度》，建立第三方工程维管、巡查专业队伍并投入工作。对全区人防工程安全使用情况开展专项检查6次，排查并整改问题隐患7个。召开红桥区人防工程安全及维护管理工作会，针对区域内人防工程存在问题提出整改要求，对加强人防工程的维护管理进行详细部署。对全区人防工程设备设施安全、人防工程环境污染、汛期安全进行排查整治，对存在问题的7个点位进行整改落实。坚持将转变职能贯穿于人防执法全过程，构建管理、执法与服务三位一体的行政执法体制，对全区人防工程开展行政执法工作，下达责令整改通知书20件，完成行政处罚1件。

【人防工程建设】 2020年，区

2020年10月29日，区政府人防办开展人民防空行动想定作业演练

（徐　谦　摄）

政府人防办落实人防工程建设项目审批制度改革要求,做好人防工程结建许可行政审批服务工作。通过业务协同平台,对在项目策划生成阶段提出的征求意见给予原则性意见回复。汇总全区在建人防工程进度情况,建立台账及时了解项目动态情况,强化事中事后监管。对完成施工的人防工程进行联合验收,使用备案率100%。

2020年10月,区政府人防办组织人员对防空警报器进行安全检查和维修 (王　静　摄)

【防空警报器管理】 2020年,区政府人防办进行防空警报系统管理软件资料更新和完善工作。4月对全区警报器进行巡查维护,指挥信息保障中心人员和防空警报维护人员到警报点,对警报设备安全隐患进行排查,对防空警报器进行支架加固、除锈喷漆、更新老化的电线零件和电源检修等维修工作,维修防空警报器,排除安全隐患。开展警报维管人员业务培训,对警报器的日常维护和安全巡查进行指导,建立警报人员微信管理群,开展实时警报工作指导,提升警报管理能力,完成警报试鸣任务。

【专项整顿】 2020年,区政府人防办开展人防系统腐败问题调查整顿工作,对2000年以来的人防工程建设、拆除、改造、使用审批、易地建设费收取等13项内容进行自查和问题整改。发现问题19个,制定整改措施26个,完成问题整改17个。追缴人防易地建设费,完善规章制度。对抵顶易地建设费房屋启动拍卖工作,对欠缴易地建设费企业,向法院申请启动强制执行程序。

(安玉明)

经济管理

发展和改革

【概况】 2020年,天津市红桥区发展和改革委员会(以下简称区发展改革委)做好经济运行分析,把握运行特点,开展经济研讨工作,加强合作交流,深化产业扶贫,推进京津冀协同发展战略实施。开展“双万双服促发展”活动,建立节能降耗长效机制,推进居民小区公共充电桩建设。履行价格管理和粮食管理职能,维护市场秩序,改善民计民生,推动区域经济发展。

【国家战略实施】 2020年,红桥区印发《红桥区深入推进京津冀协同发展2020年工作要点》,建立工作台账,加大对协同发展重点项目推动落实力度。完善协同发展工作机制,召开推动会,传达贯彻市委常委会暨市京津冀协同发展领导小组扩大会议精神。完善推进京津冀协同发展工作任务清单,确定包含主动服务北京非首都功能疏解和雄安新区建设发展,加快新动能引育,推动高质量发展,深化公共服务共建共享,完善协同发展工作机制等4大方面44项任务。

【统筹经济社会高质量发展】 2020年,红桥区围绕“打造绿色城区 建设美丽红桥”的发展目标,坚持稳中求进工作总基调,立足新发展阶段,贯彻新发展理念,构建新发展格局,以推动高质量发展为主题,科学统筹疫情常态化防控和经济社会发展,扎实做好“六稳”工作,落实“六保”任务。加强宏观经济管理,完善经济运行调度机制,加大对经济形势分析研判力度,健全经济联席会议制度。切实发挥区委财经办作用,加强对高质量发展指标研究,全力以赴推动高质量发展。围绕区委、区政府决策部署,明确经济社会发展主要目标任务,编写2020年国民经济和社会发展计划报告。在常态化疫情防控中推动全区经济社会秩序全面恢复,制订印发《红桥区有效应对新冠肺炎疫情影响促投资扩消费稳运行的工作举措》《红桥区扎实做好“六稳”工作落实“六保”任务的工作举措及其工作专班》。指导企业制订防控措施,统筹全区疫情防控物资,解决企业复工复产过程中面临的用工、资金、上下游产业链配套等问题。2020年,红桥区经济社会发展大局保持稳定,地区生产总值同比增长2.1%,区级财政收入同比增长7.5%,节能减排降碳达到进度要求。

【区域发展环境优化】 2020年,红桥区制定《2020年红桥区“双万双服促发展”活动工作安排》,坚持领导联系服务企业制度,召开工作推动会,指导、推动活动开展,帮助协调解决企业难题。全年兑现扶持资金7000余万元,企业受益300余家。

【政务和社会诚信体系完善】 2020年,红桥区深化“信用红桥”网站建设,以企业统一社会信用代码为基础,归集企业信用信息,形成企业信用信息记录,通过信用网站对社会公示。健全多部门、跨行业的守信联合激励和失信联合惩戒机制,开展信用宣传,推动信用修复工作。召开信用修复专题培训会。全年归集各类信用信息130余万条。

【规划引领产业升级】 2020年,红桥区成立“十四五”规划工作领导小组、专家咨询委员会,起草、论证“十四五”规划纲要。开展课题研究,形成综合类课题研究成果8个。开展公众建言献策活动,征集意见建议200余条。推动19个职能部门编制形成专项规划初稿。开展"十四五"规划纲要有关座谈研讨10余次,形成"十四五"规划征求意见稿。加强服务业专项资金项目监督管理,对艺点意创公司的艺点文创产业链公共服务平台研发项目,异乡好居全球公寓长租预订平台升级项目,中海油天津化工研究设计院重质油加工重点实验室研发平台建设(天津)项目等服务业专项资金项目监管和服务,规范专项资金项目管理和使用。

2020年11月23日,区发展改革委组织召开"十四五"规划企业代表、党外人士专场论证会　（区发展改革委　提供）

【节能工作】　2020年,红桥区各部门开展2019年度节能工作总结,完成红桥区2019年能耗"双控"目标责任考核自查、工作卷编制及报送工作。指导区内重点用能单位在线填报能源状况利用报告,完成2019年度重点用能单位能源审计审核。确定2020年区内重点用能单位名录,按季度报送节能形势分析报告。推动重点项目完成节能技术改造,开展节能技术改造征集工作,组织策划节能宣传片、节能主题摄影、社区宣传等活动。推动2020年居民小区公共充电桩建设,截至2020年年底完成8个居民小区118台桩体建设工作并上线运营。

【项目投资管理】　2020年,红桥区全年实现新开工投资项目14个,其中5000万元以上项目9个,总投资规模9.57亿元。申请发行地方政府专项债券项目3个,发行额度2.60亿元。申请中央预算内投资1940万元,3个市级重点建设项目实现开工。新增储备项目67个,总投资规模37.88亿元,新增谋划项目32个,总投资规模663亿元。

2020年10月16日,区发展改革委在欧亚达广场开展"世界粮食日"宣传活动　（区发展改革委　提供）

【价格管理】　2020年,区发展改革委履行价格管理职能,上报市场价格监测报告分析和节假日数据波动等材料。启动应急价格监测,加强新冠肺炎疫情防控期间粮油肉蛋菜等居民生活消费品、疫情防控商品的市场供求和价格监测。完成涉案财物价格认定工作,全年受理各类案件97件,涉及标的金额190.63万元,其中涉公安案件类96件,涉及标的金额185.03万元,涉纪案件1件,涉及标的金额5.60万元。

【粮食管理】　2020年,红桥区落实粮食安全区长责任制,落实粮油市场价格监测、储备粮监管、爱粮节粮宣传等工作,报送粮油监测报表等材料560余篇。加强粮食流通监督管理,完善粮食应急保障体系。新冠肺炎疫情防控期间，出台《应对新型肺炎疫情期间粮油供应保障工作方案》，积极应对疫情影响，全面落实“六保”任务。

（王　雷）

财　政

【概况】　2020年，天津市红桥区财政局（以下简称区财政局）实施财政政策，统筹疫情防控和经济社会发展等工作。2020年区级一般公共预算收入实现20.40亿元，完成预算101.50%，比上年增长6%。其中，税收收入12亿元，同比下降6%，占一般公共预算收入的66%，比上年降低7.20%，非税收入8.40亿元，同比增长29.20%。区级一般公共预算支出39.57亿元，完成调整预算的100%，增长0.90%，一般公共预算收支基本平衡，其中一般公共服务支出6.20亿元，教育支出10.89亿元，社会保障和就业支出10.66亿元，卫生健康支出3.14亿元，城乡社区支出4.07亿元。新增地方政府专项债券收入2.10亿元，再融资债券收入1亿元，加上上年结余2616万元、市财政返还土地出让收入3.20亿元，政府性基金预算财力达6.56亿元。政府性基金预算支出6.25亿元，其中安排还本付息支出4.14亿元，地方政府专项债券支出2.10亿元，安排债券发行费等支出91万元。国有资本经营收入849万元，完成预算100%，比上年增长69.80%，其中区属国有企业盘活闲置资产收入407万元。国有资本经营支出310万元，完成预算100%。按财政体制市财政统筹安排编制社会保险基金预算，无区级社会保险基金收支预算。2020年新增政府债券额度2.28亿元，其中一般债券1800万元，专项债券2.10亿元。市财政对红桥区下达专项转移支付预算10.98亿元。一般公共预算8.28亿元，包括抗疫特别国债预留资金1.61亿元，政府性基金预算2.70亿元，包括抗疫特别国债2.44亿元，国有资本经营预算49万元。

【财政政策发挥】　2020年，区财政局发挥财政政策逆周期调节功能，监测经济运行，落实纾困政策。落实减税降费政策，阶段性免征部分行业增值税以及中小微企业养老、失业和工伤保险缴费，将小微企业、个体工商户所得税缓至2021年缴纳，全年减税降费2亿余元。建立新增财政资金直达基层机制，将市财政下达区的抗疫特别国债4.05亿元和特殊转移支付4.94亿元，分配使用直达基层一线、直接惠企利民。培育发展科技创新企业，安排各类产业扶持资金9500万元，为639家市场主体减免房租1646万元，撮合“私租私”4000余户，减免房租5200万元。

【助力三大攻坚战】　2020年，红桥区严格债务限额管理和预算约束，完善债务“借用管还”机制，建立举债融资事前安全审查机制，做好债务风险动态监控和风险研判，配合国家和天津市债务审计工作，用好用足国家财政金融政策，将2020年度到期债务适时展期缓释，缓解偿债压力。落实帮扶甘肃省碌曲县、合水县各类资金7889万元，完成区级财政消费扶贫采购5949万元。统筹资金4104万元用于污染治理。投入专项资金1800万元用于全区408个雨污混接点改造。

【“六保”任务落实】　2020年，红桥区接收2020年度秋季退役士兵，完成退役士兵社会保险集中补缴任务，为1281家单位发放失业保险援企稳岗补贴857万元，为6392家企业发放就业补贴2161万元。支持保基本民生，适度扩大低保覆盖和临时救助范围，提高阶段性价格临时补贴标准，发放各类保障和救助金3.56亿元。安排专项资金815万元，加大粮油物资储备。

【社会事业支持】　2020年，红桥区推进20项民心工程，全年安排民生领域支出39.34亿元，支持“教育兴区”战略，安排教育支出11.77亿元，新建改建公办幼儿园4所，完成1620个学前教育学位建设，超额完成学前教育学位补建任务。完成红桥小学、少年宫修缮加固、桃花园小学改扩建，完成民族中学供热改造和楼体外立面排险以及八十九中学校园围墙排险加固，将特殊教育津贴由15%提高到30%。安排卫生健康支出4.11亿元，推进西沽街社区卫生服务中心、红桥区中医医院建设项目，推进健康天津行动，分级诊疗制度，10个社区卫生服务中心完成标准化全科门诊建设。安排3169万元专项资金用于文化旅游体育与传媒事业，6个街道综合性文化服务中心、52个社区综合性文化服务中心达标，完成29个社区健身园、

435件健身器材安装。优化养老服务设施布局，新建2座养老院和105个社区老年日间照料中心（站），新增养老床位550张，提升12个一级老人家食堂和107个二级老人家食堂管理服务水平。安排创建国家食品安全示范城市工作专项资金1127万元，安排创文创卫和市容综合整治工作经费6755万元。

【财政管理监督】 2020年，红桥区按照预算法定要求，按时下达预算，按时报告预算执行、调整、债务管理和行政事业单位国有资产管理情况，研究办理人大常委会审查意见，做好预决算信息公开工作，开展结余资金清查，清理盘活财政存量资金7500余万元。盘活闲置低效国有资产，实现收入4.70亿元。规范财政票据缴销，区财政局收回行政事业单位及社会团体《天津市非税收入统一缴款书》4.42万份，《天津市财政局行政事业性收费统一票证》14本、《天津市当场罚没款收据》26本、《天津市妇联系统家庭联办托儿所交款收据》2本、《天津市公益事业捐赠统一票据》7本、《医疗门诊收据》53本。开展行政事业单位的财务内控制度落实情况检查和会计主体的会计信息质量监督检查，以随机抽取方式对2家行政单位、3家企事业单位实施执法检查，检查发现整改问题3项。

【"小金库"专项治理】2020年，红桥区纳入"小金库"专项治理范围单位572个，查处小金库27个，涉及资金105.70万元。印发《关于进一步加强全区各单位资金资产安全管理的通知》，建立资金管理相关岗位责任人制度，财务人员定期交流轮岗制度等工作制度8项。市级检查组发现34项109个具体问题并推动整改。规范编制人数较少单位财务核算工作，9个一级预算单位、3个二级预算单位、18个代管非独立核算单位移交区机关事务服务中心。对各部门、各单位8项制度执行情况、内控管理、银行账户、固定资产管理等情况定期跟踪督导。区财政局与区纪委监委、区审计局等部门职能贯通、相互协调、联查联动，盯紧关键少数、关键岗位，开展财经检查监督。协助区纪委监委开展重大案件调查取证工作，开展警示教育、专项治理。

2020年4月16日，区财政局在区委礼堂召开红桥区小金库问题专项治理工作培训会 （区财政局 提供）

【预算管理改革】 2020年，红桥区加强财政局预算执行管理，严控一般性支出和"三公"经费预算，强化资金统筹，一般性支出压减34.80%，"三公"经费支出压减48.50%，项目预算实行一年一定、以收定支、量入为出。落实市政府严把支出关口过真紧日子工作措施，建立"禁止类"和"限制类"管控清单，核减各单位部门预算资金2259万元，推行预算绩效管理，对9个重点项目开展绩效评估，按照"谁申请资金，谁设定目标""谁分配资金，谁审核目标"原则，建立预算绩效管理体系和工作机制。

（陈云红）

税　务

【概况】 2020年，国家税务总局天津市红桥区税务局（以下简称区税务局）依法组织收入，持续减税降费，优化服务，抓好新冠肺炎疫情防控工作。全年组织总局口径税收收入24.43亿元，市一般公共预算收入完成14.19亿元（不含非税收入），区级税收收入8.47亿元。

【征收管理】 2020年，区税务局确定115户重点税源企业，跟踪收入进度，动态监管，重点税源企业入库税收收入16.22亿元，占全部税收收入的66.40%。完成上年度企业所得税汇缴工作，做好个人所得税汇算申报，综合所得年度汇算退税 1200 万元，补缴税款 608 万元；入库房产税、城镇土地使用税 1.30 亿元，减免税额 2377 万元；入库非居民企业收入 1694 万元；征收基本养老保险费 5.33 亿元；基本医疗保险费 3.77 亿元。

【减税降费】 2020 年，区税务局学习贯彻最新政策措施，通过实地走访、税企座谈、电话询问、编制问答手册等方式，进行政策宣传和业务操作指导，推送税收优惠政策。新冠肺炎疫情防控期间，根据国家发布的各税种优惠政策实施范围，梳理、核实、摸排纳税人信息，实施政策福利，红桥区新增减税降费 1.84 亿元。

【税务护苗行动】 2020 年，红桥区开展“税务护苗行动”，税务局领导班子分片包干、带队走访，解决企业实际问题。依托直播平台开展“云课堂”，实现办税辅导服务 24 小时“不打烊”。走访企业 1056 户，收集调查问卷 1688 份，解决各类问题 59 个，各种举措被新华网、人民网、《天津日报》等主流媒体报道 91 次。

【纳税服务】 2020 年，区税务局推广“非接触式”办税，梳理明确 200 余个可在网上办理的涉税缴费事项，推广《电子税务局“非接触式”办税缴费相关问题解答》，方便纳税人、缴费人在线办理业务。开通网上办税咨询辅导专线 16 部，新冠肺炎疫情防控期间接听电话 4000 余通，解读税收优惠政策 1950 户次，帮助完成网上操作 1400 余人次，现场预约办理 2413 人次。

（李　蕊）

市场监管

【概况】 2020 年，红桥区市场监督管理局（以下简称区市场监管局）把新冠肺炎疫情防控作为重大政治任务，做好疫情防控、推动全区复工复产和市场主体的复商复市工作，守牢安全防线，维护市场秩序，推动市级文明城区、国家卫生区和国家食品安全示范城创建工作，完成各项市场监管任务。2020 年，区市场监管局西于庄街道市场监管所获“全国市场监管系统优秀市场监管所”荣誉称号。

2020 年，区税务局深入天津津酒集团开展走访帮扶

（区税务局　提供）

【行政审批】 2020 年，红桥区有市场主体 3.97 万户，注册资本 1182.88 亿元。其中，内资企业 1.49 万户，外资企业 142 户，个体工商户 2.47 万户。按照“非禁即入、非禁即准”原则，执行市场准入负面清单管理制度要求，推进“经营场所负面清单管理”和“豁免登记”制度，大同门市场、一号路菜市场和运河新天地夜市依法准予豁免登记。推进“一制三化”登记制度改革，推行企业登记全程电子化，将企业开办时间压缩至 1 天，推进“证照分离”改革和简易注销，实现企业名称自主申报制度全覆盖和企业注销一网服务。全年办理各类企业注册登记 5192 户次，个体工商户 6226 户次，企业办理信用承诺审批 4914 户次，企业实行“网上办、不见面”审批 3387 户次，接待企业咨询 1.74 万户次。

【服务市场经营主体】 2020 年，红桥区开展“政策+技术”精准帮扶，为天津红桥区壳牌石油销售有限公司、中煤邯郸矿山机械有限责任公司、天津金拱门食品有限公司、中铁（天津）隧道工程勘察设计有限公司等企业提供名称核准政策指导，解决企业迁址、团体登记等方面难题。落实“惠企 21 条”措施，深化“互联网+政务服务”改革，对企业注册登记、食品经营许可实行“网上办、不见面”“保安全、能办事”政务服务。支持医用防护服、口罩等疫情防控医用物资生产和辅料企业扩大产能,实行提前介入、全程服务。落实支持中小微企业和个体工商户发展27条,推动个体工商户跨区迁移政策落实,明确个体工商户跨区迁移流程。全年受理网上动产抵押登记业务38件,审核租赁借贷金额2.15亿元,全程网上申请、递交材料、预审、审核、出证、公示。

【标准化管理】 2020年,红桥区贯彻实施《天津市企业产品和服务标准管理办法(试行)》,定期对平台企业和标准信息录入情况进行监管。支持企业、事业单位和社会团体等参加国际标准、国家标准、行业标准、地方标准的制(修)订工作,帮助区内1家企业申报天津市标准化资助项目资金。引导天津华云自控股份有限公司参加百城千业万企对标达标工作。开展"双随机、一公开"企业标准自我声明监督检查工作,对企业标准信息公共服务平台上自我声明公开现行有效的标准进行抽样,抽查企业标准30项,督促企业落实整改。加强流通领域认证产品监督管理,对大型超市、商场、都行商城等流通主渠道获得强制性认证产品合规性开展专项检查,重点对家用电器、儿童玩具、消防产品、电动自行车、电线产品等热点产品进行检查,检查商户40余户次,涉及生产厂家150余个,产品型号400余种。对大型超市、农副产品市场等流通主渠道的有机认证合规性开展专项检查,检查大型超市4家,有机产品6种。开展认证从业机构、检验检测机构"双随机、一公开"检查,检查检验检测机构2家,获证组织1家。

【食品安全监管】 2020年,红桥区印发《关于进一步加强食品安全工作的实施方案》,制定《天津市红桥区区级党政领导干部食品安全工作责任清单和任务清单》《天津市红桥区食品安全工作相关部门职责清单和任务清单》和《食品安全社会监督员工作制度》,聘请人大代表、政协委员等社会人士为社会监督员。明确区、街、社区三级食品安全监管网络,制定《食品安全科普站建设规范》,指导各街道社区规范开展食品安全科普宣传站工作,督促食品生产企业利用信息化手段落实自查制度,排查风险隐患,落实原辅材料查验、生产过程控制、产品出厂检验等食品安全主体责任及法律义务,全区食品生产企业自查率100%。加强食品(含食盐)销售者主体依法落实食品安全主体责任。集中交易市场开办者主体责任,集中交易市场的入场销售者建档率100%。开展食品经营环节风险分级及日常监管系统基础数据补录工作,完善食用农产品相关经营主体基础数据库,监督食用农产品销售者履行进货查验与记录等义务,提高食品生产经营监管能力。筹建"食安红桥培训学院"现代化食品安全培训管理平台,引导食品安全监管人员、协管人员,学习食品安全监管知识,实现对全区食品安全监管人员及协管人员的培训与考核。红桥区摸排食品生产经营环节风险点,开展为期三个月的食品经营环节隐患排查工作,对3个方面44项重点内容进行排查。对存在食品安全隐患的食品经营者,建立台账,加强监管,督促整改,实地核查整改落实情况,做好现场检查笔录。出动执法人员4941人次,检查食品销售经营者1707个,检查餐饮单位2016个,检查固定食品摊贩791个,规范经营行为396件,立案27件。利用移动执法终端对全区7000余户食品经营者(含食用农产品)、固定摊贩开展风险等级评定,按照风险等

2020年5月3日,市市场监管委到区督查食品安全工作,检查菜市场商户索证索票情况　　　　(区市场监管局　提供)

级确定监管频次，做好日常巡查。结合固体饮料压片糖果专项整治行动、重大节点及大型活动保障、食品添加剂专项整治、肉制品生产企业质量安全监管专项整治、长江禁渔专项行动、畜禽水产品质量安全专项整治行动等专项检查，督促指导经营者依规经营、合法经营，监督其自觉履行进货查验、索证索票、质量安全自查等主体责任。推广"无接触"式餐饮服务，严防、严控、严管全链条食品安全，新冠肺炎疫情防控期间对22家医学观察隔离点的9家送餐单位监督检查，对"京东到家""每日优鲜""多点"等外卖平台经营者进行监督抽检25批次，完成对"美团""饿了么"平台671户经营者的摸排和现场核查。指导餐饮单位复工复产后开展清洁打扫，清理过期、临期食品，组织检验机构免费对复产餐饮单位进行抽验200项次。推进"明厨亮灶"，组织公众参与随机查餐厅行动，公开红黑榜。处置年夜饭包桌退订投诉900余件。强化校园食品安全监管力度，对9所学校食堂、2家集体用餐配送单位和29家托幼机构的餐饮从业人员健康状况，加工、存放食品设施设备运行情况等11项内容进行监督检查。开展餐具洁净度(ATP)、过氧化质、酸价和农药残留等项目快检69件。加大监督抽检力度，全年对食品生产、销售、餐饮服务等各环节开展2406批次抽检任务并全部公示。建立标准化菜市场食用农产品快速检测及公示体系，抽检涉及水产品、畜禽肉、蔬菜、水果4大类食用农产品2.62万批次。

【药品药械监管】 2020年，红桥区开展对中药饮片质量集中专项整治、无菌和植入性医疗器械专项检查、医疗器械清网行动等专项行动，实施各类经营企业、使用单位监督检查256家次，完成国家、天津市两级"两品一械"抽验任务100批次，立案9起，结案12起，罚款29.10万元，报送各类药械不良反应408例。开展非法收售药品打击行动，出动执法人员2100人次，巡查重点地区、市场和楼群1100处次，没收药品500余盒。新冠肺炎疫情防控期间，排查药品、药械经营企业5350户次，对奥司他韦、利巴韦林等20余种防控药品加大排查力度，推动药品零售企业100%实行实名登记制度。汇总上报全区药品零售企业反馈登记顾客购买退烧、止咳类药物信息2.05万条。

【特种设备安全监管】 2020年，红桥区依托特种设备动态监管系统，对1626台(套)进行报检提示提醒。依法办理特种设备的注册登记、过户移装、维修改造、停用报废等审批流程，接待来电来访咨询1500余项，办理各类特种设备行政审批事项1300余项。在重大节日、重要时段做好特种设备安全保障工作，元旦、春节期间以供热锅炉、人员密集场所电梯、场内机动车、起重等设备为重点，对辖区内三大供热站、红星美凯龙、麦德龙超市、华润超市、天津西站等11家公众聚集场所特种设备进行现场检查。"两会"期间，联合特检院对地铁西北角站和陆家嘴商业中心电梯开展联合检查。中秋、国庆期间，对人员密集场所开展特种设备专项执法检查，对商超、超市、车站等重点场所开展滚动式、不间断执法检查，检查发现1家使用单位紧急报警装置不能有效应答，现场整改。利用安全月、科技周以及"电梯安全宣传周"等专题宣传活动，对社区居民普及电梯安全和应急避险知识，解答公众疑问，发放各类宣传材料2500余份。制定《特种设备安全专项整

2020年11月，区市场监管局监管干部到区内药店检查药品销售情况

（区市场监管局 提供）

治三年行动实施方案》，牵头组织各行业领域主管部门及街道建立联席会议制度，制定《关于加强重点行业领域特种设备安全专项整治三年行动工作方案》，针对重点行业领域，开展特种设备安全专项联合检查。全区注册特种设备使用单位229家，各类设备3428台，其中锅炉63台，压力容器396台，压力管道684米，电梯2616台，起重机械266台，场（厂）内专用机动车辆87台。

【广告监管】 2020年，红桥区推进重点领域广告监管专项行动，做好金融投资、“清朗”专项行动、未成年人暑期网络环境专项整治、网络直播行业虚假广告等专项治理工作。制定《红桥区市场监管局关于进一步加强医疗美容综合监管执法工作方案》，强化医疗美容广告监测检查，加大虚假违法广告案件查处力度，区市场监管局与区卫生健康委协调配合，建立违法医疗美容广告案件的协调、移送、查办机制。开展广告业统计工作，完成1家事业单位的广告业统计调查和2家规上企业、73家规下企业的审核上报工作。加强互联网广告监测，定期查看国家互联网监测平台、移动互联网监测平台和传统媒体监测平台数据，规范监测线索处置。对区内3家期刊和红桥有线电视台开展行政指导及法律法规宣贯工作。开展清理整治低俗庸俗媚俗广告专项行动，市场监管局出动执法人员90人次，检查广告99条次。

【野生动物保护】 2020年，区市场监管局强化野生动物保护领导责任、属地责任、监管责任、主体责任。新冠肺炎疫情防控期间，明确细化各成员单位工作职责、任务分工，制定《红桥区市场监管局贯彻〈天津市人民代表大会常务委员会关于禁止食用野生动物的决定〉的工作方案》，突出重点区域、场所、行为，加强执法检查，打击和取缔食用野生动物违法行为，实现餐饮场所无非法食用野生动物。制定落实《市市场监管委贯彻〈天津市加强野生动物管理若干规定〉工作方案》的措施，建立野生动物保护联络机制，制定《野生动物经营承诺书》、野生动物经营者基本信息表及巡查记录模板。联合检查千里堤市场、古玩城市场野生动物保护情况。印发野生动物保护、舌尖上的“禁食令”等宣传材料1300余份。

【价格监管】 2020年，红桥区开展价格专项检查18个，出动350人次，检查170户，提醒告诫352户次，按防疫期间公共事业优惠政策优惠金额381.50万元，立案处罚价格违法行为3起，罚款金额1.02万元。围绕春节、中秋、国庆消费集中的民生价格领域，加大巡查检查，依法办理价格投诉举报，打击价格违法行为。出动执法人员50人次，巡查检查60户次，发放提醒告诫函60份，引导经营者妥善处置节日期间发生的价格纠纷、合理定价。疫情防控期间，向区内药店、菜市场、大型商超及其他零售单位发放规范价格行为提醒函1400余份，价格自律承诺书2100份，张贴《天津市市场监管委关于稳定蔬菜等日常生活必需品价格维护市场价格秩序严厉打击价格违法行为公告》和《市市场监管委关于维护防疫用品市场秩序严厉打击价格违法行为的公告》151份。做好价格监测工作，统计上报重点商品包括粮油蛋菜奶肉等生活必需品价格监测情况。开展降价减费政策落实专项检查，召开红桥区菜市场转供电清理规范工作推动会，要求各菜市场对照转供电政策规定自觉规范转供电行为，做好降价退费工作，向47家转供电主体经营者发放电子版转供电政策提醒告诫函，转供电传导5%降费红利退费93.80万元。

【质量监管】 2020年，红桥区做好质量认证体系建设推动工作，召开质量认证知识培训会，帮扶区内防疫物资生产企业迅速投产。联系化工研究设计院、中创新海（天津）认证服务有限公司、天津正本电气股份有限公司等7个企业，了解企业生产经营情况及各种问题，给予政策、技术上的支持。开展危险化学品安全大起底大排查大整治工作。制定《红桥区市场监管局危险化学品安全大起底大排查大整治工作方案》，对15家相关企业进行监督检查。重点检查工业产品生产许可证、中文标志、厂名厂址、检验报告及产品质量合格证明等。加大市场质量监管力度，开展专项监督抽查，市级监督抽查民用口罩9批次，汽、柴油7批次，童装5批次及女装2批次。对3批次不合格口罩销售企业进行立案查处，对柴油、尿素水溶液、电动自行车充电器、电动自行车蓄电池、电线电缆、民用口罩、建筑类涂料、胶粘剂8类35批次商品进行区级监督抽检。开展防疫物资产品、电线电缆、电动自行车、消防产品、塑料制品、淘汰落后产能等专项整治工作。督促经营企业落实产品质量安全主体责任,提升产品质量安全保障能力。开展“质量月”活动,对在疫情防控工作中做出突出贡献的企业,在申报天津质量奖和天津市质量攻关重点项目中,予以政策倾斜,线上申报,帮助企业提质增效、降废减损,提升经济效益和社会效益。对接河北工业大学,帮助其申报优化社区适老空间的设计研究课题,指导企业做好成果汇总、参加评选等工作。

【信用监管】 2020年,红桥区制定《“双随机、一公开”监管联席会议制度》和《关于开展2020年度“双随机、一公开”抽查活动实施方案》,召开红桥区无证无照经营查处工作暨“双随机、一公开”监管联席会议和“双随机、一公开”监管工作联席会议联络员培训暨部门联合抽查工作操作流程介绍会,制定抽查计划和检查事项清单,对涉及人力资源和教育的企业41户开展部门联合“双随机、一公开”抽查工作。开展登记事项和公示信息抽查,建立执法人员库和检查对象库。推动市场主体年报工作,印发宣传册8000册,发送提示信息5万余条,企业年报率84.20%。实施信用风险分类修复437户企业,541户企业被列入严重违法失信企业名单。做好经营异常名录和严重违法失信企业名单管理工作,规范流程和证据材料,做好经营异常名录列入、移出工作。截至年底,有2952户次企业被列入经营异常名录,18户次个体工商户被标记为经营异常状态,依申请将159户企业移出企业经营异常名录、278户个体工商户恢复正常记载状态。2020年,34户企业在公告期内履行公示义务,被移出待列严重违法失信企业名单。落实《天津市市场和质量监督管理委员会实施协同监管和联合惩戒措施暂行办法》文件要求,确保协同监管和联合惩戒机制落实到位。定期登录联合奖惩监管系统,办理联合奖惩工作事项。加强无证无照经营综合治理。制发《2020年无证无照经营综合治理方案》,组织各成员单位每月报送无证无照经营信息通报台账和统计表。落实市场主体信用风险分类修复机制,落实《天津市市场主体信用风险分类修复程序规定》,在区市场监管局门户网站“办事指南”栏目内公示,明确工作流程,指导部门受理企业申请。对提出申请的4户因受到行政处罚导致信用风险结果为警示的企业进行信用风险修复。

【反不正当竞争】 2020年,红桥区制定《加强反不正当竞争执法营造公平竞争环境工作实施方案》,加强商业秘密保护,聚焦重点领域反不正当竞争执法,推动各类市场主体公平参与竞争。对圣威科技、卓朗科技2个科技型企业开展商业秘密保护基地建设,制定商业秘密保护行政指引、指南,建立商业秘密保护联络员机制,维护企业正当的市场竞争利益和竞争优势。加强《中华人民共和国反不正当竞争法》等法律及商业秘密保护规章的宣传培训,指导企业建立和完善保密协议等商业秘密保护内部管理制度。引导企业树立公平竞争意识,依法合规经营,明确权利边界,避免侵犯他人商业秘密及知识产权。加强执法办案力度,对不正当竞争行为坚决予以查处。加大对侵犯商业秘密、利用技术手段实施不正当竞争等重大疑难、新类型、典型案件的研究和查办力度。2020年,区市场监管局查处违反《中华人民共和国反不正当竞争法》案件立案3起。联合相关部门,对公元大观涉嫌虚假宣传舆论立案调查。开展保健市场乱象长效治理工作,联合相关24个部门建立区保健市场监管联席会议制度,制定加强保健市场乱象长效治理若干措施,从制度机制、事前风险防范、日常管理3个方面加强保健市场长效监管。开展公平竞争审查工作,区市场监管局联合区发展改革委、区司法局、区财政局、区商务局印发《天津市红桥区开展妨碍统一市场和公平竞争的政策措施清理工作方案》。调整联席会议成员,对以各街道,各委、办、局,各有关单位名义制定的规范性文件及其他政策措施中存在妨碍统一市场和公平竞争的各种规定和做法进行自查清理,清理存在妨碍统一市场和公平竞争的文件7件。

【打击传销】 2020年,区市场监管局召开红桥区2020年打击传销联席会议,开展依法取缔和打击“精神传销”有害培训专项行动。摸排经营范围含教育、咨询类企业(商户)1319家,保护市场主体合法权益。开展打击传销宣传教育工作,利用专项资金为全区10个街道115个社区配备各类宣传材料6万份,以社区为单位开展打击传销宣传工作。

【计量检定】 2020年,区市场监管局到津酒集团、丁字沽供热站开展能源计量检查,检查压力表153块,数字温度测试仪58块,可燃气体报警器4块。向企业宣传《能源计量管理办法》,帮助企业提高计量管理水平,促进企业节约降耗。开展能效标识专项执法检查,对国美电器、麦德龙超市等5个电器卖场开展能效标志检查,检查能效标志目录中的家电产品12种,涉及家电生产企业64家,产品型号321种。开展民生计量检查,对民生领域在用强检计量器具集中检查,涉及44家检查计量器具1080台。其中,检查菜市场13家电子计价秤699台,加油站10家加油机45台,超市6家电子计价秤85台,眼镜店12家计量器具35台,医疗卫生机构3家计量器具216台,对其中8家菜市场、12家眼镜店、8家加油站开展双随机检查,检查公平秤8台、电子计价秤440台、验光仪12台、焦度计11台、镜片箱12台、加油机35台、加油枪118把。开展安全计量检查,检查中嘉花园供热站在用安全防护类计量器具。对建标单位、制造计量器具企业开展计量检查,检查建标单位2家,制造计量器具企业1家计量器具30台。加强计量宣传与服务工作,到天津市第六老年公寓、建安医院开展“世界计量日”“计量便民服务日”活动。“世界认可日”期间,向企业、认证机构、经营商户发放宣传材料百余份,发布世界标准日祝词和宣传海报。组织区内科仪计量技术(天津)有限公司等3家计量企业,21人次观看计量服务中小企业网络大讲堂6期。对区内医疗卫生相关在用计量器具,从三甲医院到社区卫生服务中心的计量器具,包括发热门诊所使用的计量器具全覆盖检定。新冠肺炎疫情以来,推动各企事业单位复工复产,为44家区内单位检定计量器具2142台件,为企事业单位减免非强制计量检定费用6.14万元。

【“双打”工作】 2020年,红桥区制发《红桥区2020年打击侵权假冒宣传工作方案》,春节期间通过投诉举报线索及巡查发现4户涉嫌售卖假冒伪劣口罩制品的商户,立案调查扣留问题口罩2000余件。全年立案24件,结案22件,涉案金额64.62万元,罚没款43.26万元,涉及口罩等防疫物资案件8件,3个案件被市市场监管综合行政执法总队列为典型案件。区市场监管局组织红桥区“4·26”集中销毁工作,依法销毁区“双打”(打击侵犯知识产权和制售假冒伪劣商品工作)领导小组各成员单位查获的假冒伪劣商品,涉及服饰等14大类1万件,货值14万余元。召开全区“双打”工作推动会,制发《红桥区2020年打击侵犯知识产权和制售假冒伪劣商品工作的实施方案》和《红桥区新形势下加强打击侵权假冒工作任务分工细化表》。中秋、国庆期间,出动执法人员466人次,检查企业(个体工商户)327户。对涉嫌销售侵犯注册商标专用权商品的8户市场主体立案调查,办结案件2件,移送案件2件。下发《关于“双打”案件录入行刑衔接信息共享平台的通知》,录入“天津市打击侵犯知识产权和制售假冒伪劣商品行政执法与刑事司法衔接信息共享平台”22件。

【消费维权】 2020年,区市场监管局、区消费者协会(以下简称区消协)“3·15”晚会当日受理投诉举报案件26件,均已办结。针对“3·15”晚会曝光内容,以汉堡王餐厅、天津可诺丹婷美容院、嗨学网、趣头条为重点开展检查。全年“12315”网受理投诉举报案件9757件,是上年同期的1.76倍,其中投诉案件7751件,举报案件1991件,咨询15件,办结9390件,办结率96.20%。接待消费者投诉咨询135件,接待群众来访8户次。关注晚会曝光的违法行为和违法线索,开展针对性监管执法,严厉打击虚假宣传、欺诈消费者等违法行为,做好“12315”投诉举报分拨处置。组织消协和各消协分会工作人员参加区信访办组织的“天地和”专班工作,做好为900余户业主服务、劝导等工作,参与制定各项通知、工作方案。

【消费者权益宣传】 2020年,红桥区围绕消保维权工作组织系列宣传活动,“3·15”期间通过发放消保维权材料等形式宣传维权知识和知识产权保护相关法律法规，宣传讲解《中华人民共和国消费者权益保护法》，提高消费者维权意识。通过循环广播、悬挂横幅、设立电子滚动屏等方式，加大消费维权知识宣讲力度，借助市场主办单位网站、微信、微博等媒介进行宣传，张贴宣传画60余张，发放消保宣传材料3000余份。

【服务个体劳动者、民营企业协会会员】 2020年，红桥区个体劳动者、民营企业协会（以下简称区个民协会）帮助协会会员解决新冠肺炎疫情防控期间用工难问题，组织11家会员企业参加“2020年天津市民营企业招聘会”，组织协会会员参加调研问卷8次，了解企业新冠肺炎疫情防控期间实际困难，为上级机关决策提供参考依据。相关领导到区民营企业走访调研，与协会会员单位汇联商贸有限公司、米兰购物广场座谈。

（张吉睿）

统　计

【概况】 2020年，红桥区统计局（以下简称区统计局）深化统计改革创新，提高统计数据质量，推进依法统计，推进第七次全国人口普查。经市统计局初步核算，2020年完成地区生产总值185.42亿元，按可比价计算（下同）同比上升2.10%。其中，第二产业实现增加值11.12亿元，同比下降8.90%。第三产业实现增加值174.30亿元，同比上升3%。2020年，按照《关于改革调整区统计局所属公益类事业单位有关问题的通知》要求，保留红桥区统计局普查中心，为区统计局所属事业单位，划入公益一类，经费形式为财政补助，等级规格相当于科级。

【第七次全国人口普查】 2020年，红桥区开展第七次全国人口普查工作，2020年11月1日零时为普查标准时点，红桥区将第七次全国人口普查工作列入区重点工作任务，分管区领导任区普查领导小组组长，普查办成员单位由20个相关职能部门和10个街道组成。将第七次全国人口普查工作经费列入2020年度专项预算，拨付人普专项经费460余万，其中两员经费292.50万元。制定人口普查实施方案，选聘、培训普查指导员和普查员2500余人，开展小区划分、建筑物标绘、户口整顿、普查摸底、现场登记、比对复查等各项工作。运用“线上+线下”模式对各阶段工作进行全面宣传报道，利用“9·20”统计开放日在陆家嘴广场开展“大国点名、没你不行”大型现场宣传会。加强部门联动协作，依据公安红桥分局、区卫生健康委、区民政局等部门资料，围绕人口流动频繁、人户分离情况严重等难点和问题，进行数据比对校验和查缺补漏，提高普查数据采集处理效能，印制《致广大居民的一封信》。组织居民到社区进行人口普查登记，推动自主填报工作，组织区、街人普办开展质量自查5轮，保证普全普准。12月，红桥区接受国家检查组事后质量验收，红桥区普查数据质量符合控制标准。

【依法统计】 2020年，红桥区组织全区相关单位学习贯彻习近

2020年9月20日，红桥区统计开放日暨区第七次全国人口普查宣传活动在天津陆家嘴商业广场举办，图为市民在宣传条幅上签字

（区统计局　提供）

平总书记对统计工作的重要部署和指示批示精神,落实中央相关法律规定,把防范和惩治统计造假弄虚作假、确保数据真实准确作为一项重大政治任务。开展普法宣传,推进《中华人民共和国统计法》进党校常态化,利用宪法宣传日、统计法治宣传日、统计开放日等重要节点,围绕党政领导干部、基层统计人员、统计调查对象和社会公众4个层面开展统计普法宣传。加强诚信建设和宣传,做好统计行政处罚单位"双公示"工作,开展诚信建设"入企业""入社区"等宣传工作,开展统计行政处罚单位信用修复培训工作。推动线上批发零售和住宿餐饮企业签订信用承诺书,按照《中华人民共和国统计法》等有关规定,提出处分处理建议,强化典型案件通报曝光,推动统计违纪违法责任追究到位、惩戒到位。开展"双随机"统计执法,对28家企业进行现场执法,其中行政处罚1家企业,责令改正处理3个单位。

【统计数据质量提升】 2020年,区统计局树立统计数据质量意识,落实统计各项制度改革。准确把握规模以上企业调整后的统计范围,调整重点企业监测库,确保达限企业应入尽入、应统尽统。加强名录库建设与统计,升级整合新型统计体系部门数据平台,推动利用互联网、大数据、人工智能等手段及时查找发现单位,健全拟达限企业、民营企业、"小长大"企业等名录跟踪库建设,将统计名录库维护更新日常化,规范各专业统计基础工作,确保数据质量。

【统计服务】 2020年,区统计局成立复工复产统计专班,承担区复工复产数据统计工作,梳理分析基础数据库,进行数据汇总,开展分析研判。做好经济运行监测和分析工作,强化月度、季度主要经济指标监测,强化经济运行深度解读和服务,加强对受疫情影响较大的重点行业的监测,及时预警监测各行业企业运行情况,完善经济发展预警预测工作机制,提高经济分析研判的科学性和准确性,为区委、区政府制定规划、出台政策、保持经济稳定运行提供统计支持。成立为区服务工作专班,结合疫情防控和经济发展情况,分析研判季度经济运行走势,助力企业破除瓶颈制约。丰富产品内容,创新数据服务方式,提升数据服务效能。全年出版数据统计资料12期,全新改版后红桥统计出版4期。全年撰写工作信息200余篇,在区级刊物发表10余篇。

【统计筑基工程】 2020年,区统计局优化服务决策、服务基层、服务部门、服务企业、服务社会职能,提高科学统计能力,制定《红桥区统计筑基工程实施意见》,规范统计基础工作,提高统计规范化建设。统筹和完善各专业工作流程和规范,强化业务指导与培训,提高各级统计人员依法统计意识。建立统计包联责任制。逐级明确包联的范围、分工和职责,形成包联工作分配表,分别开展对口联系工作。全年包联服务工作通过电话微信、座谈会、现场走访调研及其他方式服务企业301家,服务调研342次,其中电话微信联系320次,座谈会3次,现场走访调研19次,解决企业问题18项。

(朱亚娟)

审　计

【概况】 2020年,红桥区审计局(以下简称区审计局)推进审计管理体制改革,推进审计全覆盖,强化"真审、严审、全审、深审",依法履行审计监督职责,发挥"经济体检"作用。2020年,开展审计和审计调查26项,审计查出各类问题金额6413.31万元,下达审计决定7个,向上级机关提交报告35篇,信息和专报176篇,批示采用144篇,移送问题线索5起,其中区纪委监委对经商办企业的4名公职人员进行党纪政务处分。2020年,区审计局获天津市文明单位称号,区市容园林委员会领导干部经济责任审计工作被天津市审计局评为表彰项目。

【审计委员会】 2020年,区委审计委员会办公室召开区委审计委员会3次,学习贯彻习近平总书记对审计工作的重要指示和讲话精神,审议通过2020年审计项目计划、审计全覆盖的实施意见以及2019年区级预算执行和其他财政支出的审计工作报告等文件。

【重大政策贯彻落实跟踪审计】 2020年,红桥区组织相关单位开展红桥区新冠肺炎疫情防控资金和捐赠款物专项审计,区审计局对区财政局、区卫生健康委、区发展改革委等9个疫情防控单位进行核查,延伸3个街道,对新冠肺炎疫情防控期间困难群众兜底保障情况进行专项审计。开展红桥区中央新增财政资金直达基层惠企利民专项审计。

【财政审计】 2020年,红桥区深化财政预算执行审计,利用大数据对全区180家一级、二级预算单位开展审计,通过审计揭示"三公"经费管理使用不规范、未及时上缴应缴财政款、项目预算执行率偏低等问题,向区纪委监委移送公职人员经商办企业疑点线索。按季度跟踪区政府性债务变动情况,推动区政府防控债务风险。

【经济责任审计】 2020年,红桥区加大区管领导干部经济责任审计力度,促进领导干部依法用权和担当作为。区审计局全年组织开展区民政局、区生态局、铃铛阁街道等10个单位13名领导干部经济责任审计。加强与区纪委监委、区委组织部、区委巡察办协同联动,增强监督合力。

【民生审计】 2020年,红桥区组织开展红桥区2019年老旧小区及远年住房改造工程项目专项审计,紧盯施工质量,监督好"民心工程",对保障性安居工程、全民健身设施建设、老年人助餐服务情况开展审计,助力民心工程达标。完成对上年红桥区东西部扶贫专项经费管理使用情况的专项审计调查。选派3名干部与区纪委监委等部门联合对甘肃省合水县、碌曲县2个受援县开展东西部扶贫协作和支援合作监督检查。

2020年6月1日,区审计局选派审计干部到甘肃省合水县参加东西部扶贫协作政策落实和项目资金管理使用情况专项审计调查工作 (郑洋洋 摄)

【企业审计】 2020年,区审计局发挥审计专业优势,助力区属国有企事业单位改革,完成铃铛阁地块征地拆迁、区供热系统4个单位、潞河环境公司及相关单位专项审计。

【内部审计】 2020年,区审计局指导区国资委、区城管委建立内部审计工作机制,加强对内部单位监管,召开审计整改工作部署推动会,持续跟踪2016年以来审计查出问题,开展"回头看",督促审计查出问题整改落实。

【财政资金专项审计】 2020年,区审计局开展对红桥区新增财政资金直达市县基层直接惠企利民情况专项审计。实地走访使用抗疫国债的街道,延伸审计区国资委、区住房建设委等部门,对财政资金分配、拨付下达、管理使用及发挥绩效等情况全程跟踪审计,涉及资金9.41亿元。

(陈柏羽)

国有资产监管

【概况】 2020年,天津市红桥区人民政府国有资产监督管理委员会(以下简称区政府国资委)以深化国企改革为重点任务,不断增强国有经济的竞争力、创新力、影响力。克服新冠肺炎疫情影响,整合国有资本要素资源,加大资产盘活处置力度,完成国有资本收益和街道管理处资金上缴工作,全年向区财政上缴资金6157万元。做好“六稳”工作,落实“六保”任务,落实“惠企21条、27条”政策,为380户中小微企业和个体工商户减免租金,减免面积4.48万平方米,减免金额880.72万元。助推打好全区脱贫攻坚战,推动产业合作,促成红桥区国有企业到受援地区投资,投资额1900万元,5家对口帮扶企业完成年度产业扶贫任务。

【国有企业改革】 2020年,红桥区召开进一步加强国有企业财务管理工作会议,完善薪酬分配机制,制定出台《红桥区区管国有企业负责人薪酬管理办法(试行)》《红桥区区管国有企业负责人经营业绩考核办法(试行)》和《红桥区区管国有企业负责人经营业绩考核细则》,在天津市红桥区国有资产投资有限公司(以下简称区国投公司)、天津市红桥区国有资产经营有限公司(以下简称:区国资经营公司)2个企业进行试点运行。完成“三供一业”(供水、供电、供热和物业管理)分离移交工作,接收5个中央和市属企业职工家属区物业管理工作,住户1694户、建筑面积9.83万平方米。按照“飞地”治理要求,接收农村集体企业——西于庄农工商股份合作社。加强企业领导班子建设,选拔任用企业领导4名,其中补充天津市红桥城市投资建设有限公司(以下简称区城投公司)领导班子成员3人。

【资本配置优化】 2020年,红桥区优化资本布局,提高资本配置使用效率,加大资产盘活处置力度。推进国有资本收益和管理处资金上缴,对区国投公司持有的冠錡大厦4层至6层闲置资产处置,以2911.50万元价格出售,上交区财政国有资本收益407万元。对区国资经营公司管理的天津市红桥区人力资源和社会保障局(以下简称区人社局)房产出售处置,售价1750万元,上缴区财政1300万元,按合同约定做好余款收缴工作。对街道管理处资金及时收缴,上缴区财政4450万元,推进经营性资产接收处置工作,查找具有出售条件的行政事业单位和街道管理处房产10处,进行价格评估,基本完成滨水饭店清退租户工作,完成三条石街道管理处资产移交工作,10个街道及管理处的资产实现应接尽接。

【“六稳”“六保”工作】 2020年,红桥区制定《区政府国资委关于落实〈天津市打赢新型冠状病毒感染肺炎疫情防控阻击战进一步促进经济社会持续健康发展的若干措施〉减免中小企业房租政策实施细则的通知》等通知3个,明确房租减免的政策范围、减免起止时间、承租单位资格确认、审批流程、房租减免方式等工作流程。制作《红桥区政府国资委落实市政府给予中小微企业和个体工商户房租优惠政策明白纸》,推动政策落实到位。落实“二房东”房租让利传导,印发《关于加快房租减免核准进度和落实租金让利全部传导给实际承租户的通知》。

【退休人员社会化管理】 2020年,红桥区推进退休人员社会化管理工作,成立红桥区国有企业退休人员社会化管理工作领导小组,印发《红桥区国有企业退休人员社会化管理工作实施方案》《红桥区国有企业退休人员社会化管理工作年进度安排》,

2020年12月30日,区政府国资委召开进一步加强国有企业财务管理工作会议 (区政府国资委 提供)

推进国有企业退休人员社会化管理工作。强化分类指导,与中央驻津和市管企业进行工作对接,妥善处理各区属企业退休人员移交属地工作,签订人员移交协议262份,涉及退休人员6.90万人,接收外省市企业移交红桥区退休人员1人,完成国企退休人员服务场所移交工作,接收服务场所3处(七〇七所1处、食品集团2处),社会化管理各项工作基本完成。到街道、社区调研,听取关于国有企业退休人员社会化管理的意见建议,解决七〇七所服务场所建设资金48.20万元,跟踪做好国企退休人员服务工作。

【健全国资监管方式】 2020年,红桥区完善国资监管机制,丰富国资监管形式,建立季度经济运行分析和月例会机制,定期听取企业经济运行和经营情况汇报,加强对市国资委月报系统中的19户企业国有资产统计月度和年度分析。建立健全内部审计制度,发挥内部审计作用,制定《红桥区国有企业内部审计工作规定(试行)》。建立健全国资监管制度,制定《关于进一步规范国有经营类房产土地出租工作的若干规定(试行)》《天津市红桥区区管国有企业违规经营投资责任追究办法(试行)》等规章制度16项,构建长效国资监管工作机制,制定印发《红桥区政府国资委出资及管理企业发展战略规划监督管理办法》,规范企业发展战略规划的编制与监督管理工作。

【供给侧结构性改革】 2020年,红桥区推进供给侧结构性改革。推动红桥区全民所有制企业公司制改革,起草《红桥区关于全面完成国有企业公司制改革的工作方案》。协调区市场监管局进一步摸清全区全民所有制企业情况,推动"僵尸企业"出清工作,对区政府国资委出资的区国投公司下属虹融公司进行清算,配合区商务局,做好其出资的金桥公司出清工作。

【营商环境优化】 2020年,红桥区优化营商环境,利用各种资源开展招商工作,协调区相关部门并发动系统企业,引进市场主体35家,完成全年工作任务的87.50%。做好安全生产工作,向企业传达、部署30余次。与监管的6家重点国有企业签订安全生产责任书。在疫情防控期间和重大节日,对企业开展安全生产检查,提示督促系统企业按照各自行业主管部门要求做好安全应急工作。走访、服务管理的企业,宣传国家及天津市相关惠企政策,帮助企业解决实际困难,为对区域经济做出贡献的企业申请并发放红桥区扶持产业发展专项资金3.33万元。协调解决天宝集团原行政事业编退休人员的养老待遇差额问题和因病死亡后一次性抚恤金的申请及拨付工作,为企业申请一次性抚恤金12.74万元。加强和完善国资系统法治建设,在国有资本监管、股权转让、国有资产无偿划转及签订合作协议、制定制度性文件等方面多次请法律顾问提出法律建议及可行性分析并出具法律意见书10余份。推动国有企业与律师事务所合作,实施企业聘用法律顾问制度,对企业重大经营决策开展法律咨询。结合《中华人民共和国民法典》的颁布实施,邀请法律顾问以专题讲座方式进行解读。

【"智慧国资"监管平台建设】 2020年,红桥区按照《贯彻国务院国资委国资监管大格局部署要求 深入推进天津"智慧国资"监管平台建设实施方案》要求,推动做好"智慧国资"监管平台建设工作,对区政府国资委管理企业进行走访调研,召开监管平台建设对接会,制定《红桥区"智慧国资"监管平台建设实施方案》,经2020年6月10日区政府第150次常务会审议通过,红桥区监管平台建设工作正式启动。落实市国资委要求建设的财务运行分析、资金监控、"三重一大"决策运行、投资管理、审计监督、产权管理等6个模块,结合监管需求,建立具有红桥区特色的党建、纪检、重要资产管理3个应用模块,加强对本系统党建工作监管全覆盖。与平台建设方召开专题研讨会议,确保平台建设有序进行,建立PC端、展示大屏、手机APP等多终端展示平台。通过采用平台界面截图结合操作指引的形式,制作《红桥区"智慧国资"监管平台企业填报用户手册》。在平台中建立预警信息提示机制，建立平台模块管理情况通报制度。对录入不完全、信息填报质量差的企业下达核查意见书。

（孙　莹）

自然资源管理

【概况】 2020年，天津市规划和自然资源局红桥分局（以下简称规划资源红桥分局）做好自然资源资产的划拨、出让、矿产资源管理以及国土空间开发整治、生态修复工作。配合开展建设用地土壤污染防治各环节的评审工作。配合区生态环境部门开展专家评审会，对西于庄棚户区Z1至Z7地块、金璐园地块、铃铛阁片拆迁指挥部等地块完成评审。

【矿产资源管理】 2020年，红桥区对区内无采矿许可证地热井调查，发现位于金忠公寓内一处地热井，经调查核实该井水温39度，按照有关规定该井不属于地热井范围。经市水务局工作人员现场踏勘，铅封该井，向市控沉领导小组办公室报备。

【第三次国土调查】 2020年，规划资源红桥分局作为红桥区第三次国土调查牵头组织部门，协调街道等有关部门，对接作业单位，到现场调研，完善相关数据。完成红桥区统一时点更新数据复核、国家级疑问图斑核查、自查自纠等工作并上报市第三次国土调查办公室。

【土地资源管理】 2020年，规划资源红桥分局与红桥区相关部门做好衔接，为碧春园双环新苑定向安置经济适用房（E地块二期）B地块及保康路（保康中道-光荣道）道路及配套管线工程项目核发建设用地规划许可证和国有建设用地划拨决定书，批准界内使用土地面积7477.50平方米。为企业和个人办理现状不动产国有建设用地使用权出让手续23件，租赁手续3件，其中支持国企混改项目5件。收取政府净收益（含租金）1200余万元。

【用地供后监管】 2020年，红桥区加强动态巡察，掌握项目进展情况，对红桥区已供土地建立和完善监管台账和巡察台账，利用土地监管平台、项目跟踪卡等，加强对已供土地的供后监管。对11个划拨类项目、15个出让类项目开、竣工情况多次现场巡察，发放告知书监管开、竣工时间，为海上花苑1至8号楼项目、泰盈科技中心项目办理竣工延期，签订国有建设用地使用权出让合同补充合同，监督项目按时竣工。

（金雁琳）

商贸旅游

商务工作

【概况】 2020年，红桥区在做好新冠肺炎疫情防控各项工作的同时，积极推进区域经济复苏发展和消费水平提升。限额以上批发零售业销售额同比增大23.2%，增幅全市排名第一；限额以上单位零售额增幅5.6%，增幅全市排名第二。

【扩大内需】 2020年，红桥区制定《红桥区落实“购天津·春风行动”方案》，举办“惠民嗨购 乐享红桥”促消费活动启动仪式，开展“惠民e购”联动回馈等系列促消费活动，动员主办单位发放各类消费券760万元。国庆期间，组织水游城、陆家嘴购物中心、欧亚达商业广场三家综合体联合开展多种店庆促销活动，打造“红桥购物节”。

【夜间经济】 2020年，红桥区推动凯莱赛夜市提升改造，调整运河新天地业态、摩天轮夜市二层提升改造，形成运河新天地、摩天轮、凯莱赛、新五爱道4个夜间经济聚集地。“五一”“十一”等节假日期间，引导夜市举办全市非遗产品展销、小型文艺演出等系列活动，向外地游客展示天津文化。摩天轮夜市被《新闻联播》、光明网、央视财经等央媒关注报道。

【菜市场建设】 2020年，红桥区加快北岸菜市场建设，12月20日开业，为本溪楼、本溪花园、翠溪园等近2万小区居民买菜提供便利。结合疫情防控及双创工作标准要求，提升菜市场卫生环境及管理水平，规范菜市场运营管理。

2020年12月20日，北岸菜市场开业　　（区商务局　提供）

【智能制造】 2020年，红桥区第一批智能制造项目8个，涉及七〇七所、卓朗科技、艺点意创、中海油等多家公司。推动津酒集团、七所精密、卓朗科技、中海油等市级企业技术中心建设，提高企业自主研发能力，新增中铁十五局市级企业技术中心。2020年市级考核评价中，中海油、卓朗科技等中心名列前茅。

【楼宇招商】 2020年，红桥区组织重点商务楼宇主办方参加红桥区商务楼宇云推介专场会，50余家驻外办、中介机构和意向企业参会，对接山东商会、市商务服务协会等中介组织。2020年，楼宇新增注册企业646家，注册资本42.30亿元，楼宇税收7.96亿元，陆家嘴金融广场、红桥科贸大厦和银泰大厦3座楼宇实现税收过亿元。

（付丽霜）

金融服务

【概况】 2020年,红桥区金融工作局(以下简称区金融局)推动金融行业服务复工复产,制定《红桥区金融工作局新型冠状病毒感染肺炎疫情防控期间金融服务快速响应工作方案》《区金融局关于鼓励驻区金融机构进一步加大支持服务区内中小微企业和个体工商户力度的具体措施》,落实"津27条"工作方案,开展银企网上实时对接互动,以"金融助力中小微 同心合力克时艰"为主题开展现场银企对接活动10场。帮助2家重点疫情防控企业获得银行授信1445万元,为312家小微企业和个体工商户对接金融机构900余次,其中180户获各类授信贷款2.75亿元,帮扶10家企业和个体工商户通过展期、无还本续贷方式解决资金难题,涉及金额2553万元。新引进各类企业20家。开展防范非法集资宣传月活动。推动区内企业股改上市,促成区内1家企业实现OTC挂牌。聘请第三方机构对小额贷款、典当等行业企业开展年审和评级工作。

【企业股改上市】 2020年,红桥区召开企业上市工作领导小组会议,审议通过《天津市红桥区企业上市工作领导小组工作规则》,建立重点企业上市对口帮扶机制。邀请华泰证券金融专家为金融局干部开展企业上市服务专题讲座。召开红桥区2020年企业上市专题培训会,邀请渤海证券专家为区上市领导小组成员单位及10家重点科技型企业负责人培训。协调区内10余个部门推动重点企业重大资产重组进程。

2020年9月10日,区金融局联合市金融局开展防范非法集资宣传活动 (区金融局提供 提供)

【防范非法集资宣传】 2020年,红桥区开展防范非法集资宣传教育,在全区17个商务楼宇和园区宣传非法集资举报奖励办法等政策,利用电子屏播放百余次,张贴宣传海报2000余张,组织2020年防范非法集资宣传月系列活动,开展防范非法集资讲座抖音直播活动,受益观众千余人,发布防范非法集资宣传短片,开展征集防范非法集资作品,开展防范非法集资志愿宣传进学校、进社区等"七进"活动300余场。

【服务金融机构】 2020年,区金融局健全与驻区银行和非银行金融机构沟通机制,到现场调研服务,帮助协调解决金融机构的问题。利用"132"包保机制加大对金融机构服务力度,组织评选最美金融机构客户经理活动,召开驻区金融机构座谈会,向金融机构介绍区情、推介重点合作项目。开展红桥区2020年金融业招商推介会,20余家金融机构参加。

【金融风险管控】 2020年,红桥区落实《天津市地方金融机构监管条例》和各行业监管办法,协助市金融局加强地方性金融机构监管。聘请第三方机构对小额贷款、融资担保、典当等行业企业年审和评级。开展金融风险排查,对全区23家经营范围和营业名称中包含相关特业词汇企业走访检查。

(李嘉宾)

商业载体建设

【概况】 2020年,红桥区有天津鹏欣水游城(以下简称水游城)、L+MALL天津陆家嘴中心(以下简称陆家嘴中心)两个大型综合现代购物商场。天津鹏欣水游城坐落于红桥区大丰路沿线,是集购物、餐饮、娱乐于一体的现代综合商场,在第二届中国商业地产企划节获"2020金灯奖·卓越视觉"奖等奖项。L+MALL天津陆家嘴中心坐落在地铁西北角站上,是集精品零售、特色餐饮、儿童体验、主题娱乐、生活家居、服务配套于一体的现代综合商场,获2020年度城市商业格局发展贡献奖等奖项。

【天津鹏欣水游城】 2020年，水游城开启线上线下双渠道购物模式，新冠肺炎疫情防控期间，在天津首推“宅家BUY”线上云购物体验活动，打造水游城“拔草YOU物线上商城”，微信服务助手“小游酱”。下半年，水游城加速线上建设，加强数字化运营，上线自助拍照积分与自助积分换礼功能，打破线上线下会员管理边界。

2020年5月17日，水游城举办“吃货节”，活动现场600余份菜品免费供消费者品鉴，同时段上线55元代100元餐饮代金券，餐饮销售同比提升20%。6月，助力商户经营恢复，水游城投入百万消费券，打造年中购物节，带动销售500万元。7月至8月，水游城联动全民K歌引爆夏日音乐浪潮。10月1日，水游城“感谢遇见一亿个你”9周年庆，举办“满800返200”“满99元赢免单”“任意消费赢小米电视”等系列主题活动，客流量、销售额超同期30%。

2020年，餐饮品牌“上官家”“咖喱大叔”“九田家”入驻。“coco都可”“围炉锅盔”“茶米茶”“红太吉”“喜茶”发挥网红品牌集客力量，吸引更多年轻消费者到访。引进“谷味多”“沙拉范”等营养、绿色餐饮品牌，满足消费者新阶段需求。“比亚迪城市展厅”“棉殿”“卡罗卡”“易菲”等时尚品牌进驻，为消费者提供多元化购物需求。

2020年9月1日，天津鹏欣水游城举办九周年店庆活动

（水游城 提供）

（李 涛）

【L+MALL天津陆家嘴中心】 2020年，陆家嘴中心完成陆家嘴集团公司和陆家嘴股份公司下发的各类统计上报任务32次，传达各级领导下发的安全生产指示通知43次。全年进行消防类培训8次，消防设施测试联动3次，反恐器材实操演练3次，防汛演练1次，突发疫情防控应急演练1次。对各岗位员工进行安全培训，每月不低于6次，每次不少于10人。消防站义务消防员日常工作培训及其他类安全预案演练培训19次，参加培训952人次。完成安全检查61次，安全隐患整改840项，消防设备完好率98%。

2020年11月9日，陆家嘴中心组织消防疏散演习

（陆家嘴中心 提供）

陆家嘴中心执行餐饮商户进货索证索票制度，严守食品及生命安全防线。举办“惠民嗨购·乐享红桥促销费”“惠动全城 陆家嘴发福利啦”活动，拉动消费，扶持商户复工复产。参与红桥区“厉行勤俭节约 反对铺张浪费”宣传活动，要求各餐饮商户禁止使用一次性餐具。利用全场公共区域及餐饮商户内明显位置，开展“厉行节约 反对浪费”宣传，张贴宣传画播放宣传视频，通过微信公众号、抖音组织各类厉行节约线上宣传及互动。

2020年，新冠肺炎疫情暴发后，陆家嘴中心遵照政府疫情一级响应防控要求，自2月6日闭店，3月12日起分业态逐步复工，多数商户受到较大冲击。陆家嘴中心做好复工商户沟通与经营预判。通过商户区域精细化管理责任制，及时掌握店铺经营情况，实现线上线下互相导流，与商户从租赁合作转为共赢关系。

陆家嘴中心利用自媒体进行防疫宣传，通过室内外LED屏播放“最美逆行者”宣传内容。5月12日护士节，举办“512天使大爱-礼赞最可爱的人”公益征集活动，向奋战在一线的医务工作者们致敬。八一建军节，利用项目下沉广场户外优势，组织策划露天电影院活动，播放红色影片《闪闪的红星》。举办“红桥消费扶贫商品展销会”活动，助力区域发展，践行国企担当。

(刘 佳)

商贸合作交流

【概况】 2020年，红桥区人民政府合作交流办公室(以下简称区政府合作交流办)落实京津冀协同发展战略、东西部扶贫协作和对口支援重大国家战略，围绕招商引资与合作交流两项核心任务，深度融合京津冀协同发展，开展碌曲、合水两项帮扶援建项目和长春宽城对口支援，完成国内招商引资到位额41.70亿元，确保招商引资工作发展。

【招商引资】 2020年，红桥区政府新增注册企业2307家，注册资金99.63亿元，千万元以上企业200家。制定年度招商目标工作台账，以招商指标单位、建议指标单位、倡议指标单位为基础，通过指标体系推动引导招商引资、引企向高质量发展转变。走访接待京煤集团、周大福集团、浪潮国际、红星美凯龙集团等数十家企业，开展“云招商”“云推介”等线上活动，参加天津市2020年重点招商项目“云签约”活动和第四届世界智能大会，举办推介会、红桥区部分政协委员企业座谈会、企联会会员企业座谈会、湖南商会企业家红桥行活动。赴京召开“抢抓机遇积极承接北京疏解资源”招商推介座谈会，市政府驻京办事处及清华大学经管学院EMBA17级北京校友会成员企业等30余人参会。与智诚科技、中铁投资、红星美凯龙等10余家企业签订意向合作协议，涉及智能大数据、房地产开发、文化旅游开发、商贸供应链等多行业多领域。

【营商环境优化】 2020年，红桥区实施服务关爱企业九项行动，开展区领导服务重点企业面对面活动。在新冠肺炎疫情期间加大对中小微企业帮扶力度，做好“接链、促需、护企”工作，推进惠企21条、中小微企业14条措施落地，为企业提供银行融资、房租减免、人才用工、项目合作等多方面服务，为企业提供招商资源对接，帮助企业度过困难时期。

(孙志鹏)

对外经济贸易

【概况】 2020年，红桥区完成外贸进出口额18.93亿元。其中，外贸出口额16.27亿元。完成实际利用外资额1417万美元，超额完成全年1040万美元指标任务。

【对外开放】 2020年，红桥区为区内外贸企业拨付外经贸专项资金122万元，帮助企业渡过难关。将最新保险贷款业务向各外贸企业宣传，帮助2家外贸公司取得贷款授信共1950万元，解决企业融资难题。利用出口信用保险、为企提供贸易纠纷法律服务，帮助企业解决业务理赔、国际反倾销诉讼等难题，帮助企业稳定业务。做好外贸政策宣传，组织企业申报提升国际化经营能力项

2020年9月24日，红桥区“抢抓机遇积极承接北京疏解资源”招商推介座谈会在北京召开 (区合作交流办 提供)

2020年11月5日至10日，红桥代表团参加在上海举办的第三届中国国际进口博览会（区商务局 提供）

目支持资金，帮助企业开拓国际市场。11月5日至10日，红桥区组织代表团参加第三届中国国际进口博览会。

（付丽霜）

旅 游

【概况】 2020年，区文化和旅游局推进大运河国家文化公园重点项目实施，打造精品旅游线路，提升区域文化软实力，利用旅游产业博览会等活动，宣传推介对口扶贫县，加强与沧州市文化和旅游局合作。

【旅游景点】 西沽文化生态园在津门七十二沽中，以“三沽”即直沽、西沽和丁字沽的历史最为悠久，而天津城北四里因地处沽水（北运河）之西而得名的西沽，以其优越的地理位置及独特的人文历史，常列“三沽”之首。西沽公园南眺子牙河，北连桃花堤，东傍北运河，西南临近现代化的交通枢纽天津西站，占地面积约35万平方米，1958年，辟为公园，已有60余年历史，是一座富含运河文化特色的生态名园。园内生态绿化覆盖率列全市各大公园之首。园内古木参天，楼台林立，小桥流水，曲径通幽。植物品种230余种，多数为原生植物，富有原生态的“野趣”，是天津市区内难得的生态科普基地。园内文化氛围领全市各大公园之先。园内建立全市首个书画名人纪念馆——梁崎龚望纪念馆，引进中华老字号荣宝斋在京外的第一家分店，建成圣和轩西沽书画园，三者交相辉映，相得益彰，形成强大的书画艺术文化集群。园内的黄叶村别有洞天，土坯茅舍、竹篱菜畦、古井辘轳，营造一派柴门掩扉，鸡犬相闻的意境，堪称繁华都市中的“世外桃源”。

天津义和团纪念馆现坐落于南运河北路，1982年被国务院列为全国重点文物保护单位。1994年5月，被中共天津市委、市政府列为“天津市爱国主义教育基地”。现占地面积1600平方米，建筑面积600平方米，是一处以道教建筑风貌为特色，以道教文化复原陈列为本源，以义和团运动史陈列为主体，以碑碣石刻收藏与展览为亮点的多元文化景区。2011年2月被评为国家AA级旅游景区。吕祖堂始建于明宣德八年（1433年），为供奉吕洞宾的道观。该建筑为中国传统寺庙建筑形式，是全国唯一一座保存完好的义和团坛口遗址。也是国内建馆最早的一所反映义和团运动的纪念馆。

福聚兴机器厂旧址坐落于天津市红桥区三条石小马路16号，是三条石地区唯一保留下来的反映天津市机器制造业形成、发展进程的历史遗存，也是天津市现

2020年10月15日，旅游产业博览会线上展示西沽公园

（区文化和旅游局 提供）

2020年7月,福聚兴机器厂旧址外景(区文化和旅游局　提供)

存较为完整的工业遗产之一。现为市级文物保护单位、国家AA级旅游景区、天津市工业旅游示范点。旧址占地面积630平方米,现存的完整车间厂房和机器设备具有很高的文物价值和历史价值。

平津战役纪念馆坐落于子牙河畔平津路,建馆工程由北京军区牵头,会同北京市、天津市共同完成建馆工作,1997年7月23日建成开馆。纪念馆占地面积4.70万平方米,建筑面积1.40万平方米,由胜利广场、主展馆、多维演示馆三部分组成,投资近2亿元。胜利广场设有大型群雕、胜利纪念碑及音乐喷泉;主展馆分三层六个展厅,除展出历史照片、文物外,还设置大型电动沙盘、多媒体演示、旧址复原、景观、雕塑等。多维演示馆是目前亚洲第一大球体建筑,高43米,直径50米,运用现代声、光、电高科技与多元化视听的艺术手段,把全景式超大银幕环球电影、背景画、战场微缩景观结合起来,演示平津战役多维空间历史画面。纪念馆建有大型兵器展场——“军威园”,园内陈列有海陆空三军捐赠的62丙型护卫艇、轰五飞机、歼五、歼六飞机等16件大型兵器,是天津市红色旅游主要景点之一。

天津津酒文化园坐落于红桥区丁字沽三号路津酒集团院内,是天津津酒集团斥资筹建的致力于传承和弘扬中华酒文化和天津酒文化的国家AA级旅游景区。天津津酒集团有限公司是天津最大的白酒酿造企业,是我国酿酒骨干企业之一。从2006年起津酒集团开始筹建津酒文化园,2007年正式对外开放,2009年被批准为国家AA级旅游景区,2010年津酒集团被评为首批天津市工业旅游示范点。天津津酒文化园旅游区在力求延续与发扬中国酒文化的同时,使参观者感受中国酒文化的渊源,集中华酒文化、天津酒文化、津酒发展历程之精髓,充分体现酒文化的特色。景区占地面积2000平方米,分为展馆、品酒互动、古典园林、醉酒体验屋、4D放映厅等几部分。

【旅游宣传推介】 2020年,红桥区推进旅游宣传营销,参加2020中国旅游产业博览会(线上),以“打造绿色城区 建设美丽红桥”为主题,通过热点图片及视频等手段全方位展示A级景区、非遗项目等红桥文化旅游资源。宣传推介对口帮扶甘肃省合水县、碌曲县文化旅游资源,为沧州市特色文旅商品进行推介,促进津冀协同发展。

【大运河国家文化公园重点项目建设】 2020年,红桥区推进大运河国家文化公园7个重点项目实施,组织召开大运河国家文化公园红桥段项目推动会,文化和旅游局协调区城市管理委、区住房建设委及规划和自然资源红桥分局等其他项目建设单位,推动项目进展。筹办第30届天津运河桃花文化商贸旅游节,委托第三方完成项目方案总体设计,依据方案启动桃花堤、西沽公园和区内商业载体三个板块总、分会场前期筹备和招商工作,扩大运河桃花节对外影响力。与运河游船运营公司对接并签订合作意向书,与海河游船有限公司洽谈利用南、北运河和子牙河水上旅游项目,完成沿河逐个点位现场考察调研,确定7个码头建设地点,专题研讨南运河运河新天地夜市游船项目提升、策划三岔河口思源广场水上休闲娱乐游、子牙河皮划艇运河休闲游以及北运河特色“船宴”餐饮游等特色旅游项目。完成天津义和团纪念馆提升改造项目立项审批工作,项目包括前广场外环境整治、展陈改造和文物建筑油漆彩绘。投资39万元,完成防雷设施、无障碍通道设施改造以及配电柜做地极和线路排除隐患改造。做好文物、非物质文化遗产和景区景点等相关内容的收集整理,聘请第三方公司制定文化文物数字管理平台设计方案。拍摄爱国主义教育基地暨运河文化景点宣传片。

(徐　明)

驻区企业

中海油天津化工研究设计院有限公司

【概况】 2020年，中海油天津化工研究设计院（以下简称中海油天津院）突破高质量发展瓶颈，开启科改示范行动战略，营业收入和利润总额再创新高，关键技术攻关和成果转化实现重大突破，连续四届获全国文明单位。2020年3月，中海油天津院入选国务院"科改示范行动"企业名单，搭建"三部两中心"组织架构。实施扶贫与扶志、扶智相结合，在新冠肺炎疫情防控期间组织33名院内高学历职工，为淋河村22名中小学生辅导功课200余节。

【科技创新】 2020年，中海油天津院获科技奖励14项，申请专利80件，获授权专利60件，新获科技项目立项30项，其中发改委重大专项子课题1项、国家基金委联合基金项目3项、中国海油集团公司重大科技专项1项、海油发展重大科技专项1项。自主研发的全球首创首套柴油吸附分离技术成功应用，全国首套拥有自主知识产权的稠油热采海水淡化锅炉给水系统投入使用，铬资源无钙焙烧高效清洁转化与铬渣综合利用技术开发及应用获中国石化联合会科技进步奖一等奖，低碳烯烃氢甲酰化低温高选择性催化体系开发与应用获中国石化联合会科技进步和技术发明一等奖，陶瓷基功能膜材料及过程强化分离装备技术获天津市科技进步二等奖。

【绿色发展】 2020年，中海油天津院每年实现节水20亿吨，减排污水10亿吨，处理含油污水5000余万吨。获国家科技进步特等奖的TCDTO-I重整生成油脱烯烃催化剂技术迭代出二代催化剂，性能提升30%，在中海油、中石化、中石油及其他炼厂27套装置实现应用，国内首创苯乙烯精馏阻聚剂，在中石油吉林石化苯乙烯装置完成试用。柴油抗磨

2020年7月9日，中海油天津院自主研发的首创首套柴油吸附分离技术在山东滨州实现应用

（中海油天津化工研究设计院　提供）

剂连续两年入围中石化集采供应商名单,在中石油下属炼厂、惠州石化、大榭石化、舟山石化、中海沥青等完成新协议的试用及正式供货。获得"水污染防治工程专项设计甲级设计资质"。年内,出具(中国强制认证)证书2000余张、报告千余份。

(赵洁娜)

天津卓朗科技发展有限公司

【概况】 2020年,天津卓朗科技发展有限公司(以下简称卓朗科技公司)在全国12个地区设立分、子公司。在全国5个城市建设运营8个数据中心,总建筑面积15.15万平方米,部署2.26万个机柜,20.59万台服务器,电力容量合计357MVA。公司拥有独立自治域,与三大运营商建立BGP连接,与教育网及科技网建立光纤直连,端口容量1000G。天津、北京研发中心团队完成组织架构完善及人才梯队建设。公司结对甘肃省合水县板桥镇锦坪村,消费扶贫21万元。2020年,公司获第六届全国文明单位、抗击新冠肺炎疫情先进民营企业,国家级荣誉2项。公司员工获市级以上优秀个人7人。

【业务开展】 2020年,卓朗科技公司面向智慧城市和智能制造等领域,为企业、政府和各类组织提供安全可信、稳定可靠、智能开放的产品,服务与解决方案。卓朗科技公司全年投标150余项,中标50余项。为新疆军区提供信息化解决方案,助力天津医科大学总医院IT设备保障,为区内"智慧国资"监管平台平稳运行注入科技支撑。在东北石油大学、中版集团数字传媒有限公司、北京大学第三医院等28地完成云部署,卓朗云基础软件覆盖军队、医院、高校、运营商、集团企业等多领域。卓朗科技公司业务覆盖100余个城市,服务覆盖党政、国防军工、制造业、金融、教育、医疗等22个行业1.20万余家企业,其中80%是制造业中小企业。

2020年4月9日,卓朗科技公司总裁张坤宇(右)与新华三集团签署战略合作协议 (卓朗科技 提供)

【合作创新】 2020年,卓朗科技公司与中国电信、中国联通、华为集团等7家企业签署战略合作协议,在基础软件开发、信息系统集成、互联网数据中心建设与服务等业务领域进行合作。卓朗科技公司产品"卓朗昆仑云"与九思软件、龙芯、统信软件(UOS)、银河麒麟等产品完成适配调优工作。与中共河北省委网信办、河北省教育厅开展合作,承办第三届河北省大学生网络与信息安全大赛。

【产品研发】 2020年,卓朗科技公司专注自主研发,研发投入7400余万元。公司产品"完美工事"服务超过40万家企业,注册用户超过千万户,全年发布版本22个,单月新增注册用户100万户。私有云、容器云和云桌面3款云基础软件产品完成12次版本迭代,完成全栈云基础软件产品矩阵的搭建,"朗数""朗图""朗擎"等大数据产品完成11次版本迭代。研发"朗盾工控网络靶场""朗阵通用靶场"和针对全新威胁体系的下一代威胁防御网关等网络安全产品。

【科技成果】 2020年,卓朗科技公司原有的信息技术服务行业重要资质全部通过年度审核,获公安部第一研究所颁发的信息安全等级保护安全建设服务机构能力评估认定。公司自主研发的"基于分布式计算机的视频会议技术及应用”项目获“2020年度天津市科学技术奖”“科学技术进步三等奖”、“鲲鹏互联远程视频会议系统”“朗数大数据服务中台”经核定编入《2020年电子信息行业自主创新成果推广目录》。“卓朗昆仑云”和“鲲鹏互联”进入中国电子信息联合会发布的《2020年中国品牌日电子信息行业国货新品推广目录》。“卓朗昆仑云”以创始黄金会员身份加入开源基础设施基金会，与全球云计算厂商共同输出开源技术，推动不同开源组织间协作发展，推进源生态在中国发展。截至2020年底，卓朗科技公司拥有发明专利32项，软件著作权214项，科学技术成果登记160项。公司员工发表高水平学术论文94篇，出版技术类专著5部，起草国家标准1项。

（蒋　婷）

天津正鑫商贸有限公司

【概况】　2020年，天津正鑫商贸有限公司（以下简称正鑫公司）经济效益实现正增长。全年实现销售4354.40万元，比上年增加0.79%；实现利润83.20万元，比上年增加48.04%。

【企业增效】　2020年新冠肺炎疫情初期，正值春节销售高峰，公司采用降价等营销手段，让利于民。一季度销售减少38.35万元，降幅2.71%。二季度抓绿茶上市之机，扩大卖点，抓粽子加工。二季度销售实现996.43万元，同比增加29.92万元，增幅3.10%。综合上半年销售同比减少8.34万元，减幅0.35%。三、四季度抓好暑期食品销售和节日营销，突出传统月饼特色，三季度销售1017.83万元，同比增加22.70万元，增幅2.28%。四季度销售961.70万元，同比增幅2.10%。

【安全管理】　2020年，正鑫公司开展安全检查3次，排查隐患2处，室内禁止电动车充电，投入7000余元购置电水壶7台，微波炉9台，禁止使用煤气罐，投入3万余元，更换照明设施，保证用电安全。

（王月琴）

天津津酒集团有限公司

【概况】　2020年，天津津酒集团有限公司（以下简称津酒集团）实现销售收入2亿元，实现利润789.35万元，上缴税金4461万元。完成混合所有制改革，菜篮子控股有限公司取得津酒集团70%股权，第一次董事会选举李春文为津酒集团董事长，并聘任为总经理。

【混合所有制改革】　2020年，津酒集团加大招商力度，与招商局海通贸易、上海复星、上海文通、菜篮子控股等多家集团公司商谈，介绍津酒生产经营情况及未来发展设想。重新清产核资、专项审计、资产评估，根据评估结果重新制定混改实施方案，召开职代会审议津酒集团混合所有制改革实施方案，审议通过人员安置方案，召开公司党委会、董事会决策混改事项。津酒集团混改实施方案及其附件经天津渤海轻工投资集团有限公司董事会、天津市国资委、天津市深化国有企业改革工作领导小组审议通过。7月30日，津酒集团增资扩股项目在天津市产权交易中心公开挂牌，最终菜篮子控股有限公司成功摘牌，于9月29日签约，取得津酒集团70%股权，津酒集团完成混合所有制改革。

【安全生产】　2020年，津酒集团开展安全生产月活动。组织全员安全知识答卷和安全培训，讲解灭火器使用及受限空间、应急救援、疏散逃生等专业知识。开展“排查整治进行时”专项活动，采取车间部门自查，安保部督查，集团联合检查的形式，对公司重点部位、场所、关键环节安全风险隐患排查整治。组织应急演练，重点车间、部门分别开展以受限空间、灭火疏散、酒罐泄漏、危化品处置、防汛为主要内容的应急演练。

【品牌宣传】　2020年，津酒集团参加各种展会宣传品牌。10月13日至15日，津酒集团参加济南召开的第103届全国糖酒商品交易会，10月16日，参加杭州举办的第17届中国中华老字号

2020年10月16日,津酒集团参加在杭州举办的第17届中国中华老字号精品博览会 (津酒集团 提供)

精品博览会,展会上展出高端战略核心品牌“龙腾天下”系列——“龙腾天下1978”“龙腾天下1984”“龙腾天下1988”三款产品,以及帝王风范系列、扁风壶系列、祥凤系列等传统“明星产品”。

(王秀颖)

天津市宝能置业有限公司

【概况】 宝能集团始创于1992年,总部位于深圳经济特区。宝能集团全面推进“制造宝能、科技宝能、民生宝能”三大战略,成为涵盖高端制造、国际物流、综合开发、民生服务四大核心业务板块的大型现代化企业集团,业务遍布全国30余个省市自治区300余个城市。天津市宝能置业有限公司(以下简称宝能置业)隶属宝能集团,成立于2008年,位于红桥区光荣道产业园区地标性建筑,是一座综合性现代化的环保生态型多功能商务写字楼。

【招商管理】 2020年,宝能置业参与区政府相关部门的招商合作,提升项目招商及运营,完成亿元楼宇发展目标。吸引建设银行、曹操专车、若鑫酒楼等众多知名企业入驻。楼宇企业170余家,入住率95%,提供就业岗位2000余个。

【服务商户】 2020年,宝能置业为企业提供信息咨询、项目对接、法律维权、政策扶持、投融资等各项综合服务,与红桥区政府协力打造政企便捷沟通平台,成立运营服务团队为众多企业解决问题,提供优质服务。新冠肺炎疫情防控期间,宝能置业与企业无缝对接,帮扶企业实现100%复工复产。

【安全管理】 2020年,宝能置业把安全工作放在首位,以“消除事故隐患,筑牢事故防线”为重点,围绕“责任有落实、制度有落地、能力有提升、应急有保障、信息有反馈”5个方面夯实安全管理基础。安全工作专人专岗,各项目安全巡检每周不少于一次,安全培训每月不少于2次,全年组织消防演练12次,300人次参加,全年安全生产零事故。

(梁 敏)

2020年6月,宝能置业开展消防演练 (宝能置业 提供)

生态环境建设

生态环境保护

【概况】 2020年，天津市红桥区生态环境局（以下简称区生态环境局）坚持以改善环境质量、解决环境突出问题为切入点，以落实第二轮第二批中央生态环境保护督察为契机，打好蓝天、碧水、净土污染防治攻坚战和生态文明建设持久战，提升区域环境质量。

【生态环境保护督察】 2020年，红桥区委、区政府成立红桥区迎接第二轮第二批中央生态环境保护督察工作领导小组，设置迎检办公室和7个工作组。督察期间，刊播相关新闻、信息413篇次（条），公开信访案件信息22条，编发工作简报18期，专报2期，向市综合协调组报送红桥区迎接环保督察工作动态29期。完成3个批次调阅清单档案资料整理报送工作，提交各类文件资料3卷37件，指导各成员单位整理第一轮环保督察整改档案资料300余卷。接收督察组转办群众信访举报案件33批121件，按期办结率、信息公开率100%。

【生态环境执法】 2020年，区生态环境局出动执法人员1431人次，检查施工工地、工业企业、医疗机构等污染源477家次，下达责令改正违法行为决定书22件，立案22件，下达行政处罚决定书21件，处罚款40.70万元。对全区医疗卫生系统开展专项环境保护执法检查，从医疗机构“建设项目环保手续”入手，重点对“医疗废物”“医疗废水”“辐射安全”等方面进行现场检查指导，出动检查人员180余人次，检查市级、区级、社区医院及私人诊所65家。

【机动车管控】 2020年，区生态环境局按照“环保取证，公安处罚”的工作机制，与交管部门协作，全年开展昼间、夜间机动车路检路查和遥感专项检测145次，手动拦检机动车1930辆，超额完成市下达的遥感检测机动车8万辆的检测任务。经检测291辆排放不合格，交管部门当场依法进行处罚。执行非道路移动机械入场前提前申报制度，对辖区内各施工工地开展机械入场前申报检测、对已取得环保检测凭证的机械进行动态跟踪抽测等非道路移动机械专项检测行动149次，检测机械311台，其中申报检测131台，抽测180台，为检测排放合格的申报机械发放环保检测凭证131个。全年召开3次机动车排放管理部署会，约谈超标车辆较多的企业。每月对市生态环境局推送的遥测筛查的高排放柴油车开展入户追车溯源、现场检测，持续对中、重型柴油车超标现象形成高压态势和执法震慑，确保移动源污染得到有效控制。全年入户检测77户次，检测车辆529辆。

【监测数据保障】 2020年，红桥区开展环境空气自动监测数据的监控、预警和发布，为科学精准调度提供技术支持。分析评估区内扬尘管控情况，提升精细化管理水平。开展国家水站数据审核及市级水站的运维质量监督，确保水质监测数据质量。对排污许可企业开展自动在线监测数据远程巡检工作，督促企业落实自行监测和信息公开主体责任。完善生态自动监测网络建设工程，为提升生态环境管理和治理水平提供技术支撑。

【环境法治宣传】 2020年，红桥区组织44名生态环境局执法人员参加天津市执法监督平台网上视频培训，开展学法用法培训。落实执法案件处罚案审会制度，

2020年6月5日,区生态环境局开展"节能宣传周 低碳日"主题环境宣传活动 (区生态环境局 提供)

完成18件案件的集体讨论案审工作。组织中小学参加"小小生态环境局长"演讲比赛和"美丽中国我是行动者"活动。举办"6·5"环境日、节能宣传周、"低碳日"主题宣传活动。

【汽修行业专项执法检查行动】 2020年5月,区生态环境局联合区住房建设委、区城管委、区交警支队和相关属地街道办事处,对辖区内汽车维修养护业较为集中的西于庄街纪念馆路、西沽街水木天成和邵公庄街西青道、咸阳路等地区路段开展专项执法检查行动,检查内容涉及建设项目环保手续、危险废物贮存与处置、废水排放等,覆盖3个街道40余家商户。

【餐饮油烟专项执法检查】 2020年,红桥区对区内涉及餐饮油烟的商户、企事业单位食堂开展专项执法检查,从环保备案、油烟净化设施的安装及使用情况、净化设施清洗维护记录和噪声排放等方面入手,对区内大型餐饮单位实现全覆盖检查,对小型微型餐饮单位按照双随机模式进行抽查。督促各餐饮单位完成环保备案,安装油烟净化设施并合理使用,确保设施净化效率和油烟达标排放,检查相关单位160余家。联合第三方检测公司对区内59家涉及油烟排放的餐饮商户及企事业单位食堂的油烟排放情况进行检测。

(王 天)

污染防治

【概况】 2020年是打好污染防治攻坚战的决胜之年,红桥区统筹打好蓝天、碧水、净土污染防治攻坚战。加强大气污染防治,制订印发《红桥区打好污染防治攻坚战2020年工作计划》《红桥区2020年扬尘污染防治专项整治行动方案》等通知。加强水污染防治,全面推动全区7个地表水考核断面达到五个Ⅲ类、两个Ⅳ类的攻坚战目标要求。加强土壤污染防治,全面落实《2020年红桥区净土保卫战计划》和土壤污染防治行动计划,强化土壤污染管控和修复,加快推进垃圾分类处理,强化固体废物污染防治。

【大气污染防治】 2020年,红桥区召开工作调度会,通报分析红桥区2020年空气质量状况及各街道空气降尘考核排名情况。运用"红桥区大气污染防治攻坚行动工作群"转办污染问题,工作日、节假日开展检查,排查各类污染源,对发现的问题以督办单形式下发各责任单位,要求限期落实整改。各街大气专职网格监督员每日巡查,发现问题及时上报,由区蓝天办下发督办单125份,针对大气污染问题及时对责任单位、监管部门及属地街道召开约谈会。完成津酒集团、市人民医院、红桥医院15台23蒸吨的低氮燃烧改造工作。2020年,红桥区 $PM_{2.5}$ 为平均浓度为49微克/立方米,同比改善率−10.90%,改善率在全市16个区排名第二。达标天数比例63.90%,在全市16个区中空气质量情况排名为第2名。

【水污染防治】 2020年,红桥区推动全市重点任务278个,雨污混接点改造和区级重点项目子牙滨河公园全部完工。全年召开攻坚战调度会及碧水保卫战专题调度会15次,利用调度会开展业务培训10余次,多次对各街道具体工作人员开展现场培训。开展汛前雨水井养护、掏挖,试点八一泵站雨水抽吸及前后比对监测。联合南开区、北辰区开展跨区断面比对监测和现场检查。全年开展各类河道巡查80余次,开展涉水类专项比对监测10余次,对辖区内南运河、北运河、子牙河、海河等河道上的闸口泵站、水面水质状况及水域周边整体环境开展专项执法检查10次,检查点位72个,出动执法人员216人次。

2020年4月，区生态环境局联合市排水管理六所、区住建委在快速路旁雨水泵站开展汛前清空试点工作 （区生态环境局 提供）

对各街道地表水环境质量开展月考核及业务培训和指导。结合每个街域特点制定"一街一册"，现场对接重点点位。所有断面达标，财政奖励300万元。

【土壤污染防治】 2020年，红桥区采取视频会议评审和现场评审形式召开10个地块专家评审会，净土保卫战台账任务土壤污染状况专家评审工作全部完成。委托第三方评估全区污染地块安全利用情况，截至年底，纳入红桥区疑似污染地块名单的地块44个，组织土壤评审面积152.58万平方米。

【噪声污染防治】 2020年，区生态环境局指导金筑家园开展天津市安静居住小区创建工作，对创建的10个安静小区进行复测。开展全区噪声区划调整。完成2015年、2018年区级温室气体清单编制及控制温室气体排放目标责任落实情况自评估。

【危险废物监管】 2020年，红桥区开展全面排查整治危险废物专项行动2次，对74家危险废物产生单位和63家医疗废物产生单位开展全覆盖式检查、帮扶、整改。其中，63家医疗机构医疗废物、废水管理全部达到创卫要求，通过国家专家组验收。危险废物产生单位实施网上转移申报20余家，医疗废物产生单位实施线下转移联单审批40余家，与区检察院联合开展危险废物管理考核专项检查工作，遏制固体废物非法转移和倾倒。

【排污许可证审核发放】 2020年，红桥区对全区涉及医疗、加油站等行业百余家单位开展排污许可证核发及登记，整体完成率100%。召开工作推动会，对"生态保护红线、环境质量底线、资源利用上线和环境准入清单"的编制征求意见。对14家单位污染物排放总量实施审核，实现大气、水污染物倍量替代。

（王 天）

市容环境

【概况】 2020年，红桥区城市管理委员会（以下简称区城市管理委）创建良好街容秩序，成立专业维修队伍，排除市容整修工程构筑中的安全隐患。治理户外广告和沿街牌匾，为区内城市照明设施进行确权。道路养护维修完成7.06万平方米，对北运河西路及周边道路进行专项治理维修，开展用气安全隐患排查整治工作，开展整治货车非法超限超载专项行动，加强机动车停车管理，规范停车秩序，保障红桥区道路安全顺畅，结合桥下空间综合治理，推动智慧化停车工作。

【市容整修工程构筑（物）件安全隐患巡查治理】 2020年，红桥区做好市容整修工程构筑（物）件安全隐患巡查治理，与天津市隆源园林工程有限公司、天津市顺成达建筑装饰工程有限公司签署防灾减损维修维护项目合同，成立红桥区市容整修构筑（物）件排险维修专业队伍，开展防灾减损工作，巡查解决区域内隐患。区市容整修构筑（物）件排险维修专业队伍开展巡查排除市容构筑（物）件安全隐患372处，其中外檐线220件、空调罩152件。存在安全隐患问题较多的小区、楼宇均得到排查、整改。

【考核和数字化管理】 2020年，区城市管理委数字化平台采集上报案件16.80万件，立案16.71万件，派遣16.62万件，结案13.52万件。全年受理"8890"、政府两报、网络平台等渠道群众投诉7465件，全部按期答复。落实社会治理网格化工作要求，完成177件街道吹哨案件办理。2020年7月至9月，在全区范围内开展夏季城市环境综合整治。开展次支道路背街里巷市容环境专项治理工作，重点对增产大街、丁字沽二号路、闸桥南路、西关北街等26条道路进行整治。

【机动车停车管理】 2020年,红桥区解决区内停车难问题,加强机动车停车管理,规范停车秩序,协调交通管理部门配合街道清理小区内僵尸车31辆,处理群众反映问题千余件。结合桥下空间综合治理,推动智慧化停车工作,对14座桥下空间机动车停车场超期经营承包人发放清退撤场告知书并在桥下空间停车场张贴《致广大车主一封信》300余份。与智慧停车相关企业进行沟通,制定桥下空间停存车场智慧停车建设方案。

【共享单车治理】 2020年,红桥区多次组织单车企业召开专题会议,抓好工作推动与问题整改。将专项运维在岗在位检查、日常秩序考核检查与现场督导规范相结合,常态化开展检查考核。开展清整规范行动,加大执法处罚力度。全年出动单车企业运维车辆和搬家清运车辆3800余辆次,规范、调度以及清运各类无序单车17万余辆次。针对重要交通站点开展多部门联合治理,多点对接交管、地铁、城市管理等部门,协调临时疏导区域,解决洪湖里地铁站、阁林园公交站单车聚集问题。科学施划共享单车停放线位,逐点位、逐路段补充完善,形成覆盖到位、设置合理的停放区域网络布局。

【货车非法超限超载专项治理】 2020年,红桥区落实交通、公安部门治超联合执法工作机制,落实《“战疫情、强共治、保畅通”京津冀联合治超专项行动方案》工作部署,打击跨区域严重违法超限超载运输行为,对查扣的“百吨王”违法车辆落实“一超四罚”工作制度,围绕整治货车非法超限超载专项行动,实施夜间治超联合行动6次,联合区交警支队、公安红桥分局、综合执法支队等单位,出动百余人次,在西青道快速路西向东西青道入口、西北快速路北向南佳庆道主道设卡,对违章违法车辆进行拦检。

【夜间运输撒漏治理】 2020年,红桥区加强夜间运输撒漏治理工作,执法支队人员每日夜间对全区主、支道路沿线、各类施工工地周边实施不间断巡查、治理。全年出动执法人员1860人次,执法车辆700余车次,对渣土运输作业工地宣传教育200余处次,对发生道路污染的工地和个人下达限期整改7份,立案处罚5起。

【城市路灯设施改造提升工程】 2020年,红桥区提高城市照明管理水平,协调天津市路灯管理处对城区城市路灯设施进行改造提升。市城市管理委景观管理处委托第三方公司对红桥区城市照明设施进行二维码确权工作,区城市管理委和各街道配合完成区内10个街道照明设施确权工作,统计照明设施10179盏,其中市路灯处产权设施7729盏,物业产权设施2181盏,区属自治产权269盏。

【牌匾标识管理】 2020年,红桥区规范户外广告和店招店牌管理。创卫攻坚期间,治理拆除各类违章牌匾广告36处,按照市城管委统一要求更换公交站台违规广告8处,治理拆除各类临时悬挂、张贴标语和宣传品等237处,拆除临时广告围挡42块,拆除存在安全隐患广告设施15处。

(吕建明)

2020年8月,区城市管理委联合多部门共同开展共享单车清整规范行动 (区城市管理委)

环境卫生

【概况】 2020年疫情防控期间,区城市管理委组织专人专车、定时定点定路线对医院发热门诊、医学隔离观察点、菜市场产生的生活垃圾清运至规定地点进行无害化处理。做好“马路家具”、公厕、转运站消毒消杀工作,阻断新冠病毒传播途径。推动汽车清洗行业复工复产。新冠肺炎防控进入常态化后,对照国家卫生区、市级文明城区创建标准,推动落实道路精细化作业、生活垃圾分类推广、铁路沿线整治等各项工作任务，提升城区环境卫生作业质量。

【环卫一体化】 2020年，红桥区推进环卫一体化特许经营权改革，将所有环卫作业项目统一打包，由在城市公共服务领域具有投资、建设、运营实力的企业摘牌承接。改革工作在天津产权交易中心指导下依法依规履行程序。

【垃圾转运站建设和管理】 2020年，红桥区统筹管理强化垃圾收运工作，对全区18处菜市场生活垃圾安排专人专车进行专项收运。完善餐厨垃圾收运处置监管，实现小散餐饮商户餐厨垃圾收运全覆盖。整理门前三包台账清单，强化门前三包责任签约，入户发放宣传资料，提高商户知晓率，强化商户"门前三包"责任意识。对所有环卫设施和作业车辆进行全面消杀。道路垃圾桶和"马路家具"每日消杀1次。垃圾转运站在作业开放时间内，每小时消杀1次，垃圾倒运车辆出车和收车分别消杀1次。

【公厕提升改造与管理】 2020年，红桥区对全区66座公厕进行逐一排查，其中改造提升18座，设置残障间，实现无障碍设施全覆盖。每座公厕两侧500米范围内安置指示牌，对无障碍卫生间安置识别标志。环卫公厕在管理时间内每半小时消杀1次，化粪池每天消杀1次。推动各街道做好公厕消杀，每日至少消杀1次，各班组作业点每日消杀2次。

【生活垃圾分类推广】 2020年，红桥区成立生活垃圾分类工作专班，推进生活垃圾分类工作。示范片区建成社区总数117个，建成居住小区302个，垃圾分类工作惠及居民户数20万户。打造30个垃圾分类精品示范小区和10个精品示范单位。在30个精品小区设置垃圾分类宣传旗、宣传展示架等宣传设施，每个楼门安装宣传展板。为示范单位配置室内垃圾分类桶，派发垃圾分类宣传海报和宣传页。购置1700个分类果皮箱，安装到主次干道和重点地区。购置2.77万个四分类垃圾箱桶，放置在居民小区，全区垃圾分类收集设施全覆盖。对照市城管委垃圾分类车辆喷涂标准，7月底完成35辆生活垃圾收运车辆分类标志喷涂作业。建设2座有害垃圾收集点。与市生态环境局引进的合佳威立雅签订有害垃圾处理协议，在有害垃圾平台注册相关信息，通过市区环保审核。在景点、商业区等重点点位，不定期召开垃圾分类宣传活动，借助科技周宣传垃圾分类，在街道、社区开展垃圾分类日常宣传培训，学校开展小手拉大手活动。

（赵　君）

园林绿化

【概况】 2020年，区城市管理委组织完成竹园维修改造工程，建立完善全年养护工作制度、四季会战制度，统筹安排浇水、修剪、树木涂白、病虫害防治、防寒设施搭建及绿地卫生保洁等工作。开展全民义务植树活动，组织推进全区古树名木挂牌保护工作，提高全民绿化意识和生态意识。

【竹园维修改造】 2020年，红桥区组织实施红桥区竹园维修改造项目。竹园占地面积3.60万平方米，东至北辛道，西南至龙悦路，北靠跃进里小区、富泰兴园小区，项目主要对园区内现有景观设施及道路进行维修，对树木等绿化设施进行修剪、梳理和补植，新建及修缮园路320平方米，铺种草皮2000平方米，新建及维修围墙440米，增加门卫用房、监控、休闲座椅及果皮箱等园内设施。

【全民义务植树活动】 2020年3月26日上午，红桥区组织以

2020年10月，整修后的竹园　　（区城市管理委　提供）

2020年3月26日，区城市管理委组织以“履行植树义务 共建美丽家园”为主题的全民义务植树活动　　（区城市管理委　提供）

“履行植树义务 共建美丽家园”为主题的全民义务植树活动，四大机关主要领导和区城市管理委干部职工40余人，在红桥公园开展全民义务植树活动，栽植海棠300余株。

【子牙河滨河公园工程】 2020年，红桥区为保障子牙河滨河公园工程按时竣工，区城市管理委与施工单位、监理公司、代建公司多次进行项目协调推动，在保障疫情防控前提下，采取分段分流、交叉施工等措施，优化工程施工周期，项目于2020年9月30日完工。

（韩黎旭）

水　务

【概况】 2020年，红桥区组织开展“清河”“清四乱”（乱占、乱采、乱堆、乱建），黑臭水体排查，清理“三无”船只（无船名船号、无船舶证书、无船籍港），打击非法捕鱼、放生等行动。完成市里雨污合流制改造和二级河道范围控制线划定等年度重点工作，参加市月度考核6次。完成红桥区2020年雨污混接点改造任务。

【河（湖）长制工作】 2020年，红桥区组织召开“红桥区2020年河湖长制工作会议”“红桥区‘优秀河长、最美河湖’评选推进会”等专项会议5个。全年区级河长巡河（湖）102次，街级河长巡河（湖）388次。区河（湖）长办巡查暗访发现问题56件并督导整改。全年组织公安、检察院、城管综合执法支队开展联合执法6次，清理“三无”渔船3条，出动百余人次清理渔网和地笼1000余米，劝阻并清退16起非法放生行为。开展以“创建最美河湖”为主题的大型宣传活动。2020年天津市“最美河湖”评选中，红桥区内海河及南运河被评为“最美河湖”。

【“最美河湖 优秀河长”评选】 2020年5月8日，红桥区召开“优秀河长 最美河湖”评选工作推进会。各街级河长主动参与、自我推荐。区河（湖）长办多次到街道，动员街级河长参与评选，区河（湖）长办实地考核，利用无人机进行航拍，对比整治效果。经过多次检查评比，从9个街道推荐4名街级河长作为推荐对象，评出1名街级河长参加市里评选，区河（湖）长办把南运河和西沽公园湖作为区内最美河湖评选的对象。为提高南运河景观度，区河（湖）长办协调市排水管理六所，加大投入，为南运河红桥段增设爆氧喷泉装置及水生植物，提升南运河水质和景观度。西沽公园湖主管单位增派管理人员，规范园内秩序和湖泊水质改善，加大清洁打捞频次，投入资金改造湖泊，增设景观设施，提升湖泊水环境建设和水质改善。利用现代媒体优势和传统宣传模式，在各个平台进行最美河湖宣传。7月1日，红桥区河（湖）长办联合各街级河（湖）长办在三岔河口举办“最美河湖”宣传活动。

【排水管理】 2020年，红桥区对区内自管产权雨、污水排水设施疏通管道70.48千米，掏挖检雨井24.46万座。完成计划养护任务。对区内408处混接、错接点位进行治理，对比天津市水务局要求的三年完成计划，提前一年半完成改造任务。解决新春花苑、七〇七所、桃花园南里3至8门等困扰百姓已久的社会产权、无主产权积水及污水排放难题，改造翻新管道1682.80米，新建、维修检查井108座，新建化粪池1座，新建隔油池2座。

（房　亮）

房地产与建筑业

房地产开发

【概况】 2020年，红桥区把握疫情防控特殊时期房地产市场发展动向，贯彻“房住不炒”政策。首次以线上线下相结合的方式，举办土地云招商推介会。做好棚户区改造收尾安置工作，对剩余未安置户进行分解，确定以周保月、以月保季、以季保年的指标体系推动工作，同时做好相应配套项目施工。

【房地产市场管理】 2020年，红桥区全年新建商品房成交943套，二手房成交4281套。宣传预防房地产领域涉嫌非法集资，严打捂盘惜售、囤积房源以及房地产经纪机构违规参与炒房、哄抬房价、发布虚假房源及价格信息等违法违规行为，配合长庚老年公寓完成破产清查工作。

【土地推介】 2020年，红桥区借助网络“云”平台，线上线下结合，举办“千年魅力大运河 悦动美丽新红桥”2020年土地云招商推介会。推出单家面铺、西站前广场景观广场、金潞园、铃铛阁、西于庄、和苑西区二期、科技园5-北-2地块7宗运河周边优质成熟土地项目，拟供应土地面积70.02万平方米，规划总建筑面积214.82万平方米。推介会吸引到中铁投资、红星美凯龙、碧桂园、金茂等50余家房地产知名企业和相关行业知名企业线上参会。

【土地出让】 2020年，全市首宗棚改入市项目单家面铺地块顺利出让，实现土地出让金7.20亿元，土地契税2160万元，加快推进金潞园、铃铛阁、西站前广场、报春里、西于庄地块等棚改项目整理出让工作，同步启动科技园4-南、科技园5-北-2、机电工业学校等地块出让前期和招商对接工作。报春里项目征迁完毕，配合区土整中心完备相关前期土地整理进件手续。孟春里配套道路10千伏高压电缆入地工程竣工。

（魏利伟）

【棚户区改造】 2020年，红桥区完成单家面铺、铃铛阁、双环、分局项目、金潞园项目被征拆的

2020年7月，区住建委组织开展“鹊桥行动”，在水游城为开发商设置房屋推介销售场地

（区住建委　提供）

房屋产权注销工作及项目管网切改外移工程。完成零散片党群中心用地范围内的产权注销及管网改造工作。完成西于庄项目、同义庄项目管网切改外移部分工程。结合大胡同地区改造计划,完成房屋现状摸底调查。区城投公司配合综合指挥部履行资质单位职责,审存案卷200卷。和苑西区二期、西菜园等项目,解决近百户房源调剂问题,安置已拆迁未安置户办理入住手续。

(李子楠)

【棚改配套项目施工】 2020年8月,区房产总公司下属单位营造厂与开发公司、红房拆迁公司进行整合。整合后,营造厂完成群众影院片管线迁改工程、丁字沽片区零散平房改造、丁字沽平房片区改造总包项目、翠山平房拆迁房屋拆除工程、管线迁改工程、西于庄片配套切改工程、西于庄南片区改造项目拆除工程、运输场片区改造7个重点项目,项目回笼工程款85%。

(李　卉)

建筑业

【概况】 2020年,红桥区加强建筑市场管理,推进区内建筑节能工作,严格建筑工程执法力度,加强工程消防验收和备案工作,加快重点配套项目施工进度。完成一大批公共建筑项目建设前期手续办理、立项、迁建、设计、施工、移交等工作。

【建筑节能】 2020年,区住房建设委推进区内既有建筑节能工作,全程服务建筑节能项目单位,解决节能改造单位难点和重点问题。对接远大低碳节能有限公司、民族中学、市人民医院和区税务局等节能改造单位和项目,推进区建筑节能工作。

【建筑市场项目招标】 2020年,红桥区稳步恢复建筑市场,加强建筑市场管理,完成施工招标24项、监理招标14项、勘察招标16项、设计招标30项。

【建筑工程执法】 2020年,红桥区严格建筑工程执法力度,对全区在建工程项目进行质量、安全和扬尘管控执法检查2000余家次,出动执法人员1500余人次,下达整改通知书209份。

【建筑工程管理】 2020年,红桥区完成竹山雅苑、泰盈科技中心项目等38个工程的消防验收和备案工作。对接工程项目,提高项目验收通过率,提升营商环境。

【公共建筑项目建设】 2020年,区城投公司代建项目西站消防中队工程、三条石小学工程基本完工。红桥区档案馆、西沽卫生服务中心迁建、区法院附属用房、区纪委监委办公用房装修及信息化系统建设项目前期手续办理齐全。西沽卫生服务中心迁建、区法院附属用房主体工程完工。区纪委监委办公用房装修及信息化系统建设项目主楼工程完成交接使用。天津市排水管理处排水六所和天津市道路桥梁管理处桥管所项目、丁字沽街胜灾社区文化活动站项目完成立项,正在进行施工图设计。红桥区中医院项目前期手续批复基本完成,于2020年5月28日完成移交工作。9个新建党群服务中心工程正在有序进行,其中七〇七社区党群服务中心一期、礼貌楼社区党群服务中心、风貌里社区党群服务中心、胜灾社区党群服务中心工程完工并完成移交工作。碧春园幼儿园、民族幼儿园项目完工并交付区教育局。

(胡万新)

【盘活国有资产】 2020年,区城投公司修订完善《天津市红桥城市建设投资有限公司房产土地出租管理制度》并按制度落实租赁行为。成立房产清查专项检查小组,对名下457套房产(含菜市场)进行逐一入户核实,并根据入户情况完善房产台账,做到资产底数清晰,管理责任明确。滨水大楼拟进行出售,公司成立大楼清户专项工作组,集中对大楼内租户进行清退,因滨水饭店在新冠肺炎疫情期间曾设置为医学观察隔离点,楼内原租户28户经济损失较大。截至年底,除庆发德、燕春楼、鸿之都酒店涉诉外,清户工作基本完成。

(李子楠)

城市建设与管理

城区规划

【概况】 2020年，天津市规划和自然资源局红桥分局（以下简称市规划资源局红桥分局）围绕“生态立区、教育兴区、土地强区”目标，坚持整体统筹规划，坚持节约集约土地，落实空间规划体系，组织编制本辖区控制性详细规划、专项规划和城市设计等，研究审查建设工程、市政基础设施项目，推动规划领域科技发展以及本辖区地名管理、防灾减灾、城建档案管理、测绘地理信息管理。完成7个项目规划验收工作，验收面积23.50万平方米。

【规划编制】 2020年，红桥区组织编制西站商务区西于庄片区城市设计方案，征求市、区相关部门意见，提升城市设计方案的科学性和可实施性。该片区规划用地面积212万平方米，总建筑面积227.30万平方米。天津市政府于2020年5月29日和8月6日批复该片区城市设计成果和控规修改方案。

【教育设施布局规划】 2020年，红桥区开展基础教育设施专项规划编制工作，梳理红桥区内中学、小学、幼儿园等教育设施现状和规划情况，提升学习环境品质，完善教育载体布局。对接2019年市政府批复的《天津市教育设施布局规划》，通过改扩建、资源整合等方式，解决8处幼儿园、16处小学、5处初中和4处完全中学现状不达标问题，形成资源优化、布局合理、建设达标、发展均衡、适度超期的基础教育布局体系。支持天津师范学校第二附属小学、丁字沽小学、邵公庄小学和桃花园小学改建扩建，与区教育局进行规划策划方案及规划调整工作衔接。优化金璐园地块规划小学布局，扩大小学用地。结合天津市普通中学堂旧址情况扩大中学规划规模，建筑规模4万平方米，规划可容纳48个班，用于建设第三中学南校区。把控幼儿园审批环节，要求建设单位在项目首期进行配套幼儿园建设，碧春园幼儿园、红咸里配套幼儿园、五十一中南地块配套幼儿园完成规划审批。

【专题规划研究】 2020年，红桥区贯彻落实《大运河天津段核心监控区国土空间管控细则》要求，开展滨河文旅休闲带综合提升研究工作，突出“三河五岸”生态功能，梳理河岸周边用地，盘活存量土地，利用运河优势，结合西沽南地区城市设计方案，开展运河文化公园研究，提升片区发展质量。

【建设项目规划管理】 2020年，市规划资源局红桥分局对照红桥区2020年土地供应计划，结合大运河文化保护传承利用规划管控要求，规划和自然资源红桥分局对拟出让地块策划方案提前研究，其中单家面铺地块成功出让。为科技园5-北-2地块、金璐园地块等地块核发规划条件。运输六场、同义庄地块、西于庄部分地块、城建大厦地块和群众影院地块按建设需求推进。与区文化和旅游局沟通单家面铺项目方案，确保建设工程设计方案一次性通过审查，为该项目核发建设工程规划许可证，保证项目开工建设。在《大运河天津段核心监控区国土空间管控细则》出台后，推动五十一中南地块项目进展，指导企业按照大运河管控要求对规划方案进行优化调整。在符合大运河管控要求、控规、现有规划条件和土地出让合同前提下，核发一期建设工程规划许可证。

【重点地块规划建设】 2020年，红桥区铃铛阁地块完成棚户区改造后，为提升该地块教育品质和居住品质，研究规划策划方案，启动控规修改程序。市政府于2020年7月22日批复控规修改方案，地块规划可用地面积10.16万平方米，总建筑面积21.97万平方米。

【市政工程规划管理】 2020年，红桥区推动市政基础设施项目规划建设，为子牙河南路供热管网优化工程（本溪路一次线、咸阳路一次线）、勤俭道220千伏变电站扩建工程、地铁4号线西于庄站地下主体工程，以及区内铃铛阁片区、金潞园片区、和苑片区、双环邨片区整理地块市政配套工程和现状管线切改工程提供规划保障，对竹山南路、闸桥支路、集平道、双环西路、鸿明道等道路开展建设用地土壤污染防治各环节评审工作，严格用地准入。配合区相关部门对西于庄棚户区Z1至Z7地块、金潞园地块、铃铛阁片配套工程完成方案评审工作。为地铁4号线西于庄站、西沽公园站地下主体工程出具规划设计方案意见函。

【规划许可和审批】 2020年，红桥区支持新冠肺炎疫情防控应急项目开工建设，实现“不见面”审批。新冠肺炎疫情防控期间工作人员手机号码向社会公开，提供24小时咨询服务。实施建设项目规划和土地联合审批，完善项目策划生成机制，做好二阶段牵头工作，做好建设项目选址意见书和建设项目用地预审、用地规划许可证和用地批准书合并办理工作。全年核发业务案件《选址意见书》4件，规划条件10件，“建设用地规划许可证”4件，“建设工程规划许可证”6件，“标准地名证”2件；办理市政类项目核发“选址意见书”14件，核发“建设用地规划许可证”1件，“建设工程规划许可证”（市政）5件，建设工程规划验收合格证9件。

【执法监察】 2020年，红桥区根据区内在建项目情况制定巡查路线图，对禧瑞花园、瑞玺大厦、翠轩苑等18个在建项目进行过程查验13次。按照市局安排，参加“双随机一公开”工作6次。规划职责范围内违法建设案件立案2起，下达处罚决定书1份，责令限期改正通知书1份，责令限期拆除决定书1份，结案2起。

【违建别墅项目整治销号】 2020年，红桥区违建别墅项目4处。对违建别墅数据再次核对，梳理核销要件。经第147次区长办公会议审核及市督导五组复核，4处违建别墅项目符合销号要求，于8月10日完成整治销号工作。

【清查整治行动】 2020年，红桥区对辖区储备土地及合同履约情况开展专项全面清查。棚户区改造类、土地储备类项目11个，其中棚户区改造类项目8个，土地整理储备类项目3个，均符合规划管控要求。经排查红桥区在建项目中2处项目（1处商品住宅、1处工业研发）存在未按合同约定时间竣工的情况，推动企业依法依规按程序办理项目延期竣工手续。配合区相关部门到丁字沽街及芥园街开展摸排，检查点位52处。对已规划审批的项目进行梳理，辖区内无殡葬服务设施用地，无批准的殡葬服务设施。

（金雁琳）

市政建设

【概况】 2020年，红桥区团结路地道改造工程项目正式复工并正式建成通车，水木天成十字形绿化带正式对外开放。推动西站消防救援中队配套管线、有志道、双环西路、海源道等道路前期手续办理及园区路网建设。解决制约道路建设中的拆迁、电力切改等问题。做好慢行交通改善工作。加强排水管网维修养护，完善防汛抢险预案。完成相应道路养护及通信基础设施建设。

【设施建设】 2020年，红桥区加快在建道路施工进度，保康路完成粗粒式沥青混凝土铺设，子牙河北路道路建设进一步加快。结合地铁接驳，将地铁周边道路、园林绿化等列入计划，涉及地铁车站7个，道路30条。掏挖雨井20余万座，疏通管道70.48千米。建立汛期24小时值守和抢险机制，确保汛期排水及时到位。加快保康路、子牙河北路东段、子牙河北路中段3条道路的施工，全长2500米。推动光荣道科技产业园区路网建设，推进保康中路、本溪路2条配套道路建设，全长约1106米。

【道路养护维修】 2020年，红桥区道路养护维修完成7.06万平方米，维修110条区管道路，其中车行道养护维修2.66万平方米，人行道养护维修2.28万平方米，里巷养护维修2.12万平方米，调整井子233座，调整树穴171个，更新侧石947米，更新缘石1688米。对北运河西路及周边道路进行专项治理，维修面积7802平方米，其中车行道5759平方米，人行道2043平方米。

（肖　林）

【通信基础设施建设】 2020年，红桥区结合《天津市红桥区移动通信基站站址布局专项规划

（2019—2030年）》，加快问题清单解决，2020年第一批清单任务的44个问题全部完成。推动81个公共资源站址全部实现免费开放。召开全区5G信息通信基础设施建设工作推动协调会，梳理第二批问题清单39个，免费开放任务6个，并积极推动落实。

（付丽霜）

房屋管理

【概况】 2020年，红桥区做好小区内公用设施设备和公共空间消杀、环境卫生扫保、配合属地街道社区做好防疫登记和宣传；筹措物资分批向全区物业小区配置温控枪、口罩、医用酒精、手套、消毒液和垃圾袋等防疫物资。组建红桥区房屋管理中心，红桥区房屋管理一站、二站、三站，完成全年修缮任务。贯彻落实住房保障政策，全年新增住房保障政策受益居民2176户。

【房屋修缮】 2020年，红桥区全年完成修缮任务17.27万平方米1182万元（包括非住宅1.42万平方米155.20万元）。其中碎修完成450.99万元（包括非住宅61.29万元），专项工程9.27万平方米483.51万元（包括非住宅0.33万平方米77.56万元），其中下水管改造维修工程1.06万平方米21.13万元，屋面维修工程3.90万平方米331.88万元（包括非住宅0.15万平方米12.65万元），雨水管更换工程2.81万平方米11.26万元，门窗更换工程0.67万平方米13.41万元，综合维修工程0.04万平方米66.30万元（包括非住宅0.03万平方米38.70万元），木结构瓦屋顶坡屋面翻修工程0.15万平方米26.21万元（为非住宅），楼道外廊塑钢窗更换0.32万平方米8.51万元，木龙骨板条隔断墙维修0.32万平方米4.81万元，其他维修工程中排水系统管养费63.75万元，应急抢修解危资金63.75万元。完成区公用公房全年修缮1.80万平方米，修缮费用214.29万元（含抢修、碎修、监理费及造价咨询费）。

【保障性住房资格审核】 2020年，红桥区贯彻落实住房保障政策，全年六条保障线三种住房三种补贴共受理3258户，发放各类住房保障资格证明2976户，新增受益居民2176户。三种住房受理公共租赁住房发放资格证明1010户，受理定向安置经济适用房发放资格证明305户，受理限价商品房发放资格证明214户。其中三种补贴受理廉租住房实物配租发放资格证明18户，受理廉租住房租房补贴发放资格证明738户，经济租赁房租房补贴受理发放资格证明691户。全年完成出租人奖励受理、审核工作355户。受理租房补贴违规退款138户，追缴租房补贴违规款59.44万元。新冠肺炎疫情防控期间通过热线电话、“8890”便民专线、市政府热线等渠道，回应群众关切问题，做好政策相关解释工作和记录反馈工作。区住保中心全年回复各类信访1044件，及时回复率100%，群众满意率99.42%。

（许建刚）

【物业管理】 2020年，红桥区严把新冠肺炎疫情防控期间物业项目服务水平，每天对全区55个在管项目进行地毯式巡查，做好小区内公用设施设备和公共空间消杀、环境卫生扫保，配合属地街道社区做好防疫登记和宣传，筹措物资分批向全区物业小区配置温控枪、口罩等防疫物资。宾园物业有限公司管理的住宅项目物业费平均收缴率91.50%，非住宅项目物业费收缴率100%。2020年企业实际总收入3175万元，其中物业费收入2376万元，其他收入799万元，企业2020年扭亏为盈1万元。2020年5月，宾园物业完成ISO9000质量管理体系年检，为企业承接新项目做

2020年10月，红桥区居民群众在区房地产登记发证交易中心办理公租房申请 （区住建委 提供）

好资质准备。宾园物业公司连任第四届理事单位,2020年1月13日,被协会授予2019年度天津市物业服务企业贯彻落实物业服务"八大"行动先进单位。宾园物业参与市场竞争,通过投标、开标、现场答辩方式,中标红桥区纪委监委、区第九幼儿园、第十一幼儿园、第二十四幼儿园的物业服务项目,红桥医院公共秩序维护服务项目,7月入驻接管盛福园,11月接管坐落在津南区的民盛园、民兴园、金秋新苑3个项目的公租房管理及物业服务业务。管理住宅项目15个,面积161.62万平方米,公建项目12个。

【保障性住房管理】 2020年,盛康园、盛安园、盛泰园项目全年租金收缴率保持100%,各项目年平均收缴率98.78 %。2020年各项目追缴旧欠租金47.50万元。公租房公司结合防疫安全、入住流程、现场地形、人员配置制定入住计划,顺利完成盛福园2个批次3700余户承租家庭的入住工作。

(李 卉)

城市管理

【概况】 2020年1月,红桥区组建天津市红桥区城市管理综合行政执法支队(以下简称区城市管理综合执法支队),为区城市管理委所属的行政执法机构,以区城市管理委名义实行统一执法。2020年,区城市管理综合执法支队将城市管理综合执法重点工作与落实疫情防控措施结合,与执法体制机制改革融合,借助创文、创卫、创城、污染防治攻坚、五年违法建设治理等重点,聚焦"十乱"及共享单车等市容环境秩序突出问题实施综合整治。

【违法建设专项治理五年行动】 2020年,红桥区按照违法建设专项治理五年行动安排,推动全区拆违、控违工作,定期统计各街道拆违工作情况,做好点位复核及数据汇总上报等工作。红桥区违法建设统计总存量3.54万间48.71万平方米,治理进度100%,完成违法建设专项治理五年行动台账治理任务。拆除台账外违法建设1.49万间16.43万平方米。

【违规饲养鸽子专项治理】 2020年,红桥区开展违规饲养鸽子问题整治行动。期间,移送野生动物25只,与卫生防疫部门对接处置死亡动物14处15只,治理家禽家畜点位526处8744只(含家禽鸽子),与五年违法建设治理工作相结合,排查并拆除违法搭建鸽棚、鸽舍853处1.20万平方米,清理并妥善处理鸽子1.72万只。

【执法检查】 2020年,红桥区以日常巡查工作为重点,出动城市管理综合执法人员8300余人次,执法车辆3300余车次,巡查道路2.11万余次,巡查社区120余次,治理非法占路经营、占路加工作业、店外摆卖等乱摆乱卖问题1300余处次,治理各类非法设置户外广告问题1600余处次,治理乱堆乱放、乱贴乱画、乱拉乱挂问题1380余处次。

(徐增辉)

供 热

【概况】 2020年,红桥区实施供热体制改革,与天津能源投资集团有限公司和津安热电有限公司实行供热整合。办理供热站相关闲置设备的拆除处置手续,配合津安热电有限公司供热首站建设工作。落实对中小微企业减免房租等政策,为14家公司免租金18万余元,减租金9万余元。年内,完成供热工程建设、供热站并网、供热运行、供热服务等工作。

【供热体制改革】 2020年,红桥区人民政府与天津能源投资集团有限公司(以下简称能源集团)签订《供热整合意向协议书》。2020年1月开始由能源集团负责运行管理和相应支出,将与锅炉房相关的供热资产无偿划转给能源集团,由津安热电有限公司承接供热资产和供热站供热运行管理权。签订协议后,供热站与津安公司签订管理协议和购气协议。双方聘请会计事务所和资产评估单位,对拟划转部分资产进行审计和评估。将5个主体名下及实际占有部分房产转移至津安公司无偿使用,供热办和供热站的债务由津安公司偿还。区政府与津安热电公司、各供热单位、区相关职能部门,根据第三方公司出具的《资产评估报告书》和《资产清查报告》,于9月19日签订《供热资产整合协议》。根据评估报告确定津安公司收购区内直属站相关供热资产(不包括煤改燃燃气锅炉房)金额3.86亿元,用于偿还供热办、供热站等单位的历史欠款。供热服务中心成立工作专班,专门负责后续供热办、供热站的资产和债务清理工作、人员安置工作等。供热办与津安热电划定房产18处，其中5处经区长办公会审议通过，办理交接手续，其余13处双方逐一沟通并确定移交名单。津安公司完成收费系统交接。

【供热工程建设】 2020年，红桥区完成机电学院换热站一次管网施工A标双线1400米、B标竹山南路部分500米。机电学院换热站新建工程招标工作完成并投入运行。瑞佳、瑞鹏、瑞枫、瑞桐4个换热站完成调试和交接，正式投入运行。派遣技术人员配合相关部门做好散煤治理工作。完成竹山雅苑换热站配套工程招标工作和红咸雅苑、竹山雅苑、瑞玺大厦等新建项目前期工程收尾工作。完成乐康供热站，新、老丁字沽供热站，瑞景供热站改燃工程结算。完成津安热电技术资料交接工作，与津安热电公司做好新建配套项目前期衔接交付工作，完成部分在建工程收尾配合工作。完成锅炉房热源、换热站、室内外管网的新建、安装、补建、改造、维修、抢修工程施工合同审核管理工作。

【供热站并网】 2020年，红桥区完成丁字沽供热站并网工程13处，工程报价57.23万元，审核金额32.90万元，核减金额24.34万元。完成丁字沽供热站、西横堤供热站片抢修工程69处，工程报价109.51万元，审核金额87.80万元，核减金额21.70万元。

【供热运行】 2020年采暖季，红桥区供热提高一次网、二次网供回水温度，杜绝低温运行、间歇供热。对不暖户安排技术维修人员上门服务，并做好疫情防控，确保新冠肺炎疫情防控期间安全稳定供热。延长供热期30天，确保“两节”期间连续供热。完成2020年度供热运行、服务、工程建设等任务。

【供热服务】 2020年采暖季，红桥区提升供热保障服务水平，供热服务中心客服平台对热线服务和监督维修进行24小时监督督查。成立热线和接待服务专项行动工作小组，不定时对区内供热范围内所属供热小区进行走访调查，发现问题立即监督整改。对发派的供热问题工单和维修工单时时跟踪，单单跟进。保证24小时28部热线电话畅通，解答居民问题，准确下派工单，做到24小时之内回复办结。全年供热服务中心接到市“8890”三级平台服务热线工单1959件，其中“8890”室内温度类工单266件，管网维修类工单18件，反映情况类工单47件。四级平台服务热线工单6227件，按时办结率100%。全区7个供热单位考核成绩优秀，全年无安全生产事故。

（田　佳）

供　电

【概况】 国网天津城西供电公司（以下简称城西供电）承担南开、红桥、西青三个行政区域输电、配电网络的建设、运行维护和电力供应与销售等业务工作。公司供电面积614.70平方千米，供电服务人口272万人，营业区内有电力用户119.58万户，通电率100%。其中，居民用户112.53万户，低压非居民6.26万户，10千伏用户7742户，35千伏用户163户，110千伏用户21户，220千伏用户4户。辖区内有营业网点11个，其中城市地区营业网点2个。

【电力安全生产】 2020年，城西供电全年安全平稳运行，未发生重要设备损坏事故、电网大面积停电事故及重要用户恶性停电事故。红桥区电网最大负荷37万千瓦，同比下降7.50%，全年电网故障同比下降88.60%。部署迎峰度夏和防汛工作，应对暴雨天气出动应急抢修人员1108人次，车辆554台次。应对冬季历史最大负荷，对8座变电站54条输配电线路、10个“煤改电”台区开展特巡，红桥区抢修驻点全天候待命。完成全国两会、中高考、中共十九届五中全会等89项重要保电任务。

【电网建设】 2020年，城西供电加大红桥区电网投资力度，全年完成投资1.55亿元。加快重点工程建设进度，邵公庄110千伏输变电、勤俭道电源线工程开工，加强天津西站等区域电网结构。开展“十四五”电网规划编制，保障天津西站、光荣道科技园等重点地区用电需求。

【供电服务】 2020年，城西供电落实阶段性降低用电成本政策，减免非高耗能的大工业企业和一般工商业企业电费5%，全年降低企业用电成本1480.67万元。开展“双进双服”（“双进”即走进企业、走进现场，“双服”即服务疫情防控和民生保障，服务重点工程和重大项目）工作，走访14家区重点企业，解决诉求10件。推广“网上国网”手机应用，为居民提供线上办电服务。

开展转供电价监督及政策宣传，推广转供电费码。完成区检察院、千禧西园小区的电动汽车充电设施建设。聚焦用电安全，完成32个高层住宅和老旧小区电力设施隐患排查，对大同门西里、裕国楼、佳庆里等小区开展老旧供电设施提升改造。

（吴　帆）

供　气

【概况】 津燃华润燃气有限公司天津市第一销售分公司红桥营业所（以下简称津燃红桥营业所）坐落于天津市红桥区芥园道与西关外大街交口。津燃红桥营业所服务区域为外环西路以东，子牙河以北，南运河以南。辖区内有民用管理户17.09万户，其中IC卡用户3.71万户。工商管理户562户，其中工业户6户、改燃户6户、商业户550户。津燃红桥营业所负责辖区内民用户和工商户的收费、维修、安检等燃气相关业务。

【用气安全隐患排查】 2020年，红桥区新冠肺炎疫情防控期间开展医学观察隔离点用气安全隐患排查整治工作，对安装有燃气设施的医学观察隔离点的燃气管道设施进行检查。对辖区内燃气企业开展安全检查，落实企业安全生产责任制。组织各街道办事处发挥各自职能作用，开展燃气领域安全隐患排查工作，加强市场、居民区和人员密集场所的燃气安全监管工作。区城市管理委配合区商务局、区市场监管局、属地街道对区内大型商业体、菜市场开展燃气安全排查。

【用气安全专项整治】 2020年，红桥区组织区市场监管局、区应急局、区商务局、公安红桥分局、各街道、液化石油气企业开展红桥区液化石油气专项整治工作，联合执法、全面排查。组织各相关成员单位开展供暖期天然气、液化石油气使用安全专项治理工作。

（沈李君）

西站地区综合管理

【概况】 2020年，天津西站地区综合管理办公室（以下简称西站站区办）围绕“打造绿色城区建设美丽红桥”高质量发展目标，巩固天津西站地区环境服务提升整治成果，提高站区综合管理服务水平。落实新冠肺炎疫情防控工作要求，牢守天津西站疫情防控关口要塞。开展站区安全生产、消防及防汛安全隐患排查整治。开展行政执法综合治理，推进平安建设各项工作任务，维护站区安全稳定。加大生态环境排查治理力度。2020年，西站站区办被授予红桥区新冠肺炎疫情防控工作“五一劳动奖状”，1名干部被评为天津市抗击新冠肺炎疫情劳动模范、授予红桥区“五一劳动奖章”，1名干部被授予红桥青年“五四”奖章，2名干部被评为红桥区优秀共产党员。

【安全管理】 2020年，西站站区办落实“三管三必须”（管行业必须管安全，管业务必须管安全，管生产经营必须管安全）工作要求，制定年度安全生产工作要点及工作预案，定期组织召开站区安全生产、消防安全及防汛安全工作会议，组织站区各成员单位签署《安全生产责任书》，提前储备防汛物资，制定防汛预案。开展站区安全生产集中整治、火灾防控专项整治、危险化学品安全大起底大排查大整治，推动安全生产专项整治三年行动。运用辖区内电子显示屏、宣传栏、横幅等载体宣传安全生产常识，提升安全防范意识。2020年，西站站区办组织召开站区安全工作联席会议4次，部署实施方案13件，组织参观滨海新区生态城安全体验馆1次，联合区应急局和消防救援支队开展站区安全大检查4

2020年7月28日，西站站区办会同区消防救援支队组织站区各成员单位开展防汛、安全、应急演练活动　　（张军伟　摄）

次，组织站区内安全生产隐患巡查检查40余组次，查出安全隐患84处，隐患整改完成82处。每季度定期组织消防演练，7月份组织站区10余家单位100余人开展大规模防汛和消防演练。

【平安建设】 2020年，红桥区成立站区办平安建设工作领导小组，定期召开联席会议，联合交通运输、治安派出所、交警支队等部门，加大西站地区及周边车辆违停、离车揽客等扰乱站区秩序行为的治理力度。加强站区日常巡查管控，确保重点点位24小时值班值守。完善西站地区视频监控系统建设，提升站区物防技防水平。加强南北公交场站管理，增加入口闸机设备，合理规划非机动车停靠区，规范进出公交场站非机动车及行人秩序。加强站区队伍管理和培训，提高保安人员使用盾牌、警棍、钢叉等必备装备的能力。建立健全站区网格化治理体系，完善站区发现问题、反馈问题、解决问题流程。2020年，西站站区办召开平安建设工作会议10余次，办理行政处罚案件9起，批评教育违规人员作出书面保证52次，劝阻影响站区平安稳定行为800余件次，疏导违停车辆5万余辆次，清理违停共享单车万余辆次，张贴平安建设宣传海报百余张，发放宣传材料5000余册。

【安全生产集中整治】 2020年，西站站区办成立西站地区安全生产集中整治工作领导小组，研究制定站区和各单位活动方案，组织召开站区安全生产联席会议，各单位对7个行业领域和5个综合整治重点开展拉网式、

2020年2月22日，西站站区办对交通集团公路客运西站内消防设备设施进行检查（西站站区办 提供）

网格化排查。西站站区办联合区应急管理局、红桥消防支队和公安红桥分局西站治安派出所对辖区内重点企业开展联合检查，对问题突出单位进行联合约谈，下达整改通知书，督促问题隐患整改，集中整治行动发现并督促落实整改安全隐患28处。

【火灾防控专项整治】 2020年，西站站区办印发《关于转发红桥区火灾防控专项集中整治工作方案的通知》，明确火灾防控专项集中整治活动中的工作重点，制定消防设施统计表，建立站区消防设施底册，到天津西站、地铁西站枢纽等重点单位开展消防设备设施实地检查，督促站区各单位履行消防设施维护管理责任，开展管辖区域内的消防隐患排查工作。

【市容卫生】 2020年，红桥区加大对站区各区域环境卫生的监督检查力度，对站区进行全面排查。西站站区办协调潞河环境公司加强对南北广场及各功能区域扫保、水洗力度。督促区园林绿化部门对站区绿化及时修剪养管补种。协调区城市管理委定期对站区周边共享单车进行清整。2020年，西站站区办发现整改站区卫生死角、破损苫盖网、裸露土地等问题80余处次，组织清理长途场站8次、公交场站3次，清理垃圾杂物10余车。

【环境治理】 2020年，西站站区办成立生态环境保护领导小组，制定生态环保应急处置预案，完善应急处置流程，制定环保明白纸及施工环保注意事项。完善站区施工作业报备制度，强化源头监管。定点值守和流动巡查相结合、日常巡查和突击检查相结合，加大对站区内涉油烟单位、露天焚烧、挥发性有机污染物、散煤、施工现场、非道路移动机械、裸露地面等各类污染源的排查、监管力度。清理公交场站、长途场站及管控中心北楼楼顶等区域内碎石、渣土、杂物，督促站区各保洁单位严格落实科学扫保，严控各类污染源。安排固定岗位专

人对辖区内河道堤岸进行日常巡查,向红桥区生态环境局反馈污水排放等问题。2020年,西站站区办召开生态环保工作会议10余次,学习6次,考试1次,组织宣传5次,发放宣传材料800余册。加强日常巡查,发现并督促整改问题百余处。协调园林部门补种、苫盖缺苗绿地50余次,清理西站北广场东落客桥下、长途场站、公交场站、南北广场及管控中心楼顶垃圾杂物70余车,督促各单位落实科学扫保30余次,反馈水污染问题3处。

【法治建设】 2020年,西站站区办制定年度法治培训工作计划,调整《天津西站地区综合管理办公室重大行政处罚案件法制审核和会商制度》。每季度开展集中法治培训,组织干部开展网上学法用法活动,邀请专家专题辅导。加强站区法治宣传,围绕《中华人民共和国民法典》《天津市文明行为促进条例》、国家安全教育日、扫黑除恶等重点开展法治宣传活动7次。参与诚信建设,将行政处罚信息录入全国信用信息共享平台。严格执法监督,对执法案件从程序、内容、依据等方面进行合法性审查。全年办理一般程序案件9起,处罚金额2.68万元,行政检查信息200余条,无行政复议和行政诉讼。落实政府法律顾问制度,全年法律顾问出具律师建议书9份,提供法律咨询意见40次。

【铁路巡路】 2020年,西站站区办完善巡路工作机制,制定《红桥区铁路沿线巡查工作职责》《西站站区办铁路护路工作职责》《红桥区铁路巡路专职队伍考核管理办法》《红桥区铁路沿线隐患反馈流程图》,完善《西站站区办关于红桥区铁路沿线紧急突发事件应急预案》,细化铁路巡路服务合同,明确巡路专职队员工作内容和范围,绘制《红桥区铁路沿线示意图》,明确红桥区铁路沿线巡查工作界限及各涉路街道社区、企业位置。加强巡路专职队伍业务培训,组织培训会4次。开展爱路护路宣传,增强群众爱路护路意识。落实铁路沿线问题隐患巡查、发现、反馈等制度,全年出动铁路巡路专职队员2800余人次,向涉路街道反馈问题1100余处次,推动落实整改1000余处次。

【文明服务】 2020年,红桥区完善天津西站志愿服务"V站"设施和人员配备,发挥西站南广场服务岗亭、志愿服务电动车作用,为过往旅客提供优质服务。运用西站南广场LED显示屏开展社会主义核心价值观、文明出行、文明旅游、生态环保、垃圾分类等宣传教育,在元旦、中秋、国庆等重要节假日客流高峰时段,组织开展旅客疏导、问询指引、困难帮扶等志愿服务活动。2020年,西站站区办工作人员为旅客提供导向服务10万余次,发放文明出行等宣传材料8万余份,帮助旅客搬放行李3000余件次,协助旅客找回丢失手机、钱包等财物价值万余元。

【"平安站区 你我同行"主题宣传】 2020年,西站站区办针对扫黑除恶治乱、反恐怖、非法集资、非法传销等工作开展宣传,发放学习手册、宣传折页,播放宣传视频,每半年组织一次平安建设知识测试答题活动,提高工作人员安全防范意识。在"4·15"全民国家安全教育日、"12·4"国家宪法日等重要节点,向站区过往旅客和出租车司机发放《公民预防恐怖活动行为指引》《致司机朋友的一封信》《致旅客朋友的一封信》《打击非法传销维护市场秩序》、"温馨提示卡"等宣传品。

(张锡凯)

2020年12月26日,西站站区办工作人员在西站南广场开展志愿服务活动 (赵妍 摄)

应急管理

综　述

【应急指挥中心建设】　2020年，红桥区应急管理局（以下简称区应急局）推进应急指挥中心建设，提高信息化建设水平，完成市区应急指挥平台对接。安装配备市防汛办、市区分部、市应急局和区属各街道的视频会议系统和市、区重点积水点、地道涵洞的视频监控系统。强化应急值班值守和健全信息报告制度，召开防汛工作会议。实行365天24小时值班值守，明确信息报送标准，拓宽信息报送渠道，推动与相关部门沟通联络，建立信息互通工作机制，实现较大以上灾害事故和重大险情快速准确报送，确保第一时间响应。

【应急救援力量建设】　2020年，红桥区加强全区应急救援力量建设，打造应急救援队伍。制定红桥区专业应急救援队伍任务分工表，确定17支专业应急救援队伍的基本建制。打造以区消防救援支队为主体，民兵综合性救援为补充，蓝星救援队等社会力量为机动的多层次专业应急救援队伍。

（李亚彬）

安全生产

【概况】　2020年，红桥区坚持安全发展理念，树立"隐患就是事故，事故就要处理"思想，强化执法监督检查，创新安全生产宣传形式，统筹做好新冠肺炎疫情防控和复工复产安全防范工作，推动全区安全生产专项整治三年行动等重点工作任务落实落地。全年，生产安全亡人事故和火灾亡人事故为零。

【安全生产责任制】　2020年，红桥区专题研究部署安全生产和应急管理工作。区委、区政府主要领导带头围绕"隐患就是事故 事故就要处理"开展主题宣讲。9月，举办红桥区"干部学习大讲堂"暨区处两级理论学习中心组联合集体学习，邀请中国劳动关系学院教授就深入学习贯彻习近平总书记关于安全生产的重要论述做专题报告，全区区级领导、各单位副处级以上领导350余人参加。10月，组织全区安全生产网格员培训，编制印发《红桥区安全生产工作指导手册》，整理形成《习近平总书记关于安全生产工作的重要讲话指示摘编》。

【安全生产专项整治】　2020

2020年7月27日，红桥区召开安全生产专项整治三年行动工作部署暨防汛工作会议　　（区应急局　提供）

年,红桥区开展重点行业安全生产暗查暗访工作,督促事故隐患整改,确保隐患清零。全年检查(含复查)企业及点位9509家次,出动检查组2922组次,出动检查人员6557人次,排查隐患问题1847项,整改1822项,动态整改率98.65%,剩余25项隐患要求各责任部门及单位限期落实整改。下达执法文书453份,立案处罚企业14家,处罚金额8.38万元,约谈警示企业64家,曝光企业8家。区级领导带队督查12次,检查企业31家,发现一般隐患70处,全部完成整改。区领导宣讲13次,电视台进行相关报道7次,平面媒体宣传2次,新媒体宣传47次,线下宣传17次。

【安全生产巡查调研】 2020年,红桥区制定《红桥区关于开展2020年度安全生产巡查工作方案》。3个巡查组对全区10个街道和重点行业主管部门开展安全生产巡查调研,通过听取汇报、列席会议、调阅资料、调研座谈、个别谈话和现场抽查等形式,对区内14家单位开展安全生产巡查,了解掌握全区各单位安全生产工作落实情况。

【执法监督检查】 2020年,区应急局加大执法监管力度,深化危险化学品等重点领域专项治理工作。全区安全生产执法检查企业194家次,发现安全生产隐患163项,完成整改150项。对16家企业实施立案处罚,罚款金额42万元。推动安全生产隐患排查系统建设,隐患排查系统上线企业349家,注册上线率99.14%,上报率92.15%,排查率97.09%;上报隐患1.95万条,完成整改1.93万条。

【安全生产月】 2020年,红桥区开展安全生产月系列活动,围绕"消除事故隐患 筑牢安全防线"主题宣传。以"美丽红桥"抖音官方号为主平台,由专业安全管理人员讲解安全管理、消防处置、应急救护和避险程序等安全操作知识,提升安全生产知识水平,参与活动2.4万人次。制定《红桥区推进安全宣传"五进"工作方案》,调拨专项资金,拍摄安全宣传小视频,通过社区、学校等多途径开展专题投放宣传,引导区安委会各成员单位和相关社区采取线上安全教育培训、专家下沉指导服务、同学及家庭隐患互助查找及现场应急演练等宣传形式,发挥主题海报、学习手册的指导宣传作用,撰写安全宣传五进内容。

【企业安全生产主体责任落实】 2020年,红桥区组织开展"落实企业安全生产主体责任"专题培训3期,全区65家重点生产经营单位和200余家学校、医院、养老院、建筑施工单位、物业企业主要负责人参与培训。区委副书记、区长何智能结合全区工作实际和近年来发生的典型事故案例,就企业如何落实安全生产主体责任作专题宣讲。组织拍摄《落实企业安全生产主体责任宣传示范片》,引导企业加强日常安全生产管理水平,落实安全生产主体责任。宣传片在"美丽红桥"微信公众号和"津云"发布。

【危险化学品安全监督】 2020年,红桥区开展危险化学品安全隐患大起底大排查大整治活动,对危险化学品生产、经营企业全面开展安全风险排查和隐患治理,对各行业内危险化学品贮存、运输、使用、废弃处置等企业开展安全风险排查和隐患治理。广开四马路加油站、红壳加油站和灯塔油漆经营部等单位开展排查整治活动并完成整改。全区组织专业检查组42组次,出动执法人员126人次,专家18人次,检查企

2020年9月8日,区应急局组织开展"落实企业安全生产主体责任"专题培训 (区应急局 提供)

业54家次，发现并处理各类隐患62处，落实整改62处，下达执法文书52份。制定《红桥区危险化学品安全专项整治三年行动实施方案》。

【工贸企业安全监督】 2020年，红桥区加大工贸（轻工、商贸）重点企业依法实施监管，开展工贸行业安全生产三级标准化达标创建工作，应急局完成宝府酒店三级标准化创建工作，对工贸行业安全生产标准化评审单位进行日常工作考核。对区内15家工贸企业有限空间作业单位进行专项排查。完成6家工贸企业及8家危化企业安全生产应急预案备案。

【安全生产应急演练】 2020年12月4日，红桥区在黑塔寺加油站组织开展以危险化学品领域“油品泄露”为内容的安全生产应急演练。演练以黑塔寺加油站卸油区及加油区为重点区域，模拟当班员工在执行卸油工作过程中因卸油管破裂导致油品跑冒的情况。

【安全生产专项整治三年行动计划】 2020年，红桥区制定《红桥区安全生产专项整治三年行动计划》，制订学习宣传贯彻习近平总书记关于安全生产重要论述、落实企业安全生产主体责任2个专题实施方案，制定危险化学品、消防安全、道路和交通运输、城市建设、危险废物、仓储物流、特种设备等7个专项整治实施方案，建立健全“136”工作机制（1个工作专班、3个工作分组、6项工作制度），区应急局等六部门牵头组织各专项整治方案实施。全区安全生产专项整治三年行动自2020年6月起，至2022年年底结束，分为动员部署（2020年6月）、排查整治（2020年6月至12月）、集中攻坚（2021年）、巩固提升（2022年）4个阶段。

【“安全生产月”线上直播观摩】 2020年6月，安全生产月活动期间，区应急局、区委宣传部、区委网信办开展“走进卓朗科技”线上直播观摩，在企业实地观摩走访，由专业安全管理负责人讲解变配电安全管理，日常消防灭火处置、应急救护和避险程序等安全操作知识。全区2800余名企业员工和居民线上观看直播。

2020年12月4日，区应急局在黑塔寺加油站组织开展红桥区安全生产应急演练（区应急局 提供）

【网络安全知识竞赛】 2020年6月，区应急局、区总工会、区司法局结合安全生产方针政策、安全行业标准规范和应急法律法规在线答疑活动，组织全区干部职工和群众，开展网上安全知识竞赛、参与抖音“我是安全明白人”话题和微博“身边的安全谣言”话题，全区机关干部、企事业单位员工和社区居民2.12万人次参加活动。

【安全宣传微视频】 2020年，区应急局组织制作安全宣传小视频，安全宣传视频以“安安”“全全”两名卡通安全普法宣传员为主线，介绍电动自行车火灾的预防与扑救、夏季防溺水、触电事故的预防与应急处置等安全知识。6月，安全宣传视频在“美丽红桥”微信公众号发布，面向全区各机关和企事业单位以及社会公众进行宣传推广，观看点击量2万余人次。10月，发布《落实企业安全生产主体责任》指导示范片，在微信客户端、津云客户端及各重点企业内宣传，受众群体万余人次。

（李亚彬）

防灾减灾

【概况】 2020 年,红桥区加强基层应急能力建设,修订完善区级应急预案及专项预案,推进应急指挥中心建设,打造应急救援队伍,完成应急避难场所标志设立。开展防灾减灾日宣传教育活动,提升民众意识,普及知识,筑牢防灾减灾救灾的人民防线。尚都家园创建成为全国防灾减灾示范社区。

【应急预案管理】 2020 年,红桥区针对自然灾害、事故灾难、公共卫生事件和社会安全事件,制定应急预案区级专项预案 19 个,区级部门应急预案 27 个。10 个街道全部制定应急预案,132 个社区制定 146 个应急预案,各重点企业制定企业应急预案。

【应急避难场所建设】 2020 年,红桥区完成尚都家园防灾减灾示范社区建设工作。建立健全全区固定应急避难场所 4 处 57 万平方米和紧急避难场所 133 处 37 万平方米。

【地震监测及防震宣传】 2020 年,红桥区组织开展地震应急演练,提升指挥响应和紧急救援能力。在区实验小学、尚都家园等场所开展地震应急演练,推动学校、医院等人员密集场所开展常态化应急演练。加强地震减灾科普宣传,利用宣传渠道和防灾减灾日等重大活动,增强公众防震减灾意识和技能。对"7·28"唐山地震 44 周年防震减灾科普宣传活动进行宣传,利用微信公众号推送家庭、学校、公共场所避震公益宣传动画。

【防汛工作】 2020 年,红桥区防汛抗旱指挥部办公室编制《红桥区 2020 年防汛抗旱抢险应急预案》发放到指挥部各成员单位及有关部门,明确职责任务。开展防汛隐患排查,对全区低洼片、平房拆迁片、建筑施工工地、排水管网等进行排查,消除防汛隐患。出动检查组 141 个,检查人员 485 人,检查次数 776 次,检查点位 1136 个,检查出问题 105 个,问题均整改完毕或制定专项应对措施。组织防汛跨区域、多部门的综合应急演练,提高全区应急处置能力。全年防汛无一人伤亡,无一间房屋倒塌。

【防汛综合应急演练】 2020 年 6 月 3 日,红桥区防汛办在红旗路与青年路交口联合开展跨区域军地联合应急演练,演练以"津河漫堤抢险救援任务"为课题,着眼有效遂行跨区域军地协同救援任务需要,磨合对接军地、跨区域抢险联动协调机制,检验和提升应急抢险救援实战能力。防汛办、武装部、民兵部队、消防救援支队、住建部门、城管部门以及部分驻军和武警部队参加应急演练,参演人员 300 余人。

【防灾减灾示范社区建设】 2020 年,红桥区尚都家园社区成为全国综合减灾示范社区。尚都家园社区建立健全灾害应急的组织指挥体系、职责任务等一系列

2020 年 6 月 11 日,红桥区组织各防汛应急单位、应急救援队伍开展防汛应急演练,现场展示抢险科目　　　　(区应急局　提供)

机制制度。开展灾害风险评估，建立社区灾害风险清单，绘制社区灾害风险地图。设置社区逃生避难场所，利用社区内主广场等开阔场所，划定紧急疏散通道，按照规范设置明显标志。社区拥有居民疏散、避难场地千余平方米。

【防灾减灾宣传教育】 2020年5月12日是第12个全国防灾减灾日，主题为“提升基层应急能力，筑牢防灾减灾救灾的人民防线”。全区线上和线下相结合，开展宣传活动，提高应急管理能力，提升民众防灾减灾意识，普及防灾减灾相关知识技能。各街道、社区发放宣传用品，向居民发放手册、折页等防灾减灾科普读物。各小区、机关单位张贴宣传挂图，悬挂防灾减灾宣传标语。水游城、陆家嘴等大型商场超市利用大屏幕和电子显示屏滚动播放防灾减灾宣传视频，向来往顾客宣传防灾减灾知识和逃生技能。区应急局利用微信、微博推送防灾减灾相关知识、事故教训、逃生技能等信息120余条。

（李亚彬）

消防救援

【概况】 2020年，红桥区消防救援支队（以下简称区消防救援支队）以队伍建设为根本，以提升监督执法和灭火救援能力为核心，明确工作标准，强化防控措施，创新工作方法，夯实社会火灾防控基础，推进消防工作和队伍建设，确保火灾形势稳定。2020年，1个单位获红桥区“五四”青年奖章，2人获“天津敬业奉献好人”，红桥支队及所辖2个消防站获“天津市文明单位”，支队被评为“天津市拥政爱民先进单位”，1人被评为“天津市双拥工作先进个人”。

2020年10月23日，区消防救援支队对全区社区网格员进行培训　（区消防救援支队　提供）

【消防安全环境治理】 2020年，区消防救援支队4次就《红桥区消防安全责任制规定实施细则》向有关部门征求意见，征集意见43条，涉及单位26家，9月22日印发全区各有关部门和街道。联合区物业办完成打通区内38个高层公共建筑、67个高层住宅小区和200余家一般居民小区消防车通道。对全区22家集中隔离点及2家发热门诊开展“会诊式”排查，检查114次，发现消防隐患问题167条。

【消防宣传】 2020年，区消防救援支队采取网络授课方式，重点对区教育局、区卫生健康委、区民政局、区商务局等相关部门开展消防重点工作部署3次。宣传专班结合防疫工作要求，利用社区测温点、“大喇叭”向过往人员发放“一封信”、播放消防安全常识，提示隐患整改方法。支队与总队宣传中心联合拍摄“卧床吸烟危害大”“打通生命通道”等8个专题节目在天津电视台“都市60分”播发。联合区应急局，利用2天时间分4批次对全区900余名街道社区网格员进行消防安全大培训。

【实战演练】 2020年，区消防救援支队组织消防站对辖区内涉及疫情防控隔离点等重点场所开展实地熟悉，开展地铁、车站等交

2020 年 12 月 17 日，区消防救援支队在欧亚达商业广场组织实兵实装联合演习　　（区消防救援支队　提供）

通枢纽熟悉演练 82 次，石油化工单位专项熟悉演练 14 次。组织实战拉动演习 22 次，实兵实装联合演习 8 次，夜间无预案拉动 3 次，结合高层专业队建设训练工作对辖区全部 50 米、100 米以上高层建筑开展专项调研。举办地震救援培训班，组织支队重型地震救援队实战化演习 1 次。科学运用《初期火灾作战行动要诀》，消防队伍全年接警出动 2967 次，出动消防车 4821 辆次，消防人员 2.72 万人次，抢救被困人员 32 人，疏散人员 299 人，抢救财产价值 297.50 万元。

【消防安全专项整治三年行动】 2020 年，红桥区消防救援支队紧盯高层住宅、大型商业综合体、养老机构、易燃易爆危险化学品等场所，推动各项隐患问题整改。完成辖区 105 家单位和 4 个新建住宅小区标准画线管理。完成制定 185 个老旧小区“一区一策”消防车通道治理方案。对 470 栋高层建筑进行排查，督改隐患 657 条。对 3 家大型商业综合体进行检查，完成 1 家消防安全达标创建任务。督促指导 11 家加油站建立消防安全风险评估机制，制定一企一册，定期开展自查评估。联合区民政局对 29 家养老机构开展联合检查 82 次，督改隐患问题 39 条，对 1 家养老机构开展消防安全星级评定。联合区文化和旅游局对 18 家文物建筑开展联合检查 5 次。联合相关部门督办整改一批老旧场所火灾隐患问题，处理电气线路老化、杂物堵塞疏散通道、无电动车充电桩等问题 201 件。联合区教育局对学校开展检查，打造教育系统行业标杆示范单位 1 家。

【供水保障联合演练】 2020 年，区消防救援支队与辖区区容委等相关单位沟通联系，与区城建部门联合签订联勤联动协议，建立辖区应急救援“联勤、联训、联动”新模式，组织两次供水保障联合演练，做好缺水地区的灭火应急救援准备工作。

（李　建）

交通 邮政 通信

交通管理

【概况】 2020年，天津市公安交通管理局红桥交警支队（以下简称红桥交警支队）做好新冠肺炎疫情防控，维护交通安全，防范化解重大风险隐患。推进“警区警长责任制”改革，落实交通事故预防“减量控大”目标任务。全年处罚各类交通违法行为31.64万余起。强化交通安全源头监管，事故预防及隐患排查工作。开展交通安全宣传教育覆盖13万余人次，排查清理并整改事故隐患点位2处，全年未发生“两客一危一货”重点车辆伤亡事故和一次死亡3人以上事故，道路交通安全防控能力、“两类设施”（高速公路交通安全设施和科技管理设施）建设应用水平和道路交通直观秩序提升。

【道路交通秩序管理】 2020年，红桥交警支队推进道路交通事故预防“减量控大”（削减交通事故总量、控制特大交通事故发生）工作，深化源头隐患清零、路面秩序净化、宣传警示曝光、社会协同共治，开展区域性日检、午检、夜检和夜后检行动。针对辖区内易堵点位、信号灯配时、标志标线设置等情况，开展交通调研活动，制定科学治理措施。2020年，处罚各类交通违法行为31.64万余起。其中，行人违法行为11.73万余起，非机动车违法行为8.11万余起，机动车现场处罚2.59万余起，酒后驾车1237起（含醉酒驾车440起），机动车违法停放6.50万余起，大货车违法5091起，涉牌涉证139起，治理鸣号1437起，车辆强行并道579起，机动车不礼让行人9601起，尾气超标治理281起，“三超一疲劳”（即“超速、超员、超载和疲劳驾驶”）35起，危险品运输车辆60起。利用电子警察违法抓拍设备采集上传摄录交通违法行为13.12万余起。经大数据分析研判，推送并查获重点违法车辆98辆。

【缓堵治堵】 2020年，红桥交警支队建立辖区交通运行状况动态评价体系，从流量、流速等方面入手，掌握交通运行现状，对因道路变化、交通流量流向调整而影响交通通行的路口路段进行渠化改造，提高道路通行能力，缓解交通拥堵。2020年，渠化道路交通5处、调整交通信号灯配时20处、调整道路交通标志标线36处，增设交通安全设施1500余延米。

2020年12月15日夜间，红桥交警支队在快速路设卡拦检，治理酒驾违法行为 （红桥交警支队 提供）

【交通安全宣传】 2020年,红桥交警支队采取“日间+夜间”检查的方式,到客运企业开展源头监管,检查重点车辆,研究解决客货运输企业交通安全突出问题,预防、杜绝群死群伤事故发生。协调区教育局、街道社区等单位开展宣传活动。利用新媒体制作交通安全宣传短片。2020年,追查清理重点车辆隐患136辆,到界内客货运输企业开展交通安全监督检查226家次;到各中小学校171家次,宣传覆盖8550人次;到社区65个次,宣传覆盖3250人次;到各外卖、快递公司等公益企业35家次,宣传覆盖1300余人次,发放各类宣传材料万余份。通过国、市、区电视台及新媒体平台宣传交通安全388次,受众15万余人次。

【道路交通事故处理】 2020年,红桥区通过设置二级指挥平台事故远程定责岗位,设立“接处警”“现场视频取证”和“远程定责”三个岗位,指导事故处理,实现同步接处警、同步视频证据固定和同步事故责任认定,交通事故非现场处警率超过60%,减少路面拥堵。建立死亡事故排查分析和“一案一鉴”分析研判制度,结合110报警系统深挖事故多发点段,从案件和警情两方面入手,查找易发生事故的隐患点段。排查出罗浮桥地道路灯、北运河桥路灯照明不良问题,完成治理。全年35起重大交通事故肇事逃逸案件全部侦破,破案率100%,比上年提升3.40%。

【“警区警长责任制”管理模式】 2020年,红桥区推进“警区警长责任制”改革,拓展交管治理覆盖面,完善警区服务站建设。根据界内区域属性和交通管理实际情况,划分8个警区。将原值班室、事故警务组、安监警务组警力全部下沉至警区,选配警区网格员,加强与社区沟通协作。各警区全管界每日开展巡查,对事故多发、安全隐患点段及秩序乱点、堵点集中排查治理,补充早7点、晚7点及夜间管控。梳理警务职责15项,以警区为单位对民警工作能力情况开展摸底调查,开展针对性集中培训。实行警区网格化管理模式,完成支队10位正、副警长担任所在街道党工委兼职委员工作,到社区、医院指导交通安全宣传工作,制定交通安全机制等职能。推进数据魔方工程,通过定位单位、社区机动车及驾驶人各项交通参与信息,提供服务及点对点帮扶教育。建设警区服务站,开展重点社区机动车、驾驶员基础档案采集,解决社区停车难、僵尸车等顽疾。实行科学化勤务模式,加强对道路交通事故、突发事件进行先期处置,及时接受指挥中心调令,流动查处重点违法行为、重点车辆,疏导交通拥堵,提高路面见警率、管事率,缩短处警时间。

【源头隐患清零】 2020年,红桥交警支队定期到重点运输企业开展监督检查,对企业相关信息进行清查,存在问题采取限期整改、挂交通安全不合格单位标志并处罚金,限期“清零”各类安全隐患。全年到客货运输企业开展交通安全监督检查226家次,约谈运输企业负责人7人次,下达限期整改22家次,挂交通安全不合格单位标志并处1000元罚款2家次。春节、中秋、国庆等节假日期间,到客运企业进行重点检查,发现问题督促企业整改,清零各类安全隐患。四次“铁拳”行动期间,出动警力60人次,日间检查企业19家次,夜间检查企业11家次,教育驾驶人134人次,检查重点车辆30辆次。利用天地E搜、公安云搜索、集成指挥平台等系统,查找问题车辆所有人联系方式,通过多方联络完成逾期重点车辆追查清理任务。全年追查清理重点车辆隐患136辆,其中大型公路客车24辆,大型旅游客车17辆,重型货车72辆,挂车8辆,营转非大客车7辆,校车1辆,农村面包车1辆,重点车型“依维柯”6辆。

【路面秩序净化】 2020年,红桥区落实“见警车、见警灯、见警力”指示精神,严查中重型货车交通违法行为。重点治理非机动车和行人闯红灯、逆向行驶、未按规定车道行驶、违法载人、不走人行横道和跨越隔离护栏等交通违法行为,提升交通文明程度。

【交通安全宣传】 2020年,红桥交警支队到部队、中小学校、快递公司等宣传“一盔一带”安全守护行动。向电动自行车骑乘人员讲解路面管理、事故案例、违法驾驶人心理等交通安全知识,向代驾、快递、外卖行业员工讲解安全头盔的正确佩戴方法,要求企业配备安全头盔。到运输企业、社区、街道开展“零酒驾”宣传活动,组织各街道签订《零酒驾承诺书》,对相关法律法规进行讲解,提升交通参与者守法意识。支队安监民警到中、小学校,开展以“知危险、会避险”为主题的“交通安全第一课”讲授活动。向中小学生开展“文明守法走路乘车”主题教育,介绍讲解各类交通违法和乘坐、雇用“黑车”的危害性。到天津商业大学开展“文明交通进高校”系列宣传活动。

【社会协同共治】 2020年,红桥交警支队与区环保局联合开展尾气治理行动每周不少于4次,对尾气超标排放车辆进行现场处罚。与区城市管理委、区治超办不定时开展治超、联合清理行动,严查货车超限超载、非法占路等违法行为。与交通行政执法总队红桥支队建立联合机制,不定期开展联合执法,严查非法网约车、出租车违法等交通运输违法行为。加强与交通运输部门协作配合,每周与交通运输综合行政执法总队红桥支队深入运输企业开展联合检查行动。对道路交通事故隐患点段排查,加大预防道路交通事故“减量控大”交通设施资金投入,综合研判各类交通信息及各类易违法人群和车辆,加大治理和宣传力度,排查治理道路交通安全隐患路段7处,整改完毕。

【宣传警示曝光】 2020年,由区交安办牵头组织红桥交警支队、区运管所、区应急局等部门,对被列入“天津市道路运输企业重点车辆交通违法黑榜”的企业联合约谈,督促企业落实交通安全工作主体责任,消除安全隐患,建立健全道路交通安全工作组织机构,制定落实交通安全工作制度。

【区域性日检、午检、夜检和夜后检行动】 2020年,红桥交警支队严防酒驾醉驾违法行为发生和道路交通事故反弹,不定期开展日检、午检、夜检、夜后检行动。各属地大队在每日19时至次日3时,分两个时段选取1处治理点位,开展不少于2小时治理行动,严查各类交通违法行为。全年出动警力1.17万余人次,巡查车辆1460部次。

(康锡媛)

邮　政

【概况】 中国邮政集团有限公司天津市红桥区分公司(以下简称邮政红桥分公司)是中国邮政集团有限公司天津市分公司的分支机构,承担红桥区邮政普遍服务业务,业务种类涉及寄递、金融、集邮、报刊发行、广告传媒、分销、电子商务等领域,位于天津市红桥区复兴路3号,服务面积21.31平方千米,服务总人口56.16万人。邮政红桥分公司下设3个机关部室、4个专业分支机构、6个邮政支局、13个综合网点、8个邮政网点、3个投递营业部、2个速递营业部、1个营销中心。

【绿色邮政】 2020年,邮政红桥分公司推进绿色邮政建设,利用公众号、印发宣传单、张贴海报等开展宣传,引导消费者践行绿色低碳的用邮生活方式。绿色包装、窄胶带使用率、网点快递包裹回收箱覆盖率100%,可循环邮袋使用率90%以上,布放邮件快件包装废弃物回收箱25个。

【《庚子年》特种邮票首发仪式】 2020年1月5日,邮政红桥分公司开展“鼠兆丰年 庚子献福”《庚子年》特种邮票首发仪式,邀请区文化和旅游局领导及天津北方演艺集团与陆家嘴中心相关领导为“庚子年特种邮票”“天津文化惠民纪念封”等产品揭幕。

【“文脉华章·故宫600年留念”主题营销活动】 2020年9月19日,邮政红桥分公司以“故宫”主题营销项目为契机,联合北方演艺集团、陆家嘴商业中心举办“文脉华章·故宫600年留念”主题营销活动,搭载“文化惠民”热点,搭建外延商场实体营销平台、线上微店抖音营销平台,依托故宫IP影响力和“文化

2020 年 11 月 18 日,老百姓大药房(津邮 001 号)于芥园道邮政支局大厅开业
(邮政红桥分公司 提供)

惠民卡”戏曲粉丝国潮风做好主题营销。

【老百姓大药房(津邮 001 号)开业】 2020 年 11 月 18 日,市分公司与老百姓大药房连锁(天津)有限公司于红桥区芥园道邮政支局大厅签订战略合作协议,实现双方企业资源共享、优势互补、共拓市场。老百姓大药房(津邮 001 号)于芥园道邮政支局大厅开业。

(顾心雨)

通 信

【概况】 2020 年,天津联通红桥区公司秉承智慧红桥、惠及民生的理念,实现服务质量和运营保障质量双提升。在抗击新冠肺炎疫情的特殊时期,红桥联通落实疫情防控工作要求,保障网络稳定运行,为红桥区中医医院发热门诊、红桥区华满庭酒店新增隔离点等疫情防控单位紧急建设开通专线和通信业务。

【5G 网络】 2020 年,天津联通红桥区公司高速进行 5G 和万兆光纤网络建设,建设完成 5G 基站 135 个,拆除低效能基站 20 个,开通水游城、陆家嘴中心等 22 个政企楼宇和购物卖场的 5G 室分信号,新建、扩建万兆 OLT 设备 49 台,10GPON 口覆盖率 47%,提高红桥整体信号覆盖水平。

【客户服务】 2020 年,天津联通红桥区公司提升客户服务满意度,开展“匠心网络 贴心服务”活动,交付及时率提升 57.90%,公众交付标准持续领先。

(胡国刚)

科学技术

综 述

【高新技术企业培育】 2020年，红桥区加大国家高新技术企业培育力度，精心精准服务，国家高新技术企业达84家。加快提升企业技术研发能力，93家企业参与申报天津市研发后补助项目，其中68家企业获市科技局批准。

【产业园规划制定】 2020年，红桥区聘请赛迪顾问公司编制光荣道科技产业园“十四五”规划，分析产业变革趋势，把数字内容产业作为园区的主导产业，明确产业培育的目标、路径和任务，力争到2025年，园区数字内容产业体系初步形成，在规模质量、创新实力、营商环境等方面实现显著提升，成为推动红桥区经济发展的重要引擎。

【科技招商推介】 2020年，红桥区宣传推介科技园区发展优势，制作光荣道科技产业园宣传片。科技周期间，运用展牌、视频等方式多角度展示园区建设成果。全方位、高频次宣传展示园区新形象。在北京市召开不同主题的招商座谈会，有针对性地开展招商活动。9月14日，市长廖国勋到园区调研，对园区发展予以肯定并对今后发展提出更高要求。

【服务企业】 2020年，红桥区做好科技企业服务工作。帮助七〇七所、中煤设计院、城建设计院对接申请区相关政策，协调解决中煤设计院购置房屋问题，对接中煤地质水文局，做好企业资质、人员落户、社保转移相关服务工作。至年底，兑现区产业扶持资金196.88万元。

（刘 勇）

科技项目与成果

【概况】 2020年，红桥区克服新冠肺炎疫情等不利因素影响，支持企业技术创新，引导企业加快重大科技项目与平台建设，搭建产学研用合作机制，提升科技成果转化效率。

【重大科技项目与平台建设】 2020年，红桥区引导行业龙头企业整合行业科技资源，加大技术研发力度，天津艺点意创科技有限公司牵头发起的天津市文化创意产业技术创新战略联盟在市科技局备案，企业承担的天津市科技领军企业重大项目获批立项，获得财政资金支持500万元。伍创数字电商产业园开园，为聚焦孵化培育电商企业提供专业服务和支持。

【高校院所成果转化】 2020年，红桥区强化市区联动，联合市科技局以“产学研”为主题举办专题撮合对接活动，9家企业和9所大学参会，促成卓朗科技、逸速达科技分别与天津大学、天津师范大学合作。鼓励支持科研院所加快科技成果转化实施，中国船舶重工集团公司七〇七研究所下属天津七所精密机电技术有限公司(以下简称七所精密)在“计算机科学”领域开展科研攻关,3项技术成果申报2020年天津市自然科学基金项目。

(刘　勇)

科技创新

【概况】 “十三五”期间,全区科技成果登记数量300余件,年均增速20%。技术合同登记总量超过1000项,成交总额突破180亿元。七〇七所、中铁(天津)勘察设计院有限公司获天津市科学技术进步一等奖。组织实施中央引导地方科技发展专项、科技重大专项与工程等省部级及以上科研项目17项,总投入超7000万元。中海油化工设计院、七所精密等7家企业被认定为天津市战略性新兴产业领军企业。

【服务体系创新】 “十三五”期间,红桥区以推动市场化融资为重点,支持科技型企业股改和上市挂牌,泰利信等3家企业在新三板上市,科技型企业股份改造完成14家,卓朗科技公司以并购方式完成主板上市。组织推荐红桥区子牙人才122人、优秀拔尖人才9人,天津市新型企业家30人、创新人才14人、“项目+团队”5个,杰出企业家1人。

2020年5月25日,市科技局、红桥区政府协同光荣道科技产业园在正融科技大厦共同举办红桥区产学研合作专场服务对接会

(区科技局　提供)

【优化科技企业创新生态】 2020年,红桥区以“产学研”“创意设计”“创业企业服务”“专项投资”4个主题,举办4场专题撮合对接活动。举办4场科技企业专题融资对接会,41家企业参与对接,为3家雏鹰企业争取市财政贷款贴息15万元。实地走访51家科技企业,搜集解决“企业认定”“科技奖励申报”等各类问题39个。兑现科技政策,为企业争取市、区级科技扶持资金2352.72万元。受理驻区科研院所及重点科技型企业申报红桥区子牙人才计划,新引进“双一流”院校毕业生人才19人,全年引进121人。推荐2家企业参与战略性新兴产业领军企业认定并获得成功。组织团队申报天津科学技术进步奖,获一等奖1个、二等奖2个、三等奖1个。

(刘　勇)

科技产业

【概况】 2020年,红桥区坚持以提升自主创新能力为核心,打造科技型企业发展3.0版,优化科技创新生态,提高科技成果转化能力,发挥人才第一资源作用。新认定国家科技型中小企业168家,雏鹰企业52家,瞪羚企业2家,国家高新技术企业84家,新认定科技领军(培育)企业1家。技术合同登记交易额64.50亿元。

【新动能引育成效】 2020年,红桥区通过实地走访科技企业,现场宣传国家科技型中小企业等政策,扩大认定范围,挖掘培育对象。建立“国家高新技术企业”“雏鹰企业”“瞪羚企业”三个培育库并动态管理,实施精准扶持。推进“项目+团队”建设,培育一批有能力、有成果、有前景的智能科技团队，创客天下(天津)科技发展有限公司等5家团队入选，天津晨星衡祥科技有限公司等4家智能科技公司进入市专项投资备选。

【京津冀协同发展及招商引资】 2020年，区科技局在北京召开招商座谈会。北京观化科技有限公司、中煤邯郸矿山机械有限责任公司等京冀项目落地。引入天津福锐泰克电子科技发展有限公司、天津洛普能源科技有限公司、天津中融集团有限公司等优质项目。2020年实现发改委备案企业144家，注册资本7.17亿元，其中亿元以上企业3家，千万元以上企业16家。推动云翔金属材料经营有限公司、贵州智诚科技有限公司参与天津市"云签约"完成注册，云翔金属实现纳税超过400万元。

(孟可佳)

产业园区建设

【概况】 光荣道科技产业园位于红桥区光荣道与咸阳北路交口，北至光荣道，南至纪念馆路，西至本溪路，东至咸阳北路。规划总用地面积27.20万平方米，总建筑面积67.30万平方米，投入使用面积23.40万平方米，在建或即将投入使用面积17.50万平方米。作为市内六区高端服务业集聚发展重点园区，聚焦新动能引育，重点发展以新一代信息技术为主导的智能科技、数字经济、高技术服务等业态，同步推进国家人力资源产业园红桥分园、能源互联网综合示范区建设，通过建设科技型、生态型园区，打造产城融合发展示范区和创新基地。截至2020年年底，园区总体入驻率60%。新注册企业以中小企业为主，按照产业分类，科技研究和技术服务业、批发和零售业、租赁和商务服务业排在注册企业类型的前三位。

【楼宇载体】 2020年，光荣道科技产业园内包含5个楼宇载体，正融科技大厦总建筑面积9.10万平方米，融入BIM大数据等技术，打造国内领先的智慧建筑，业态定位为数字内容、智慧产业、电商孵化。宝能创业中心总建筑面积5.10万平方米，业态定位为中小企业研发中心、现代服务业。银泰大厦总建筑面积9.20万平方米，为A、B座双子楼，业态定位为企业总部、跨境电商、服务外包、创业孵化。泰盈科技大厦总建筑面积6.70万平方米，业态定位为新一代信息技术和科技服务业。宝能科技广场总建筑面积9.10万平方米，业态定位为中小企业总部、互联网、电子商务。

【国家人力资源产业园红桥园】 2020年，国家人力资源产业园与中国劳动和社会保障科学研究院科学对接，谋划园区建设思路。中国北方人才市场天津人才开发服务中心红桥分中心装修施工于2020年9月底完成。与天津互联网协会共同推动职业资格培训基地建设，为数字内容、智

2020年6月5日，区人大代表走进光荣道科技产业园，就加快推进园区建设开展视察调研 (区科技局 提供)

慧能源等园区支柱产业输送相关人才。

【天津市中心城区高端服务业集聚区】 2020年,光荣道科技产业园以新一代信息技术为主导,重点发展"互联网+"、大数据、云计算、人工智能、研发服务、检验检测、军民融合等业态,鼓励龙头骨干企业、科研院所协同创新,打造具有全国影响力的创新基地。

【能源互联网综合示范区】 2020年4月11日,天津市人民政府与国家电网有限公司签署《推进新型基础设施建设打造能源革命先锋城市战略合作框架协议》。2020年5月21日,红桥区政府与国网天津市电力公司共同签署《推进新型基础设施建设助力能源转型升级战略合作框架协议》,建设能源互联网综合示范区。

【服务中心建设】 2020年,光荣道科技产业园园区服务中心成立,进驻企业7家,服务项目涵盖财税服务、审计服务、法务咨询、知识产权申报、品牌策划、快递服务、刻章服务,为园区及周边企业进行咨询、服务200余次。

【5G示范区建设】 2020年,光荣道科技产业园与中国移动南开红桥分公司、中国联合网络通信有限公司天津分公司、中国电信股份有限公司天津分公司签订5G技术应用战略合作协议。7月底,完成光荣道科技产业园正融科技大厦5G网络工程和5G信号覆盖工作。10月21日,红桥区政府与中国移动通信集团天津有限公司举办5G智慧城市战略合作协议签约仪式,并在光荣道科技产业园举行5G示范园区揭牌仪式。

2020年10月21日,红桥区政府与中国移动通信集团天津有限公司举办5G智慧城市战略合作协议签约仪式

(光荣道科技产业园 提供)

【伍创数字电商产业园】 2020年,光荣道科技产业园引进天津伍创电子商务有限公司进入园区,于8月29日成立伍创数字电商产业园,企来企往科技有限公司、欧扎克(天津)食品有限公司、天津喜达网络科技有限公司、匠心工场(天津)食品有限公司、伍创黑白熊科技(天津)有限公司等多家企业入驻园区,为行稳智远(天津)科技发展有限公司、大橘海外教育咨询(天津)有限公司、青芒寰游旅行(天津)有限公司、青梧科技(天津)有限公司等数十家小微企业提供电商孵化服务,孵化项目启动运营。对接阿里巴巴公司旗下闲鱼版块,聚焦再生资源,以阿里的电商和信用管理生态为基础,将电商业务延伸至新的品类。

【园区基础设施建设】 2020年,光荣道科技产业园推动保康东道、保康路建设,园区部分地块绿化,园区景观灯光建设等工作。7月30日,光荣道科技产业园领导小组组织全区相关单位实地召开光荣道建设工作现场推进会。园区各类市场主体注册2283家,实现税收1.84亿元,分别是上年的131.90%和255.90%。

【宣传推介】 2020年，光荣道科技产业园加强网站、微信公众号更新维护工作，制作光荣道科技产业园区视频宣传片，内容涵盖园区介绍、服务项目展示、重点产业推介等。完善光荣道科技产业园区自体平台搭建及内容填充，发布新闻80余条，访问量300余万次，在天津电视台及《天津日报》、“美丽红桥”微信公众号、抖音等媒体进行宣传报道。

【服务商户】 2020年，光荣道科技产业园对企业融资、科技项目申报等方面给予支持，举办相关银企对接、产学研对接、项目路演等活动。8月，天津市青年企业家走进红桥促招商座谈会在光荣道科技产业园召开，为企业发展助力。推动园区基础设施和配套设施建设，园区智慧管理系统V1.0版本进入验收阶段，集合正融科技大厦的停车场、门禁、共享会议室等设施。

【产业招商】 2020年，光荣道科技产业园多次接待河南省安阳市、县领导，了解产业园发展模式及运营情况。接待中国互联网协会副秘书长一行、广东顺德伦教女企协会、天津市青年企业家协会、天津湖南商户等本市、外地政府及企业、协会参访考察30余次。9月24日，在北京举办“抢抓机遇 承接北京疏解资源”主题招商会。采用“云招商”对接京冀等区域企业，新冠肺炎疫情防控期间完成北京疏解企业中军军弘保安服务有限公司的招商工作。

（田　霞）

2020年8月，天津市青年企业家走进红桥促招商座谈会在光荣道科技产业园召开　（光荣道科技产业园　提供）

知识产权保护

【概况】 2020年，红桥区以知识产权创造、运用、保护、管理和服务为工作主线，开展知识产权工作，提高知识产权治理能力和治理水平。年内，全区提出专利申请1638件，授权专利1092件，拥有有效发明专利1363件，万人均发明专利有效量23.90件。商标注册申请1898件，核准注册1361件，拥有有效注册商标6926件。

【知识产权宣传服务】 2020年，红桥区组织“4·26”知识产权宣传周活动，向企业开展《天津市知识产权保护条例》和商标法律法规的宣传，向消费者和商户发放商标知识产权保护、商标注册宣传资料和宣传品，在商业中心户外广告屏播放知识产权周视频宣传片。开展“政策+技术”精准帮扶企业行动，到天津津酒集团有限公司、天津金米特科技股份有限公司、天津协盛科技股份有限公司等多家企业，征求涉及商标、地理标志等知识产权保护的相关问题。

【专项资金资助】 2020年，红桥区开展专利资助工作，利用市级知识产权专项资金资助区中海油天津化工研究设计院有限公司等6家企业和河北工业大学，下发知识产权专项资金119.50万元。

【知识产权专项治理】 2020年，红桥区开展知识产权保护专项整治，打击侵犯注册商标专用权违法行为专项行动。开展商标专用权保护专项行动，商标代理机构“蓝天”专项行动等多项知识产权保护行动。开展知识产权执法“铁拳”行动，以保护驰名商标、老字号商标、涉外商标为工作出发点，突出工作重点，依法严厉打击各种侵犯注册商标专用权违法犯罪行为。对抗疫防护用品、食品、电子产品等重点商品，严查商标侵权违法行为。依法将案件移送公安机关并将移送信息抄送区监察机关。年内，向公安机关移送商标侵权违法犯罪案件2件，货值37.91万元。开展侵权假冒商品集中销毁活动，依法销毁查获的万余件、价值14万余元的侵犯注册商标专用权和假冒伪劣商品。

（肖忠生）

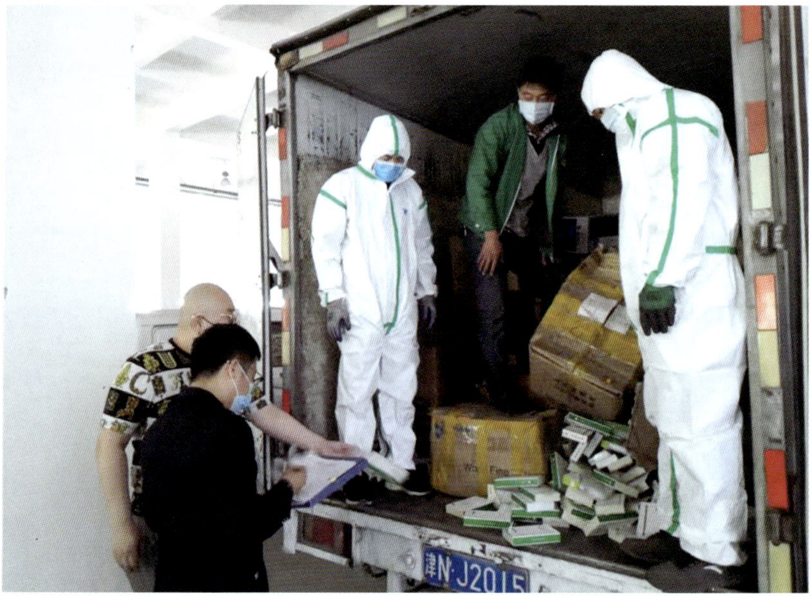

2020年4月26日，区市场监管局组织开展销毁侵权假冒伪劣产品活动 （区市场监管局 提供）

教 育

综 述

【学校及生源】 2020 年，红桥区有公办初中 11 所，民办初中 2 所，公办高中 5 所，民办高中 2 所，公办小学 20 所，民办小学 1 所，各类型幼儿园 62 所，其中公办幼儿园 18 所，民办幼儿园 16 所，托幼点 28 个。特殊教育学校 1 所，中等职业学校 1 所，职工大学 1 所。在校学生 44465 人，其中高中生 4809 人，初中生 7779 人，职教学生 2557 人，小学生 19588 人，在园幼儿 9732 人。

【教育集团成立】 2020 年，红桥区成立红桥区实验小学教育集团、天津师范学校附属小学教育集团，聘请天津市实验小学杨立军校长为红桥区实验小学教育集团总顾问，天津师范大学第二附属小学周静校长为天津师范学校附属小学教育集团总顾问。红桥区实验小学教育集团由红桥区实验小学、红桥区第二实验小学和求真小学组成。天津师范学校附属小学教育集团由天津师范学校附属小学、天津师范学校和苑附属小学和天津市雷锋小学组成。教育集团是以“1+X”的方式组建的学校发展共同体，采取“龙头校统筹管理、成员校相对独立、教育资源共享互促”的办学模式。教育集团内部实行管理共商、文化共建、资源共享、价值共融的发展原则，在教育理念、学校管理、教育科研、信息技术、教育评价等方面实现优质教育资源共享，达成各成员校发展共赢。

【教育综合改革】 2020 年，红桥区推行教育部门办幼儿园招生采取随机派位的方式。落实国家义务教育免试就近入学要求，公办、民办义务教育学校同步招生。实施集团化办学，组建红桥区实验小学、天津师范学校附属小学两个教育集团。制定《红桥区教育局加强合作学区建设的实施意见》，完善合作学区发展。完成红桥区第三届兼职督学聘任工作。

【教育基础设施建设】 2020 年，红桥区采取新建、改造既有建筑、托幼点提升改造等方式，推进学前教育资源建设工作。编制《红桥区基础教育设施布局“十四五”规划和 2035 年远景目标建议》。增加学前教育资源学位数 1620 个。第二实验小学投入使用，红桥小学改扩建基本完工，区少年宫完成修缮加固。完成民族中学供热改造，八十九中学围墙排险加固，河北工业大学附属红桥小学南操场铺装项目。

【学生心理健康教育】 2020 年，红桥区聘请 3 名具有专业资质的心理健康教师成立专家团队，开通“12355”和“86513024”心理咨询热线，启动“红桥区中小学学生心理服务中心”线上心理辅导服务，为需要帮助的师生提供专业辅导。开展“心战疫 · 心成长”主题教育活动，“5 · 25”学生心理健康月活动。邀请天津市家庭教育研究会秘书长陈秀茹录制“秀茹老师谈家教”家庭教育专题讲座微视频 10 期，利用微信公众号面向全体家长推送，向学生、家长及教师推送心理健康教育专家培训讲座 20 余期。录制“绽放青春，舞出生命精彩”生命教育微课和“复课开学 你准备好了吗?”心理健康教育系列微课,全区中小学生均按时收看。

(唐宏婕)

教育管理

【概况】 2020年,红桥区推进依法治教,推进教育治理体系和治理能力现代化,服务支撑“教育兴区”的发展思路,坚持立德树人,深化教育改革,强化队伍建设,促进教育公平,不断推动红桥教育高质量发展。教育部门办幼儿园招生采取随机派位方式,公办、民办义务教育学校同步招生,招生改革平稳实施。开展“阳光课堂”“医教结合”,保证残疾儿童公平享有受教育的权利。

【教学秩序管理】 2020年,红桥区制定《红桥区中小学“停课不停学、学习不延期”工作指导意见》,做好线上线下有效衔接。发挥互联网优势,采取“微教研”“微讲解”“微训练”“微检测”方式,教育教学工作正常开展,教育教学秩序稳定有序。幼儿园实行延期开园,各园制定“一园一策”工作方案,成立“在线集研组”“各年龄班活动研究组”,开展“在线分享和研讨”“做有准备的教师”专题讲座、“共读一本书”等活动,各园结合《3—6岁儿童学习与发展指南》,设计疫情防控小知识、亲子互动游戏、“好习惯我养成”等板块,为家长提供居家指导。小学打造“线上学习、线上管理、线上家校通”模式,采取网上指导与线上学习相结合、学科学习与生活体验相结合、学校主导与家庭协作相结合的方式,保证学生学习生活。

【师资培养】 2020年,红桥区推动开展“区管校聘”,优化区域内教师资源配置,开展红桥区首届区级学科骨干教师遴选认定工作,认定758名区级骨干教师和1289名校级骨干教师。开展市级骨干教师遴选,61人入选市级骨干教师。天津师范学校附属小学侯立岷入选天津市杰出津门校长、天津市第三中学吕洁入选杰出津门班主任、天津师范学校附属小学叶鸿琳入选杰出津门教师。6名教师通过正高级职称评审。开展“坚定理想信念,厚植教育情怀,做新时代‘四有’好教师”师德主题演讲。成立第五届师德宣讲团,39名宣讲团成员开展师德宣讲25场。红星职专教师庄建军入选全国师德师风建设专家。教师发展中心徐长青、天津市第三中学刘惠、天津师范学校附属小学侯立岷被授予天津市劳动模范称号。在天津市普教系统青年教师第十届教学基本功竞赛中,第三中学数学教师赵静获得一等奖第一名、天津师范学校附属小学思政课教师王欢获得一等奖第二名。

【学校食品安全管理】 2020年,红桥区落实学校食品安全主体责任,层层签订食品安全责任书,确保校园“舌尖上的安全”。结合“创文、创卫、创城”校园食品安全守护行动和“厉行节约,坚决制止餐饮浪费”等重点工作开展食品安全培训,确保每名工作人员持有效健康证上岗。建立健全食品安全管理制度,落实大宗食品公开招标、集中定点采购制度。开展自查、检查,与区市场监管局开展联合检查,对各学校食堂、学校配餐企业、民办托幼机构进行监督检查。

(唐宏婕)

基础教育

【概况】 2020年,红桥区普惠性民办幼儿园由4所增加到12所。学前教育三年毛入园率超过85%,普惠性幼儿园在园幼儿占比超过80%,公办幼儿园在园幼儿占比超过50%,初步实现学前教育的普及普惠。小学一年级新生人数为3541人,其中本市户籍3187人,随迁子女354人。成立红桥区实验小学教育集团、天津师范学校附属小学教育集团。第三中学、第五中学、民族中学、河北工业大学附属红桥中学被评为普通高中新课程新教材实施市级示范校。

【学前教育】 2020年,红桥区执行《大力发展学前教育两年行动方案(2019—2020年)》,推进学前教育资源建设工作。聚星幼儿园四新道园区和乐安里园区开园招生,红桥区第九幼儿园和第十二幼儿园投入使用,红桥区第十三幼儿园和红桥区第十五幼儿园完成主体建设工作,碧春里幼儿园竣工验收。全年新增学前教育资源学位 1620 个,2019—2020 年新增学前教育学位 5540 个,超额完成 5370 个学前教育学位建设任务。2020 年,各级各类幼儿园小班招生 2910 名幼儿。

【小学教育】 2020 年,红桥区实验小学等 6 所学校通过义务教育学校现代化标准建设达标评估验收,红桥区第三轮义务教育学校现代化达标工作全面收官。开展以"立足课堂和课程,抓实基础和特色,引领学校高质量发展"为主题的下校调研活动,分别到佳春里小学、清源道小学、中心小学、红桥小学 4 所学校进行集中调研指导,组织教学校长对全区其余 16 所普小、1 所特教学校进行教学常规管理调研指导。随机巡视课堂教学情况,重点查看二分钟铃教师到岗、减负措施、听课制度及其他教学常规管理落实情况。11 月份,组织教学校长和教学主任召开主题为"全学科全学段 促提质促发展"的教学常规管理系列活动,包括国家课程标准专项调研、集研集备专项调研、课后托管服务调研以及落实减负措施调研。完善学区运行机制,开展"实施核心素养培育 提升学校办学品质"小学教育教学开放月线上展示活动。

【中学教育】 2020 年,红桥区制定《2020 年红桥区初中招生工作方案》,制定志愿填报办法,分

2020 年 10 月 19 日,红桥区第十二幼儿园开园

(区教育局 提供)

配招生计划,落实派位程序。初中招生工作从 6 月 17 日开始至 7 月 5 日结束,有 13 所学校参加招生工作,区内小学毕业生报名人数 3033 人,录取 2978 人,其中包括被新华中学和苑学校提前录取政策生 70 人,解决一线医务人员子女入学 13 人,接收天津市回户籍学生 10 人,接收外省市回户籍学生 39 人,应届小学毕业生均保有学位。普通高中学校(包括艺术类高中学校、市重点高中学校、其他高中学校)实际录取 1759 人。

(唐宏婕)

特殊教育

【概况】 2020 年,红桥区特殊教育依据《中华人民共和国义务教育法》《中华人民共和国残疾人保障法》和《中华人民共和国残疾人教育条例》,做好残疾儿童少年教育安置工作。全区适龄残疾儿童少年入学率 95% 以上,区域内未入学残疾学生 100% 得到教育安置。2020 年,区培智学校招收新生 9 人。新冠肺炎疫情防控期间,制作微课等资源传授学生知识技能,关注心理健康教育,建立学生心理健康档案,开展教师心理讲座 5 次、团体辅导 13 次。

【特殊教育中心指导服务】 2020 年,红桥区构建以特殊教育中心为龙头,以资源学校为骨干,以随班就读学生所在普小为主体的区域随班就读工作体系。提升融合质量,丰富融合活动内涵。完善小学随班就读巡回指导机制,招收 5 人以上残疾学生的小学均设有特殊教育资源教室,为随班就读学生提供专业辅导服务。创建红桥培智杨柳青年画基地,带领学生赴杨柳青年画博物馆体验民俗,了解天津传统文化,

促进学生融入社会生活。

【“医教结合 综合康复”实践研究】 2020年，红桥区推进培智学校“医教结合 综合康复”实践研究，加大特殊教育教师培训力度，提高专业化水平，为有特殊需求的儿童少年提供优质教育服务。加强孤独症康复研究，培智学校成立孤独症康复工作室，攻坚孤独症康复工作。

（唐宏婕）

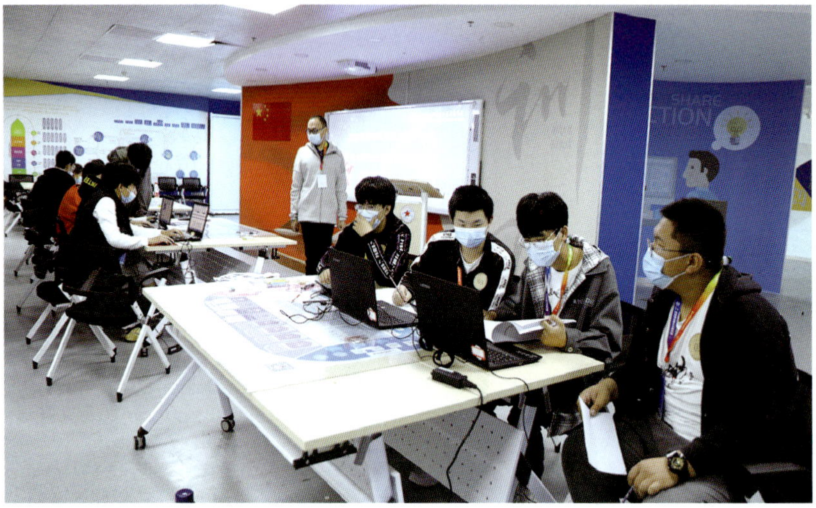

2020年10月17日，2020年国赛改革试点赛中职组沙盘模拟企业经营赛项天津市选拔赛在红星职专举办 （区教育局 提供）

职业教育

【概况】 2020年，天津市红星职业中等专业学校（以下简称红星职专）深化学校内涵建设，提高教学质量和育人质量，推进教学诊改工作常态化，提升教学和育人质量，增强红桥中等职业教育的综合实力与竞争力。2020年，红星职专完成改革实验班、三二分段、普通职专以及外省联合办学等招生计划数1239人。

【教学诊改成果转化】 2020年，红星职专线上教学期间关注教学质量监督，抽查作业369个班次1511个科次，涉及任课教师940人次。新冠肺炎疫情防控期间通过线上考试对春考年级进行阶段性测验和全校期中考试，复课后以线下线上相结合的方式完成77科次2192人次补考工作。做好实验班首批学生教学管理工作，强化三二分段的复习课管理，确保过级。加强春考班考试质量监控、分析与追踪，2020年春季高考学生765人，专科一次上线率99.73%，62人达到本科控制线，本科上线率8.10%，高于全市平均水平。

【特色职教活动】 2020年，红星职专承办2020年沙盘模拟企业经营改革试点选拔赛、天津市职业学校技能大赛沙盘模拟企业经营教师赛和学生赛、工业互联网技术应用、职业生涯设计技能挑战赛4个赛项。职教活动周期间，举办线上“积极心理学视野下学生家长心理健康”讲座和“药食同源”讲座特色活动2项。开展社区教育展示周活动，组织好相关线上活动。学校入选全国职业院校文化建设50强评选。

（李　芸）

高等教育

【概况】 坐落在红桥区的高等教育学校有天津商业大学、河北工业大学2所。天津商业大学位于光荣道409号，占地面积约89.32万平方米，建筑面积约51万平方米。学校教职员工1434人，其中专任教师1039人，正高级147人，副高级职称294人，博士学位462人。河北工业大学在天津市建有北辰和红桥两个校区，其中红桥校区有3个院，东院位于光荣道8号，北院位于丁字沽一号路8号，南院位于光荣道29号。两个校区校舍建筑面积103.50万平方米。现有教职工2729人，专任教师1630人，其中正高级职称429人、副高级职称613人、中级职称552人，博士学位1139人，博士生导师373人，硕士生导师972人。

【天津商业大学】 2020年，天津商业大学坚持以学科建设为龙头，经济学、管理学、工学、法学、文学、理学、艺术学等学科门类协调发展，相互支撑。动力工程及工程热物理一级学科入选天津市一流学科建设名单，冷链物流、现代服务业学科群入选天津市特色学科群建设名单。学校设有 14 个学院和 3 个教学部。在校生 2.29 万余人，本科专业（方向）59 个，硕士学位一级学科授权点 11 个，专业硕士学位类别 12 个。市级教学名师 11 人，市级教学创新团队 2 个，市级教学团队 15 个。市级重点学科 7 个、教育部工程研究中心 1 个、天津市工程中心 1 个、天津市重点实验室 2 个、国际联合研究中心 2 个、天津市人文社会科学重点研究基地 2 个、天津市高校智库 2 个，另设多个校级研究院、所、中心。拥有国家级实验教学示范中心 2 个，天津市级实验教学示范中心（含建设单位）10 个，天津市级虚拟仿真实验教学中心 1 个，天津市 A 级（优秀）高校众创空间 1 个。具有推荐优秀应届本科毕业生免试攻读研究生资格，以及港澳台研究生招生资格和同等学力人员申请硕士学位授予权。

（吴常青）

2020 年 1 月 19 日，天津商业大学全职引进教育部长江学者奖励计划特聘教授、国家万人计划领军人才陈冠益担任天津市一流学科"动力工程及工程热物理"学科带头人　（天津商业大学　提供）

【河北工业大学】 2020 年，河北工业大学全日制在校生 34699 人，其中普通本科生 27644 人、硕士研究生 6334 人、博士研究生 721 人。学校设有 18 个教学机构，拥有 75 个本科专业，拥有国家"世界一流学科"建设学科 1 个、国家重点学科 2 个、河北省强势特色学科 4 个、河北省级重点学科 20 个、天津市重点学科 7 个、博士后科研流动站 10 个、一级博士学位授权点 10 个、一级硕士学位授权点 25 个、专业学位类别（含 MBA 和 EMBA）15 个、工程硕士授权领域 25 个。拥有包括省部共建国家重点实验室、国家级工程技术研究中心、国家地方联合工程实验室、省部共建协同创新中心在内的国家和省部级科研平台 54 个。学校固定资产总值 28.11 亿元，其中教学科研仪器设备 10.69 亿元，藏书 192.60 万册。河北工业大学亚

2020 年 9 月 7 日，专家组对河北工业大学国家"双一流"建设工作进行周期评估和指导　（河北工业大学　提供）

利桑那工业学院获教育部批准，完成芬兰校区2020级招生工作，招收国内学生117名。2020年，河北工业大学入选第二届全国文明校园。河北工业大学城市学院转设获得教育部批准。获国家自然科学基金项目110项、国家社科基金项目5项，获批优青项目1项、获杰青项目1项。1名辅导员获河北省辅导员年度人物提名奖，2名辅导员的微课视频分别获河北省视频公开课征集评选活动二等奖和三等奖，6位辅导员的网络文化作品分获“河北省高校辅导员‘同心抗疫’优秀网络文化作品征集评选活动”的一等奖2项、二等奖1项和三等奖2项。

（王建昆）

民办教育

【概况】 2020年，红桥区规范办学体制，引导各级各类民办学校强化内涵建设。加大普惠性民办幼儿园扶持力度，落实普惠园价格调整办理流程，指导各园按照流程完成收费许可证的调费工作。完成3所普惠性民办幼儿园租用非公建房屋房租补贴发放。开展校外培训机构联合执法，发布四批天津市红桥区校外培训机构“白名单”公告。组织传染病防控和食品安全工作培训和重点巡查抽查。区教育局牵头与区市场监管局、区人社局、公安红桥分局和区消防救援支队联合完成“双随机一公开”检查工作。

【普惠性民办幼儿园认定】

2020年，红桥区组织非普惠、非营利民办幼儿园负责人学习普惠性民办幼儿园认定相关政策，指导普惠园申报工作，对自愿申报专项资金扶持的8所普惠性民办幼儿园进行资质审核，新认定8所普惠性民办幼儿园。完成普惠园等级评定工作，根据等级评定结果，向社会公示。

【校外培训机构治理】 2020年，红桥区对举报邮箱、“8890”专线等各种举报渠道获悉的无证培训机构进行治理，联合区市场监管局、属地派出所等执法机关开展联合执法，关停无证培训机构3所，指导监督通过行政审批获得合法办学资质8所。借助全国中小学生校外培训机构管理服务平台，组织校外培训机构落实政策要求。完成20所新取证培训机构（不含分支机构）信息的审核、录入、发布工作。组织区内各培训机构学习《中小学生校外培训机构服务合同（示范文本）》。

【民办学校年检评估】 2020年，区教育局完善红桥区民办中小学、幼儿园、培训机构三类《红桥区民办学校年检评估细则》，出台《红桥区2019年民办学校年检评估方案》，探索新形势下民办培训机构管理方式。组织60所民办中小学、幼儿园、培训机构负责人召开年检工作部署会议，指导各单位完成年检自查、材料上报等工作。

【“双随机一公开”工作】

2020年，区教育局作为牵头部门，从区市场监管局提供的全区涉及名称有“教育”字样的300余家市场主体中随机抽取11家企业进行专项检查。与区市场监管局、区人社局、公安红桥分局和区消防救援支队等部门沟通确定各部门的检查项目清单和备查资料清单，制作检查告知书，送达被检查企业。各相关部门对被抽取的11家企业进行专项检查，发现问题告知整改。

（唐宏婕）

思政教育工作

【概况】 2020年，红桥区深化新时代学校思想政治理论课改革创新，制定《红桥区关于深化新时代学校思想政治理论课改革创新的若干措施》，与南开大学等6所高校的马克思主义学院建立“大中小幼思政教育一体化建设联盟”，区领导相继走进区内学校讲思政课。组建郭从征思政课教师专业团队，分梯次培养“种子教师”。录制“思政大讲堂”微课，开展“立德树人大讲堂”，邀请天津商业大学马克思主义学院曾德刚、天津商业大学于俊如进行思政课程建设、意识形态思考的专题讲座。

【郭从征思政教师专业团队组建】 2020年，红桥区组建全市第一个思政课教师专业团队——郭从征思政教师专业团队。团队加强思政教师一体化培训，组织各学段思政教师学习习近平总书记在思政课教师座谈会上的讲话精神，参加全市大中小学思政课教师集体备课会5次。推进思政课改革创新，开展网上思政，加强与历史、体育等学科集备交流，发挥思政课立德树人作用。

【“思政一体化”共建】 2020年10月15日，红桥区“大中小幼思政教育一体化建设联盟”签约启动仪式暨红桥区学校思想政治工作改革创新推动会召开，区教育局分别与南开大学、天津大学等6所大学的马克思主义学院就“思政一体化”建设工作签订共建协议并授牌。10月17日，郭从征思政教师团队与天津大学马克思主义学院“思想道德修养与法律基础”课教研部教师代表开展集体备课暨天津市大中小学思政课教师交流研讨会。

【“思政大讲堂”微课录制】 2020年延期开学期间，红桥区组织思政教研员和一线教师录制《疫情面前，我们看到了……》抗击新冠肺炎疫情专题思政微课20节，在区教师发展中心公众号陆续播出。组建由党员干部、教研员和一线教师组成的“四史”宣讲团，录制“学四史，守初心”思政大讲堂系列微课40讲。

【“立德树人大讲堂”活动】 2020年，红桥区开办“立德树人大讲堂”，邀请专家学者开展专题讲座，组织全区中小学青年教师开展“青春铸就中国梦”主题朗诵、演讲，发动名师品牌团队“郭从征思政团队”，组织全体思政教师开展一体化培训，提高教师队伍专业素养、教学能力，提升教师思政课教育教学水平。

（唐宏婕）

2020年10月22日，红桥区在红星职专举行红桥区大中小幼思政教育一体化建设联盟签约仪式 （区教育局 提供）

素质教育

【概况】 2020年，红桥区制定《红桥区关于全面加强新时代中小学劳动教育的若干措施》和《红桥区中小学劳动教育特色学校创建工作指南》。加强传统文化教育，开展“中华优秀传统文化巡讲”。编制12篇《金色的信念——社会主义核心价值观手指谣》原创动画，在全区幼儿园中推广。组织参加市级足球、篮球、排球和田径比赛，14所学校成为足球特色学校，10所幼儿园成为足球特色幼儿园。开展以“艺”抗“疫”美育活动，利用线上资源充实学校美育课程资源，发挥美育育人功能，全方位推进体育、美育和劳动教育。

【《国家学生体质健康标准》实施】 2020年，红桥区全面实施《国家学生体质健康标准》，完善红桥区学生体质监测机制，建立定期与不定期的学生健康素质抽样监测制度，联合区体校、教师发展中心成立红桥区《国家学生体质健康标准》督导、指导组，深入各中小学指导体质健康抽测。

建立学生体质健康档案,对全区小、初、高学生建立健康档案。全面实施《国家学生体质健康标准》测试、上报和公告工作,把学生达标情况作为评优、毕业、升学的基本依据。全区中小学 26 所学校 2700 名学生,在 11 月初和 11 月中下旬分别接受教育部和天津市教委的体质健康抽测任务。

【阳光体育运动】 2020 年,红桥区落实学生每天 1 小时体育锻炼,学校每天上午、下午各安排不少于 30 分钟大课间体育活动,并纳入教学计划,列入作息时间安排,与体育课教学内容相衔接。学校每月举行 1 次校级体育比赛,每年举办 1 次体育节和运动会。结合市教委《提升中小学生体质健康水平十条措施》和《天津市学校秋冬季出操方案》,各学校研究秋冬季出操安排,利用上下午的大课间组织学生开展集体跑步。在新冠肺炎疫情防控期间,采用录制视频的方式,举办 2020 年红桥区中小学广播体操、校操、阳光体育大课间展示评比活动。10 月中旬举办红桥区中小学大课间比赛。

【劳动教育与国防教育】 2020 年,红桥区各学校发挥劳动教育综合育人功能,推进劳动教育与各学科教育教学融合。区、校两级联动,根据小学、初中及高中各学段特点,分别制定课程内容,各学段每周安排至少 1 节劳动必修课,保证学生开展劳动技能锻炼。组织全区 9 所高中 1870 名高一新生,聘请教官进入学校开展军训工作,军训包括军事理论课教学和军事技能训练等内容。

【"用知识缝制铠甲"主题活动】 2020 年复学复课后,红桥区中小学利用音乐、美术课堂教学,组织"用知识缝制铠甲——庚子新冠的童画"主题教育活动。区级竞赛收集小学优秀作品 441 幅,中学优秀作品 161 幅。

【"弘扬华夏文明 传承津沽文化"系列活动】 2020 年,红桥区以天津设卫筑城 616 周年纪念日为契机,组织"弘扬华夏文明 传承津沽文化"活动。以戏曲、曲艺、民族乐器、年画、书法、剪纸、泥塑等中华优秀传统文化艺术为重点,将讲座、学校活动展示、文化传承微课等内容制作成视频,面向全体同学播放。

(唐宏婕)

2020 年 12 月 23 日,区实验小学开展红桥区第九届津沽文化日活动 (区教育局 提供)

文　化

综　述

【公益类事业单位机构改革】 2020年，红桥区整合红桥文化宫、区文化活动中心职责，将其纳入区文化馆，加挂区文化艺术发展中心牌子。整合区少年儿童图书馆职责，将其纳入区图书馆。强化文物保护职能，组建区文物保护中心，加挂天津义和团纪念馆、天津市三条石历史博物馆牌子。撤销红桥文化宫、区文化活动中心、区少年儿童图书馆、天津义和团纪念馆、天津市三条石历史博物馆。2020年，区文化馆焦璐家庭荣获“天津市最美家庭”。

【现代公共文化服务体系构建】 2020年，红桥区新建10个图书馆社区服务点，现有服务点79个。开展基层综合性文化服务中心达标创建工作，区内6个街道、52个社区综合性文化服务中心获评全市第二批达标基层综合文化服务中心称号。完成第三次公共文化服务体系建设评估工作。成立区音乐家协会、中国式摔跤（非遗）协会。

（陈龙菲）

监管执法

【文化旅游市场管理】 2020年，红桥区以强化市场监管治理能力和提升行政服务效能为重点，推进平安文化市场建设，坚持日常监管和专项整治相结合，以两节、两会为时间节点对歌舞娱乐、网吧、影剧院等人员密集场所开展日常执法检查，全年出动执法人员4500人次，检查文化经营单位3600家次，查办一般行政处罚案件9起。组织安全生产专项整治三年行动，对全区景区、旅行社、文物保护单位、网吧、歌舞、游艺等企业开展安全检查。

（孙铁华）

【非法卫星地面接收设施整治】 2020年，红桥区开展非法卫星地面接收设施整治专项工作，召开红桥区创建无“小耳朵”社区专项工作部署会，制定《红桥区整治非法卫星电视接收设施专项行动方案》，建立信息周报制度。全区10个街道121个社区，排查出“小耳朵”6683套，拆除6550套。部分街道平房区无法接入有线电视网络，暂未拆除。

（张智超）

非物质文化遗产与文物保护

【非物质文化遗产保护】 2020年，红桥区加强非物质文化遗产保护传承和利用，西码头百忍京秧歌高跷、宏仁堂紫雪散传统制作技艺等2个市级“非遗”代表性项目入选第五批国家级“非遗”代表性项目名录推荐项目名单。公布第九批区级“非遗”代表性项目名录，全区各级“非遗”代表性项目达51项。开展“非遗过大年文化进万家”代表性项目展览、“非遗传承，健康生活”“文化和自然遗产日”非遗宣传展示暨非遗购物节活动。通过微信公众平台开展非遗代表性项目宣传，非遗抗疫新作品联展等线上活动。组织“非遗”代表性项目6个参加央视网《云游美丽中国》之“云游天津”线上直播活动。

【定期文物安全巡查】 2020年,区文化和旅游局加强文物保护日常监管,定期对运河沿线不可移动文物开展文物安全巡查,完成安全巡查336次,其中全国重点文物保护单位60次、市级文物保护单位96次、区级文物保护单位90次、其他一般不可移动文物90次。

【大运河沿线文物整体保护】 2020年,红桥区加强运河沿线文化遗产和历史风貌的整体性保护,落实《大运河天津段核心监控区国土空间管控细则(试行)》要求,协调市文化和旅游局、市文化遗产保护中心完成大运河保护范围和建设控制地带内土地开发项目文物影响评估、考古调查和相关文物勘探工作。

【重点文物保护修缮】 2020年,红桥区推动运河沿线文物保护修缮工作,启动天津义和团纪念馆、瑞蚨祥绸布店旧址、北洋大学堂旧址等一批重点文物保护单位修缮工程。实施文物安全防范工程,完成天津义和团纪念馆防雷工程和电线电路改造。提升运河沿线文物建筑保护等级,将韩家大院、丹华火柴厂职员宿舍、天津基督教西沽堂和解放天津战役烈士墓4处不可移动文物核定为区级文物保护单位。

(王　啸)

2020年9月2日,红桥区举办纪念中国人民抗日战争暨世界反法西斯战争胜利75周年文艺演出　　(区文化和旅游局　提供)

文化活动

【概况】 2020年,区文化和旅游局组织红桥区第十八届社区文体艺术节暨第三届群众文艺创作表演大赛、红桥区庆祝中国人民抗日战争暨世界反法西斯战争胜利75周年文艺演出、红桥区纪念中国人民志愿军抗美援朝出国作战70周年群众文艺会演等大型活动。组织"翰墨抒怀共庆华诞"书法作品展、"妙笔颂中华"国画作品展、红桥区抗击新冠肺炎疫情纪实展、"学习四史、坚守初心"老物件藏品展、红色文艺轻骑兵进社区、红色电影放映等庆祝中华人民共和国成立71周年文化活动。

【阅读推广活动】 2020年,区图书馆举办阅读推广活动88场,其中线上活动66场,线下活动22场,4000余人参加。各类数字资源点击量250万余次。以"七一"建党、传统节日、中国古典文化艺术为主题开展线上讲座41场。以防疫知识科普、传统文化等为主题开展线上读者活动15场,参与者6000余人次。开展未

2020年红桥区图书馆借阅统计表

表3

项　目	数　量
流通总人次	19.66万
其中:书刊文献外借人次	5.67万
书刊文献外借册次	18.69万

2020年6月12日，区文化和旅游局在运河新天地夜市举办“文化和自然遗产日”宣传展示暨非遗购物节活动

（区文化和旅游局　提供）

成年读者活动22场，1146人次参加。推出“童阅绘”和“乐读汇”两大品牌活动，举办15场，700余人次参与活动。举办庆祝建党99周年、抗疫杰出贡献人士、传统节日中秋节3场主题线下展览，开展“阅读战疫”创意书签征集活动和“变废为宝小能手”环保主题科普活动。

【“文化和自然遗产日”非遗宣传展示暨非遗购物节活动】 2020年6月，区文化和旅游局主办，区文化馆、天津酌小鲜文化创意有限公司承办的红桥区2020年“文化和自然遗产日”宣传展示暨非遗购物节活动在运河新天地夜市进行。活动以“非遗传承 健康生活”为主题，旨在宣传大运河文化，普及非遗知识和健康生活理念。现场设立非遗代表性项目宣传展牌，宣传红桥区各级非遗代表性项目基本情况。邀请红桥区13个非遗代表性项目在运河新天地夜市进行4次现场集中宣传展示，在线上设立展销专区。闻药、多层木雕、押花葫芦、玻璃画工艺等非遗代表性项目吸引众多市民驻足，部分市民现场参与。

【“我们的中国梦”——送文化和温暖进学校活动】 2020年1月21日，由区委宣传部、区文化和旅游局、市青少年发展基金会、红桥区文联、红桥区美术家协会联合组织“我们的中国梦”——送文化和温暖进学校活动在天津市第五中学举行。况瑞峰等书画名家现场挥毫泼墨，为师生书写百幅春联、福字。

【“阅读战疫”创意书签展示活动】 2020年，红桥区参加中国图书馆学会举办少年儿童创意书签设计展示活动。活动面向全国4—18周岁少年征集作品，于2020年5月启动，至9月15日完成作品征集，收到来自全区中小学的创意书签作品数百件，并从中精选101件作品报送参与全国评选，其中28幅作品获奖。

【第十八届社区文体艺术节暨第三届群众文艺创作表演大赛】 2020年8月至9月，红桥区委宣传部、区文化和旅游局、区体育局联合举办“弘扬抗疫精神　共享小康生活”红桥区第十八届社区文体艺术节暨红桥区第三届群众文艺创作表演大赛。大赛设独唱、合唱、诗朗诵、舞蹈4个艺术门类。经过初赛、复赛的线上视频选拔和网络投票，有4个门类12个节目进入决赛。9月28日，大赛决赛在区文化馆举行。

（石启砺）

2020年红桥区文化活动一览表

表4

序号	时间	地点	主题	活动内容及效果
1	2020年1月21日	第五中学	“我们的中国梦”——送文化和温暖进学校活动	活动由区委宣传部、区文化和旅游局主办，天津市青少年发展基金会、红桥区文联承办。知名书法家、美术家现场为学生创作作品
2	2020年3月30日	区文化馆、图书馆	恢复开放	根据市疫情防控要求，区文化馆、图书馆在做好疫情防控前提下部分恢复开放
3	2020年7月26日至7月31日	甘肃省天水市	“春雨工程”天津市文化志愿者边疆行活动	红桥区文化馆选派2名干部随天津市文化志愿者团队到甘肃省天水市麦积区、秦州区、甘谷县、清水县演出
4	2020年9月2日	丁字沽街道三段社区党群服务中心	红桥区纪念中国人民抗日战争暨世界反法西斯战争胜利75周年文艺演出	活动以文艺形式纪念中国人民抗日战争暨世界反法西斯战争胜利
5	2020年9月28日	区文化馆	“弘扬抗疫精神 共享小康生活”红桥区第三届群众文艺创作表演大赛决赛	大赛8月份启动，经过初赛、复赛的线上视频选拔和网络投票，有4个门类12个节目进入决赛，决赛决出各门类一、二等奖
6	2020年10月22日	区文化馆	红桥区纪念中国人民志愿军抗美援朝出国作战70周年群众文艺会演	活动以文艺形式纪念中国人民志愿军抗美援朝出国作战70周年

广播电视

【概况】 2020年，原天津广播电视网络有限公司南开红桥分公司(以下简称广电南开红桥分公司)节目部与总公司导视频道合并成立的品牌运营中心，围绕红桥区域经济社会发展、重点项目和重点工程建设、民计民生保障工作进行新闻和专栏节目宣传报道，展现红桥区发展态势和工作氛围。公司主营数字电视业务、宽带接入业务、数字专项接入业务、链路业务、节目编播业务。

【新闻宣传】 2020年，广电南开红桥分公司品牌运营中心节目制作部“红桥新闻”栏目完成各项报道任务，《红桥新闻》栏目发挥新闻舆论宣传主阵地作用，全年播发新闻260期，拍摄新闻1389条，播发1341条。宣传报道2020年红桥区人大、政协两会工作，制作播发决议公告5个，口号8屏。在两会期间采访人大代表和政协委员36人次，制作两会专题报道片头和角标。对新冠肺炎疫情防控期间坚守一线的各行各业人员和企业复工复产工作重点宣传报道。完成红桥区创文创卫创城、红桥区决战决胜脱贫攻坚、贯彻学习党的十九届五中全会精神的宣传报道、红桥新闻20个专栏节目。

【营业窗口服务】 2020年，红桥区设立两个营业厅，为用户办理数字电视开通、迁移、报停、互动节目订购及收视费收取服务，宽带业务的开通、迁移等服务。加强员工服务标准培训和技能培训，对不同用户群体，提供不同利惠政策。新冠肺炎疫情防控期间，每日对公共环境进行消杀。

【入户服务】 2020年，广电南开红桥分公司在复工复产后，组织党员及入党积极分子利用周六、周日休息时间，到各个社区现场服务，入户维修、入户讲解、入户检测，针对不同用户群体介绍不同节目，社区服务近百场，服务用户4万余人。

【网络排查和技术力量提升】 2020年，广电南开红桥分公司维护员工定期对辖区内的管道、线路、机房巡查与排障，提升技术力量。接待委办局各部门会议20余次。全年新增4个幼儿园监控业务至红桥教育局三级监控平台。完善综治办网格化项目链路工程和2012年至2015年旧楼改造项目小区监控链路服务工程，参与广电南开红桥分公司2019年智慧平安社区接入技防网业务。

2020年4月新冠肺炎疫情期间，广电南开红桥分公司营业厅保持正常营业，图为工作人员为居民办理业务

（广电南开红桥分公司　提供）

【基础建设】 2020年，广电南开红桥分公司做好各个机房的维护和改造工作，为公安系统、公安交管系统、医疗服务系统、教育系统提供基础建设及技术支持。完成新建小区FTTH入户光缆建设工程，414户800余个终端。为改善区内用户网络传输质量，网改优化覆盖小区10余个，受益用户9000余户。

（王　薇）

档　案

【概况】 2020年，红桥区档案馆（以下简称区档案馆）履行档案接收保管利用服务职能，提升服务水平，为群众提供婚姻登记、知青下乡等各类档案文件查询，帮助群众解决房产买卖、子女返城等问题。做好“6・9”国际档案日、“9・5”档案开放日系列宣传活动和爱国主义教育基地参观接待工作。征集抗击新冠肺炎疫情实物档案，为疫情防控档案整理工作提供指导，牵头全区创文创卫档案材料组工作，完成国家卫生区技术评估综合验收和市文明城区综合验收。

【档案征集与接收】 2020年,区档案馆接收区合作交流办、区审批局、区纪检委、区房产总公司等10家单位档案5258卷1.72万件;接收天津广电网络有限公司红桥分公司移交的1993年至2017年录像带5683盘,对其中659盘重要录像带进行数字化加工。结合抗击新冠肺炎疫情、纪念中国人民志愿军抗美援朝出国作战70周年等活动,向社会各界公开发布征集档案资料的通告,征集接收社区居民创作手绘系列防疫连环画及抗疫主题漫画25张,9个街道辖区内社区出入(通行)证285张,支援湖北恩施报名名单、纪念册等实物131件,银泰酒店隔离观察点入境人员留言板3块。征集刘树槐、邓俊声、刘远生捐赠的《红桥区街巷图》《天津市街道图》《西北军演义》《中国音标字书》等反映天津地方文史特色地图、图书进馆。

【档案行政管理】 2020年,红桥区加快推进馆藏档案数字化工作,实施全区各立档单位档案室达标建设,加强档案管理,规范档案使用,推进全区档案规范化。落实档案行政执法责任制,规范执行行政执法公示、全过程记录、重大执法决定法制审核三项制度,对全区37家部门单位开展档案行政执法检查,针对发现问题下达责令改正通知书,跟踪整改情况。

【档案鉴定开放】 2020年,红桥区依据《中华人民共和国档案法》《中华人民共和国档案法实施办法》鉴定开放馆藏满三十年1990年档案,涉及区委、区政府、各街、委、办、局和公司54个单位440卷,经红桥区档案鉴定委员会对馆藏满30年的档案进行审核,确定48个全宗224卷档案涉及上级文件、个人隐私、敏感内容等情况延期向社会开放。

2020年8月18日,区政协到红桥区档案馆爱国主义教育基地参观 (区档案馆 提供)

【档案利用接待】 2020年,区档案馆提供婚姻登记、知青下乡等各类档案文件查询1400余人次,调阅档案4万余卷。为各单位查询馆藏档案200余人次,调阅档案2万卷,帮助各单位在工龄审定、工资变动等方面提供服务。

【档案数字化】 2020年,红桥区推进馆藏档案第六期数字化工作,完成档案数字化任务168万页,全部完成档案信息化工作三年规划目标。推动全区各单位档案管理软件升级工作,指导全区52家立档单位做好软件升级后档案录入工作。制作学习视频,指导全区各立档单位完成异地备份工作。针对馆藏档案管理系统存在的问题开展调研,就更换系统软件撰写调研报告。完成《天津红桥年鉴(2019)》在红桥区政务网网站公开,实现年鉴数字化公开查阅。

【档案安全体系建设】 2020年,红桥区定期组织档案人员学习相关法规制度,对照标准开展安全自查、安全培训和应急演练。定期完成局域网软件升级杀毒等工作，完善视频监控系统，强化对总控室、机房、数字化工作场地巡查。

【档案宣传】 2020年，红桥区开展系列宣传活动，区档案馆组织接待区委办、区政协、区市场监管局、天津五中、红桥一幼等10余个单位百余人参观。各类人员到档案馆参观爱国主义教育基地。组织干部到光采里、北平房、东大楼等社区开展档案法制、档案业务宣传，提升全区干部群众档案意识和档案法治观念。

【疫情防控档案收集整理指导】 2020年，区档案馆拟制区新冠肺炎疫情防控工作档案收集、整理、移交工作方案等文件，指导区指挥部办公室及9个工作组对疫情防控档案进行收集、鉴定，全年收集整理文书档案6次5000余件，照片档案300余张，实物档案20余件。

【创文创卫档案资料管理】 2020年，区档案馆承担创卫相关文件材料拟制、业务培训、技术资料审核报送等任务，组织培训7次，审核、修改相关单位资料80余次，对备查单位资料协助整改，接受市各专业组督导10余次。协助区文明办完成2020年创文资料收集、汇总、提炼、编纂工作。9月份完成国家卫生区技术评估综合验收，11月份完成市文明城区综合验收。

【档案馆新址建设】 2020年，区档案馆落实《关于国家档案行政执法检查反馈意见的整改方案》要求，做好与区住建委、设计院和施工方等相关单位沟通配合，推进区新档案馆建设，2020年完成地下部分建筑施工任务。新馆数字化建设、方志馆设计等工作同步推进。

（韩 云）

地方志

【概况】 2020年，区方志办做好《天津市红桥年鉴（2019）》编纂出版工作，发挥部门专业优势，推进区档案馆新馆爱国主义教育基地和区方志馆建设方案设计工作，开展史志资料研究工作，录制红桥区武术口述史，撰写《近代教育奠基人——严修》微电影大纲，做好方志资源开发利用，为区文化和旅游局、区纪委监委等部门提供相关资料。

【综合年鉴编纂】 2020年，完成《天津市红桥年鉴（2019）》政府网站公开工作。《天津市红桥年鉴（2020）》编纂工作于3月份正式启动。新冠肺炎疫情防控期间，通过电话答疑、上网指导等措施对全区各单位撰稿人员进行培训，收稿工作与稿件修改工作同时展开。9月，完成全部稿件修改工作，年鉴稿排版后寄送方志出版社审稿，办理出版、地图号申请等工作，完成年鉴彩页照片筛选、编辑、排版工作。方志出版社审核完毕后进行出版发行。12

2020年12月21日，红桥区2020年年鉴工作会议暨2021年“精品年鉴”编纂工作动员部署会在区政府礼堂召开（区方志办 提供）

月21日，在区政府礼堂召开2020年年鉴工作会议暨2021年“精品年鉴”编纂工作动员部署会。

2020年10月4日，区方志办联合区武协为八极拳传人秦凤鸣录制武术口述史，图为区方志办、区武协与八极拳传人及弟子合影

（区方志办　提供）

【史志资料研究】 2020年，区方志办推进严修微电影制作，制定严修微电影拍摄框架，完成整理编辑大纲内容2万余字。开展武术口述史录制工作，组织区武协领导、武术史研究学者李明召开座谈会，研究武术口述史录制工作，完成两部分录制口述史及摔跤展示5小时。完成史志文稿搜集、撰写、上报工作。核实修改张泽恩先生撰写研究文章《通背拳源流稽考》形成定稿，上报市方志馆，协助张泽恩先生完成《拳术溯源稽考》拆分补充并完成校对工作。完成井振武先生撰写的《雪域高原上天津人的足迹》校对工作。撰写《近代教育奠基人——严修》《老天津卫“银子窝子”——竹竿巷》，完成校对并上报市方志馆。做好历史文化工程建设工作，整理大运河相关资料5份7000余字，协助区文化和旅游局完成红桥大运河国家公园项目运河游船建设大纲初步设想，协助区纪委监委完成三条石街道社区廉政文化甬道展牌设计、布展工作。

（韩　云）

卫生健康

综　述

【医疗机构】 2020年，红桥区区级直属卫生机构16个，社会办医医院14个，门诊部24个，诊所、保健站、医务室37个，建成“120”急救站点7个。

【京津冀医疗卫生协同发展】 2020年，红桥医院被纳入京津冀鲁临床检验结果互认医疗机构，芥园街、丁字沽街社区卫生服务中心融入京津冀全科医学人才建设体系，提升全科医师规范化培训水平。

【民心工程推进】 红桥区西沽街社区卫生服务中心迁建项目于3月25日正式施工，地址位于红桥区海源道北侧，规划总建筑面积3900平方米。红桥中医院新建工程于10月26日正式施工，地址位于红桥区光荣道与本溪路交口，规划总建筑面积1.05万平方米。“阳光心田”心理健康服务和推进社区老年健康服务两项工作完成。

【卫生健康教育】 2020年，区卫生健康委在新冠肺炎疫情防控期间，设计制作新冠肺炎防控明白纸、海报、折页等健康教育宣传品15种7万余份，发放范围涵盖全区10个街道及30余所中小学。与健康大讲堂相结合，开展社区和学校健康教育工作。完成健康社区、健康学校、健康促进医院等健康细胞创建工作14家。全年开展线上社区健康大讲堂7场，学校健康大讲堂2场，中医内容1场。在全区开展“2020年红桥区健康家庭评选活动”，100个家庭入围。开展健康教育与健康促进活动，2020年居民健康素养水平为32%。

（刘奕然）

公共卫生

【概况】 2020年，红桥区对公共场所单位开展全面督察检查，创卫工作通过市级单项验收、综合验收，通过国家技术评估。组织开展中高考期间考点周边住宿单位监督检查和两节前车站监督检查，消除公共卫生安全隐患。在大部分社区卫生服务中心完成标准化全科门诊建设，推进基层高血压、糖尿病等慢性病管理和医防融合服务，强化基层医疗卫生机构防治结合职能。全区各社区卫生服务中心开展基本公共卫生服务项目，通过短信、微信、电话、视频、智能语音外呼等方式与居民开展信息互动，开展新冠肺炎疫情防控健康教育。针对近视、龋齿等青少年常见病进行疾病监测和环境监测。对开展体检的中小学，进行环境监测，根据青少年常见病检测结果进行精准健康干预。

【基本公共卫生】 2020年，红桥区8个社区卫生服务中心完成标准化全科门诊建设。居民健康档案建档率92.20%，为60岁及以上失能半失能人员提供入户医疗护理服务7789人次。落实最长12周长处方政策，服务36.58万人次。为符合条件的签约居民开展入户护理特需服务。

【公共场所卫生】 2020年，红桥区对公共场所单位开展全覆盖监督检查，督促公共场所单位落实新冠肺炎疫情防控工作要求，处理疫情防控相关投诉。按要求完成国抽双随机、市抽双随机和区抽双随机工作。全年办结行政处罚案件73件,其中一般程序20件、简易程序53件,罚款1.88万元,对其中拒不履行行政处罚决定的1家单位申请法院强制执行。

【社区卫生】 2020年,红桥区全年健康档案建档率96.67%,高血压患者规范管理率81.10%,Ⅱ型糖尿病患者规范管理率81.40%,中医老年人健康管理率71.38%,中医儿童健康管理率95.47%。芥园街社区卫生服务中心等8家社区卫生服务中心完成标准化全科门诊建设。为满足条件的慢病患者提供最长12周的长期处方36.58万张。利用区域医联体优势,为1.26万人次社区患者提供远程检验服务,为1.32万人次社区患者提供远程影像诊断服务。

【学校卫生】 2020年,红桥区对跃进里小学、第二实验小学、河工大附属红桥中学、民族中学、红星职专、天津商业大学学生整群抽样体检调查2827人。开展学校卫生标准普及、中小学生健康月、健康父母、专家进校园、重点人群关爱专项行动。向红桥区中小学校长、校医、后勤人员开展学校卫生标准普及讲座,科普儿童青少年生长发育指标及教室采光标准。联合区教育综合服务中心确定11月为中小学生健康月,集中开展学生常见病干预活动,全区中小学举办健康主题班会30余次,发放宣传材料9000余份,播放广播视频30余次,完成公众号推送30余次。对区内中小学生家长进行健康宣教,微信群推送常见病相关知识50余次,发布校讯通30余次,发放宣传明白纸30余次,组织家长会30余次。对常见病监测的中小学邀请学生常见病专家,对学校工作人员和学生科普培训5场。针对监测学校检出率较高的疾病,开展针对性健康宣教活动,发放复查家长告知书。

【国家卫生城区创建】 2020年,区卫生健康委加强公共卫生与医疗服务,健全健康教育工作机制,完善工作网络,提高健康教育人员专业素养,普及健康知识,推进慢性非传染性疾病综合防控示范区建设,规范严重精神障碍患者管理治疗工作,建立健全基本公共卫生服务网络。开展公共场所卫生监督量化分级管理,强化公共场所卫生规范化管理,开展职业病综合防治工作,加强对集中式供水单位、二次供水单位的卫生监督监测,确保重点场所与生活饮用水各项指标达标。坚持以环境治理为主,物理、化学防治等方法为辅的综合方针,开展病媒生物防治工作。新冠肺炎疫情期间,开展卫生社区、卫生单位创建活动,发挥爱国卫生运动优势,治理城区垃圾,改善人居环境。2020年10月,红桥区顺利通过国家级技术评估终审验收。

(刘奕然)

疾病防控

【概况】 2020年,红桥区传染病疫情报告及时率100%。开展线上健康教育巡讲、2020年健康家庭评选活动、健康大讲堂活动、烟草流行调查、健康素养监测、儿童青少年近视调查学生常见病和健康影响因素监测与干预工作,青少年近视干预2827人次。开展红桥区食源性疾病病例监测、食品安全风险监测、地方病监测等工作。加强专技人员业务培训,全年开展业务培训14次,参训923人次。

【传染病防控】 2020年,红桥区巩固乙肝疫苗民心工程成果,完成后续疫苗针次接种及全程接种疫苗人群血清学检测,扎实推进病毒性肝炎免疫效果评价等调查工作。组织“N24”结核病控制专题宣传活动,开展老年人及糖尿病患者肺结核主动筛查,创新渠道提升病人治疗管理水平,完成全区7903名新生入学结核病筛查,组织高二年级学生结核病主动筛查工作。全年主动提供艾滋病检测咨询服务筛查7278人。加强流感监测,全年报告现住址流感病例300例,发病率52.81/10万,发病率下降77.81%。全区中小学等集体单位未报告流感样病例暴发事件。完成辖区预防接种门诊评审复审,组织开展流感和新冠疫苗接种培训演练及考核,截至年底完成流感疫苗接种19142支任务。

【非传染病防控】 2020年,红桥区对辖区内居民开展心脑血管疾病筛查4920人、恶性肿瘤早诊早治3000人和大肠癌筛查1.23万人,开展"5·20"中国学生营养日等宣传工作。开展职业性尘肺病随访与回顾性调查1104例。对公立、民营医院消毒监测全覆盖,完成区内托幼机构36家次消毒隔离监测。对44个病媒生物监测点位开展病媒生物密度监测。实验室通过食品卫生等多项检验能力验证考核,完成新仪器调试、培训和预实验工作,推进病原体快速检测平台项目,提升整体检测水平。

(刘奕然)

医疗卫生

【概况】 2020年,红桥区域内有天津市人民医院、天津市中医药研究院附属医院2家三级医院,天津市红桥医院、天津市红桥区中医医院2家二级医院,天津市红桥区口腔医院1家专科医院,天津市红桥区妇儿保健计划生育服务中心1家妇儿保健机构,双环邨街社区卫生服务中心、咸阳北路街社区卫生服务中心、丁字沽街社区卫生服务中心、西沽街社区卫生服务中心、西于庄街社区卫生服务中心、邵公庄街社区卫生服务中心、芥园街社区卫生服务中心、三条石街社区卫生服务中心、铃铛阁街社区卫生服务中心、和苑街社区卫生服务中心10家社区服务中心。

【深化医改】 2020年,红桥区推进健共体内医疗卫生资源共享,远程服务2.58万人次。提高基层医疗卫生服务体系整体绩效和服务能力,基层医疗卫生机构诊疗人次数占医疗卫生机构诊疗总人次的75.26%,比上年增加5.75%。加强重点学科建设,红桥医院产科保持天津市领先水平,心内科加入国家心血管病中心高血压专病医联体,急诊科建设天津市卒中中心。

(刘奕然)

妇幼保健

【概况】 2020年,红桥区拓宽服务渠道,转变服务方式,开展网上健康宣教、咨询指导、预约诊疗等服务,保障儿童和孕产妇健康管理服务到位。针对受疫情影响较大的儿童先心病筛查、高危儿接诊、产后42天筛查等主动开展追访服务。对30所托幼点开园核验、8所普惠性民办园等级评估,组织各社区卫生服务中心对辖区园所保健医生进行帮扶指导。

【基层妇幼保健机构建设】 2020年,红桥区推进区级妇幼保健机构和基层卫生机构"两个能力建设",加强妇幼健康队伍建设,促进基层妇幼健康管理工作均衡发展。推进区级妇幼保健机构标准化建设和基层卫生机构妇女儿童保健门诊规范化建设,完成三条石街社区卫生服务中心等6所基层医疗卫生机构妇幼保健门诊规范化建设创建达标。

【妇女儿童健康管理】 2020年,红桥区完成天津市妇女儿童健康促进计划各项工作指标,完成红桥区妇女儿童发展规划目标任务,未发生可避免的孕产妇死亡,婴儿死亡率、5岁以下儿童死亡率保持在全市较低水平。落实基本公共卫生服务项目基本避孕服务工作,启动定点医疗机构为目标人群提供免费基本避孕手术,促进生殖健康服务融入妇女健康管理全过程。深化0-6岁儿童健康管理和服务,加强儿童近视防控,学龄前儿童视力检查增加屈光检查项目,落实儿童孤独症筛查与康复服务相关工作任务。

(刘奕然)

卫生监督

【概况】 2020年,红桥区处理学校突发公共卫生事件3起,辖区内未发生重大突发公共卫生安全事件。办理投诉举报139件,查处各类违法案件213件,较上年增长80.51%,罚没25.71万元,较上年增长68.62%。全年完结卫生行政处罚案件213件(不包含以不予处罚结案的5件),其中一般程序101件(含强制执行1件),简易程序112件。罚没金额25.71万元。

【监督协管】 2020年,区卫生监督所加强对各社区卫生服务中心卫生监督协管指导培训,以依法执业宣传月、涉水产品经营单位摸底、生活饮用水卫生宣传周、创卫期间现制现售水机管理等工作为主题,组织协管员培训4次。全区10家协管单位上报协管线索161条,全部协管单位按规定完成宣传、巡查和饮水检测任务,年度完成巡查巡访483次。

【应急能力建设】 2020年,红桥区对卫生监督应急领导小组成员及职能进行修订，修改完善监督所5项应急预案及6项应急制度。开展应急培训及演练，组织突发传染病应急处置桌面推演一次，提高监督所应急处置工作能力，增强监督员责任意识和风险意识。利用微博微信宣传《天津市突发公共卫生事件应急条例》《天津市突发公共卫生事件应急管理办法》。

【监督稽查】 2020年，区卫生监督所开展涉水产品专项监督检查和非法行医起底“清查”专项行动，重点稽查工作2项。稽查项目包括投诉举报、监督检查、行政处罚、执法行为及涉嫌违法案件等内容。开展日常性监督稽查工作。发挥法制稽查内部制约监督作用，对7个一线业务科室围绕执法文书、合法性审查、投诉举报等考核项目进行稽查，全年完成本级稽查报告112份。开展行政处罚案件稽查工作和强制执行案件申请工作。稽查一般程序行政处罚案件101件，简易程序112件。全年稽查行政处罚案卷510余卷次，发现不宜处罚案件5件，不应处罚案由(多案由案件)1个。年内，申请强制执行案件2件，其中1件完全履行并结案。建立《红桥区卫生计生综合监督所承办行政处罚案件内部运行程序有关问题暂行规定》《行政处罚案卷法制审核制度(试行)》。

【信息管理】 2020年，区卫生监督信息报告系统被监督单位年底有效数据970家，较上年减少21家(本底有效数据不包含平台建档的消毒产品经营单位药店或超市96家、涉水产品经营单位30家。平台未独立建档的医疗机构用血3家、中医药监督84家、精神卫生监督5家。平台未建档的医疗控烟124家，托幼机构34家，职业卫生用人单位14家)。经常性监督2061家次(不含未网报的医疗机构控烟监督131家次)。落实随机监督抽查工作任务，全年完结国抽双随机122家次，发现检测不合格4例，办理处罚案件25件，罚款2700元。完结市抽双随机121家次，办理处罚案件9件，罚款3056元。完结区抽双随机37家次，办理处罚案件2件。将检查、检测、处罚结果按要求进行公示。2020年，编发信息简报40期，其中市卫生计生综合监督所网站采编1篇，《天津卫生监督报》采编1篇，《美丽红桥》采编6篇，《红青之声》采编1篇，《北方网》采编1篇，天津电视台《都市频道》正面报道1次。编发微博36条，微信105篇。

【医疗监督】 2020年6月至11月，区卫生监督所开展无证行医“起底”专项行动，对辖区内近10年的无证行医点位进行排查，排查无证行医点位3轮次107个。开展“医美”专项行动，督促落实医美机构自查制度，医美机构监督检查覆盖率100%，查办医疗美容违法行为案件7起。全年查办无证行医案件20起，罚款13.45万元，向公安部门移送非法行医案件1起。约谈被处罚医疗单位5家。调查处置医疗类投诉30件，办结率100%。完成国家双随机监督抽查任务和天津市医疗执业“双随机、一公开”监督任务，任务办结率100%。开展麻醉药品和精神药品管理专项监督检查工作，对辖区内取得印鉴卡的医疗机构监督检查比例为100%。完成辖区内固定采血点(室)、流动采血车的监督检查，年内新增固定采血点(室)1个。全年办结行政处罚案件56件，罚没额16.30万元，案件数和罚没金额同比提高43.93%和76.22%，完成医疗行政处罚案18个。

【传染病防治监督】 2020年，红桥区卫生监督所开展传染病防治随机监督抽查工作，其中国抽5家，未发现违法行为。市抽7家，办理案件2件。开展医疗废物专项监督检查工作，对辖区内131家医疗卫生机构的医疗废物工作开展全覆盖监督检查，查处案件18件，罚款金额1000元。开展新冠病毒核酸检测实验室生物安全管理监督检查工作，对辖区内具备开展新冠病毒核酸检测能力的3家医疗机构(人民医院、中医药研究院附属医院、红桥医院)和1家疾控机构(红桥区疾病预防控制中心)的核酸检测实验室进行监督检查，未发现违法行为。开展疫情报告专项监督检查，覆盖二级以上医疗机构5家，社区卫生服务中心10家，均未发现违法行为。开展发热门诊建设和医院感染防控管理分组包片工作，对辖区内除市级分组包片医院外的二级以上医疗机构(天津市红桥医院、天津市红桥区中医医院、天津红桥中都白癜风医院)发热门诊和院感防控工作进行“驻点式”监督检查，监督检查99家次，发现问题33项，全部整改完毕。开展基层医疗卫生机构秋冬季新冠肺炎疫情防控专项监督检查工作，对12家哨点医疗机构进行2周一次的全覆盖监督检查，抽查非哨点医疗机构，完成哨点医疗机构12家2个轮次和非哨点医疗机构50家的监督检查。

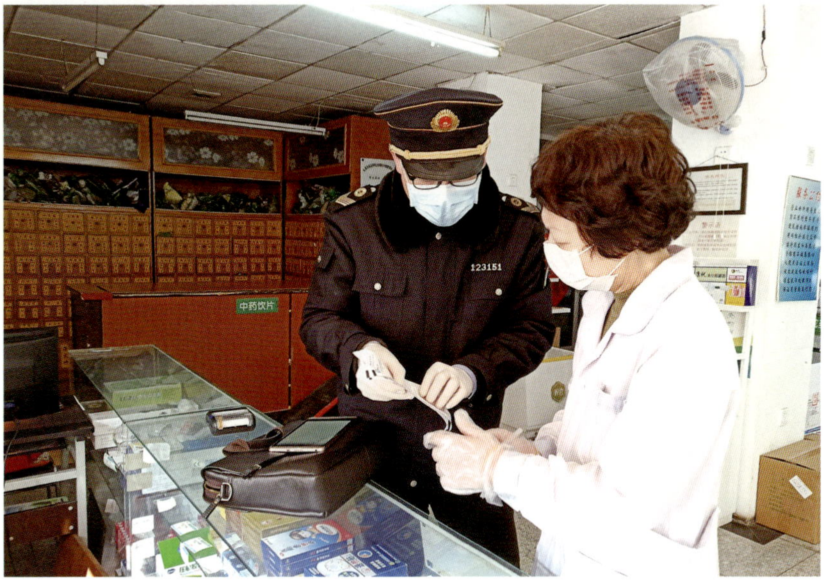

2020 年 2 月 11 日，区卫生监督所对消毒产品经营单位安康乐药房进行监督检查 （区卫生健康委 提供）

【消毒产品卫生监督】 2020 年，红桥区有消毒产品经营单位 96 家、消毒产品生产企业 1 家。针对卫生湿巾、抗(抑)菌制剂、内镜自动清洗消毒机及手洗用消毒剂等产品的相关生产、经营、使用单位，进行消毒产品监督检查工作，覆盖率 100%。节日期间对消毒产品生产、经营单位开展专项监督检查，发现问题要求整改，并立案查处。处罚销售不合格消毒产品经营单位 5 家。

【生活饮用水卫生监督】 2020 年，红桥区首次接管集中式供水单位、涉及饮用水卫生安全产品生产企业监督职责。区内有集中式供水单位 1 家、二次供水单位 79 家、涉及饮用水卫生安全产品生产企业 1 家及涉及饮用水卫生安全产品经营单位 30 家。对辖区内现制现售水机进行底册更新汇总，对水机现场开展不定期巡查，指导管理者按照疫情常态化防控要求对水机每日进行消毒。完成国家、市级、区级“双随机一公开”监督抽查任务，监督检测结果均符合国家相关标准。完成 10 个网络平台销售网店的核查工作，按时上报核查情况。开展专项行动，排查涉水产品销售市场，新建 26 家单位底册信息，监管底册总数同比增长 172%。完结行政处罚 6 件，罚款 5000 元。其中 1 件经行政复议，维持原处罚决定。

【学校卫生监督】 2020 年，红桥区完成学校及托幼机构日常监督检查工作。完成 8 所学校的国家双随机监督检查工作并将监督检测结果在区政府网站公示，其中实施简易处罚 4 件。对辖区内中高考考点(天津市第三中学、天津市第五中学、天津市民族中学、河北工业大学附属红桥中学)开展考前重点监督检查，确保区内各考点在考试期间不出现公共卫生事件。落实“一案八制”，进一步规范学校卫生工作档案，加强影响学生健康的教学环境卫生监督检查与检测工作。处理学校传染病流行应急事件 3 起。配合创卫工作要求，督促辖区内各中小学设立卫生室或保健室，配置符合要求数量的卫生专业技术人员或保健教师。

【职业卫生监督】 2020 年，红桥区有职业卫生用人单位 14 家。开展尘肺专项行动，完成相关数据调查填写上报，2 家化工行业用人单位纳入治理范围，完成专项监督检查和日常管理工作。化

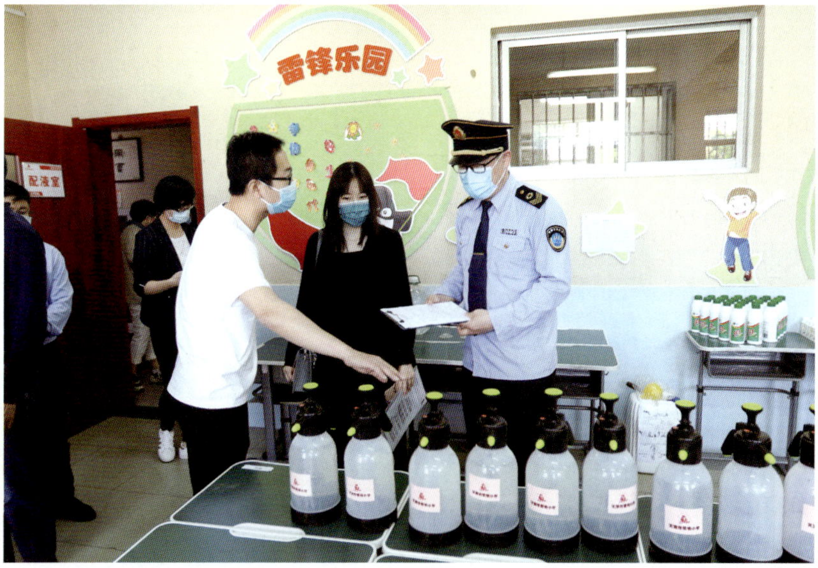

2020 年 5 月 16 日，区卫生监督所对雷锋小学开展复课前监督检查 （区卫生健康委 提供）

工行业领域企业职业卫生执法现场快速检测设备使用率100%,企业落实职业病防治主体责任知晓率100%,企业案件查办1件,职业卫生案件查处2件。职业卫生监督执法项目煤矿、非煤矿山、化工、建材、冶金行业领域企业满意度100%。实施能力提升项目,改善放射、职业卫生监督执法工作执法环境、执法效能、执法手段。配备职业卫生监督执法设备,运用新技术、新设备、新材料,依靠科技手段动态监测职业危害,解决科技支撑力量不足问题。

【放射卫生监督】 2020年,红桥区有“放射诊疗许可证”医疗机构27家,其中市管许可单位2家,区管许可单位25家。落实放射卫生标准,完成监管单位监督检查全覆盖和随机监督抽查任务,放射卫生方面行政处罚案件9件。

【中医药监督】 2020年,红桥区有开展中医诊疗活动的医疗卫生机构84家(其中备案诊所3家)。完成中医药专业监督覆盖率100%,下达卫生监督意见书102份,完成天津市“双随机一公开”中医药卫生监督3家,对医疗机构执业许可证有效期和执业范围,中医科医师“医师执业证书”“医师资格证书”执业范围、执业类别,中药师调剂处方资格,中药饮片调剂人员资质和储存设施设备,中药饮片煎药室符合设置规范情况,中医按摩、针灸等工作人员资质,拔罐器具消毒情况进行重点检查。处理完结案件18件,罚款2.05万元。现场处理中医举报投诉线索9次,核实后实施处罚2件。利用大数据对养生保健机构开展中医非法行医排查工作,对商户进行现场宣教。

【计划生育与妇幼卫生监督】 2020年,红桥区涉及国家双随机监督检查医疗卫生机构9家,其中关停5家、执行任务4家。对从事计划生育与母婴保健技术服务的7家医疗卫生机构进行日常监督检查,日常监督覆盖率100%。完成计划生育母婴保健卫生监督处罚案件结案3件,罚款1万元。

【公共场所控烟检查】 2020年,区卫健委对公共场所单位、医疗机构、洗浴单位开展控烟监督检查,落实控烟工作要求,指导各单位建立控烟制度、张贴控烟标志。开展控烟宣传周活动,各社区卫生协管员参与宣传工作。全年处理控烟投诉28件,及时处理并回复投诉人。办理吸烟不听劝阻处罚案件6件,罚款300元。

【公共卫生检测】 2020年,区卫健委对学校卫生、公共场所、二次供水、消毒卫生样品总样检测206件,合格199件,合格率96.60%。具体为学校10所,检测样品样次数40件,合格33件,合格率82.50%。旅店10家,游泳场馆5家,检测样品总样次数95件,合格率100%。二次供水单位10家,集中式供水单位1家,检测样品总样次数66件,合格率100%。区内5家次医疗机构的紫外线辐射照度,检测紫外线灯5支,合格率100%。春运期间对辖区2个长途客运站开展快检14项次,涉及温度、风速、二氧化碳、一氧化碳、甲醛、噪声、照度等7个项目,未发现异常。

【公共场所经营单位监督检查】 2020年,区卫健委开展对公共场所经营单位的监督检查工作,开展公共场所卫生监督量化分级管理,强化公共场所卫生规范化管理。加大对公共场所经营单位的规范管理力度,整治“四小”场所环境卫生不整洁、设施不齐全、消毒不规范等现象。

(张 芃)

2020年2月4日,区卫生监督所对麦德龙超市开展卫生监督检查

(区卫生健康委 提供)

体育

群众体育

【概况】 2020年，区体育局通过网络平台举办线上网络赛事活动，对参与者实行“点击量”评比，推出一系列全民健身活动项目，做好“武术之乡”年审报送工作。更新、新建一批全民健身设施。开展全民健身状况调查，做好体育惠民卡签约工作。红桥区形成体育局为总牵头、单项体育协会为线、社区健身团队为支撑、早晚练习点为点的全民健身组织网络体系。

【全民健身】 2020年，红桥区举办第七届天津红桥武术节，为武术爱好者搭建交流展示平台。与区台办、剑道协会联合举办第三届“津台两地”云上剑道交流赛。举办庆祝中国共产党建党99周年主题党日骑行活动。举办“推动全民健身 助力全面小康”2020年红桥区“全民健身日”系列活动暨红桥区第十届全民运动会启动仪式，“全民健身日”系列活动开展区级活动5次，社区级活动3次，涉及运动项目6个，参与总人数3万人。第十届全民健身运动会历时8个月，开展活动13次，涉及运动项目11个，参与总人数8万余人。组织开展线上象棋比赛、线上武术交流赛、轮滑比赛等“全民健身周”系列活动。举办第十八届社区文体艺术节暨红桥区第十届全民健身运动会市民篮球赛。

【全民健身统计工作】 2020年，红桥区开展全民健身状况调查，调查307人，其中替换21人，完成全国健身活动状况面访调查。制定疫情防控常态化下的《第五次国民体质监测工作方案》，11月6日正式开展测试，测试1440人。

【“体惠卡”签约】 2020年，区体育局在全区调查走访，征集体育惠民卡签约服务单位，筛选出符合条件的体育场馆、体育健身休闲服务单位，完成签约“体惠卡”服务，全区有“体惠卡”签约单位9家。鼓励满足条件的体育类企业申报天津市体育产业有关项目。

【第七届天津红桥武术节】 2020年5月至12月，红桥区举办2020年第七届武术节网络展示赛（线上武术节），27支全国各地的参赛队伍参加，评选出特等奖34个、一等奖48个、二等奖91个、优秀武术团体奖30个。

2020年10月，红桥区第十届全民健身运动会市民篮球赛在西青道健身中心举办 （区体育局 提供）

【第三届“津台两地”云上剑道交流赛】 2020年8月22日,第三届“津台两地”剑道邀请赛暨“津台两地”云上剑道交流大会在红桥区西青道健身中心举办,津台两地剑道选手通过直播连线,共同展示剑道基本技术展示,区剑道运动协会选手进行剑道表演,台中市剑道委员会万庆瑞老师予以点评及指导。

(吴 镇)

竞技体育

【概况】 2020年,红桥区强化竞技体育健儿人才培养,输送优秀运动队员。5月18日至22日,各项目教练员帮助符合条件的运动员报考天津市体育运动学校,7名运动员完成报名工作,其中足球队2名、乒乓球队1名、跆拳道队1名、击剑队2名、柔道队1名。

【竞技成果】 2020年11月7日至8日,在北辰区射箭运动协会训练场举办的天津市青少年射箭(室内)锦标赛中,红桥区获冠军1个。11月28日至29日,在团泊体育中心举办的天津市跆拳道锦标赛中,红桥区代表队获冠军2个,亚军2个。12月6日至11日,在天津市2020年“基地杯”天津市青少年足球冠军赛中,红桥区代表队获女子U11队冠军、男子U11队亚军。12月18日至21日,在天津世冠击剑俱乐部举行天津市青少年击剑锦标赛中,红桥区代表队获冠军3个、亚军2个、季军2个。12月19日,在天津市付村体育训练基地举办的京津冀2020年天津市柔道冠军赛中,红桥区获冠军2个、季军4个。12月19日至20日,在天津市海河教育园体育中心游泳馆举办的“浩沙杯”天津市青少年游泳锦标赛暨天津市青少年游泳U系列比赛中,红桥区游泳队获个人项目冠军3个、亚军9个、季军9个,获团体接力亚军。12月25日至27日,在天津市付村体育训练基地举办的2020年天津青少年中国式摔跤锦标赛暨天津中国式摔跤俱乐部比赛中,红桥区获冠军4个、亚军1个、季军5个。12月25日至28日,在天津市青少年乒乓球锦标赛中,红桥区获冠军3个、亚军2个、季军7个,12人获等级运动员资格。

【停训不停练】 2020年,各项目训练队教练员制定冬训方案,固强补弱,开展冬令营活动。新冠肺炎疫情防控期间停训不停练,利用互联网开启居家训练模式,9个项目12支运动队的教练员通过微信视频的形式布置统一训练计划,结合每位运动员的情况布置个性化训练。乒乓球项目、足球项目、跆拳道项目、击剑项目复训,采用运动员预约训练方式,进训练场馆扫码测体温,填写登记表。没有训练场地项目继续线上指导队员训练。

(吴 镇)

体育设施建设管理

【概况】 2020年,红桥区部署推动健身园更新、新建工作,加强室外健身器材巡检和维修,严防发生安全事故隐患。继续做好新冠肺炎疫情防控常态化期间的室内外健身场所开放服务工作,对疫情常态化期间的防控防范措施情况加大执法巡查力度,对管理的体育设施加强安全巡查。

【全民健身设施建设】 2020年,区体育局对各街道上报的安装点位逐一进行现场核实,对各点位所需的安装健身设施进行统计上报。红桥区全年更新、新建成29个健身园、2个智能驿站,安装完成435件健身器材。全区健身园总数达237处,有各类健身器材2440件。

【体育设施维护】 2020年,区体育局加强室外健身器材巡检和维修,对西沽公园篮球场、木质步道、乒乓球基地破损情况进行摸底调查,新冠肺炎疫情期间进行全面维修;对西沽健身中心水循环过滤设备、投药设备、空气热源设备和太阳能场地灯设备进行维修,并定期开展安全检查。

【体育场地执法检查】 2020年,红桥区完成2019年度体育场地普查工作,开展2020年度体育场地统计调查工作及红桥区群众体育活动场地设施调查项目。对正常营业的公共健身场所及室外健身园开展全覆盖检查,检查出动超过200余人次,检查点位近300处,对检查过程中发现的问题,及时对室内外体育健身场所负责人进行告知,责令其限期整改。

(吴 镇)

社会生活

居民生活

【概况】 2020年,红桥区居民收入稳中有增。家庭收入内部构成呈现多元化,工资及补贴收入、转移性收入、财产性收入比重呈上升趋势,个体经营收入有所下降。居民的消费结构正在向享受型和发展型转变,消费结构趋于优化,由吃、穿、用逐步向住、行、休闲娱乐、健康方向转化,居民生活质量显著提高。居住条件改善明显,居民住房面积增加,家庭结构呈现诸多新特点,家庭规模趋于稳定,家庭成员受教育程度普遍提高。

【居民收入】 2020年,红桥区城镇常住居民家庭人均可支配收入4.75万元,同比增长3.20%。工资性收入、财产净收入、转移净收入实现正增长,经营净收入同比下降17.90%。工资性收入仍占主导地位,工资性收入2.90万元,同比增长1.80%。

【居民消费支出】 2020年,红桥区城镇常住居民家庭人均消费性支出3万元,同比下降9.90%。其中衣着、教育文化娱乐、其他用品和服务三大类支出同比下降较大,居住和交通通信支出实现正增长。

(朱亚娟)

计划生育

【概况】 2020年,红桥区继续落实全面二孩生育政策,推进生育登记网上办理。组织开展圆梦女孩志愿行动宣传活动,继续强化出生人口性别比综合治理。落实计划生育家庭奖励和扶助政策,落实对计划生育特殊困难家庭的帮扶措施,推动落实婴幼儿照护服务发展。

【计划生育服务】 2020年,红桥区落实计划生育特殊家庭关怀救助措施,扎实推进特殊家庭联系人制度、就医绿色通道、家庭医生签约服务“三个全覆盖”。发放失独困难家庭家政保洁服务补贴,为失独家庭成员投保综合保障保险,为一级伤残家庭父母投保暖心保险,做好保险条款解读和宣讲,配合有需要的家庭办理理赔手续。发放失独家庭特服金2671万元,为特殊家庭年满60周岁和门诊特殊病的失独家庭制作“爱心就医卡”。

【婴幼儿照护服务】 2020年,红桥区贯彻落实关于促进3岁以下婴幼儿照护服务发展的指导意见精神,推动0—3岁婴幼儿照护服务发展,完善照护服务体系。支持和鼓励民营力量参与婴幼儿照护服务,推动示范单位建设。指导1家民营托育机构完成登记注册和备案准备。

(冀　拓)

人力资源和社会保障

【概况】 2020年,红桥区人力资源和社会保障局(以下简称区人社局)坚持以习近平新时代中国特色社会主义思想为指导,紧紧围绕"民生为本、人才优先"工作主线,坚持做到就业"五强化",扎劳织密社会保障网络,做实做好人事人才工作,深化构建和谐劳动关系,精准实施对口帮扶支援等各项工作,扎实推动人社事业高质量发展。

2020年11月26日,区人社局深入工地开展根治欠薪行动和清理整顿人力资源市场秩序专项行动,组织项目负责人和农民工代表学习《工资支付条例》 (区人社局 提供)

【人事人才】 2020年,红桥区招聘事业单位人员118人。配合区委组织部完成处级干部职级晋升2人,完成干部转正、转隶、工资晋级晋档等90人次。对全区事业单位近8000名职工进行2019年度考核。全年审核事业单位工资确定、薪级晋升、退休待遇、死亡抚恤金等各项福利待遇7385人。实施天津市"海河英才"行动计划,全年引进人才5198人。推进国家级人力资源服务产业园建设,中国北方人才市场中国天津人力资源开发服务中心完成入驻。开展企、事业单位和非公经济组织企业专业技术人才职称申报,累计申报537人。天津卓朗科技发展有限公司等4家企业入选天津市市级重点支持的"项目+团队"名单。

【先进表彰】 2020年,区人社局做好全区表彰工作,表彰先进集体1个、先进个人5名,给予一线医务人员记功21名、基层医务人员嘉奖160名。开展脱贫攻坚专项奖励评选,给予事业单位集体记功2个,给予个人记功13名,个人嘉奖30名。

【就业创业】 2020年,红桥区稳岗位保用工,新增就业1.70万人,发放援企稳岗、鼓励企业吸纳就业、鼓励创业等各类就业补贴近3800万元,惠及9000余家次单位3万余名职工,为75家企业发放创业担保贷款847.60万元。新增就业见习基地34家,在全市首批成立以街道党群服务中心和社区卫生服务中心为主的见习基地25个,为大学生提供见习岗位487个,享受见习留用补贴4人。全年认定各类就业困难群体3873人,经帮扶实现就业率90%以上。全年发放灵活就业人员社保补贴18万人次1.10亿元。

【社会保险】 2020年,红桥区企业职工养老保险、工伤保险计划缴费人数分别为8.36万人、7.21万人,完成情况分别为8.60万人、7.30万人,完成进度分别为102.90%、101.40%。规范工伤保险管理,建立《红桥区应对新冠肺炎工伤保险专项工作应急预案》,办理因疫情发生的工伤23起。全年受理工伤认定239起,组织工伤鉴定185人。全年发放失业保险待遇19万人次1.10亿元。完成6万余人的流动人员和在职人员档案信息化整理工作。6月,完成区内国有企业退休人员档案全部移交工作,接收9家企业档案6806份。接收、转出档案4700余份,提供档案与人事代理服务5900人次,为4500余人申报办理退休手续。

【技能培训】 2020年,红桥区开展职业技能提升行动,提高就业技能。新冠肺炎疫情期间,鼓励188家企业7418名职工参加"线上培训"。5月25日,逐步恢复线下职业技能培训,16家培训机构面对天津市困难村未就业劳动力、失业人员等群体开展10个工种培训185个班次6240人。完成新型学徒制培训22人。发放职业技能线上线下培训补贴和新型学徒制补贴2900万元。卓朗科技发展有限公司被市人社局认定为企业培训中心。

【和谐劳动关系创建】 2020年,区人社局组织开展工资集体协商1885户,涵盖人数近2万人,履行有效合同5万余人。按时完成全区27家企业薪酬调查工作,选树和谐企业47家,新创建和谐企业3家。开展根治欠薪行动和清理整顿人力资源市场秩序专项行动,检查各类企业和在建项目110余家。及时处理线上、线下、“8890”等渠道劳动关系咨询、调解等问题837件,其中立案办理39件、查处2起,罚款1.30万元。全年为劳动者挽回经济损失440万元。

【核定就业见习基地】 2020年,区人社局宣传就业见习政策,审核认定73家,现有有效就业见习基地68家,其中事业单位25家。见习岗位包含公共服务类、临床类、护理类、教务类等百种,为3000余名见习生提供见习机会。

(陈　玲)

2020年11月,红桥区佳睿职业培训学校到某部队开展无人机实际操作培训　　（区人社局　提供）

医疗保障

【概况】 2020年,红桥区统筹推进医疗保障改革各项工作发展,落实疫情防控相关医保政策,推进京津冀协同发展工作部署,拓展异地门诊直接结算试点范围,开展“打击欺诈骗取医疗保障基金安全”专项行动,推进城乡居民基本医疗保险参保扩面,精准实施医疗救助,助力脱贫攻坚,宣传解读医疗保障政策法规,规范医疗保障秩序。红桥区医疗保障局(以下简称区医保局)发挥医保工作职能,解答群众关心的医保问题,全年回复“8890热线”群众问题60余件、电话咨询百余次。

【医保政策落实】 2020年,区医保局贯彻市医保局关于新冠肺炎疫情期间门诊处方报销工作相关政策,督导区定点医药机构落实文件要求,减少患者就医问诊次数保障群众正常用药需求。结合疫情防控需要,推行“网上办”“掌上办”“电话办”“邮寄办”等非接触式“不跑腿”方式办理。通过网络办理退休职工医保视同缴费年限核定300余人次。与医保红桥分中心联合成立工作领导小组及专班,落实疫情防控惠民、惠企相关政策,走访调研街道与企业,确保医疗保险减征、缓征政策落实到位。

【打击欺诈骗保 维护基金安全宣传与治理】 2020年,红桥区开展“打击欺诈骗保维护基金安全”集中宣传月活动。印制医保宣传材料发放到每个街道服务大厅,利用微信工作群对辖区70家定点医药机构开展宣传活动。贯彻落实《天津市基本医疗保险条例宣传工作方案》,发放宣传易拉宝20套、折纸3000张、医保知识问答手册3300本、医保条例500本、宣传提袋1500个,社会化经办工作手册50本。组织区内定点医药机构签订年度医疗服务协议,强化培训监督管理。开展“打击欺诈骗保 维护基金安全”专项治理,对全区70家医保定点医疗机构全覆盖检查,约谈整改9家,限期整改2家,协议处理3家,追回基金29万余元,召开2020年度医保领域警示教育及打击欺诈骗保、经办业务管理培训会。

【医保监督】 2020年,红桥区完善医保领域信用制度体系建设,健全社会监督制度,落实社会监督员管理办法,运用互联网技术和信息化手段,拓展举报渠道、群众监督网络。落实"双随机、一公开"检查计划,公开行政执法主体、双随机抽查事项清单、检查结果等内容。落实完善覆盖定点医药机构、医药企业、承保保险公司等领域信用评价核心指标体系和标准,开展信用监管动态评价,形成信用报告记录信用档案,向社会公开。加大医保定点机构的日常检查,从源头上杜绝非法倒卖医保药品、骗取医保基金的行为。

【全民参保指标落实】 2020年,红桥区开展医疗保险参保扩面工作。医保局印制下发参保宣传海报500份,政策明白纸2000份,小册子2000份,完成城乡居民参保14.45万人,占计划的102.30%。召开专门会议对街道办理参保业务人员进行专门培训,下达2021年度城乡居民基本医疗保险参保指导性指标。

【医疗救助】 2020年,区医保局摸清区内困难群众参保底数,细化医保扶贫工作措施,落实困难群众医疗救助制度,开展重特大疾病医疗救助及因病支出型困难家庭救助工作。落实重特大疾病救助318人,救助金额620万余元。因病支出型困难家庭救助10户,救助金额38万余元。

(刘 勇)

2020年9月15日,区医保局到千吉花园社区为社区老年人讲解医保政策 (千吉花园社区 提供)

民政事务

【概况】 2020年,红桥区民政局(以下简称区民政局)全年发放低保、低收入、特困供养等各类救助金1.96亿元。新成立社区居委会5个,撤销社区居委会4个,创建市级精品美丽社区2个、美丽社区6个。新建社区老年日间照料中心(站)105个,新增养老床位500张,全区养老院增加至31家,养老机构床位增至3280张。全年办理婚姻登记6503件。

【社会救助】 2020年,红桥区有低保7032户10218人,低收入家庭382户655人,特困人员供养151户151人,新批低保721户1115人,新批低收入家庭71户108人。发放残疾人两项补贴3378万元。元旦、春节救助困难群众6327户,发放救助金33万元,发放年终一次性补贴950万元、春节慰问金118万元,发放米、面、油等过节食物折合人民币140万元。为全区2253名困境儿童、37名事实无人抚养儿童、6名孤儿发放基本生活费补助606万元。依托"救急难"管理平台,为3741人次办理急难型救助,为6437人次办理支出型救助,发放临时救助金1954.30万元。为479名无丧葬补助居民发放丧葬补贴86万元。制定《红桥区困难群众四色标注分级探视走访制度实施方案》,关注辖区孤儿、事实无人抚养儿童、特困供养人员困难群众194户。按困难等级分为红、橙、黄、绿4种颜色进行统计标注,网格员按照阶梯模式进行探视。依据《天津市民政局关于加强分散供养特困人员照料服务有关工作的通知》文件精神,确定芥园街道为试点辖区,开展分散供养特困人员生活质量提升工作,24 小时进行安防服务。制定《红桥区社会救助动态管理暂行办法》。获取流浪乞讨人员具体位置,出动 1066 人次救助巡查。

【养老服务】 2020 年,红桥区新建社区老年日间照料中心(站)105 个,新增养老床位 500 张,提升 12 个一级和 107 个二级老人家食堂管理服务水平。组织养老院院长及专职消防安全管理员进行消防安全知识培训和应急演练。利用养老机构信息管理平台,掌握全区 31 家养老机构入住老人信息、服务人员状况等内容。新冠肺炎疫情防控期间养老机构实行封闭管理。开展国家食品安全示范城市创建工作,老人家食堂视频全部接入区网络管理中心,制定陪餐计划,开展老人家食堂和养老机构陪餐工作,落实医养结合,全区养老院医养互助签约率 100%。

【社区建设】 2020 年,红桥区优化社区居委会建制,成立新社区居委会 5 个:三条石街道海河华鼎社区居委会、和苑街道民康园社区居委会、咸阳北路街道北岸社区居委会、西于庄街道美居社区居委会、西沽街道西河名邸社区居委会。撤销西沽街道小辛街社区居委会、桥北社区居委会、西于庄街纸厂社区居委会、咸阳北路街道绥中社区居委会。做好"六稳""六保"工作,向全市高校应届毕业生公开招聘社区工作者 61 名。推进"飞地"治理,制定《红桥区基层社会治理空白点排查工作实施方案》,对全区 19 块"飞地"制定整改方案、问题整改台账和社会风险稳定评估报告,形成"一地一册"工作档案。对"飞地"内低保、低收入家庭 77 户、残疾人 154 人、老年人 66 人做好帮扶救助。全区社区楼门院长、社区志愿者参与社区新冠肺炎疫情防控、卡口值勤 14 万人次。制定《红桥区关于关爱激励社区网格员实施方案》,对参与社区疫情防控一线社区网格员给予适当临时性工作补助 78 万余元。开展全国民政系统抗击新冠肺炎疫情优秀城乡社区工作者推荐,选拔社区工作者优秀典型 1 人。新冠肺炎疫情防控期间,全区 123 个社区,原出入口 1127 个,封闭出入口 751 个,保留出入口 376 个。三级应急响应下,全区社区开放小区卡口 346 个,区级机关下沉值守 99 人,街道干部值守 481 人,网格员值守 925 人,组织社区网格员入户宣传 21 万户,推动旧楼区环境存在问题点位整改 2600 处。向各旧楼管理服务单位发放消毒液 16 吨,利用区网格中心三级平台,召开旧楼区管理视频会。

2020 年 12 月 17 日,副区长密松(左一)和区民政局相关领导到福乐园养老院检查食堂食品安全管理情况 (李 娟 摄)

【殡葬服务】 2020 年,区民政局联合全区 10 个部门及 10 个街道开展殡葬领域大排查大整治专项工作,出动 4162 人次,排查 122 个社区各类殡葬场所 57 处。清明节、寒衣节期间,开展专项巡查工作,倡导市民通过网上祭扫、自助创建网上纪念馆、建立亲属微信群、制作微视频等相关服务,寄托哀思。

【志愿服务】 2020 年,红桥区发挥社团作用,投入资金 45.70

2020 年 8 月 25 日，“甜蜜七夕、爱在红桥”结婚登记集体颁证仪式在区民政局婚姻收养登记处一楼大厅举行　（王玉洁　摄）

万元，委托红桥区橙意社会组织服务中心为新冠肺炎疫情防控一线医务工作者及家属提供心理疏导和心理干预项目。委托红桥区蓝星应急救援志愿服务中心承接志愿服务项目，向红桥区各单位提供新冠肺炎疫情防控物资人员输送、防疫消杀作业、防护技能知识培训、扶老助老、救援助困抢险行动。

【婚姻登记】 2020 年，红桥区办理结婚登记 3159 对、离婚登记 2636 对，补办结婚登记 499 对、离婚登记 209 对，登记合格率 100%。2020 年，区民政局筹备成立“红桥婚姻调解中心”各项工作，完成婚姻档案电子化录入工作。

【养老机构陪餐工作】 2020 年，红桥区制订《红桥区民政局食品安全监督管理人员深入区属养老机构陪餐工作计划》，民政局工作人员每周采取定期与随机抽查方式到各养老机构进行陪餐，陪餐人员负责对养老机构食堂饭菜的外观、口味、质量等进行评价，对食堂卫生环境、从业人员工作情况等进行监督，征求就餐人员意见建议，做好陪餐记录。

（刘　畅）

民族　宗教

【概况】 2020 年，天津市红桥区民族和宗教事务委员会（以下简称区民族宗教委）以习近平新时代中国特色社会主义思想和党的十九大精神为指导，贯彻落实党的民族宗教工作方针政策，以铸牢中华民族共同体意识为主线，促进各民族交往交流交融，依法管理宗教事务，积极引导宗教与社会主义社会相适应，营造红桥区民族团结、宗教和顺的和谐社会氛围。

【民族工作】 2020 年，区委统战部开展民族团结进步创建活动，举办“民族团结一家亲，同心筑梦迎新春”联欢活动、津甘两

2020 年 1 月 17 日，区委统战部在天津市第五中学举办“民族团结一家亲，同心筑梦迎新春”联欢活动　（区委统战部　提供）

地少先队员“民族团结手拉手 童心抗疫庆六一”线上活动、“我在祖国怀抱,祖国在我心中”主题班会活动。新冠肺炎疫情期间,为天津五中新疆班师生紧急调拨防护口罩4000余只,非公少数民族企业家为天津五中新疆班提供价值数万元的食品和生活用品。强化清真食品生产经营监管,依法依规开展清真食品备案工作,完成清真食品经营户备案51家。办理初、高中少数民族学生加分认定411人,办理更改民族成分认定6人,选树民族工作先进典型,全区4人和4家单位获2020年天津市民族团结进步模范个人和集体,逢源德餐饮有限公司和西于庄街道礼貌楼社区获2020年天津市民族团结进步创建示范单位称号。

【宗教工作】 2020年,红桥区强化对宗教界人士的教育引领,举办红桥区宗教界人士培训班,邀请中央社会主义学院、天津市社会主义学院专家学者讲授习近平新时代中国特色社会主义思想、党的民族政策及宗教工作基本方针,宣传《中华人民共和国民法典》《天津市宗教事务条例》等政策法规。指导红桥区伊斯兰教协会开展“国好·法大”主题教育活动,组织全区伊斯兰教教职人员开展演讲交流。新冠肺炎疫情防控期间,落实宗教活动场所疫情防控各项举措,宗教活动场所暂停对外开放、暂停集体宗教活动。为宗教界提供防疫物资支持,拨付9万元用于支持宗教界人士渡过难关。有序做好宗教活动场所恢复开放工作,邀请卫生防疫领域相关负责人对宗教活动场所负责人进行卫生防疫知识宣讲。推进场所消防安全隐患整改工作,加快第二批场所进场施工,推进清真南大寺水房子隐患整改和同义庄清真寺安全隐患整改工作。

【民族团结月】 2020年,红桥区制定《关于开展红桥区第二十七届民族团结月活动的安排意见》,4月24日至5月24日,以“民族团结一家亲、同心抗疫促发展”为主题,以“三送一联”(送政策、送服务、送温暖、开展联谊交友)为工作思路,开展红桥区第二十七届民族团结月系列活动。围绕民族团结进步创建“七进”活动,开展线上政策宣传、讲同心抗疫故事等活动。邀请区“两代表一委员”走进街道、社区和宗教活动场所,开展慰问调研、交友帮扶。区级领导在民族团结月期间走访慰问区内9座清真寺,慰问区内民族养老院,慰问帮扶少数民族残疾人、孤寡老人、空巢老人等困难群体15户,向街道、区伊斯兰教协会、天津市第五中学新疆班提供防护口罩。在民族团结领域内开展联谊交友活动,与甘肃省合水县、碌曲县开展“民族团结手拉手 童心抗疫庆六一”线上活动,组织“民族团结一家亲、同心抗疫促发展”书画活动。

2020年5月23日,区委统战部邀请区人大代表参加在天津市第五中学举办的“民族团结一家亲、同心抗疫促发展”书画展

(区统战部 提供)

【民族宗教事务工作机制】 2020年,红桥区制定《红桥区加强基层民族宗教工作的实施意见》,夯实民族宗教三级工作网络体系,组织全区培训4次、专题授课6次、交流座谈2次、日常培训17次,外出参观学访3次。编发《红桥区民族宗教工作指导手册》《红桥区民族宗教助理员工作手册》。印发《关于进一步完善红桥区民族宗教事务“10+10”工作机制的实施方案》,将民族宗教事务指导员派驻到街域内宗教活动场所开展工作,指导场所开展规范化建设,建立“三谈四看”工作机制,组织常态化安全检查。

【演讲交流会】 2020年,区委统战部、区民族宗教委、区伊斯兰教协会在天津市民族文化宫举办红桥区演讲交流会。全区伊斯兰教教职人员以“争做新时代爱国爱教的担当者”“争做新时代社会主义核心价值观的践行者”为主题投稿参赛。由市、区伊协组成的评审组评选出5篇优秀作品在活动中展示交流。

（胡雪菲）

残疾人事业

【概况】 2020年，红桥区残疾人联合会（以下简称区残联）落实党的惠残政策措施，保障残疾人民生，健全残疾人公共服务体系，加强残疾人康复服务，促进残疾人就业，推进残疾人教育，开展托养服务，丰富残疾人文化体育生活，做好残疾人家庭无障碍改造工作，维护残疾人合法权益，承办创建文明城区任务，提升全区无障碍环境。指导和帮助各专门协会开展活动，开展“爱耳日”“爱眼日”宣传教育，组织残疾儿童网课康复训练，提供残疾人自主创业指导和精神医疗服务。开展东西部扶贫协作和对口支援，帮扶对口支援县贫困残疾人，全区办理残疾人证的各类残疾人2.63万人。

【社会宣传】 2020年，区残联与红桥有线电视台合办《红桥残联之声》专题节目，每季度定期播放宣传片，围绕“国际残疾人日”等重要节点，宣传残疾人事业新发展、新举措、新政策及自强不息的典型事例和助残先进事迹。

【残疾人基本生活保障】 2020年，红桥区为2.34万名残疾人换发第三代残疾人证。为175名符合条件患有大病的重度残疾人发放医疗救助363.78万元。为视力、听力、言语残疾人发放通信信息消费补贴217.76万元1.21万人次。为享受本市最低生活保障待遇或低收入救助家庭中的残疾人发放生活用水、电、燃气补贴101.22万元4244人。为重度残疾享受低保、低收入家庭，精神、智力三级的低保、低收入家庭，一户多残家庭等4243户残疾人家庭发放冬季取暖补贴169.72万元。举行各类扶残助残活动，组织走访10条街道，发放困难残疾人慰问金31万元，免费发放助残物资。

【残疾人教育及就业】 2020年，红桥区为566名残疾学生和家庭经济困难残疾人的健全子女发放市级、区级扶残助学金76.78万元。为1名残疾人发放自主创业补贴。对185个单位开展残疾人就业保障金年审工作，涉及残疾人388名。开展残疾人膳食营养、中式烹饪、西式烘焙职业技能培训班313人次，为8名残疾人申报盲人医疗按摩人员继续教育。做好残疾人职介登记及高校残疾人劳动就业阶梯计划，登记用工需求单位1家，残疾人就业需求12人，为5名高校残疾人毕业生就业创业进行状况调查。组织5名有就业意向的残疾人大学生及其他有就业需求的30名残疾人参加天津市残疾人专场招聘会。

【残疾人康复服务】 2020年，红桥区利用线上、线下宣传第21次全国“爱耳日”、“残疾预防日”。实施残疾儿童康复救助制度，为220人次符合条件的残疾儿童申请医疗手术类、康复训练类及辅助器具类的康复服务，救助资金99.65万元。加强孤独症儿童康复服务，确定2所孤独症儿童定点康复机构，1所融合教育小学和1所融合教育幼儿园。为2019年办理贫困精神病人服药补贴手续的322名贫困精神病人结算医药费29.89万元。开展

2020年1月14日，区残联主要负责人与咸阳北路街道领导慰问困难残疾人 （区残联 提供）

辅助器具适配工作，适配假肢5例，发放辅助器具574件，实施白内障免费复明手术3例，安排114名残疾人进行免费体检。为50名视力残疾人开展盲人定向行走训练，发放盲人用品100件，完成2020年度精准康复服务及系统录入工作，康复服务率92.06%。

【残疾人托养服务】 2020年，残疾人托养服务列入市区民心工程，区残联为3.37万人次60周岁以下未就业、未入学的智力、精神（病情稳定）残疾人和其他类别的重度残疾人发放托养服务补贴673.02万元，较上年增长255%。

【文化体育生活】 2020年，红桥区组织2名残疾人报名参加天津市第十二届残疾人歌唱大赛，1名残疾人获三等奖，区残联获“优秀组织奖”。参加“牵手残疾人 走进图书馆”线上公益活动，上报抗疫征文4篇、书画作品4幅获优秀奖，2幅书画作品分别获一等奖和二等奖。推荐红桥区残疾人艺术家李锐钧为“集善仁美 助推圆梦”优秀残疾人艺术家百人推介活动的推荐人。组织参加天津市首届创美杯“残疾人达人秀”活动，1人获“绘画类达人奖”，区残联获组织奖。组织29名残疾人及残疾人工作者到天津博物馆参观“人民至上——天津市抗击新冠肺炎疫情纪实展”，组织50名社区残疾人专职委员参加“十三五”期间残疾人体育社会指导员培训，组织3名残疾人参加天津市第五届社区残疾人文艺展演线上比赛，获二等奖1人，三等奖2人，区残联获优秀组织奖。

【无障碍设施建设】 2020年，红桥区排查270个残疾人无障碍设施点位，整改建设完成71个。对23户有家庭无障碍改造需求的残疾人家庭完成改造，为17户有无障碍需求的贫困重度残疾人家庭配发无障碍辅具，折合人民币2.67万元，为1491名残疾人发放机动轮椅车燃油补贴38.77万元。

【权益维护】 2020年，红桥区开展普法教育活动，组织基层残疾人工作者开展无障碍设施建设专题培训。制定信访制度和防控应急预案，与各街道残联建立维稳防控联动机制，为符合法律援助经济困难的89名残疾人办理法律援助，发放法律援助办案补贴7.38万元，处理残疾人来信来访110人次。

【宣传教育活动】 2020年，红桥区采取线上宣传形式，对各街道残联、专门协会，重点针对听力、视力残疾人开展爱耳、爱眼知识宣传教育。区聋人协会编辑的爱耳知识讲授材料，通过红桥区残联公众号发布宣传，材料部分内容被市残联采纳，市残联公众号报道红桥区“爱耳日”宣传内容。围绕“残疾预防，从儿童早期干预做起”主题，组织残疾预防和残疾儿童康复救助制度线上、线下宣传教育活动，普及残疾预防知识，增强全社会残疾预防意识。与区卫健委沟通协作，依托红桥区妇女儿童保健和计划生育服务中心开展现场咨询。转发宣传视频1条，宣传链接3条，张贴海报30余张，发放宣传材料及宣传品200余份，电子屏滚动摆放宣传语1条，免费发放叶酸10盒，接受群众咨询50人，受益人数400余人。

【慰问抗疫英雄活动】 2020年，红桥区组织5名书画家（包

2020年8月28日，市残联、区残联工作人员及市无障碍建设专家勘察无障碍改造现场 （区残联 提供）

含4名残疾人书画家)到红桥医院,慰问在新冠肺炎疫情防控期间驰援武汉的医务工作者。区残联、区卫健委、红桥医院的领导及红桥医院参加援鄂的医务人员及部分医务工作者参加。书画家现场展示书画,将作品赠送给驰援武汉的医务工作者。

(侯馨飞)

老龄事业

【概况】 2020年,红桥区开展敬老月系列活动,帮助老年人解决实际困难,开展为老志愿服务。为老年人开展各类文化体育活动,为老年人投保“助老健康御险”。开展“阳光心田”心理健康服务,利用心理讲座、宣传等形式,为老年人进行心里辅导。做好社区老年人健康服务,为老年人提供家庭医生签约服务。开展“三减三健”慢性病预防系列活动。

【敬老月活动】 2020年,红桥区开展“弘扬养老孝老敬老传统,共建共享老年友好社会”敬老月宣传活动,通过宣传人口老龄化的严峻形势,倡导社会各界关心老年人生活,倾听老年人心声,帮助老年人解决实际困难。开展为老志愿服务,到困难、高龄、失独等特殊老年人家,提供照料、家政、关怀疏导等服务。

【敬老服务】 2020年,红桥区以街道为单位,成立老年文体团队,开展各类文化体育活动。推进“助老健康御险”,为老年人投保意外伤害保险。开展“敬老文明号”创建工作,挖掘优秀敬老爱老优秀案例和典型事迹,参与申报国家卫生健康委和全国老龄办敬老评选,被评为“敬老文明号”单位1个,获“敬老爱老助老模范人物”荣誉称号居民2人。

【心理健康服务】 2020年,红桥区将“阳光心田”心理健康促进项目纳入2020年红桥区民心工程。区卫生健康委联合区教育局、区残联、街道等部门举办机关企事业单位、居民心理健康讲座10场,受益人数千余人。开展心理健康宣传,印制《新冠疫情下隔离人员心理调适小贴士》《身心调适的总体原则及做法》《入境人员心理疏导》等心理健康折页2.70万余张。设计制作“如何提高心理免疫力”“心理平衡-好心态给你好生活”“抑郁焦虑可有效防治”主题社区宣传栏400余块。利用“健康红桥”“红桥区精防中心”等微信公众号发布心理健康知识13篇,在红桥有线电视台录制心理健康知识讲座1场,开展精神卫生日集中宣传活动1场。

【社区老年健康服务】 2020年,红桥区各社区卫生服务中心重视老年人健康服务工作,开通“无码入院服务通道”,设置老年人专用窗口,为老年人提供租借老花镜、轮椅等便民服务,为60岁以上老年人免费健康查体,健康管理率97.32%,老年人中医健康管理率71.38%。区卫生健康委制定印发《天津市红桥区卫生健康委关于印发2020年推进老年健康管理和对失能半失能老年人提供入户医疗护理服务工作方案的通知》,推进社区老年健康服务,落实市区两级“民心工程”。全年为7.03万名60岁以上老年人提供家庭医生签约服务,签约老年人做好预约诊疗工作,强化签约履约,保障签约老年人就医取药,为60岁以上失能、半失能人员入户服务7789人次。

【慢病预防系列活动】 2020年,红桥区以社区卫生服务中心为单位培训229名全民健康生活方式指导员。与5月“保健康 快步走,预防慢性病”、“5·20”中国学生营养日暨全民营养周、9月1日全民健康生活方式日、10月8日全国高血压日、10月29日世界卒中日、11月14日联合国糖尿病日等慢病宣传日相结合,开展“三减三健”(减盐、减油、减糖,健口腔、健康体重、健康骨骼)等主题大型宣传活动6次,每次参与活动200余人。2020年全区有47个居民自我管理小组,小组总人数480人,开展小组活动292次。对辖区学校及托幼机构的校医及主管领导开展“减糖”相关健康饮食知识与技能培训1次。开展减糖进校园宣传活动10次,在10个中小学校园宣传栏内张贴减糖海报进行“减糖”相关健康知识普及。

(冀 拓)

红十字会活动

【概况】 2020年,红桥区红十字会(以下简称:区红十字会)依法依规接受社会捐赠物资,依据《中国红十字会章程》,做好区红十字会领导选举工作,立足工作职责,发挥人道救助职能,加强阵地建设,开展应急救护培训,增强群众自救互救意识,开展志愿者招募工作,扩大红十字会社会影响力。

【人道救助】 2020年,红桥区组织"红十字博爱送温暖"救助活动,慰问救助困难家庭484户,发放救助金14.52万元。新冠肺炎疫情防控期间对红桥区受新冠肺炎疫情影响的困难家庭开展救助帮扶工作。申请市会专项资金用于抗疫一线医护人员的慰问。设立"脱贫攻坚"社会募捐项目,在全区范围内募集资金,助力东西部扶贫。

【应急救护】 2020年,红桥区开展应急救护标准化和普及型培训,开展应急救护知识进社区、进企业、进学校、进机关活动,举办取证培训班3期,入社区培训10余场、学校6场、机关2场、企业2场。为天津市红星职专2020届800余名新生开设"开学第一课"——青少年红十字应急救护培训。

【志愿服务】 2020年,红桥区注册红十字志愿者600余名,志愿者在社区联防联控工作中,入户摸排宣传,封闭式值守,为居家隔离群众做好后勤保障。第73个"世界红十字日"期间,志愿者开展"助力疫情防控 红十字救在身边"活动,弘扬"人道、博爱、奉献"的红十字精神。

2020年4月24日,"开学第一课"——青少年红十字应急救护培训在红星职专举办 (区红十字会 提供)

【设立红桥区首台校园AED】 2020年,红桥区为落实《"健康中国2030"规划纲要》和平安红桥建设,加强学校师生健康知识、急救知识、安全应急与避险知识普及,把心肺复苏、创伤救护等院前急救技能纳入师生教育培训内容,掌握常见突发事件和伤害的应急处置方法,提高自救与互救能力。红十字会联合多部门,以红十字"救"在身边为主题,在红桥区桃花园小学建立应急救护站,设立首台校园AED。实现院前急救、自救互救、防灾避险、卫生防病技能培训等功能,提高师生的急救能力和施救意识,为周边的公共场所、社区带去便利。

【主题宣传活动】 2020年,红桥区在西沽街道河怡社区联合举办纪念第21个"世界急救日""疫情下的急救"主题宣传活动。为居民讲解心肺复苏、气道梗阻、创伤包扎等急救知识,发放急救书籍、急救包,现场指导居民进行心肺复苏、创伤包扎等模拟练习,弘扬"人道、博爱、奉献"的红十字精神,增强居民应对突发事故造成伤害的自救互救能力。

(卢 滢)

精神文明建设

【概况】 2020年,红桥区加强公民思想道德建设,创建天津市文明城区。中国船舶集团有限公司第七〇七研究所等4家单位获第六届全国文明单位荣誉称号。区少年宫、区交警支队等多个志愿服务团队和个人获学雷锋志愿服务"六个一批"先进典型。新建11个社区的“五爱”教育阵地，全区社区“五爱”教育阵地65个。

【公共文明引导】 2020年，红桥区举办“厉行勤俭节约，反对铺张浪费”主题活动，成立党政机关企事业单位、餐饮行业、社区居民、青少年4支“浪费可耻节约光荣”文明实践宣传队，组织“公筷公勺”宣传活动。在红星职专体育馆举行“垃圾分类 你我同行”主题志愿服务活动，开展新时代文明实践“垃圾分类，你我同行”主题志愿活动，成立5支1200余名志愿者组成的服务队，宣传垃圾分类知识。

【精神文明创建】 2020年，红桥区当选为第二届天津市文明城区。37家单位、14个社区、5所学校和8个家庭获天津市文明单位、文明社区、文明校园和文明家庭称号。其中，中国船舶集团有限公司第七〇七研究所、天津卓朗科技发展有限公司、天津旭海津药医药有限公司、天津市红桥区和苑街道梦和园社区获第六届全国文明单位称号，红桥医院、双环邨街道、区税务局、区政务服务办、公安红桥分局复审合格，继续保留全国文明单位称号，居民赵永华家庭当选第二届全国文明家庭。

【志愿服务】 2020年，红桥区志愿者、志愿服务团队注册率提高，注册志愿者8.50万余人，占全区常住人口数的14.60%，4100余名党员干部志愿者和各部门、各街道、各类别志愿服务团队参与新冠肺炎疫情防控，区少年宫、区交警支队、区城管综合行政执法支队、蓝天应急救援队等团队及热心志愿者马芳菲被市文明办评为2020年学雷锋志愿服务“六个一批”先进典型。发挥基层志愿者作用，开展社区环境清整、文明交通、文明祭扫等志愿服务活动2000余场次，参与志愿者3万余人次。

【未成年人思想道德建设】 2020年，红桥区新建社区“五爱”(爱祖国、爱人民、爱劳动、爱科学、爱社会主义)教育阵地11个，建成“五爱”教育阵地65个。咸阳北路街绥中社区、西于庄街翠溪园社区、三条石街北开花园社区三个“五爱”教育阵地获“天津市2020年度优秀‘五爱’教育阵地”称号，戴悦、王学芬等人获“天津市2020年度优秀‘五爱’教育阵地辅导员”称号。

【主题社会宣传】 2020年，红桥区开展“文明健康 有你有我”系列公益广告宣传活动，在不同时间节点结合不同背景主题，开展“文明祭扫”“文明交通 绿色出行”“一米线”等公益宣传活动。扩大《天津市文明行为促进条例》(以下简称《条例》)知晓度和普及率，线上线下全覆盖，发动全区250个微博微信及其他新媒体组成“红微矩阵”，集中转发相关宣传报道。通过微信投放30万条宣传公益广告，利用各种载体，布置公益广告点位1443处(个)，张贴宣传海报1.10万套，宣传页6.80万张，发放《条例》单行本15万册，开展主题集中宣传活动233场次，受众5.10万余人次。

(江祥星)

天津文明网
WWW.TJWENMING.CN
天津市文明办 北方网 主办

天津文明网 > 您当前的位置：精神建设进行时 > 工作传真 > 全市

市文明办公布第二届天津市文明城区入选城区名单和复查确认保留荣誉称号的天津市文明城区名单

2020/12/04

党的十八大以来，全市各区坚持以习近平新时代中国特色社会主义思想为指导，深入学习贯彻习近平总书记关于加强社会主义精神文明建设的重要指示精神，增强“四个意识”，坚定“四个自信”，做到“两个维护”，大力培育和践行社会主义核心价值观，认真落实《天津市文明城市创建工作方案》《天津市全域创建文明城市三年行动计划（2018-2020年）》，城乡环境面貌、社会公共秩序、公共服务水平、群众生活质量持续改善，市民思想觉悟、道德水准、文明素养和社会文明程度显著提升，群众对创建工作的参与率支持率明显提高，获得感、幸福感、安全感稳步增强，绝大部分区年度测评成绩逐年提高。

为全面展示文明城市创建丰硕成果，市文明委启动了第二届天津市文明城区评选，并对现有天津市文明城区进行复查。经第三方机构综合测评，严格依据各参评城区2018、2019、2020年三年测评总成绩排名，提出第二届天津市文明城区入选城区名单；同时，严格依据复查测评成绩，提出继续保留荣誉称号的天津市文明城区名单。经市领导同志批准，现将名单公布如下。

一、第二届天津市文明城区入选城区名单（6个）

河东区、宝坻区、河北区、红桥区、津南区、静海区

二、复查确认保留荣誉称号的天津市文明城区名单（8个）

和平区、河西区、西青区、北辰区、滨海新区、南开区、东丽区、武清区

2020年12月4日，天津市文明网发布《市文明办公布第二届天津市文明城区入选城区名单和复查确认保留荣誉称号的天津市文明城区名单》，红桥区入选天津市文明城区名单 (区委宣传部 提供)

街道概览

双环邨街道

【概况】 双环邨街道位于红桥区西北部,东靠北运河,南起佳庆道,西至辰昌路,北至龙泉道。辖区面积 1.40 平方千米,户籍居民 34339 人,常住人口 40418 人。设 8 个居委会:佳园东里居委会、佳园南里居委会、佳园北里居委会、益春里居委会、浩达公寓居委会、碧春园居委会、新佳园东里居委会、碧春园第二社区居委会。2021 年 1 月 1 日,双环邨街道整建制划转移交至北辰区。

2020 年,双环邨街道坚持党建引领基层治理,抓好安全稳定,开展常态化疫情防控工作,开展创文、创卫、创城和“全国第七次人口普查”工作,落实脱贫攻坚责任,完成结对帮扶、消费扶贫任务。落实属地责任,接管和春里、佳庆里 28 至 37 门两块“飞地”。

【党建工作】 2020 年,双环邨街道落实《红桥区党建引领基层治理体制机制创新“十个一”工作举措》,组建 18 支党员突击队,成立 8 个社区门岗卡口临时党支部,投入新冠肺炎疫情防控第一线;以社区“微实事”工作室为载体,关心关注关爱困难群众,全年提供精准帮扶家居类服务 723 户,完成服务 1516 单 6213 个工时,支出社区服务专项经费 19.30 万元。

【宣传引领】 2020 年,双环邨街道加强宣传引领,挖掘各类活动亮点和个人典型,《天津日报》《今晚报》、天津电视台、天津广播电台、美丽红桥微信公众号、红桥有线台等市区媒体对双环街道、社区刊播报道 50 余次。网评员转发宣传正面评论 1.50 万余次,推送抗击新冠肺炎疫情、创文创卫创城等正面报道 200 余条,总阅读量 4 万余人次。

【纪检监察】 2020 年,双环邨街道纪检监察工委聚焦监督执纪问责,召开警示教育大会 10 次,学习各类典型案例 27 次。完善社区纪检监察干部架构,成立社区纪委 8 个,配齐社区纪委书记和纪检监督员 24 人。开展监督执纪问责工作,运用第一种形态 11 次,对 1 名党员干部给予留党察看两年处分,对 1 名社工给予政务警告处分。

【群团工作】 2020 年,双环邨街道组织工会会员开展迎新春运动会、慰问困难职工活动。排查调解婚姻家庭矛盾纠纷 30 起,慰问困难妇女 2 名。预防青少年违法犯罪,组织广大团员青年开展志愿服务、助力疫情防控。慰问困难少数民族群众家庭,发放慰问金万余元。

【人口普查】 2020 年,双环邨街道严把统计数据关,完成“全国第七次人口普查”工作,执行普查方案及工作细则规定,通过逐户走访填报、自主填报等形式,完成普查工作短表登记 2.35 万户,登记人口 5.66 万人,现有人口 4.04 万人,户籍人口 3.43 万人。长表登记 1757 户,4298 人。行业职业赋码 1439 条。

【城市管理】 2020 年,双环邨街道组织自治社区清整 80 余次,协助准物业社区清整 120 余次。对辖区内 16 处大气污染防治重点点位进行巡查治理,对 87 家企业开展餐饮油烟专项治理。拆除违法建设 71 处 418.83 平方米,拆除违建鸽舍 90 处 1100 余平方米,治理店外摆卖 300 余起、占路经营 520 余起,批评教育违规占路摊贩及商户 800 余人,处罚 82 起,处罚金额 2.45 万元,治理各类违规户外广告设施 680 余处。完成新佳园东里社区内主干道

2020年9月28日，双环邨街道碧春园第二社区举办迎中秋庆国庆暨第三届民族文化艺术节　　（双环邨街道　提供）

路翻修以及和春里小区提升改造项目，拆除和春里违法建设。

【社区文化】 2020年，双环邨街道落实新冠肺炎疫情防控要求，通过线上线下开展全民健身和科普文化活动52次。举办公益培训讲座10余次，受益群众2000余人。开展健康教育讲座40余次、健康教育活动35次、大型文体活动16次，千余人受益。碧春园第二社区举办迎中秋庆国庆暨第三届民族文化艺术节。

【“飞地”治理】 2020年，双环邨街道接管和春里、佳庆里28至37门两块“飞地”，做好疫情管控、党员教育管理、基本情况排查摸底、民意调查、安全维稳排查、交接重难点问题梳理等工作，实现社区治理、基层党建和安全稳定全覆盖。

【安全稳定】 2020年，双环邨街道开展安全风险隐患排查，排查生产经营单位、居民住宅等点位400余处，发现并督促整改隐患2489处。排查并化解各类矛盾纠纷334起。年内，对辖区内存车棚开展消防安全检查。

【社会保障】 2020年，双环邨街道为困难群众发放救助金1048.82万元，发放残疾人补贴96.72万元，发放养老补贴13.44万元，办理丧葬补贴37.88万元。接待咨询、来访、办理房屋补贴事项居民5000余人次，办理租房补贴90件，核查公租房、限价房事项82件。接管国有企业退休人员88人。办理城乡医疗保险参保382人，新增申报城乡养老86人，办理城乡养老残疾人补贴87人。新增认定就业困难人员325人，新增申领失业金347人，新增申领补助金245人。

【优抚工作】 2020年，双环邨街道推进退役军人管理规范化运行，完成街道服务中心“三有”建设。打造退役军人之家、退役军人活动室。为退役军人争取岗位29类、推介160余次，为89名退役军人办理补缴保险接续工作，慰问退役军人1051人。

【便民服务】 2020年，双环邨街道设置母婴室、志愿服务站，增添叫号机和数字显示屏等硬件设施，增添残疾人无障碍设施。街道党群服务中心设置计划生育、住房保障、残疾人服务、社会保障服务等业务窗口，涉及服务项目59项，全年接待群众咨询1.40万余人，办件审批1.90万件，其中线上办件6135件，线下办件1.29万件。

【人口与特别扶助工作】 2020年，双环邨街道开展出生缺陷防控宣传活动，为28对育龄妇女夫妇进行免费孕前优生检查，

2020年7月16日，双环邨街道办事处对辖区内存车棚开展消防安全检查　　（双环邨街道　提供）

2020 年 6 月 1 日，双环邨街道佳园北里社区开展“小纽扣在行动”早教活动　（双环邨街道　提供）

发放独生子女费 2 万余元。核查 212 名计生特扶人员的新增申报认定和年审工作，为 71 名失独及 24 名一级伤残的特扶家庭成员办理意外伤害保险，为年满 60 岁或有特殊疾病的 4 名特别扶助人员办理爱心就医卡，与 49 户失独、89 户伤残特扶家庭建立“双岗联系人制度”。佳园北里社区开展“小纽扣在行动”早教活动。

（金翠红）

咸阳北路街道

【概况】　咸阳北路街道位于红桥区西北部，东起丁字沽一号路与勤俭道交口，沿勤俭道向南行至光荣道，沿光荣道向西行至天平路，沿天平路向北行至千里堤，沿千里堤向北行至北运河，沿河边向东行至北运河桥，沿北运河桥向南行至丁字沽一号路，沿丁字沽一号路向东行至勤俭道。辖区面积 2.40 平方千米。设 17 个居委会：凤城居委会、开源居委会、绥中居委会、永进居委会、彰武居委会、同心居委会、宁城居委会、本溪居委会、永明居委会、幸福居委会、红旗居委会、勤俭居委会、团结居委会、化工居委会、七〇七所社区家属居委会、北岸居委会、郭辛庄居委会。

2020 年，咸阳北路街道筑牢新冠肺炎疫情防控常态化防线，以推进党建引领基层治理体制机制创新为重点，提升城市管理、民生保障、安全稳定、社区建设、创文创卫创城等各项工作水平，落实脱贫攻坚责任，完成结对帮扶和消费扶贫任务。做好“飞地”治理工作。永明社区党委书记马岳被评为抗击新冠肺炎疫情天津市劳动模范，七〇七所社区党委书记孙洁被评为天津市优秀共产党员。

【党建工作】　2020 年，咸阳北路街道落实党建引领基层社会治理体制机制创新“十个一”工作举措，召开党建联席会共抓区域党建，落实基层社会治理网格化管理。全街 93 个基础网格上报事件 8.70 万件，办结 8.69 万件，吹哨事件 19 件，办结 19 件。组织党员参观人民至上——天津市抗击新冠肺炎疫情纪实展。

【人口普查】　2020 年，咸阳北路街道推进第七次全国人口普查工作，对辖区内现居和常住人口的家庭及个人的户籍、文化程度、住房、就业、生育等方面进行信息登记。153 名普查员到 287 个普查小区入户登记，完成入户统计摸底、数据登记和上报、长表登记上报及数据比对审核等工作。

【城市管理】　2020 年，咸阳北

2020 年 9 月 12 日，咸阳北路街道组织各社区大力开展社区环境卫生清整　（咸阳北路街道　提供）

2020年12月27日,咸阳北路街道与北辰区佳荣里街道签署交接协议,将新凯西里小区正式纳入北辰区所在街道管理

(咸阳北路街道 提供)

路街道落实“生态立区”发展举措,全员参与病媒防治和卫生大清整,开展爱国卫生月活动。完成五年拆违计划,拆除砖混建筑150余处3000余平方米,拆除违规鸽舍152处2131平方米。取缔占路经营,重点对千里堤市场等市容环境问题易发区域开展综合治理。全年实施行政处罚60起,处罚金额3.61万元。

【“飞地”治理】 2020年,咸阳北路街道对新凯西里、北空宿舍、郭辛庄、际达唐家湾物回供应站4块“飞地”逐一细化制定整改方案、问题整改台账和社会风险稳定评估报告,完成整改情况报告,形成“一地一册”工作档案。核实完善居民基本信息,建立残疾人、退役军人、社会救助人员、重点关注人员工作台账。推动“飞地”党组织和工作全覆盖,将党员纳入辖区党组织管理。12月27日,咸阳北路街道与北辰区佳荣里街道签署交接协议,将新凯西里小区正式纳入北辰区所在街道管理。

【综治信访】 2020年,咸阳北路街道扎实推进平安建设、社戒社康、食品安全等工作,学习宣传《中华人民共和国民法典》,推进法治政府建设。加强安全生产主题宣传教育,开展危险化学品、消防安全等重点行业领域安全专项整治及隐患排查督促整改,全年未发生重大安全生产或火灾事故。落实群众来信来访办理,强化矛盾纠纷大排查,成立街道、社区两级矛盾纠纷调处化解中心,受理矛盾纠纷79件,接收市中心转办件4件,将矛盾纠纷化解在基层。

【社会救助】 2020年,咸阳北路街道完成低保对象、特困供养人员、残疾人的动态审核和补助发放。排查“四失五类”人员6005人,对重点人予以帮扶。救助1251名低保对象,发放低保金1740万元,发放临时救助金300万元。落实对困难退役军人的帮扶政策,推进日间照料站建设,完善老年人食堂,发放“特扶”资金和独生子女费,办理丧葬补贴,加强住房困难群众帮扶。完成城职、城乡居民基本养老保险、医疗保险工作万余人次,开展就业援助6600余人次。

【社区建设】 2020年,咸阳北路街道成立北岸社区居委会,撤销昌图社区居委会,对部分居委会管辖范围进行调整。指导欧澜家园等小区成立业委会。推进社区党群服务中心建设,街级和8个社区综合文化中心评估验收达标。推进全域科普工作,宣传健康防疫知识。绥中社区被评为天津市美丽社区。

(张 武)

丁字沽街道

【概况】 丁字沽街道位于天津市红桥区北部。地处红桥区北部,东起光荣道与西沽街道相邻,西南临丁字沽一号路与咸阳北路街道接壤,西北至咸阳北路与咸阳北路街道相接,东北靠北运河与北辰区、河北区隔河相望。辖区面积2.47平方千米,设14个社区党群服务中心。户籍居民33111户81765人。街域内含自然小区61个楼门1360个。设14个社区党群服务中心:光采社区党群服务中心、风貌里社区党群服务中心、三段社区党群服务中心、六段社区党群服务中心、十段社区党群服务中心、十三段社区党群服务中心、东大楼社区党群服务中心、南大街社区党群服务中心、北平房社区党群服务中心、潞河园社区党群服务中心、勤俭桥社区党群服务中心、胜灾社区党群服务中心、桃花园社区党群服务中心、光荣道社区党群服务中心。

2020年，丁字沽街道落实新冠肺炎疫情防控要求，压实属地责任，坚守疫情防控第一线，扎实推进创文创卫、民计民生、安全稳定等重点工作。丁字沽街道办事处党群服务中心被评为天津市人社窗口服务优秀单位。光荣道社区党群服务中心被评为天津市先进基层党组织、天津市抗击新冠肺炎疫情模范集体。潞河园社区党群服务中心被评为天津市文明社区。风貌里社区党群服务中心书记李桂燕获新冠肺炎疫情防控工作天津市三八红旗手荣誉称号。胜灾社区党群服务中心书记冯雅彬被评为天津敬业奉献好人。

【党建工作】 2020年，丁字沽街道组织2期理论中心组读书班，开展基层党组织书记轮训3天，举办党员教育培训大讲堂4期。结合“四史”学习教育，开展“党课开讲啦”活动，各社区组织专题党课31次。推动处级领导全部兼任社区“大党委”第一书记，对接社区党支部联系点。召开街道“大工委”、社区“大党委”联席会议，按期调整兼职委员。开展“党员干部进网格访民情”活动，解决问题70余件。10月22日，制定落实“十个一”模式措施，以党建引领疫情防控、创文创卫创城、扫黑除恶等重点工作。推动社区各类组织负责人向党组织述职。开展社区评星定级、党组织书记抓基层党建述职评议。推进“两新”组织党建，成立天津市亿人科技发展有限公司党支部。

2020年11月1日，丁字沽街道办事处到居民家中进行人口普查入户登记　（丁字沽街道　提供）

【人口普查】 2020年，丁字沽街道办事处推进第七次全国人口普查工作，对辖区内现居和常住人口的家庭及个人户籍、文化程度、住房、就业、生育等方面进行信息登记。全街14个社区200余名普查指导员和普查员对259个普查小区逐楼逐院、逐户逐人开展人口摸底清查，确保人口普查按时保质推进，按照“户不漏一人、人不漏一项”的要求，入户社区居民家中核对信息，掌握每户数据，保证信息准确有效、数据逻辑对应。顺利完成入户统计摸底、数据登记和上报、长表登记上报和数据对比审核等工作。

【城市管理】 2020年，丁字沽街道开展全面整治，清理垃圾杂物1700余车，各类点位2.25万余个垃圾杂物2170余吨。严查各类违法、违规及不文明行为，治理店外摆卖、流动摊贩等占路经营4186起，清理乱贴乱画856处、乱吊乱挂425处、乱堆乱放1506处，拆除违法牌匾26处，治

2020年5月15日，丁字沽街道执法大队清理丁字沽一号路占路经营　（丁字沽街道　提供）

理夜间游商、店外摆卖215处、马路餐桌201处,立案处罚38起罚款3.55万元、简易处罚54起罚款2700元。拆除整改违规鸽舍213处2813.50平方米,清理鸽子8000余只。拆除违法建设(包括新建、在建违法建设)597处6836.50平方米,拆除圈占60余处。

【非法设施专项治理】 2020年,丁字沽街道对非法卫星电视接收设施开展专项整治。开展拉网式排查发放《限期整改通知书》,鼓励群众主动停用,自行拆除。对自行拆除困难、规定期限内仍未进行拆除的,安排专业工人采用吊车、升降机、"蜘蛛人"等方式集中拆除。用时12天拆除非法卫星电视接收设施1527个。

【垃圾分类】 2020年,丁字沽街道开展垃圾分类常态化执法工作,加大执法检查频次、密度和力度,形成长效管理机制。丁字沽街道执法大队重点检查各类商家门脸违反《天津市生活垃圾管理条例》行为,坚持教育为主、处罚为辅,首次发放"温馨提示"并责令改正,第二次发放"履职法定义务提示"并责令改正,第三次依法进行处罚,推动垃圾分类"落地生根"。

【公共安全】 2020年,丁字沽街道完成全国"两会"、市"两会"、中共十九届五中全会等重要节点维稳工作。完成2人息诉罢访工作。成立街道矛盾纠纷调处化解中心,接待来访群众183批213人次,当场化解问题155批185人次。

【平安建设】 2020年,丁字沽街道推进扫黑除恶专项斗争。配合属地派出所开展"敲门行动",对邪教组织存量人员开展"大起底"摸排。开展吸毒人员"平安关爱"行动和毛发检测工作。依法依规向辖区239名重度精神病患者监护人发放"以奖代补"资金56.62万元。

【安全生产】 2020年,丁字沽街道开展安全生产专项整治三年行动,与企业签订安全生产责任书1240份,与存车处签订消防责任书53份。聘请第三方对辖区内51处自行车棚进行安全隐患检查。开展"一盔一带"和"零酒驾"安全宣传教育。

2020年9月,丁字沽街道科普馆建成　　(丁字沽街道　提供)

【全域科普】 2020年,丁字沽街道在六段社区建成配有移动投影仪、电视机、无人机等设备的科普教育场馆,运用声、光、电和多媒体技术循环展示人类智慧、通信设备、航空航天等科普知识和科技发展历程。科普馆每周向社会特别是中小学生开放,成为中小学生科普学习的"第二课堂"。

【"飞地"治理】 2020年,丁字沽街道开展"飞地"治理工作,联合区消防救援支队、公安红桥分局丁字沽派出所对德文物资回收大院进行消防隐患检查。针对检查中发现的消防安全隐患,向北辰区天穆镇人民政府发函告知,向院内租户发放消防安全隐患整改通知书。

【社会保障】 2020年,丁字沽街道发放低保金2421.03万余元,低收入救助惠及居民84户149人,发放助困金33.95万余元,特困供养救助14户14人,发放救助金31.06万元,临时救助1312户家庭2150名困难群众,发放救助金405.67万元,困难儿童救助399人次99.92万元。发放残疾人生活补贴561人次176.96万元,残疾人重度护理补贴1398人次342.72万元,办理残疾证381人,办理通信补贴45人,办理养老保险91人,为残疾人免费体检13人。向重度残疾和特困残疾人发放轮椅137辆,四角拐3件,助行器1件,防褥疮垫23个,坐便椅8个,沐浴凳4个,腋拐2件。计划生育特殊家庭543人,伤残家庭319人,失独家庭224人,发放特扶金419.39万元,慰问品价值5.75万元。落实全民参保工作,完成保险扩面

6259人次，城镇职工保险服务（个人缴费）3786人次，办理社保卡389人次，城乡养老办理退休14人，城乡养老参保234人。完成困难人员认定490人次，举办招聘会3场，联系26家企业，采集信息553条，提供岗位200余个，职介人数600余人次。低收入人员一次性补贴2000元，失业人员就业帮扶921人次，未就业大学生就业帮扶86人次，失业金办理571人次，失业补助金办理525人。为178名困难党员发放慰问金9.82万元，慰问困难党员127名，发放慰问金3.81万元。“微实事”工作室为“十类人群”提供各类居家服务854人次。

【安全防护宣传活动】 2020年，丁字沽街道开展“一盔一带”安全防护宣传活动，组织沿街单位利用户外大型电子显示屏播放“一盔一带”交通安全宣传视频、口号。在社区内利用电子显示屏、宣传栏、橱窗等设施，播放、张贴“一盔一带”宣传内容。网格员深入家庭开展“一盔一带”宣传，提高“一盔一带”工作知晓率。

（侯文华）

西沽街道

【概况】 西沽街道位于红桥区中部，横贯东西，东以北运河为界，与河北区隔河相望，南以津浦铁路为界，与三条石街道、邵公庄街道相连，西至西北外环快速路，与西青区相邻，北面一部分以子牙河为界，与西于庄街道隔河相望，一部分以光荣道、新红路为界，与丁字沽街道、西于庄街道相依。辖区面积4.84平方千米，是红桥区面积最大的街道。户籍居民11224户75505人。设20个社区党群服务中心：仁和里社区党群服务中心、青春里社区党群服务中心、桃林社区党群服务中心、东庞社区党群服务中心、西沽大街社区党群服务中心、运河西社区党群服务中心、流霞里社区党群服务中心、桥南社区党群服务中心、水竹花园社区党群服务中心、湘潭道社区党群服务中心、燕宇社区党群服务中心、涟源里社区党群服务中心、龙禧园第一社区党群服务中心、龙禧园第二社区党群服务中心、水木天成第一社区党群服务中心、水木天成第二社区党群服务中心、水木天成第三社区党群服务中心、河怡花园社区党群服务中心、民畅园社区党群服务中心、西河名邸社区党群服务中心。

2020年6月29日，西沽街道召开纪念建党99周年大会，组织全体党员重温入党誓词　（西沽街道　提供）

2020年，西沽街道做好新冠肺炎疫情防控、基层党建、飞地治理、民生保障、安全稳定和“创文、创卫、创城”等重点工作。精准施策、靶心向力，推动“六稳”各项工作，抓实“六保”各项任务，实现疫情防控和基层社会治理“双战双赢”。获2020年度旧楼区长效管理示范街镇称号（市级）。龙禧园第一社区获新冠肺炎疫情防控工作天津市三八红旗集体，涟源里社区杨文艳获天津市优秀共产党员称号。

【党建工作】 2020年，西沽街道深化党建引领基层治理体制机制创新，推进辖区形成共治、共建、共享格局，发挥“两新”企业作用，加大互联网企业党建力度，成立天津奥尚户外装备有限公司党支部。召开菜市场党建工作联席会议，成立红卫桥和水木天成菜市场功能型党支部，开展送菜上门志愿服务活动。召开纪念建党99周年大会，组织全体党员重温入党誓词。

【创新工作模式】 2020年，西沽街道创新党建引领基层治理体制机制“十个一”工作模式，做到一套机制狠抓落实、一根钢钎党建引领、一处阵地服务群众、一网多格全域覆盖、一座平台力促稳定、一声哨响报到督办、一家融媒多元发力、一套体系护网治网、一个中心为民解忧、一支铁军法治保障。开展“听民声、解民忧、暖民心”主题服务月活动，通过走访摸查，听民声、收民意，梳理出党员群众反映强烈、亟待解决的心愿清单，严格程序、用足用好社区服务群众专项经费，完成修缮社区内小花园、增设凉亭、休闲座椅、维修照明灯、安装晾衣竿等服务项目26个。

【民族宗教】 2020年，西沽街道组织第二十七届民族团结月活动，举办民族文化进社区展示周活动，合绘《盛世之春》和《守望相助》作品。开展清真食品检查工作，维护穆斯林群众合法权益。开展扶贫帮困、慰问帮扶工作。

【城市管理】 2020年，西沽街道协同推进“创文、创卫、创城”工作。清理自管社区、拆迁片区、铁路沿线、背街里巷、城中村堆物和卫生死角点位4000余处，杂物2000余吨。推动拆违攻坚工作，治理养鸽户136户，拆除违法建设240余间(5000平方米)、水木天成露台55间、社区“小耳朵”1012个，对涉及占路经营行为的商户依法立案处罚13起罚款1.40万元。开展食品安全宣传教育，制定《西沽街道食品安全事故应急预案》，确保食品安全，以菜市场、超市、学校(幼儿园)、饭馆等为重点场所，开展风险隐患排查治理行动，督促食品生产经营者落实主体责任，确保食品安全。

【人口普查】 2020年，西沽街道落实国务院和市、区人口普查工作要求，成立西沽街道第七次全国人口普查办公室，各社区设立人口普查小组。全街360名普查员完成299个普查社区的入户统计摸底、数据登记、上报、审核等普查工作。

【文化建设】 2020年，西沽街道利用视频方式开展线上文化、科普、红十字等活动。开展“社区文体艺术节”“书画交流”等主题文化活动，全年开展文化活动200余场。联系区文化馆文化轻骑兵志愿者，开展“文化大课堂”活动，课程涵盖声乐、形体、舞蹈、电子琴、书法、摄影等文化和艺术类别，开展文化培训20余场次。对街属40支文体团队骨干、26名体育指导员进行再培训。开展“红十字博爱周”“世界献血者日”“人体器官捐献宣传周”等主题宣传活动，张贴宣传海报30余张，发放宣传材料500余份。开展第三十四届科技周、专家进社区及2020年科普系列活动，开展现场咨询服务5场、专题座谈会2场、科普系列知识讲座50余场，发放科普宣传材料千余份，张贴宣传海报、宣传口号200余份。

【“飞地”治理】 2020年，西沽街道落实属地管理原则，开展“北菜园”城中村专项治理。联系区级部门、职能科室和社区，做好北菜园“城中村”甬路修缮、房屋安全、汛期防汛、环境治理、社会救助等工作。建立健全长效化治理机制，实现北菜园“城中村”党的建设、基层社会治理、社会治安管理全覆盖。

【综治工作】 2020年，西沽街道设立街道、社区二级社会矛盾纠纷调处化解中心，接待来访群众132批次181人次。组织社区开展集中宣讲30次、消防安全知识培训2次，发放宣传品1.70万余份、《“安全生产月”一封信》5500余份。制定《西沽街道关于深入开展“无黑”创建的工作方案》，加强线索排查，开展“无黑”城市创建宣传工作。年内开展消防安全大演练活动。

2020年12月22日，西沽街道开展消防安全大演练活动

(西沽街道　提供)

【就业和社会保障】 2020年,西沽街道帮助就业困难人员通过职业介绍、困难认证帮扶实现灵活就业,SYB(创办你的企业)创业培训33人,技能培训500人。采集就业岗位600个、企业60个,举办招聘会4场。办理十种困难人员认定572人,新增享受社保补贴537人,补贴金额260余万元。落实基本养老、医疗、失业、生育等保险制度,基本养老、医疗保险参保人数完成率100%。

【困难救助】 2020年,西沽街道落实最低生活保障制度"按户施保",强化低保对象的动态管理,发放低保、特困救助942户1500余万元,发放临时救助600余户160余万元。两节期间,开展扶贫帮困"大走访"活动,慰问居民625户,发放救助物资1820件12万余元。建军节期间慰问退役军人和"三属"人员(烈士遗属、因公牺牲军人遗属、病故军人遗属)1924名,发放慰问金39.22万元。落实住房保障政策,办理限价房27户、公租房17户、公产房审核2户、办理经济租房补贴65户、廉租房补贴71户。

【网格管理】 2020年,西沽街道配合区智慧数据平台进行网络程序升级、数据图表更新,健全社区网格调整、人员信息变更备案、吹哨事件备案、网络视频会报备等台账制度。利用社区网格管理平台视频融合公安监控系统,对新冠肺炎疫情防控期间各社区封闭出入口进行督查。全年上报自处事件14.17万件,办结14.17万件。吹哨调度区有关职能部门事件58件,办结56件,办结率96.60%。

(张　琪)

西于庄街道

【概况】 西于庄街道位于红桥区中部。东以桥口街、桥口南街、三兴里、纯德里为界,与西沽街道相邻,南与西沽街道隔子牙河相望,西以千里堤与北辰区接壤,北以光荣道、新红路与咸阳北路街道、丁字沽街道、西沽街道相连。面积3.89平方千米,户籍居民25082户67294人,有汉族、回族、满族等多个民族。设16个社区居委会:翠溪园社区居委会、怡水苑社区居委会、绮水苑社区居委会、亿城堂庭社区居委会、集安里社区居委会、子牙一社区居委会、子牙三社区居委会、植物园社区居委会、永光楼社区居委会、礼貌楼社区居委会、敦煌楼社区居委会、祥居公寓社区居委会、西于庄社区居委会、纸厂社区居委会、增产里社区居委会、新建里社区居委会。

2020年,西于庄街道坚持"战区制、主官上、权下放"党建引领基层治理,团结带领全街干部职工群众,担当作为、真抓实干、攻坚克难,打赢新冠肺炎疫情防控的人民战争、总体战、阻击战,经济社会秩序有序恢复,各项工作有序开展。

【党建工作】 2020年,西于庄街道落实"三重一大"和党的组织生活基本制度,组织党员开展"三会一课"学习20次。举办2期90余人参训的党组织书记暨新党员"筑基"培训。成立锦江之星等4个隔离点临时党支部和14个社区值守卡口疫情监测点临时党支部,打造党员示范岗。春节及"七一"期间慰问走访生活困难党员903人,发放慰问金29.60万余元。3739名党员为新冠肺炎疫情捐款32.38万元。

【"飞地"治理】 2020年,西于庄街道全面排查整治"240亩

2020年10月22日,西沽街道在湘潭道社区举办第八届大中城市联合招聘高校毕业生招聘会　　(西沽街道　提供)

菜地”“盖来普工业园区”“苗圃大院和鱼池”3处“飞地”。完成与北辰区西于庄股份经济合作社管辖权移交划转。

【街域经济】 2020年,西于庄街道商务楼宇有宝能创业中心、银泰大厦、亿城大厦、长安商城、正融大厦5家,实地驻街企业1022家。新冠肺炎疫情防控期间,重点走访九信科技、启明星辰等单位。

【人口普查】 2020年,西于庄全街范围内开展第七次全国人口普查工作。设置普查小区290个,选聘普查指导员和普查员327人。主要进行地址编码核对、街道与街道认界、社区与社区认界、人口统计、编册登记,经过摸底调查、正式普查、审核验收,区领导到子牙一社区参与指导第七次全国人口普查员入户登记工作。截至12月15日,完成正式普查短表录入工作。

【综治工作】 2020年,西于庄街道加强全国“两会”,市、区“两

【环境治理】 2020年,西于庄街道对辖区内各支线道路、背街里巷、平房区堆放的建筑垃圾、生活垃圾开展排查清理。出动清整人员6670余人次,清理点位1.68万余处,清理各类垃圾杂物3250余车次,清理各类小广告7300余处。办理“8890”热线等各类群众督办单2397件,办结率100%,办理城管数字平台案件1.25万余起,办结率99.40%。

【城市管理】 2020年,西于庄街道拆除鸽棚72处清理信鸽1269只、家禽鸽451只。治理违法建设1.41万间14.71万平方米,销账1.41万间,治理占路经营139处、店外摆卖122处、治理马路餐桌19处。

【环保治理】 2020年,西于庄街道整治环境污染出动人员822人次,巡查点位2756个次,发现问题点位160余次,现场督办解决246个,下达环保整改通知书17件。联合区环保部门开展夜查行动,接到餐饮油烟类信访件

2020年11月1日,红桥区领导到子牙一社区参与指导第七次全国人口普查员入户登记工作 (西于庄街道 提供)

87件,全部处理完成。落实河长制,持续清理河岸,劝阻钓鱼、野泳行为130余起,拆除私搭钓鱼平台15处,治理非法木制渔船6艘,破拆废弃铁制渔船1艘。

【社会救助】 2020年,西于庄街道开展“迎新春送温暖”慰问活动,慰问居民1833户,发放慰问金17万余元,全年低保救助1055人1400.77万元,低收入人员救助48人11.16万元,发放残疾人两项补贴1438人317.20万元,临时救助困难群众516人,发放救助金115万元。定期对低保、特困户等进行核查。

【劳动保障和就业服务】 2020年,西于庄街道开展新增就业工作,举办招聘会4场。9月22日,西于庄街道组织第八届大中城市联合高校毕业生招聘会。落实劳动服务保障惠民政策,为366人办理灵活就业社保补贴认定,为7507人发放失业金1011.92万余元,为85人报销医药费72.88万余元,为93人办理养老保险,为45人办理异地养老认证。办理廉租房补贴82户、经济租房补贴80户,为98人办理残疾证。

【人口与卫生】 2020年,西于庄街道办理一孩服务证147人,办理政策内二孩指标69例,网上生育登记审核107例,参加孕前监测48人,特扶人员441人。新增完成上报爱心就诊卡23人,为失独和一级残疾家庭缴纳意外保险205人,为计划生育失独家庭发放一次性救助金208万元,为计划生育失独家庭(死亡标准)

2020年9月22日，西于庄街道组织第八届大中城市联合高校毕业生招聘会　（西于庄街道　提供）

发放特扶金161.56万元，为计划生育伤残家庭（伤残标准）发放特扶金179.83万元，为失业人员发放2020年度独生子女费3.19万元。

【社区建设】　2020年，西于庄街道对31名社工进行轮岗调整、多岗锻炼。完善社区党群服务中心设施设备。新修订《社区平时绩效考核细则》《社区考勤制度》等制度。加强网格化管理，网格员定人、定岗、定责，大事全网联动、小事一格解决。网格化平台接收上报事件14.39万件次，办结率99.83%，使用网格平台"吹哨"75件次，实现街域网格化管理全覆盖。

（刘　伟）

邵公庄街道

【概况】　邵公庄街道位于天津市红桥区西南部，北靠津浦铁路，南至南运河与芥园街道隔河相望，西至西横堤与西青区接壤，东至西站前街与三条石街为邻。地势西高东低，南运河流经界内，中环线和西青道贯穿街境。辖区面积3.12平方千米，现有户籍居民27573户69876人，居民中包括汉族、回族、满族、土家族、达斡尔族、蒙古族、朝鲜族、壮族。下设13个社区居委会：西青道第二社区居委会、西青道第三社区居委会、西青道第四社区居委会、建设里社区居委会、中联社区居委会、洛川里社区居委会、幸福里第一社区居委会、幸福里第二社区居委会、咸阳社区居委会、前园社区居委会、杨庄子社区居委会、千禧园社区居委会、仁爱花园社区居委会。

2020年，邵公庄街道带领全体党员干部群众，抓好疫情防控、协同推进创文创卫创城、开展党的组织制度学习、抓好扶贫助困、安全稳定、环境治理等各项工作，奋力夺取疫情防控和经济社会发展"双战双赢"。

【理论宣讲】　2020年，邵公庄街道制定《邵公庄街道"党的组织制度学习月"工作方案》，举办党员教育培训班2期，邀请市委党校、南开大学、河北工业大学等院校名师，为街道理论中心组、社区党委班子成员讲授党的各项组织制度，宣讲"四史"、《习近平谈治国理政》第三卷、《中国共产党党支部工作条例（试行）》等内容。宣讲中共十九届五中全会精神，开展专题讲座2场，主题宣讲40余次，受众600余人，发现解决问题8件。

【"两新"组织党建】　2020年，邵公庄街道新建立实体"两新"党组织3家，规范"两新"党组织支部建设，完成国利砂布砂纸党支部的换届选举。推进菜市场党建、商务楼宇党建、互联网党建工作，抓好基础情况摸排，开展"党组织书记轮值"活动，利用微视频录制、观看爱国主义教育电影等形式开展主题党日活动。

【执纪监督】　2020年，邵公庄街道加强社区纪检监察组织体系建设，建立健全13个社区纪检监察联络站，强化对社区党委主体责任落实情况的监督。开展各类专项治理工作，把"两个维护"落实情况作为政治监督的首要内容，制定监督清单，开展监督检查。针对监督检查中发现的问题，组织科室、社区做好廉政风险点排查，推动整改、建章立制。

【群团建设】　2020年，邵公庄街道群团组织开展"厉行节约、反对浪费"主题宣传以及各类慰问活动。街道团工委在天津铭深联创科技服务有限公司、河北拓朴建筑设计有限公司天津分公司、中都白癜风医院、中投保大厦联合成立团支部。

【人口普查】 2020年,邵公庄街道办事处成立街道全国第七次人口普查办公室,设立219个普查小区,从街里、社区及社会上选聘普查指导员和普查员193人,采取街领导班子成员和机关干部分工包片、倒排工期等方式,完成全国第七次人口普查工作。

【"飞地"治理】 2020年,邵公庄街道成立"飞地"治理专班,为前园村"飞地"内23个楼门的污水管道全部疏通、更换,解决困扰小区多年的污水外溢问题,为杨庄子花城里"飞地"安装路灯10个、楼门灯4个、休闲座椅4套、晾衣竿3个,制作社区标志牌,铺设路面。制作网格员公示栏,向"飞地"社区居民公开社区党委书记(网格长)、楼门网格员、派出所民警(警格员)的姓名、照片、联系方式。

【矛盾纠纷化解】 2020年,邵公庄街道完善街道、社区矛盾纠纷调处中心建设,做好人员调配、办公场所、内部设置等系列工作,担负起矛盾纠纷调处化解工作职责。接待群众来访85件,调处多类矛盾77起,解决重大疑难问题4起。

【扫黑除恶】 2020年,邵公庄街道在小区楼门悬挂宣传横幅、张贴宣传海报、发放宣传资料、屏幕滚动播放扫黑除恶宣传片,组织召开扫黑除恶专项宣传活动39场次。在规定时限内回复公安部门扫黑除恶专项斗争提示函。

【安全隐患排查治理】 2020年,邵公庄街道联合燃气南开营业所、邵公庄派出所开展"政、企联合燃气安全隐患大排查大治理"专项培训,各社区综治主任、居民代表及商户代表等80余人参与专项培训,提升辖区居民燃气安全意识。

【防汛应急演练】 2020年,邵公庄街道办事处组织街道领导班子成员、应急突击队队员、社区党委书记、综治主任和物业安保企业联合开展防汛应急联合演练,模拟某点位被雨水淹泡,居民被困的险情。救援人员进行险情排查、物资调集、围挡排险、低洼排水、营救被困居民等项目。

【城市管理】 2020年,邵公庄街道推进"创文、创卫、创城"工作,对自管社区、拆迁片区、铁路沿线、背街里巷、"飞地"卫生死角进行清理,清理堆物和脏乱死角4000余处1600余车3200余吨。制作创文考察点位宣传栏15个,海报2000余张,展板800余块,综合执法大队以千禧园社区及街域内主要商户作为宣讲阵地,开展垃圾分类执法宣讲活动,发放知识手册。依托"一站两栏",开展线上线下创城宣传,实地走访清真食品企业,提升食品安全。

【大气环保】 2020年,邵公庄街道建立街道、社区两级巡查治理机制,实行社区环保网格化管理。实施"水枪+大笤帚+小笤帚"微湿作业,用8台小型雾炮车喷洒降尘,5月份在全市降尘量排名中位列第三,完成第二轮中央生态环境保护督办件12件。

【河(湖)长制工作】 2020年,邵公庄街道制定《邵公庄街河长制巡查工作制度》,街道党政主要领导巡视南运河72次,开展"清河行动",清理河岸、桥下垃圾杂物200余处,清拆私搭钓鱼台46处、圈占1处,阻止井冈山桥、芥园桥、三元桥的桥上钓鱼、非法放生8次,劝离岸边和桥上钓鱼人员240余人。

2020年6月10日,邵公庄街道组织开展防汛应急联合演练

(邵公庄街道 提供)

【违章拆除】 2020年，邵公庄街道对照拆违工作年度计划，集中力量对台账内剩余点位进行分析研判，张贴《通告》80余份，入户走访百余户次，依法依规对违法建设进行拆除，销账点位86处1489平方米。

2020年1月22日，邵公庄街道举办迎新春书法送福活动

（郭馨蔚　摄）

【专项治理】 2020年，邵公庄街道综合执法大队开展违规饲养家禽、鸽子以及私搭乱建鸽舍、鸽棚专项治理行动，清理违规饲养鸽子93处963只，清拆违规鸽舍、鸽棚117处579.50平方米。开展整治非法卫星电视接收设施专项行动，拆除“小耳朵”703个。开展车辆清洗、维修场所综合整治联合执法集中清理行动，出动执法人员20余人次，巡查、治理点位10余处次，开展专项治理联合执法1次。

【网络中国节系列主题活动】 2020年，邵公庄街道在春节、端午、中秋和重阳等传统节日，开展“网络中国节”主题活动45场，涵盖文艺汇演、做手工、免费义诊、运动会、书画笔会和慰问活动等多种形式，覆盖辖区所有居民，开设“网络中国节”微信公众号专栏，上传相关作品14个，阅读量1625次。

【宪法宣传周】 2020年，邵公庄街道党工委组织区人大代表、政协委员等百余人在千禧园社区开展“宪法宣传周”活动。向过往群众发放宣传单和《民法典与生活同行》等法律法规知识宣传画册。

2020年12月4日，邵公庄街道办事处组织开展“宪法宣传周”活动

（杨鹤妍　摄）

【社会救助】 2020年，邵公庄街道启动困难群众主动发现与分级探视专项工作，将困难群众划分为5种探视级别，指导社区网格员建立探视底册，按照帮扶需求程度进行入户走访、问需帮扶。同时依托“社区微实事工作室”，对长期、短期、激励服务对象进行3次动态调整，组织全街各级党组织对因病住院、生活困难的党员进行走访、帮扶慰问，解决实际问题。

【网格员队伍建设】 2020年，邵公庄街道综合治理中心实地走访社区网格，结合实际优化更新网格，由原先的106个调整为79个。规范网格员队伍，举办社会治理网格化管理平台培训班，邀请区网格中心讲师为全街网格员作专题培训。

（翟羽琛）

芥园街道

【概况】 芥园街道辖区自金华桥中心点起向南,沿金华桥中心线、北门外大街中心线至北马路中心线折向西,沿北马路中心线、芥园道中心线、芥园西道中心线至津河中心线折向北,沿津河中心线自然走向至南运河中心线折向东北,沿南运河中心线自然走向至金华桥中心点止。辖区面积1.96平方千米,总户数20442户,户籍人口38795人,常住人口34141人,其中党员人数2377人,退役军人979人,残疾人2404人,特困供养39户,低收入44户,困境儿童212人,低保户656户,退养20人。街道辖区内的常住少数民族居民有回族、满族、壮族、维吾尔族、蒙古族、土家族、朝鲜族、高山族、黎族3092人。设8个居委会:隆春里居委会、世春里居委会、泉春里居委会、芥园大堤居委会、弘丽园居委会、水西园居委会、河滨花苑居委会、河庭花苑居委会。

2020年,芥园街道贯彻落实习近平总书记对天津工作"三个着力"重要要求和系列重要指示批示精神,坚持围绕中心、服务大局,统筹疫情防控和服务百姓民生工作,把人民生命安全和健康放在第一位,坚持强化党的全面领导,团结带领全街干部开创各项工作新局面。

2020年12月3日,芥园街道团工委组织团员参观觉悟社

(芥园街道办事处　提供)

【"两新"组织党建】 2020年,芥园街道成立曼迪匹艾等3家企业党支部,单独组建率较上年增长20%。推进猿力教育党支部组建筹备工作,实现互联网企业党组织单独组建率100%。成立谦祥益(天津)文化艺术中心等6家企业团支部,实现"两新"团组织零突破。推进"党组织书记轮值""书记直通车"活动,每座楼宇每半月开展一次党建活动。"两新"组织入党申请人增至44人,确定发展对象8人,较上年增长一倍。组织团员参观觉悟社,弘扬爱国精神。

【党建引领基层治理】 2020年,芥园街道探索"党建+社会治理"实践模式,把党支部建在网格上,使党组织治理服务"无盲区",建立网格党支部56个。调整2020年度街道办事处331项权责清单,完善"吹哨报到"工作闭环,全年"吹哨"35次、调度职能部门15个、解决问题26个。新冠肺炎疫情防控期间,在社区门岗卡点和隔离观察点设立临时党组织9个,在疫情防控一线发展党员1名,表彰优秀市级机关下沉干部44名、网格员32名、先进集体8个,编发芥园抗疫纪念册500本。开展"党课开讲啦"活动,运用"线上+线下"的培训形式,组织各基层党组织1250余人,讲党课59次。

【人口普查】 2020年,芥园街道开展全国第七次人口普查工作,利用微信公众号、社区海报栏、入户走访等形式宣传人口普查工作,扩大人口普查知晓度。人口普查员逐户进入居民家中核对信息,历时4个月,出动普查员193人次。

2020 年 11 月 1 日，芥园街人口普查员在水西园社区向居民宣传第四次人口普查工作　　（芥园街道办事处　提供）

【综治工作】 2020 年，芥园街道推进平安建设“十百千”示范工程。各社区矛盾调解中心、心理咨询室、综合研判室等硬件设施建设完成。区人民法院在弘丽园社区党群服务中心开庭审理物业纠纷 2 起，当庭宣判，矛盾纠纷“就地解决”。

【创文工作】 2020 年，芥园街道泉春里社区联合区总工会打造社区文化长廊，围绕“泉春里社区风采展”主题，设置“立社区楷模”“为党旗争辉”“做志愿表率”3 个宣传展块，弘扬志愿服务精神。芥园街执法队将执法与治理相结合，对各个社区的绿地圈占、堆物、楼道堆物、违章建筑等问题加强整治。

【创卫工作】 2020 年，芥园街道开展环境卫生大清整百余次，清理脏乱死角 3000 余处，清理堆物 5000 余处，清运各类垃圾、杂物 3600 余车 7000 吨。组织社区居委会对辖区脏污雨水井盖进行排查，建立工作台账，清洗脏污井盖 300 余个，协调区容委部门对复兴路两侧油污严重地面进行彻底清洗 3 次。治理窗户罩子垫砖、堆放杂物现象，治理点位千余处，为芥园街大堤 5 个旧楼社区的 292 个护栏统一安装挡板。为老旧小区安装晾衣竿 30 余个，安装座椅 20 余个。

【河（湖）长制工作】 2020 年，芥园街道开展专项整治行动，投入财政资金 2 万余元，对街域内南运河河道沿线桥下空间进行清整工作，解决侵占桥下空间问题，消灭蚊蝇滋生污染源，提升河道堤岸卫生整洁。将街域内南运河河道沿线桥下空间加装护栏，保证桥下空间清洁。将河（湖）长制工作列入日常议程，定期召开河（湖）长制专题会议，确保街域内河道水环境质量有效掌控。

【社区科普】 2020 年，芥园街道开展天津市公民科学素质网络竞赛暨公民科学素质预测试工作，通过“线上+线下”模式，推进科普进社区工作。讲解“科普天津”微信小程序使用方法，发动居民转发科普类文章。在社区开展科普角活动，丰富居民科普文化生活。

2020 年 9 月 25 日，在河滨花苑社区开展线下科普知识宣传活动　　（芥园街道办事处　提供）

【社会保障】 2020年,芥园街道深化“老弱病残困”特殊群众低保救助工作,服务群众9000余人次,办理发放各类救助金948万余元。推进国企退休人员社会化管理工作,各社区设置专员摸排国企退休人员,完成5批97家单位240名退休人员对接。

(魏怡然)

三条石街道

【概况】 三条石街道位于红桥区东南部,地处子牙河、南运河与北马路、通北路交汇形成的四边形地带,东至狮子林桥中心点,隔河与河北区相望,南至北马路东段中心线,与南开区毗邻,西至西站前街中心线,北至津浦铁路线南侧。辖区面积1.92平方千米(含大胡同商贸区0.45平方千米)。户籍居民22236户53349人,常住居民8272户20557人。下辖7个居委会和1个居委会筹备组:北开花园居委会、尚都家园居委会、御河湾居委会、大胡同居委会、金领国际居委会、大丰东居委会、千吉花园居委会、海河华鼎居委会筹备组。

2020年,三条石街道加强党的建设、深化基层社会治理、保障和改善民计民生、维护安全稳定、抓好疫情防控、巩固“创文创卫创城”成果等工作,努力改善民居环境,提升街域品质,夺取疫情防控和经济社会发展“双战双赢”。千吉花园社区被评为天津市2020年精品美丽社区。

【党建工作】 2020年,三条石街道落实红桥区委巡察三条石街道党工委的反馈意见,针对36个反馈问题制定整改措施52项,抓好巡察反馈意见整改工作。完成《三条石街道制度汇编》和《三条石街道内控制度汇编》。强化廉政教育,召开警示教育大会。完善“社区党委—网格党支部—楼门党小组”组织体系,强化“大党委”及各基层党组织政治功能,在防治新冠肺炎斗争的关键部位建立临时党组织5个。抓实“两新”党建,将商务楼宇、商圈市场纳入城市基层党建网格。落实区委社区组织换届实施意见和人选考察联审等方案安排,优化社区“两委”人选结构。落实意识形态责任制,面向群众开展主题宣讲15次,组织学习教育参观5次。借助“舆情秘书”平台,每天24小时不间断监测属地网络舆情,协助处置重点网络舆情10件。

【人大工作】 2020年,三条石街道开展以“学习宣传贯彻市委和区委人大工作会议精神”为主题的学习活动,组织代表参加中共十九届五中全会精神宣讲活动。人大代表向抗疫一线的社区工作者捐款1300元,苹果20箱,口罩1800个,认购扶贫产品126套,折合人民币5万余元。街道第二选区(御河湾社区)补选何智能为第十七届人大代表。全年17名代表联系选民102次,上报建议7件,其中1件被区人大列为2020年重点督办件。强化代表之家、社区联络站建设,组织社区及代表开展监督、调研、学习、联系选民、述职等活动,完成调研报告3份。

【群团建设】 2020年,三条石街道建成职工书屋,购买图书800余册。向一线值守人员发放防暑用品1.38万元,慰问困难职工61名15万元。依托“智慧团建”构建“全团大数据”,开展“学社衔接”工作,报到青年246名。

2020年6月3日,三条石街道商会与双环邨街道商会签订友好协议

(三条石街道　提供)

推动基层妇联组织规范化建设，资助困难学生2名人均2000元，组织“99公益日”捐款活动，筹款近千元，为单亲困难母亲送去36份健康保险。与双环邨街商会缔结为友好商会，组织108人次参加《天津市宗教事务条例》线上答题活动，取缔社区非法宗教聚集点2处，走访清真食品企业21家，确保清真食品市场安全。

【人口普查】 2020年，三条石街道开展全国第七次全国人口普查工作，成立人口普查领导小组，定期研究街道人口普查工作，从工作任务推进、宣传发动动员、人员安排部署等多方面制定工作方案。首次采用电子化方式开展普查登记，以“入户登记”和“住户自主填报”两种方式进行。

【平安建设】 2020年，三条石街道开展扫黑除恶专项斗争，落实辖区吸毒人员管控工作，关爱帮扶36人。签订《2020年安全生产责任书》，开展“隐患就是事故，事故就要处理”专项行动，排查出各类安全隐患180余起。6月，三条石街道开展第19个全国“安全生产月”系列宣传活动。在北开花园和河海花园建立电动车充电处。成立三条石街道矛盾纠纷调处化解中心，调处矛盾纠纷1352件，完善社区网格长、片警、物业经理联动机制，将矛盾化解在社区。

2020年6月，三条石街道开展第19个全国“安全生产月”系列宣传活动 （三条石街道 提供）

【城市管理】 2020年，三条石街道布设各类宣传展品900余处，更换绿地地插100余个，增添各类公益广告50余个，发放创文环保杯1万个、纸抽宣传品2000盒、宣传布袋1000个、创文宣传海报2000张。开展病媒生物防制工作，清理卫生和病媒生物滋生地点位655处，清运垃圾123吨。执行《天津市文明行为促进条例》，清理堆物166吨120车。治理社区内外沿街底商秩序，拆除楼内外违法圈占、违章建筑，清除私装地锁。坚持教育与处罚相结合，办理行政处罚案件21件，处罚金额1150元。开展“创建国家食品安全示范城市”宣传，发放《致红桥区市民的一封信》1.40万余页，折页5000余张，桌垫4000余个，手提袋5000余个，宣传展牌1600余个。

【社区建设】 2020年，三条石街道加强社区队伍建设，管理社工76人，劳动协管员32人，残联委员7人，将街道社区工作者事务所并入社区社会组织联合会。对全体社工档案规范审核立卷，建立社工“一人一档”。完善社工平时考核制度，制定《三条石街社区网格员绩效考核实施细则》。按照疫情防护标准，有序开放街道文化站、社区文化中心。依托科普中国APP科普资源，街道微信公众号推送防疫知识，通过家在红桥APP发表科普视频20个、科普文章60篇。街道与社区卫生服务中心建立合作机制，邀请医护人员定期到社区讲解健康课程。开展献血工作，组织红会募捐，完成“博爱送温暖”救助32人，“新冠肺炎防控”专项救助4人。

（张 超）

铃铛阁街道

【概况】 铃铛阁街道位于红桥区南部，东至西马路，南至西关街、掩骨会、西营门外大街,西至青年路、三元桥,与南开区毗邻,北至芥园街以芥园道为界。辖区面积 1.10 平方千米,户籍居民 21955 户,户籍人口 44106 人,常住人口 35323 人。界内有国家级历史文物保护单位吕祖堂和百年清真南大寺。下辖居委会 12 个:晓春里社区居委会、乐安里社区居委会、庆丰里社区居委会、明华里社区居委会、睦华里社区居委会、万华里社区居委会、南头窑社区居委会、永明寺社区居委会、小道子社区居委会、新春花苑社区居委会、铃铛阁社区居委会、西关北里社区居委会。

2020 年,铃铛阁街道坚持党建引领基层治理,做好“六稳”“六保”工作,抓好安全稳定、疫情防控,有序推动复工复产,开展“创文、创卫、创城”工作、全国第七次人口普查等工作。成立“铃铛阁街道青年专项攻坚突击队”,参与党的建设、疫情防控等重点难点工作。组建铃铛阁街道拆迁片建设和民族宗教事务专项大队、基干民兵班及重点任务攻坚大队、青干班干事创业实战大队 3 支机动队伍,对 30 余名干部群众的事迹进行宣传报道。组织开展民族团结月活动,落实宗教活动场所“两个暂停”工作要求,做好清真南大寺“盖德尔夜”及开斋节安全维稳工作,持续促进民族团结进步。

2020 年,铃铛阁街道办事处获“天津市文明单位”称号。西关北里社区获“天津市美丽社区”“红桥区五四红旗集体”“疫情防控五一劳动集体”“区级工人先锋号”称号。睦华里社区获新冠肺炎疫情防控工作天津市三八红旗集体。新春花苑社区获“红桥区先进基层党组织”称号。全街 31 名干部分别获国家级、市级、区级表彰奖励。

【党建工作】 2020 年,铃铛阁街道制定《铃铛阁街道关于坚决学习贯彻落实习近平总书记重要讲话重要指示批示精神 进一步落实全面从严治党主体责任的工作办法》,实行每半月专题学习、定期报告落实情况机制。开展“四史”教育,推动全街党员干部知史爱党、知史爱国。落实“七五”普法规划和“谁执法谁普法”责任制,开展《中华人民共和国宪法》《中华人民共和国民法典》等法律法规知识宣传讲座。召开违反中央八项规定精神问题自查自纠整改落实专题民主生活会和“小金库”问题专项治理警示教育专题民主生活会。开展“党的组织制度学习月”活动,召开“加强民主集中制建设和贯彻落实‘三重一大’决策制度”专题学习研讨会。

【纪检监察】 2020 年,铃铛阁街道组织领导班子成员学习市委关于于某东、李某文、李某明等人严重违纪违法问题的通报,组织全体党员干部观看警示教育专题片。开展“小金库”问题专项治理和 2016 年以来党员干部离津、出国报告情况自查自纠,如实报告问题线索情况。紧盯扶贫助困领域腐败和作风问题,制定实施方案,对 2018 年至 2020 年东西部扶贫工作进行自查。选定睦华里社区作为全区 3 个社区纪检监察联络站试点之一,成立社区纪委,选聘群众监督员。统筹各社区纪检监察联络站和社会监督员力量,明察暗访查纠“四风”,开展制止铺张浪费行为专项监督。运用第一种形态处置 8 人次,第二种形态处置 1 人次。

2020 年 6 月 7 日,铃铛阁街道召开 2020 年度第 1 期理论学习中心组读书班交流研讨会
(铃铛阁街道 提供)

【人口普查】 2020年，铃铛阁街道办事处推进第七次全国人口普查工作，发动包保单位、社区在职党员到社区参与人普工作，社区居委会调阅居民底册进行电话核对登记，在小广场、楼门前等人员密集场所"摆摊设点"前移战线解决让群众多跑路的问题，上门入户登记解决老年人出门难、上班族无时间的问题，户籍整顿、普查登记工作顺利完成。

【城市管理】 2020年，铃铛阁街道开展辖区环境清整治理，坚持"日扫、日产、日清，密闭清运"。加强背街里巷、街域结合部等市容环境治理，开展占路经营、马路餐桌专项治理。推进违法建设专项治理，对新春花苑西侧29间临建建筑、瑞兴里、七一大楼、主支线道路沿线的违法建设进行拆除。协助铃铛阁拆迁片开展土地整理工作，保障铃铛阁拆迁片规划红线外场地构筑物彻底清除。开展南头窑大楼首层、二楼及以上违章建筑拆除工作，拆除违建115处816平方米。全年拆除违法建设154处209间2461.50平方米，其中列入五年拆违台账内的78处613.50平方米，五年拆违完成率100%。开展饲养鸽(含信鸽)专项治理。开展控烟宣传，落实控烟措施，创建"无烟单位"。推进文明城区创建工作，将《天津市文明行为促进条例》以海报、横幅、宣传册等形式在社区、主干道、重点场所进行发放和张贴宣传。将食品安全工作纳入社会综合治理范畴，制定《铃铛阁街道食品安全事故应急预案》，召开食品安全重点工作及"创城"工作推动会，开展食品安全宣传检查，发放"创城"宣传台历1.60万余册，设立南头窑食品安全宣传站。

【安全工作】 2020年，铃铛阁街道落实安全生产"党政同责、一岗双责"，对辖区内的隔离点酒店进行安全检查，整改安全隐患20余处，对复工复产的"九小企业"做好隐患排查治理。开展"隐患就是事故，事故就要处理"专题教育，制定火灾防控"三大攻坚"专项行动、安全生产专项整治三年行动等工作方案，对养老机构、高层住宅、地下建筑等隐患问题开展集中整治。建成街道、社区两级矛盾纠纷调处化解中心，接待受理来访群众320余人次，成功化解8起矛盾纠纷，化解长达3年之久的康华里一期物业纠纷"四访"案件。承办各类居民留言3000余件，处置率100%。做好地铁六号线、新春花苑等4起集体访群体的稳控疏导化解。开展交通及特殊人员管理服务工作，推动瑞兴里小区重点整治。制定2020年防汛工作方案，成立街道防汛工作指挥部，组建防汛应急分队，在全区抢搭防汛堤坝比武中获得第三名。街道基干民兵班、女子民兵班出动136人次参与武装训练、防汛演练、应急处置等工作。

【综合治理】 2020年，铃铛阁街道协助区法院做好长庚老年公寓354户债权人债权申报工作，巩固长庚老年公寓电力、消防设施等综合提升改造成果。拆除万华里地下空间24间违规搭建附属用房。对新春花苑地下管网实施系统提升改造，对西关北街地面铺设沥青、实施碾压作业。

【民计民生】 2020年，铃铛阁街道为7122户次发放低保及低

2020年9月21日，创卫国家技术评估专家组对铃铛阁街道相关点位进行检查

（铃铛阁街道 提供）

收入待遇金1171.30万余元。发放特困供养待遇金、困难群众物价补贴、临时救助、慈善慰问、两节救助、残疾人补贴、丧葬补贴等1.69万余人次，资金428.10万余元。受理廉租住房租房补贴83户、经济租赁房租房补贴58户，限价房、公租房、廉租房、经济租赁房等各项业务年审95户，政策咨询5100余人次。办理就失业证48人，发放失业金3751人次248.60万余元。落实就业政策，举办3场招聘会，成立大学生就业见习基地，接收就业见习大学生19人。设立社区卫生助理员公益岗位20个。专项排查独居老人、事实无人抚养儿童等弱势群体334户，建立工作台账，定期通过微信视频和电话探视。中元节及寒衣节期间，全街干部和社工在社区一线宣传《天津市文明行为促进条例》，劝阻居民不文明祭祀行为。推进为老服务工作，新建面积300平方米的南头窑一级老人家食堂。推进东西部扶贫协作和对口支援工作，组织购买农产品、募捐图书等。

【基层治理】 2020年，铃铛阁街道用好“智慧红桥”平台，处理各类事件11万余件。联合多部门妥善处置“乐乐烧烤”违建拆除、西关大街秩序管控、污水井跑冒、南头窑社区违章建筑拆除、铃铛阁社区阳台下倾安全隐患等问题。做好基层社会治理空白点排查工作，指导各社区确定管辖四至范围，摸排“飞地”、特困群体情况。推行街片长制，成立东部、中部、西部3个基层社会治理片区综合协调指挥部。落实街道“大工委”和社区“大党委”制度，组织召开街道社区党建联席会议，推进共驻共建。开展“党员干部进网格访民情”活动，鼓励在职党员参与疫情防控、创文创卫等重点工作。加强社区工作者和网格员队伍建设，建立完善绩效考核操作细则和网格员工作日通报、周报告、月点评机制，定期对网格员巡察、打卡、梳理汇总上报事件情况。

【就业见习基地建设】 2020年，铃铛阁街道办事处开展就业见习基地建设工作，河北工业大学、天津市公安警官职业学院、天津市城市职业学院、天津市红桥区职业大学4所高校的毕业生报名到街道参加见习工作。铃铛阁街道加强指导和管理，建立质量保障机制，研究制定《就业见习工作管理办法》，选派4名带教老师，对19名见习学生进行帮教。

（雷　森）

和苑街道

【概况】 和苑街道地处红桥区西部，从大明道北侧路沿与西横堤中心线交汇点起，沿大明道北侧道沿自然走向至外环西路东侧路沿交汇处折向南，沿外环西路东侧路沿向南至京沪高速铁路中心线交汇处折向东，沿京沪高速铁路中心线至子牙河支流西岸交点，沿子牙河支流西岸自然走向向南，至京沪铁路线中心线，沿京沪铁路自然走向向东至陈塘庄支线中心线交汇点，沿陈塘庄支线中心线自然走向至西青道北道沿交汇点，沿西青道北道沿自然走向至西青区、红桥区区界线交汇点止。辖区面积2.50平方千米，总户数13171户，户籍人口28239人。设7个社区居委会：梦和园居委会、康和园居委会、全和园居委会、营和园居委会、和苑家园居委会、名景家园居委会、民康园居委会。

2020年，和苑街道开展“四史”学习教育，做好常态化疫情防控，推进创文创卫创城工作，按时完成第七次全国人口普查工作，落实东西部对口帮扶。2020年和苑街道办事处荣获天津市“爱国拥军模范单位”“新时代先进基层武装部”称号。

【党建工作】 2020年，和苑街道制定实施《和苑街道深入开展党史、新中国史、改革开放史、社会主义发展史学习教育的实施方案》，编印《和苑街道“四史”学习教育宣讲资料汇编》，下发至各党支部、党小组，班子成员。各级党组织书记深入社区宣讲党课40余次，增补街道“大工委”兼职委员3人，组建民康园社区党总支。完善“两新”组织党建工作，建立和苑菜市场功能型党支部、云浩物业管理有限责任公司党支部。严格组织程序发展党员，2020年和苑街发展预备党员6

2020年4月20日，和苑街道在各社区开展“防疫有我，爱卫同行”主题爱国卫生月活动　　（和苑街道　提供）

人、确定发展对象6人、入党积极分子17人、递交入党申请书10人。全年晋升处级领导职务职级4人，选拔任用科级以下领导职务10人、科级及以下职级晋升20人。

【人口普查】　2020年，和苑街道办事处完成街道人口普查实施方案、宣传方案制定，成立街、社区两级普查机构，做好普查范围划界、完成普查小区划分工作。印制各类宣传品3万余份，在20余个点位悬挂人普标语，确保普查宣传全面覆盖。建立和完善统计业务工作程序和操作规范，加强对社区统计人员业务指导，提高基层统计人员业务能力，强化统计工作责任担当。动员楼门院长近百人，普查员入户2万余次，完成19588个单元的信息采集，有效采集人数26393人，排查出新增住户137户、空置住房7040套。

【城市管理】　2020年，和苑街道开展“食品安全 人人有责”等主题宣传活动，制作宣传展板和草地牌800余块，发放倡议书千余份。宣传《天津市文明行为促进条例》，发放创建文明城区宣传页6500份。举办“科学防疫知识”“疫情期间心理疏导技巧”系列公益讲座4场。开展市容秩序整治，拆除违规搭建21处82平方米。治理违规饲养家禽、家畜30处239只。治理占路摆卖、店外经营、马路加工等违法行为160余次。开展“防疫有我，爱卫同行”主题爱国卫生月活动，开展“十乱”整治、“楼道革命”、病媒防制等专项治理，清除清脏治乱、乱堆乱放问题点位9000余处，清理楼道堆物1300余车3000余吨，清理占压绿地私种花草，绿化修复40余处。排查治理食品安全隐患问题21起。

【基层治理】　2020年，和苑街道创新推出“七彩和苑”治理机制，依托网格治理平台办理事项4.09万件，办结率99.90%，“吹哨”调度解决问题12件。成立和苑街道解决“飞地”问题专项工作组，研究制定《关于解决“和苑地区A、B、C、D地块”及“和苑居住区”治理属地化有关问题的工作方案》。依据行政区域划分组建民康园居委会，新增基础网格3个，现街域有基础网格42个，设置专业网格员49人，动员社会公众、平安志愿者参与网格社会治理。结合实际情况推出每名网格员每天最少上报三件事，每个社区每周最少上报街道三件事（简称“三三”制）、每半个月统计一次网格管理平台的运行数据（简称“半月报”制）、网格考核办法、网格长（员）职责等多项规章制度。

【安全稳定】　2020年，和苑街道完成街道社区两级矛盾纠纷调处化解中心建设，推广“12348”天津法网公众号等网络咨询平台，引导群众依法表达诉求，化解信访案件170余件。召开安全生产专项整治三年行动，建成和苑家园社区自行车棚400平方米，开展“4·15”国家安全教育日、“安全宣传月”等宣传活动4场、专题讲座12场，印发防火通知2万余份，发放宣传袋千余个、宣传扇500余把，张贴消防宣传海报800余张，辖区门店商户签订消防安全责任书430余份，治理隐患问题120余处。推进扫黑除恶专项斗争，发放《致社区居民的一封信》千余份、悬挂宣传横幅

2020年3月16日,和苑街道深入辖区门店商户,进行消防和安全生产隐患排查　（和苑街道　提供）

12条、宣传海报百余张、微信公众号推送文章20篇。发动社区党员、复退军人、志愿者等基础力量建成志愿者队伍。

【民生保障】 2020年,和苑街道为低保家庭、低收入家庭和困境儿童发放救助金140余万元;为失独人员21人发放一次性救助金22万元,为特别扶助人员34户48人发放特扶金3.73万元。结合社区网格化管理,落实最新残疾人居家托养业务,办理居家托养服务51人,为20余名残疾人开展技能培训并发放“技能培训证书”。举办“和苑街就业服务招聘会”2场,帮扶大学毕业生、退役军人等就业困难人员360余人。居家养老补贴办理新增17人,发放居家养老服务补贴近万元,办理老年证百余本。结合新冠肺炎疫情防控形势,拓展日间照料服务中心(站)、老人家食堂服务。推动四构件小区(2019年老旧小区和远年住房改造小区)400余户家庭暖气安装。协调区住建委为和苑家园社区安装太阳能路灯55个。

【大气污染防治】 2020年,和苑街道以防治大气环境污染、遏制生态破坏为重点,制定《和苑街打好污染防治攻坚战2020年工作计划》《2020年和苑街重污染天气应急预案》。实施“生态立区”举措,以日常巡查和专项督查相结合方式,开展燃煤、扬尘和餐饮油烟污染等专项治理,根治大明电机厂环保问题,办结中央环保督查问题7件,办结率100%。强化大气污染防治网格管理机制,地毯式巡查和源头治理,对辖区内7万余平方米杂草荒地进行清除并苫盖。

（孙　源）

人物 荣誉

全国劳动模范

杨兆畏 41 岁，群众，天津市潞河环境建设有限公司道路清扫队组长。

杨兆畏母亲常年患病，膝盖以下截肢。家中还有卧床瘫痪的丈母娘和两个年幼的女儿，他和妻子都是环卫工人，从未回家过过年。他虽然是一名平凡的一线环卫工人，却始终坚信有环卫工人勤劳的双手和坚强意志，就有清洁美丽的红桥区。2020 年，他被党中央、国务院授予全国劳动模范称号。

曾获市、区级五一劳动奖章。

王 晖 46 岁，中共党员，天津津酒集团酿酒车间设备管理员。他潜心钻研酿酒设备，先后参与酿酒扬晾设备更新改造、甑桶密闭性改造、风冷冷却器设备改造，降低生产成本，提高工作效率。带领劳模创新工作室人员对各生产班组的加浆罐进行技术改造，统一加浆罐容量，增加容量液位指示功能和温度显示功能，便于控制温度和加水量，提升酒醅入池条件，有效发挥设备生产能力，提高原酒产量质量。2020 年 11 月，被中共中央、国务院授予全国劳动模范称号。

曾获 2015 年度天津市劳动模范、2019 年度天津市最美退役军人等荣誉。

天津市劳动模范

徐长青 51 岁，中国民主促进会红桥区委会会员，正高级、特级教师，天津市红桥区教师进修学校副校长，享受国务院特殊津贴专家。

徐长青创立简约教学，简约教育成果获全国首届基础教育科研成果二等奖、天津市一等奖，天津市教研教改成果一等奖等奖项。出版专著 3 本。他成立徐长青工作室，立足天津，面向京津冀，对接东西部，推广简约成果。新冠肺炎疫情防控期间，他召集 31 个省市近 500 名优秀教师，研发推送“睿师有约 空中课堂”线上课程 1920 节，学习人次超 3 亿，工作室为湖北省师生进行 6 场远程直播活动，每场均万人观看。为湖北省小学乡村国培教师授课。2020 年，被天津市委、市政府授予天津市劳动模范称号。

曾获 2015 年和 2019 年民进中央全国社会服务先进个人、组织建设先进个人称号。连续获得天津市优秀民进会员、天津市教育学会优秀会员及多届红桥区专业技术拔尖人才称号。

侯立岷 女，51 岁，中共党员，高级教师，天津师范学校附属小学校长、党总支副书记。

侯立岷以科研立教，探索出“一课三备、六步导学、一真反思、跟踪评价”高效教学模式。主持 20 余项课题，20 余篇论文获奖或发表，作为教育部命名的领航者，成立国家级工作室，“精准扶贫”到四川大凉山。她成立“青年教师研修班”，提出“日新文化”浸润师生心灵，建立“适应期、发展期、成熟期、专家型”教师梯度，打造“四有教师”队伍。2020 年，被天津市委、市政府授予天津市劳动模范称号。

曾获得全国科研先进个人、天津市学科带头人、天津市五一劳动奖章、天津市优秀共产党员、天津市优秀教师、天津市优秀德育工作者等殊荣。

刘 惠 女，48 岁，中共党员，天津市第三中学语文教师、教科室主任兼国际部副主任，天津市未来教育家奠基工程学员。

刘惠从教24年培养出北京奥运会火炬手、全国最美中学生等大批优秀学子。她主持国家级、市级课题4项,参与市级以上课题研究12项,指导校内外教师参与市级以上课题研究46项,发表30余篇专业论文,曾获全国课例评比多项专业大奖。主持创建教师研修班,培养大批教学骨干,担任市区教育教学活动指导专家,所带学员获全国大赛一等奖、天津市五一劳动奖章等荣誉。在兼管国际交流工作期间,学校获YFU颁发的突出贡献奖和杰出贡献奖,作为天津市唯一一所中学入选国家"中法百校交流计划项目"。2020年,被天津市委、市政府授予天津市劳动模范称号。

曾获天津市特级教师,红桥区优秀教师、三八红旗手、教书育人楷模等称号,2017年被评为天津市首批正高级教师。

杨树伟 女,47岁,中共党员,红桥区双环邨街社区卫生服务中心全科主任医师。

作为一名普通的社区医生,杨树伟始终奋战在维护社区居民健康的一线。工作中她像女儿一样和老人们拉家常,一边听病史,一边诊断开药,一边嘱咐注意事项。她把爱心奉献给社区居民,用青春回报社会,实现作为一名医务工作者的人生追求。2020年,被天津市委、市政府授予天津市劳动模范称号。

曾获得天津市十佳医务工作者、天津市五一劳动奖章、天津市优秀共产党员称号,2018年被评为全国"三八红旗手"、全国群众满意的社区医生。

于鹏洲 43岁,中共党员,中共红桥区委常委、区委办公室主任。

于鹏洲作为区棚改第一线的负责人,他谋划"总指主管、分指主战、项目指主责"协调机制,制定全流程动迁计划,合理调配动迁人员,统筹调度新老项目交叉推进,确保棚改工作职责边界清晰、压力传导到位、执行有力有序。牵头制定全区21个棚改项目动迁方案,出台政策措施、案例导则、工作程序80余个,确保棚改有章可循。全市第一个政采融资贷款、全市首宗出让地块竞配建定向安置商品房、全市首创"协商+征收"动迁模式,推行调度会、联审会、群众座谈会和夜间集中会审,到一线倾听民意,接待来访群众上千次,精准帮扶困难群众,解决大批历史遗留问题。2020年,被天津市委、市政府授予天津市劳动模范称号。

2016年被评为市旧楼改造先进个人、2018年被推荐为市级担当作为典型、2018年在郭家菜园改造工程中荣立三等功。

马　林 43岁,中共党员,红桥区住房和建设委员会下属住房和建设发展中心副主任。

马林20余年里始终坚守在拆迁一线,在西于庄、西沽南、同义庄等关键项目和重点任务中,全程参与棚改资金测算、安置政策制定、安置房源配置,对动迁人员的指导培训,向被征迁群众宣传解释。在征收安置工作中,他以人民为中心,保障群众的利益,"想其所想、急其所急、释其所疑、排其所难"是他日常工作标准,他用实际行动助推红桥广大棚户区百姓圆"安居梦",为红桥区提前超额完成棚改"三年清零"任务做出突出贡献。2020年,被天津市委、市政府授予天津市劳动模范称号。

曾获2016年红桥区十大杰出青年称号,2016年度天津市五一劳动奖章,2018年区级三等功。

巩书凯 32岁,中共党员,天津艺点意创科技有限公司董事长、CEO,重庆忽米网络科技有限公司董事兼总经理,市政协委员,区人大代表,区团委副书记(兼职),天津市青年企业家协会党支部书记兼副会长。

巩书凯创立的公司年营收数亿元,是国内领先的文化创意产业生态平台,在全国布局20个分站点,创意团队500余人,服务本土企业超50万家,2022年冬奥会品牌设计合作伙伴,2019年全国第十届残运会暨特奥会特许经销商,是唯一一家参与天津申报联合国教科文组织"设计之都"的企业。近几年,公司为扶贫捐款捐物百余万元,多次获爱心单位称号。2020年,被天津市委、市政府授予天津市劳动模范称号。

曾获天津市"111"工程"新型企业家",2017年德州市十大杰出青年,2019年度天津市五一劳动奖章,首届"天津市青年创业能手",2018年度天津市科技创新创业人才,获福布斯中国30岁以下精英奖,2015品牌中国(设计行业)年度人物。

孙更达 中共党员,天津金米特科技股份有限公司技术营销总监兼技术经理。

孙更达多年来投身产品设计研发一线,深耕于新技术、新材料、新工艺的探索与创新,主持参与多项自主知识产权产品研发,获得多项国家专利。他带领团队参加第四届中国创新创业大赛,

专业指导，受益 212 人。她用实际行动诠释流行病学调查工作者的职责所在和奉献精神，彰显共产党员风采。2020 年，获天津市三八红旗手称号。

天津市优秀共青团干部

陈　洋　红桥医院团总支书记。

在 2020 年年初的新冠肺炎疫情阻击战中，陈洋成为首批进入发热门诊的检验人员。他主动和居委会请缨，参加到社区疫情防控的工作中，承担起为社区居民测量体温，登记排查工作。他利用晚上下班后的休息时间做志愿服务，带领红桥医院团总支，主动承担起照顾百岁老人日常生活的任务，帮扶几十余次。新冠肺炎疫情之初，他主动预约天津市血液中心进行献血。陈洋近年来献血 4 次，已献血 1400 毫升。2020 年，获天津市优秀团干部称号。

曾获 2012 年、2015 年、2017 年度红桥区优秀团干部。

张　育　铃铛阁街道党群办副主任、团工委书记，南头窑社区党委书记、居委会主任。

张育在大年三十回老家途中接到街道命令后，立刻从高速返程回到工作岗位，连续一个月奋战在社区一线，每天工作 12 小时以上，连续几天 24 小时在社区值守，按照市委“四个战时”的要求，他带领全体社区网格员、包保干部、在职党员、志愿者走街串户排查摸清流动人员、近期返津人员的相关情况，做到排查、防控无遗漏，有些群众不理解、有怨言，他耐心规劝相关人员配合政府工作，打好一场人民战争。2020 年，获天津市优秀团干部称号。

曾获红桥区 2017 年度五一劳动奖章，红桥区 2018 年优秀团干部标兵，红桥区第二届向上向善好青年。

李　超　天津市红桥医院护士。

作为红桥区支援武汉的唯一一名共青团员，李超充分发挥男护士体力上的优势，同其他人一道负责保障方舱里 1000 多名患者的衣食住行等各个方面，包括被子、枕头、药品、还有病床等，一个都不能少。“全力以赴，成就使命”是他对自己的要求。2 月 10 日，向党组织提交入党申请书，表示“在国家有难之时，作为青年团员就应该挺身而出、勇挑重担，不负党和人民的重托，我们有决心有信心打赢这场疫情防控战”。2020 年，获天津市优秀团干部称号。

于浩然　天津市红桥区人民政府西沽街道办事处一级科员。

于浩然自 2017 年起进入西沽街道办事处从事平安建设工作，坚持依法办事，严抓社会治安综合治理不放松。尤其在防控新冠肺炎疫情期间，按照区、街总体工作要求，主动靠前严防境外疫情输入，全力做好外籍人员沟通解释和服务保障，持续开展出租房屋、空置房屋及流动人口综合管理工作。2020 年，获天津市优秀团干部称号。

曾获 2019 年天津市通报表彰全国“两会”维稳安保工作先进个人，红桥区优秀共青团员标兵。

李　璐　女，红桥区中医医院外科医师。

李璐于 2018 年 7 月前往甘肃省合水县进行对口医疗支援工作。成功创建合水县皮肤病专科门诊，带教学生，开展讲座、培训，跟随家庭签约医生下乡、进村、入户，为合水县中医医院皮肤病专科门诊的发展奠定坚实的基础。2020 年，获天津市优秀团干部称号。

曾获红桥区 2019 年三八红旗手荣誉称号，2019 年 7 月 4 日被甘肃省脱贫攻坚领导小组通报表扬，2019 年被评为第四届感动红桥人物。

第十二届全国五好家庭

赵　鑫　女，和苑街社区卫生服务中心一名护士，她的丈夫刘振岳是一名中医副主任医师，同为医务人员，他们夫妻更能理解彼此对工作的热爱和不易。在丈夫援疆期间，赵鑫勇挑家庭重担。他们相互学习，不断提高医术，带给患者更好的就医体验。在新冠肺炎疫情期间，他们响应市、区卫健委及医院号召，坚守在工作岗位上，赵鑫作为单位的护理骨干，带领科室成员护理工作照常进行，入户诊疗 150 余次，为卧床患者下尿管、胃管等。主动申请参加隔离点的工作。刘振岳在新冠肺炎疫情最严重的时候始终坚守在鉴热门诊，严守发热鉴诊第一关。同为医务人员，对于这次特殊任务，他们没有退缩，把年幼的孩子托付给老人照料，一起走上防疫战场。

2020年第二批 全国最美家庭

李冬梅 女,红桥区跃进里小学教师,丈夫是公安红桥分局指挥室主任。她身为警嫂支持丈夫工作,丈夫的团队侦破越南、老挝跨境网络诈骗案、摧毁特大诈骗犯罪团伙、侦破全国首例“套路贷”案等重大案件,被授予市级优秀人民警察、人民满意警察、市级九五立功奖章、天津市劳动模范、天津市最美退役军人等荣誉称号,荣立二等功一次,三等功两次,嘉奖多次。李冬梅身为教师、校医担当奉献,被授予区级十佳青年教师、优秀教师、市级优秀德育工作者、市级师德先进个人、五一劳动奖章、优秀警嫂、天津市最美家庭等荣誉称号。新冠肺炎疫情发生后,一家三口齐上阵,发挥个人特长并肩战斗在抗疫一线。2020年,李冬梅家庭获全国最美家庭称号。

全国抗疫 最美家庭

吴伟强 红桥医院心血管内科主治医师,红桥医院首批支援武汉医疗队临时党支部书记同时兼任医疗队队长,爱人也是一名医务工作者。妻子去英国进修学习,作为丈夫吴伟强非常支持,他工作之余包揽照顾家庭教育子女的担子。他接到支援武汉任务时,毫不犹豫做下决定,保证完成任务。他的妻子和父母对他的决定给予大力支持,他把在外地的姐姐接到天津帮忙照顾孩子和老人的生活起居,安排好家里的一切,义无反顾奔赴一线。2020年,吴伟强家庭获全国抗疫最美家庭称号。

第二届 全国文明家庭

赵永华、孙秀兰家庭,红桥区双环邨街道佳园北里社区。1993年,赵永华夫妻双双下岗,他们婉拒政府低保金,在以捡拾破烂为生的困难情况下实施家庭月度对口捐款,26年来累计向市区慈善协会、市区妇联、市区红十字会、学校爱心基金会捐款22.60万元。无偿赡养或照料14位困难老人。2002年创办“26670440”家庭扶老助困帮办热线,18年来与120余人结为“帮扶对子户”,坚持24小时服务。1997年,赵永华夫妇共同申请遗体、器官、眼角膜捐献,2002年公证确认,成为天津市第一对遗体捐献申办夫妻。

第六届 全国文明单位

中国船舶集团有限公司第七〇七研究所
天津卓朗科技发展有限公司
天津旭海津药医药有限公司
天津市红桥区和苑街梦和园社区

复查保留 全国文明单位称号

天津市红桥区人民检察院
天津市红桥区行政审批局
天津市红桥区双环邨街道办事处
国家税务总局天津市红桥区税务局
天津市红桥医院
天津市公安局红桥分局

新冠肺炎疫情防控工作 天津市三八红旗集体

红桥区疾病预防控制中心传染病应急科
西沽街道龙禧园第一社区党群服务中心
铃铛阁街道睦华里社区党群服务中心

天津市 五四红旗团委

三条石街道团工委
芥园街道团工委
公安局红桥分局特警支队团支部
咸阳北路街团结社区团支部
红桥区卫生计生综合监督所团支部
红桥区双环邨街道碧春园社区团支部

天津市 最美抗疫家庭

安晓伟家庭
王秉谦家庭
吴伟强家庭
孙丽萍家庭
高　志家庭
周陈熊家庭
周　玥家庭
魏　炯家庭
曹向开家庭
刘秀云家庭

天津市红桥区人民代表大会常务委员会工作报告（节选）

——在天津市红桥区第十七届人民代表大会第八次会议上

2021 年 1 月 7 日

区人大常委会主任　郑会营

2020 年主要工作回顾

2020 年是全面建成小康社会和“十三五”规划收官之年，也是红桥区统筹推进疫情防控和经济社会发展取得重大战果、极不容易的一年。区人大常委会在区委的正确领导下，以习近平新时代中国特色社会主义思想为指导，全面贯彻党的十九大和十九届二中、三中、四中、五中全会精神，坚持党的领导、人民当家做主、依法治国有机统一，紧紧围绕区委中心工作和重点任务，坚守初心使命，勇于担当作为，扎实有效工作，为推进红桥经济社会发展做出积极贡献。

一年来，召开常委会会议 9 次，听取审议专项工作报告 23 项，作出决议、决定 9 项，提出审议意见 8 项，深入重点项目、民心工程、街道社区等 100 余处场所开展执法检查和视察调研 60 余项，任免国家机关工作人员 82 人次，任命人民陪审员 59 人。

一、突出思想政治引领，坚持党对人大工作的全面领导，正确的政治方向更加坚定

常委会牢固树立“四个意识”、坚定“四个自信”、做到“两个维护”，不断提高政治站位，确保人大工作沿着正确的政治方向与时俱进、完善发展。

持续推动习近平新时代中国特色社会主义思想走深走心走实。坚持把学习贯彻习近平新时代中国特色社会主义思想作为首要政治任务，强化思想政治引领，通过党组中心组学习、常委会专题讲座、人大代表集中培训、召开交流研讨会等方式，系统学习习近平总书记关于坚持和完善人民代表大会制度的重要思想、对地方人大及其常委会工作重要指示精神以及对天津工作“三个着力”重要要求和一系列重要指示批示精神，实现学习全覆盖，努力用党的创新理论指导和统领人大各项工作，真正做到学思用贯通、知信行统一，确保理想信念更加坚定，党性观念更加强化，行动落实更加自觉。

迅速兴起学习宣传贯彻党的十九届五中全会精神的热潮。党的十九届五中全会是具有全局性、战略性、里程碑意义的重要会议，作出应对变局、开辟新局的顶层设计，对坚持和完善人民代表大会制度提出新要求。常委会深刻领会全会的重要意义和精神实质，按照市、区委要求，面向基层、面向群众宣讲全会精神 30 余场，受众 2000 余人次。把贯彻落实全会精神与服务保障我区“十四五”规划和

2035年远景目标纲要编制紧密结合，组织市、区人大代表深入我区各领域调查研究，邀请百余名代表召开座谈会，围绕区域规划、经济布局、基层治理、社会事业等方面对纲要进行广泛论证、集思广益，为完善我区发展规划和远景目标贡献力量。

扎实推进市区委人大工作会议精神落实。五年一次的市委和区委人大工作会议，对做好新时代地方人大工作作出全面部署，充分体现市、区委对人大工作的高度重视。常委会把学习贯彻市、区委人大工作会议精神作为重大政治任务，以学促干、学用结合，切实把理论和实际联系起来，把思想和工作贯通起来。对标会议要求，围绕会议文件需要承担的数十项工作，制定贯彻落实会议精神的实施意见，召开贯彻落实工作部署会，市、区委部署的各项任务得到有效推进。制定常委会联系指导基层人大组织贯彻落实会议精神的工作台账，班子成员牵头走访街道人大工委、人大代表和对口联系部门，推动会议精神向基层延伸落实。

二、坚持围绕中心服务大局，聚焦经济社会发展重点任务，推动区委部署要求落实更加坚决

常委会紧盯改革发展稳定的关键环节，积极履行人大职能，确保区委要求得到全面贯彻和有效执行。

抗击新冠肺炎疫情斗争展现人大担当。疫情发生后，区委坚持人民至上、生命至上，坚决果断采取措施，落实战时机制，迅速作出全面部署。常委会第一时间发出倡议书，动员全体代表和机关干部积极投身疫情防控斗争。机关干部全部下沉社区值守巡逻，积极服务保障企业复工复产，协调推动解决困难问题，听从指挥、服从安排，连续9个月放弃节假日坚守阵地，与基层干部、社区群众共同筑起抗击疫情的防线。广大代表在疫情面前彰显政治觉悟和政治担当，紧扣防控所急所需献爱心，参与社区值守、巡逻等2000余人次，围绕疫情防控积极建言200余条，累计捐款440万元，捐赠口罩2.90万个、消毒液1033吨、防护服1000套，为缓解疫情初期防疫物资紧张局面贡献力量。在疫情防控和复工复产中，人大代表企业卓朗科技荣获全国工商联授予的抗击新冠肺炎疫情先进民营企业称号，先后有13名市、区人大代表荣获市、区级荣誉称号，《天津日报》《天津人大》对于海斌、靳怀军、徐长青、时岩、符维萍等25名市、区人大代表的先进事迹，给予广泛宣传报道，充分展示“人大代表为人民”的良好形象。

保障落实生态立区、教育兴区、土地强区发展举措发挥人大作用。常委会注重引导代表统一思想、凝聚共识、积极参与，助推生态立区、教育兴区、土地强区发展举措的贯彻落实。在坚持生态立区方面，我们认真执行环境报告制度，强化环保责任落实，依法听取审议年度环境质量状况和环境保护目标完成情况报告，组织代表开展调查研究，监督推动城市精品公园建设、再生资源智能回收，为打造生态宜居的美丽红桥贡献力量。在坚持教育兴区方面，我们围绕打赢教育翻身仗的目标，专题听取区政府落实教育兴区发展举措的情况报告，连续两年审议我区提升教育教学质量情况专项报告。听取审议区政府落实《天津市学前教育条例》情况的汇报，结合“大力推动幼儿园建设”民心工程项目的实施，加大对落实常委会审议意见的跟踪检查力度，在促进补齐学前教育学位短板上发挥应有作用。我们主动加强与教育界代表的沟通联系，听取他们的真知灼见，跟踪服务部分代表总结推广应对新冠肺炎疫情以来开展在线教育的经验，涉及教育兴区的6件代表建议全部得到有效落实。在坚持土地强区方面，我们认真落实经营城市的理念，组织代表深入棚改地块调研土地整理状况，视察政府落实土地强区发展举措情况，就科学做好土地规划、整理出让、招商引资与有关部门保持经常性沟通，提出意见建议。注重发挥人大代表的资源和专业优势，广泛发动代表宣传红桥棚改成果和土地储备资源，努力为红桥发展做好宣传推介工作。

助力创文创卫创城体现人大作为。创文创卫创城是区委的重点工作，是改善红桥面貌、增进民生福祉的重要举措。常委会汇聚区人大代表、各执法部门力量，依法深入实施《天津市文明行为促进条例》执法检查，制定详细的工作方案，深入40余个点位连续开展8次集中视察和暗访活动，直奔现场查找问题，拍摄暗访纪录片，对照创建标准，首次

以主任会议形式单独开展专题询问，促进有关方面落实法定职责、切实加强管理，有效解决检查中发现的23个疑难问题。在各方面的共同努力下，全区讲文明、树新风的氛围日益浓厚，执法部门的思想认识明显提升、责任分工更加明确，为长期落实条例打下坚实基础。听取我区食品安全工作报告和我区教育系统创文创卫工作汇报，专题调研美丽社区和精品美丽社区创建情况。认真落实包保责任，专题部署人大代表助力创文创卫活动，依托街道人大工委，每周至少开展10场形式多样的人大代表访察服务活动，组织人大代表和机关干部进网格、访民情、送温暖、解难题，有效地维护社区环境和生活秩序，为全区"三创"工作取得成效做出积极贡献。

三、深刻把握人大监督的职能定位，有力推动依法行政公正司法，监督工作更具针对性实效性

常委会坚持人大监督的政治定位、法律定位，把监督"一府一委两院"工作同支持他们依法履职有机统一起来，切实做到真监督真支持。

主动服务红桥高质量发展。围绕落实京津冀协同发展战略，连续四年持续跟踪监督，精心组织专项视察，支持政府充分发挥红桥区域优势，广泛激活要素资源，推动重点领域实现更高水平的协同发展。依法听取审议国民经济和社会发展计划报告，就政府贯彻落实新发展理念，推进供给侧结构性改革，有效应对风险挑战等方面提出审议意见。高度重视法治化营商环境建设，听取审议区法院服务营商环境工作情况的报告，保障各项司法服务举措落实。听取审议我区光荣道科技园区建设情况的报告，调研民营企业发展情况，促进落实"一制三化"改革要求，提高办事效率，为企业发展创造良好条件。

努力促进财政和国有资产管理规范高效运行。依法对财政预算开展全口径审查和全过程监督，重点围绕财政资金使用绩效和政策实施效果加大监督力度。听取审议预算、决算、审计等5个专项报告，跟踪监督审计查处问题落实整改，推动政府依法理财。健全区属国有资产报告和监督公开机制，听取审议区属国有资产管理情况专项报告和综合报告，提出加强管理制度建设、完善市场化经营机制等审议意见，推动国有资产的规范运行。

着力强化社会事业监督。跟踪监督养老事业发展，听取审议我区养老体系建设情况的报告，围绕养老机构、老年日间照料中心、老人家食堂等项目建设情况开展专项调研，就应对人口老龄化，有效满足多样化养老服务需求等提出审议意见。结合民心工程项目的监督，对基层体育公共服务设施建设、早期教育中心运营情况、困难群体帮扶等开展视察调研；结合代表建议的督办，围绕大运河文化遗产传承保护、提升中医药服务能力、推进基层卫生信息化、药品保障供应等开展视察检查，助推增进民生福祉。

全力助推法治红桥建设。听取审议区政府贯彻实施"七五"普法规划情况的报告，要求进一步拓宽普法覆盖面，加强基层普法宣传，加快法治政府建设。常委会积极参与普法工作，组织代表定期督查、开展调研评估，保障"七五"普法规划的圆满完成。依法加强对扫黑除恶专项斗争工作的监督，开展集中视察、座谈，与公检法部门负责人共同分析形势任务，推动专项斗争深入开展。听取审议区检察院检察工作信息化建设情况的报告，围绕强化检务公开、推进现代科技与检察工作融合、构建智慧检务工作机制等提出要求。组织代表对我区规范性文件备案审查、区法院涉诉信访办理情况进行视察调研。制定《区人大常委会机关信访工作流程》，推进人大机关信访规范化，全年受理群众来信来访109件次，引导信访人理性表达诉求，助推案结事了。

四、全面贯彻新时代人大代表工作新要求，支持保障代表依法履职，代表主体作用得到更好发挥

常委会始终坚持尊重代表、依靠代表，着力提升服务水平，支持和保障代表依法履职、为民履职。

代表培训效果更加突出。充分发挥红桥人大讲堂的阵地优势，举办党的十九届五中全会精神、市区委人大工作会议精神等宣讲会，邀请区长向全体代表通报区情区政。组织常委会会前学法，针对审议议题，进行《天津市学前教育条例》《中华人民共和国老年人权益保障法》专题讲座。深入学习宣传民法典，举办"民法典与国家治理现代化"专场报

告会,组织代表扎实开展"民法典·基层普法"大宣讲活动,有力地促进民法典贯彻实施。依托专委会和街道人大工委培训代表近1000人次,进一步开阔视野,提升代表依法履职能力。

代表活动阵地作用进一步增强。巩固提升代表之家、代表联络站规范化标准化建设成果,以清单形式明确工作任务,在拆迁地块、高等院校、大型商厦等社区以外场所设立代表联络站,"家站"建设的覆盖范围进一步拓展。持续在发挥"家站"阵地作用上下功夫,推动市、区人大代表统筹编组进家入站,定期接待选民、听取民意,加强与人民群众的联系,配套完善一系列活动机制,全年开展各项活动200余次,接待、联系选民1600余人次,搜集反映意见建议200余条,协调有关部门解决社区道路维修、供水改造、文化休闲场所提升等40余件群众身边事,实现代表密切联系群众、主动服务群众常态化。

闭会期间代表活动更加丰富。人大代表全面参与常委会、专委会、街道人大工委工作,积极参加社会监督、专题询问、立法调研、工作评议、政策宣讲、征求意见等活动100余次,有效地把握全局、参与监督、发挥职能作用。代表们积极参与消费扶贫、教育扶贫和对口帮扶,捐赠扶贫款43.50万元,魏所库代表荣获"天津市扶贫协作和支援合作工作先进个人"称号。依法补选10名区人大代表。建立统一规范的代表履职记录制度,65名代表向选区述职、向群众汇报,促进代表认真履职尽责,接受人民监督。

建议办理和督办质量有效提升。认真落实内容高质量、办理高质量要求,听取审议建议办理和督办情况报告,会同区政府召开多轮办理协调会、推动会和开展现场视察,促进有关单位提高按时办结率和优质办成率。坚持办理"三公开"机制,对涉及部门多、办理难度大的12件重点建议由主任会议成员领衔督办,加强沟通协调,强化跟踪问效。由区内承办的87件代表建议已全部办复完毕,其中水木天成中心园提升改造、新春花苑和七O七社区易积水点位改造、加强社区环境整治等一批群众关注的重点建议,在区政府及相关部门的积极努力下,已经得到圆满解决。

市人大代表履职服务更加务实。认真组织区选市人大代表参加全国人大举办的履职培训班,参加7期"做好新时代人大工作"专题研讨班和交流研讨会。组织市人大代表深入参与"联系+主题"活动,集中进基层、访民情、听民意,提交、督办涉及红桥的意见建议20余件,积极参加会前视察活动,切身感受我区"十三五"发展成就,主动在我区建言"十四五"等5场座谈会上提出意见建议,努力为红桥高质量发展献计出力。

民心工程人大代表票决制继续深化。实施民心工程人大代表票决制两年来,初步探索形成较为完善的工作机制,实现汇聚民意、激发民力、服务民生的良好效果。常委会坚持以人民为中心的发展思想,通过人大代表票决,把红桥群众关心热盼的项目以法定形式纳入民心工程,有效发挥监督职能,成立专项监督小组,开展全覆盖、全过程监督。区政府及各承办部门高度重视,主动作为,抓紧抓实。为了克服疫情影响,常委会与区政府及各承办部门全面联动,人大代表广泛参与,协作配合推进项目有序有力实施,通过各方面共同努力,2020年民心工程得以圆满落实。

五、切实健全完善人大工作机制,注重提高履职能力,常委会自身建设更加坚强有力

常委会认真贯彻落实"两个机关"建设要求,注重完善工作制度,创新工作机制,提升履职能力和服务水平,不断为人大工作注入新的活力。

切实加强党的建设。把党的政治建设摆在首位,层层压实全面从严治党主体责任,推动全面从严治党向纵深发展。严格落实重大事项请示报告制度,全年9次向区委汇报专项工作,对区委工作部署和要求始终做到迅速行动、迅速落实。全面规范党内政治生活,认真执行民主集中制,议事规则和决策程序更加健全。注重强化警示教育,持续净化政治生态,以反面典型为警为鉴开展通报、研讨,进一步严明政治纪律和政治规矩。

持续改进工作作风。巩固深化"不忘初心、牢记使命"主题教育成果,自觉在深入学习贯彻习近平新时代中国特色社会主义思想上作表率,在始终

同以习近平同志为核心的党中央保持高度一致上作表率，在坚决贯彻落实党中央各项决策部署和市、区委工作要求上作表率。坚持深入基层、深入实际、深入一线，联系走访人民群众和驻区单位、企业，了解民情、反映民意，加强和改进调查研究，形成42篇有深度、有价值的调研成果。强化对机关干部的教育管理，严格落实中央八项规定及其实施细则精神，深入开展形式主义官僚主义暨不作为不担当问题专项治理，努力打造讲担当、勤作为、善落实的干部队伍。

扎实推进街道人大工作。按照市人大常委会《关于进一步加强和改进我市人大街道工委工作的意见(试行)》要求，结合红桥实际，制定并实施《红桥区人大常委会街道工作委员会工作清单》，汇总5大类、23项量化指标，推动人大工作在基层的延伸落实，街道人大工作更加扎实、服务代表更加具体。主任会议成员积极联系包保街道，定期深入各工委，听取意见建议，加强工作指导，协调解决困难和问题，支持保障其依法有效履职。

在总结成绩的同时，我们也应该看到，人大工作与经济社会高质量发展要求和人民群众对美好生活新期待相比，还存在一些不足和问题，特别是学习贯彻习近平总书记关于坚持和完善人民代表大会制度的重要思想还不够全面系统，围绕中心服务大局还不够深入；监督工作创新突破力度不足，监督方式运用不充分，“法治钢印”作用还有待加强；代表工作机制还不够健全，服务代表履职、推动代表联系群众等方面存在不平衡现象。我们要高度重视这些问题，虚心听取代表和各方面的意见建议，采取有力措施，切实加以改进。

2021年的工作思路和主要任务

2021年是中国共产党成立100周年，是实施“十四五”规划开局之年，也是红桥区推进高质量发展十分重要的一年。区人大常委会要在区委的坚强领导下，坚持以习近平新时代中国特色社会主义思想为指导，全面贯彻党的十九大和十九届二中、三中、四中、五中全会精神，增强“四个意识”、坚定“四个自信”、做到“两个维护”，坚持党的领导、人民当家做主、依法治国有机统一，按照市委和区委人大工作会议要求，紧紧围绕区委工作部署和改革发展稳定大局，依法行使宪法法律赋予的各项职权，为打造绿色城区、建设美丽红桥做出新贡献。

一、牢牢把握强化理论武装根本任务，见行见效新思想新阶段新要求

常委会要深刻认识人大政治机关属性，把加强思想理论武装这一根本性任务摆在更加突出的位置，深入学习贯彻习近平新时代中国特色社会主义思想，特别是全面贯彻落实习近平法治思想、习近平关于坚持和完善人民代表大会制度的重要思想和对地方人大及其常委会工作作出的重要指示精神，进一步增强“四个意识”，坚定“四个自信”，做到“两个维护”，旗帜鲜明讲政治讲党性，确保人大工作沿着正确方向发展。要不断提高政治站位，严格执行重大问题、重要事项请示报告制度。要推动人大各层面深入贯彻落实市委和区委人大工作会议精神，充分认识新时代人民代表大会制度的政治定位、鲜明特色和重点任务，进一步强化做好地方人大工作的责任担当，确保市、区委对人大工作的新部署、新要求落到实处。

二、牢牢把握服从服务工作大局，聚智聚力助推红桥高质量发展

常委会要全面贯彻落实党的十九届五中全会精神，充分认识人民代表大会制度在推进国民经济和社会发展中的性质、地位和作用，坚定制度自信，突出特点优势，服务红桥经济社会发展，更好发挥根本政治制度的功效。要深入贯彻落实习近平总书记对天津工作“三个着力”重要要求和一系列重要指示批示精神，深刻理解和把握推动高质量发展这个主题，坚定发展信心，保持战略定力，坚定不移贯彻新发展理念。要坚持围绕中心、服务大局，把支持保障我区“十四五”规划高标准起步实施作为新一年工作的重中之重，紧扣区委的总体思路和“十四五”规划具体任务，紧紧围绕生态立区、教育兴区、土地强区发展举措，找准履职的切入点和落脚点，有效发挥人大职能优势，统筹安排人大监督、决定、任免、代表等各项工作和重要活动，以最坚决的态度、最有力的担当、最积极的行动，促进创新发

展、民生改善、依法行政、公正司法,保障我区“十四五”规划开好局、起好步。

三、牢牢把握真监督真支持工作定位,重质重效开展监督工作

常委会要围绕中心、贴近民生、突出实效,进一步落实对“一府一委两院”的监督制度,坚持监督与支持并重,把落实生态立区、教育兴区、土地强区发展举措作为监督重点,通过依法行使监督权,达到支持保障的目的。着眼推动红桥绿色高质量发展,重点在落实京津冀协同发展战略、培育发展新动能、生态环境建设、国有资产和预算绩效管理、安全生产整治等方面开展有效监督。着眼改善民生、推动社会事业发展,加大对基础教育设施布局专项规划落实、创文创卫创城成果巩固、应对突发公共卫生事件能力建设、公共文化服务体系建设、养老和就业服务保障等监督力度。着眼推进法律实施和法治建设,强化“八五”普法规划制定、创新基层社会治理、深化司法公开、检察服务平台建设等监督工作,拓展法官、检察官履职监督形式。

要实施正确监督、有效监督,进一步增强“法治钢印”作用,贯彻落实《天津市人大常委会和区人大常委会规范性文件备案审查办法》,有序推进规范性文件备案审查工作。要紧盯突出问题,持续开展《天津市文明行为促进条例》执法检查,落实常态化、长效化措施。要强化跟踪问效,完善整改反馈机制,探索实行区人大常委会审议意见研究处理、执法检查发现问题整改、审计查出问题整改情况等清单式报告,更好回应社会关切。

四、牢牢把握人大代表主体地位,尽心尽力服务代表依法履职

常委会要切实尊重代表主体地位,增强服务代表意识,加强对习近平新时代中国特色社会主义思想等党的创新理论、法律法规和市、区“十四五”规划等重点工作的学习培训,不断提高代表的政治素质和履职能力。要强化“双联系”机制,推动代表之家和代表社区联络站更好发挥平台阵地作用,密切常委会同代表、代表同人民群众的联系。要持续拓展代表参与常委会、专委会工作渠道,更好发挥代表在贯彻党的十九届五中全会精神、宣传贯彻民法典、落实我区“十四五”规划等方面的专业优势,紧紧依靠代表做好人大工作。要健全代表建议全过程管理制度,确保建议提出、办理、答复、通报和评价各环节过程清晰、效果显著。要持续深化民心工程人大代表票决制,组织更多代表参与项目征集、监督评议等各环节工作,推动监督工作科学化、常态化,让民心工程落实体现出“向群众汇报”的新内涵。要坚持在区委领导下,充分发扬民主,严格依法办事,全力搞好区人大代表换届选举工作。

五、牢牢把握践行“三个表率”重要要求,从严从实加强自身建设

常委会要认真贯彻习近平总书记关于加强人大“两个机关”建设的重要要求,做好“三个表率”,强化党的政治建设,切实履行全面从严治党主体责任,严格落实中央“八项规定”及其实施细则精神,扎实开展“四史”学习教育,进一步营造风清气正的良好政治生态。要以贯彻落实市、区委“讲担当、促作为、抓落实”动员会暨警示教育大会精神为契机,扎实开展形式主义官僚主义暨不作为不担当问题专项治理,激发干部担当作为的积极性、主动性。要健全各项制度,完善议事规则,推进机关规范化建设,提高工作质量和运转效率。要改进工作作风,自觉主动地向代表和群众汇报,加强调查研究,推动更多成果转化。要加强干部队伍建设,强化日常教育管理,提升服务保障能力。要以落实落细《红桥区人大常委会街道工作委员会工作清单》为抓手,全面规范街道人大工作程序,主动研究、积极推动基层人大工作有效开展。

高举习近平新时代中国特色社会主义思想伟大旗帜 奋力书写红桥区人民政协工作新篇章(节选)

——2021年1月6日在政协天津市红桥区第十四届委员会第五次会议上

区政协主席 杨 焕

2020年工作回顾

2020年是全面建成小康社会决胜之年、实施“十三五”规划收官之年、脱贫攻坚决战之年,也是全国上下万众一心、集中力量应对突如其来新冠肺炎疫情的应考之年。一年来,在区委的坚强领导下,在区人大、区政府和社会各界的支持下,区十四届政协及其常委会以习近平新时代中国特色社会主义思想为指导,全面贯彻中共十九大和十九届二中、三中、四中、五中全会精神,深入贯彻落实中央和市委、区委政协工作会议精神,增强“四个意识”、坚定“四个自信”、做到“两个维护”,政协党建工作的质量不断提高,围绕区委中心工作、服务全区发展大局的意识不断增强,建言资政和凝聚共识双向发力、发挥专门协商机构作用的成效不断凸显,聚焦统筹推进常态化疫情防控和经济社会发展、以人民为中心的发展理念不断树牢,完善政协“两支队伍”管理、政协委员风采不断展现,为打造绿色城区、建设美丽红桥,全面建成高质量小康社会作出积极贡献。

一、全面加强党的领导,在思想引领中彰显“政协责任”

落实党对政协工作全面领导。旗帜鲜明讲政治,制定出台《中共政协红桥区委员会党组关于进一步加强向中共红桥区委请示报告工作的实施意见》,细化向区委请示、报告和报备的三大类28项具体内容,保证区委的集中统一领导落实到政协履职工作全过程。年初紧扣区委中心任务和新冠肺炎疫情防控工作,对政协全年工作进行再谋划、再部署,年度工作要点和协商计划因时应势、及时调整,报区委常委会批准后实施,做到区委有号召、政协有行动,区委有部署、政协有落实。坚决落实区委书记就区政协工作作出的5次讲话要求,组织全员认真学习、传达贯彻,不折不扣坚决推动中央决策部署和市、区委工作要求在区政协落地落实。

充分发挥政协党组领导作用。认真贯彻落实《中共中央关于新时代加强和改进人民政协工作的意见》,充分发挥党组把方向、管大局、保落实的重要作用,以区委任命统战部部长兼任政协党组副书记为有利契机,加强党组自身建设,切实担负起实现党对人民政协领导的政治责任。认真履行全面从严治党主体责任,年初及时制定区处两级党组班子和党组成员全面从严治党“两个清单”,健全一级抓一级、层层抓落实的党建工作格局。发挥党组理论学习中心组示范引领作用,围绕贯彻中共十九届四中、五中全会精神,举办2期读书班,撰写交流心得体会,切实做到先学一步、学深一层。深入贯彻落实中央、市委政协工作会议精神,配合区委召开好政协工作会议,第一时间组织传达学习并制定印发《红桥区政协贯彻落实中共红桥区委政协工作会议精神的任务分工》,确保新时代区政协工作牢牢锚定圆心。认真开好政协区处两级党组会议,就巩固深化“不忘初心、牢记使命”主题教育成果、贯彻落实全国“两会”精神等,研究部署具体举措,狠抓工作落实;围绕意识形态工作、机关政治生态建设等进行专题分析研判,进一步增强党的政治领导力。坚持民主集中制,落实“三会一课”、“三重一大”制度,带头推动党内政治生活严起来、实起来。严格按照党章和《中国共产党党组工作条例》有关规定,加强对机关党组的领导,定期听取机关党组和专门委员会全面工作汇报。

全面加强政协党的建设。牢记人民政协是政治组织,深入贯彻中共中央《关于加强新时代人民政协党的建设工作的若干意见》和市委实施意见,认真落实区委《红桥区落实中央和市委政协工作会议主要任务的分工方案》要求,坚持以党的政治建设为统领推进政协党的各项建设,努力使人民政协成为坚持和加强党对各项工作领导的重要阵地。抓实组织建设,健全政协党组、机关党组和专委会党组织工作机制,加强机关党的基层组织建设,圆满完成机关党支部换届选举,选优配强支部班子,不断提升标准化规范化建设水平。抓实思想建设,开展丰富多彩主题党日活动,组织参观天津市抗击新冠肺炎疫情纪实展、中国女排精神展、杨连弟烈士纪念馆、三条石历史博物馆和区档案馆,进一步增强党组织凝聚力战斗力。抓实廉政建设,开展新任委员培训和廉洁履职教育,教育引导委员深刻认识政治身份、珍惜政治荣誉,从思想上政治上扣好履职的第一粒扣子。抓实制度建设,发挥党员委员先锋模范作用,建立党员常委履职报告制度,完善政协全体会议和外出学习调研期间成立临时党组织、党组成员联系界别委员、党员委员联系党外委员工作机制,实现党的组织对党员委员、党的工作对政协委员"两个全覆盖"。

持续强化思想政治引领。把坚持和发展中国特色社会主义作为巩固共同思想政治基础的主轴,建立习近平新时代中国特色社会主义思想学习座谈会制度,成立由政协党组成员牵头、主席会议成员参加的8个专委会学习小组,按计划、分专题开展学习研讨24次,用党的创新理论团结教育引导各族各界代表人士,坚定凝聚共识的政治方向。完善以党组理论学习中心组学习为引领,主席会议集体学习、常委会学习讲座、委员培训学习、机关集中学习相结合为重点的学习制度体系,实现政协系统学习全覆盖。全年围绕学习贯彻中共十九届四中、五中全会精神,全国"两会"精神和区委政协工作会议精神等,组织"线上+线下"专题研讨交流,举办专题辅导讲座4场,参加市政协远程春秋讲堂4期,委员参与累计达到800余人次,切实把学习成果转化为高质量履职的自觉行动。坚持把加强思想政治引领贯穿各项履职实践,深入开展"四史"主题阅读活动,推动政协委员和机关党员干部知史爱党、知史爱国,筑牢信仰之基、把稳思想之舵。"七一"前夕举办庆祝中国共产党成立99周年"奋进新时代 奋进新征程 凝聚共识 与党同心"座谈会,引导激励各民主党派、工商联和无党派人士不忘合作初心、继续携手前进,为进一步实现新时代党的历史使命凝心聚力。

二、紧扣区委中心工作,在服务大局中贡献"政协力量"

积极投身抗击新冠肺炎疫情斗争。抗击新冠肺炎疫情是对国家治理体系和治理能力的一次大考。区政协闻令而动、勇于担当,大年初三凌晨紧急协调采购100吨消毒液,为全区疫情防控准备医疗物资;在全面打响疫情防控阻击战的应急阶段,发出《致红桥区政协委员的倡议书》,广泛凝聚同心抗疫的各界力量。区政协各位主席带头深入包保邵公庄街道,与13个社区、117名网格员点对点视频调度,指导督促疫情防控工作措施落实,及时协调解决发现问题。机关党员干部克服困难全部下沉到社区做好外地返津人员排查登记、出入居民测量体温、查看健康码等工作,战严寒、顶风雪、冒酷暑,坚守防控一线240余天,用实际行动为党旗增辉添彩。在疫情防控最吃劲的时刻,医药卫生界委员冲锋在前、无私奉献。文化界委员发挥自身专长,通过创作歌曲和书画作品,向战斗在抗击疫情一线的医务工作者和社会各界人士致敬。经济科技界委员带头复工复产,不裁员不减薪。教育界委员为停课不停学、有序复学复课献计出力。民族宗教界委员落实"两个暂停"要求,严格宗教领域疫情防控工作。全区广大政协委员主动参与社区值守、保障供应等工作,就疫情防控、企业复工复产等积极建言,捐助和筹措各类善款物资60余万元。特别是区政协离退休干部谢喜贵、周陈熊、王环等人,心系疫情,委托家人主动捐款4万元,生动践行政协组织的责任担当。

全力助推经济社会发展。进一步深化委员"四个一"活动,用扎实举措为红桥经济社会平稳发展保驾护航。按照区委要求,积极推进复工复产,深入走访天津津酒集团有限公司、耳朵眼餐饮集团有限公司、正融科技大厦等区重点企业和委员企业,宣讲政策、了解情况、纾难解困,帮助企业增强信心、渡过难关。组织委员、邀请异地商会负责人到天津滨水饭店走访调研,就盘活闲置楼宇、推动楼宇经济发展建言献策。发挥桥梁纽带作用,邀请市政协经济委到我区调研座谈,考察招商项目,助力红桥高质量发展。发挥委员联系广泛优势,开展招商对接,引进工银安盛人寿保险有限公司天津分公司、天津锐网数据科技有限公司、深圳市万通顺达科技股份有限公司天津分公司等企业落地红桥。落实东西部协作和对口支援等机制,动员组织委员及机关党员干部认购甘肃省合水县优质高原红富士苹果2500余箱,其中区政协常委朱宝钧出资20万元、认购2000箱苹果并全部捐赠给红桥区困难群众,为打赢脱贫攻坚战、决胜全面建成小康社会贡献力量。

助力创文创卫攻坚战。严格落实包保责任制,强化协作意识,举政协之力加大帮扶力度,持续巩固创文创卫成果。区政协各位主席带队深入区市场监管局和包保街道社区调研督导,协调解决创建工作中遇到的实际困难。机关党员干部进网格、访民情,开展义务清整劳动,广泛宣讲创文创卫工作要求,引导居民主动融入社区建设,共同维护来之不易的创建成果。政协委员围绕巩固创文创卫成果、加强食品安全和创城工作、严格牛羊肉屠宰管理等方面开展调研,提出有针对性的意见建议26条,为提高人民群众获得感、幸福感献计出力。创新活动载体,面向全区20所小学开展环保征文活动,与天津市政协文化文史委、天津音乐学院、中共红桥区委宣传部联合举办第49届“6·5世界环境日”“童声嘹亮”美丽中国 我是行动者 红桥区少年儿童环保教育唱响及征文颁奖活动,活动视频在中央和市、区级13家媒体同步线上“云展示”,浏览量突破3万人次,广泛宣传“绿水青山就是是金山银山”的环保理念,为助力我区创文创卫工作营造浓厚氛围。

三、发挥专门协商机构作用,在勤勉尽责中凝聚“政协智慧”

协商格局更加完善。持续推动建言资政和凝聚共识双向发力,精心组织协商议政活动,着眼于做好“六稳”工作、落实“六保”任务等重点目标,积极开展多种形式的专题协商、对口协商、提案办理协商、界别协商,发挥社情民意信息“直通车”作用,15条建议被区政府有关部门吸收采纳。7月份,各位副主席分别围绕“将历史文化遗存融入城市建设”“高水平创建具有红桥特色园林城市绿化景观”“加强红桥中医医院软硬件建设”“开展中小学法治教育”等议题召开8场对口协商会,邀请区政府副区长、相关部门负责人共商解决问题的办法,有力推动相关领域工作。健全民主党派和工商联参加政协协商机制,在区政协十四届四次会议上,各民主党派、工商联围绕红桥产业发展、环境保护、民计民生和政商关系等方面作大会发言,为他们参政议政提供广阔舞台。组织工会界别委员深入区总工会就工会救助、职工工资等内容开展调研,讨论建立长效机制,推动涉及职工权益的问题得到进一步落实。

民主监督更加有效。认真贯彻落实中共中央《关于加强和改进人民政协民主监督工作的意见》,聚焦全区重点工作,开展监督性履职活动,实实在在推动任务落地、问题解决。积极探索民主监督精准化,组织15名委员参加区级领导班子、领导干部年度考核民主测评和区纪委十一届九次全会述责述廉现场评议;组织5名委员参与我区教育发展督导评估;选派17名委员担任民主监督员,对我区“小升初”随机派位、食品安全示范城区创建、“飞地”治理等进行现场监督。进一步提高提案办理质量,全年共提出提案148件,经审查立案125件,经过各承办单位和部门的共同努力,在规定期限内全部办复完毕。主席会议成员牵头督办西沽公园周边环境治理、开展中小学心理健康教育、强化土地强区若干措施、加强基层医疗服务能力建设等8件重点提案,助推意见建议落实。

参政议政更加精准。紧扣生态立区、教育兴区、土地强区,聚焦改进常态化疫情防控、“十四五”规划编制等重点工作,不断提升参政议政水平。各位副主席于10月至11月带队,围绕加强运河文化工作、加快红桥城市更新、建立民族团结进步教育基地等课题,赴先进地区和相关部门进行学访调研,切实增强建言资政实效。树立“一盘棋”思想,组织委员广泛参与、主动融入区“十四五”规划编制工作,共谋“十四五”发展蓝图。主办部分政协委员企业、企联会会员企业座谈会,组织区相关部门介绍红桥经济发展情况、解读相关政策,通过提案、调研、专题协商等多种形式,积极帮助解决疫情影响下企业实际困难,为区委科学决策提供更多参考。高质量召开第二十五次常委会第四次专题议政会议,7篇调研成果得到区委、区政府主要领导的充分肯定,政府有关部门积极采纳、主动落实,有力推动协商成果转化。

四、坚持人民政协为人民,在团结民主中体现“政协温度”

增进群众福祉。深入贯彻以人民为中心的发展思想,发挥委员人才资源优势,促进民生改善和社会和谐稳定。按照区委统一安排,区政协各位主席深入麦德龙、华润超市、欧亚达商业广场实地察看疫情防控情况,调研推动商家落实落细各项防控措施,确保人民群众“菜篮子”安全。深入天津市民族中学、河北工业大学附属红桥中学,督查指导学生复课开学工作,指导学校在常态化疫情防控中有序搞好学校复学,切实保障好广大师生生命安全和身体健康。推动政协协商向基层延伸,修订完善街道委员联络中心工作制度,将227名委员重新整合划分到各街道,开展20余次“委员进社区”活动,倾听民声、汇集民意。针对群众需求,积极协调区卫健委为各街道委员联络中心免费配备血压计和血糖仪,并组织委员深入社区开展音乐讲座、法律咨询、健康知识普及等,充分展现政协委员情系群众、心系民生的责任担当。

加强团结联谊。充分发挥人民政协作为统一战线组织的重要作用,协助党和政府认真做好协调关系、理顺情绪、化解矛盾、增进团结的工作。组织少数民族界别委员到市民族文化宫开展走访调研,就探索资源共享、丰富少数民族文化生活进行互动交流、提出意见建议。在第27届民族团结月期间,区政协各位主席深入佳园里清真寺实地了解斋月期间疫情防控工作落实和教务安排等方面情况,看望慰问寺管会成员和场所教职人员,向他们致以斋月的良好祝愿,进一步巩固发展民族团结、宗教和顺、社会稳定的良好局面。积极开展与党外代表人士联谊交友活动,加强与各民主党派、工商联、人民团体及各族各界人士的合作共事,探索共同开展工作的新途径新方式,创新联合调研考察、座谈研讨等活动的组织方式,形成强大合力。

五、强化履职能力建设,在固本强基中展现“政协形象”

坚持守正创新。立足新定位新使命,以改革创新精神做好经常性工作。强化专委会基础性作用,组织学习党的组织制度,定期听取并点评各专委会工作,确保专委会工作有重心、有活动、有联系、有成果,专委会组织功能发挥取得明显成效。围绕“加强和改进新时代政协工作”主题,各位主席牵头召开9场征求意见座谈会,与政协委员和社会各界人士互动交流、深入探讨,形成一批有价值的调研成果,将人民政协理论研究进一步引向深入。做好文史资料征集,建成政协文史展室。深化互动交流,区政协主要领导带队赴甘肃省合水县就对口帮扶项目进行调研并接待合水县政协一行到区调研;接待福建省南平市政协学访,介绍工作做法,相互借鉴经验。

强化委员责任担当。着眼新时代新任务,注重强化对委员的教育、服务、管理和引导。坚持主席联系委员制度,走访委员及委员所在单位,参加专委会和界别小组开展的各项活动。强化履职服务保障,注重搭建平台,组织委员到水木天成社区公园、工商银行远程银行中心(天津)等参观调研,通报有关工作情况,为委员履职提供便利、创造条件。组织开展庆祝中国共产党99周年华诞书画家委员作品云展示,展现委员爱党爱国热情,激发委员投身新发展、建功新时代的主动性和积极性。举办庆祝中华人民共和国成立71周年暨“奋进新时代 奋进新征程 政协委员展风采——为有书香扑面来”主题读书演讲会,分享读书体会,掀起读书热潮,努力打造“书香政协”。严格执行委员履职管理办法,实行委员履职“积分制”,激励委员强化责任担当、交好“委员作业”。对受到违纪违法处理的2名委员,依章程撤销委员资格,着力打造一支忠诚、干净、担当的委员队伍。

打造政治过硬的政协机关。把握新形势新要求,坚持把政治机关作为政协机关的第一属性。坚持用制度抓班子带队伍,以“组织制度学习月”和“基层监督月”活动为契机,抓好制度学习,严格落实干部谈心谈话、个人重大事项报告等制度,开展外出不报告、落实“三重一大”制度、“语言贿赂”、“小金库”等专项治理,查找薄弱环节,坚决堵塞漏洞。巩固拓展“不忘初心、牢记使命”主题教育成果,开展党章专题学习,组织观看纪念中国人民志愿军抗美援朝出国作战70周年大会，推动党员干部始终坚守初心、践行使命。深化不作为不担当问题专项治理，有效发挥执纪监督“四种形态”，特别是“第一种形态”作用，修订完善机关考勤制度，推动机关工作规范有序、提质增效。组织学习市、区委反面典型案例通报并开展反思交流，建立机关廉政阵地，培育正气充盈的党内政治文化，持续肃清黄兴国、赵建国、张泉芬、李可、杨茂顺恶劣影响，维护政治生态的海晏河清。加强内外宣传工作，制作委员风采宣传片，更新机关宣传栏和学习园地8期，出刊《红桥政协信息》84期，发布政协微信公众号动态97条，在《人民政协报》和《天津政协》《今晚报》《天津日报》等市级媒体刊物发稿15篇，在“美丽红桥”“家在红桥”等区级主流媒体刊发稿件69篇，进一步扩大政协工作影响力。坚持正确用人导向，7名同志得到提拔和进一步重用，激励干部担当作为，锻造过硬干部队伍，提高机关服务水平，为政协工作提供有力保障。各位委员、各位同志，过去一年政协工作取得的成绩，得益于中共红桥区委的坚强领导和高度重视，同时也得益于区人大、区政府的大力支持和社会各界的热情帮助，得益于区政协各参加单位和全体政协委员的共同努力、团结合作。在此，我代表区十四届政协常委会表示衷心的感谢！

我们也清醒看到，与新时代新使命新要求相比，政协工作中还存在着差距和不足，主要是：政协党的建设在体现政协工作特点，充分发挥党员委员作用方面有待进一步提升；建言资政和凝聚共识双向发力的质量还需要进一步提高；立足“十四五”开好局、起好步，调查研究的前瞻性还需要进一步增强；街道委员联络中心工作还需要进一步深化；委员队伍和机关干部队伍能力建设还需要进一步加强。对这些问题，我们将高度重视，切实加以改进。

2021年主要任务

2021年是中国共产党成立100周年，是“十四五”规划的开局之年，我们将在全面建成小康社会、实现第一个百年奋斗目标之后，乘势而上开启全面建设社会主义现代化国家新征程、向第二个百年奋斗目标进军。今年区政协工作的总体要求是：坚持以习近平新时代中国特色社会主义思想为指导，全面贯彻中共十九大和十九届二中、三中、四中、五中全会精神，深入贯彻落实中央和市委、区委政协工作会议精神，进一步增强“四个意识”、坚定“四个自信”、做到“两个维护”，把思想和行动统一到中央决策部署和市、区委工作要求上来，坚持以人民为中心的发展思想，统筹推进常态化疫情防控和经济社会发展工作，组织动员参加人民政协的各党派团体和各族各界人士，深刻认识和科学把握新发展阶段，深入贯彻新发展理念，促进构建新发展格局，推进建言资政和凝聚共识双向发力，发挥专门协商机构作用，不断提升工作制度化、规范化水平，建设新时代高素质委员队伍，进一步开创政协工作新局面，为助力我区全面建设社会主义现代化大都市中心城区作出新的贡献。

一、毫不动摇坚持中国共产党对政协工作的全面领导

旗帜鲜明讲政治，把坚持党的领导落实到强化理论武装、开展履职活动、推动团结合作、健全制度机制、加强队伍建设等各个方面，严格执行请示报告制度，始终在区委领导下履职尽责，确保正确政治方向。把学习贯彻习近平新时代中国特色社会主义思想作为思想政治建设的根本任务，完善习近平新时代中国特色社会主义思想学习座谈会制度，通过举办专题研讨、走基层宣讲等形式，深入学习贯彻中共十九届五中全会和区委政协工作会议精神，在学懂弄通做实上下功夫、见成效，进一步在事关道路、制度、旗帜、方向等根本问题上统一思想和步调。发挥区政协党组在政协工作中的领导作用，认真贯彻中共中央《关于加强新时代人民政协党的建设工作的若干意见》和市委实施意见，贯彻落实中共红桥区委政协工作会议精神，坚持以党的政治建设为统领，推进政协党的各项建设，全面强化政协党组织在政协工作中的政治领导力、思想引领力、群众组织力、社会号召力，不折不扣把中央决策部署和市、区委工作要求落实到政协全部工作中。协助区委做好换届前准备工作，严肃换届纪律，确保换届风清气正、严密有序。

二、把加强思想政治引领、广泛凝聚共识作为中心环节

坚持发扬民主和增进团结相互贯通、建言资政

和凝聚共识双向发力，把凝聚共识融入视察考察、调查研究、协商议政等各项活动中。进一步深化“红桥政协大讲堂”品牌创建，邀请更高层次的党政领导和专家学者，围绕党的建设、“四史”教育以及环保、教育、规划等方面进行专题辅导，切实提高委员政治能力和建言资政水平，更好把党的主张转化为社会各界共识。健全走访看望委员制度和谈心谈话制度，重视委员反映的社情民意信息和来信来访，广泛听取意见建议。建立委员讲堂，利用委员自身影响力主动发声，宣讲党和国家重大决策部署，团结界别群众热爱党、心向党、跟党走。举办第四届“庆祝中国共产党百年华诞——奋进新时代 奋进新征程 政协委员心向党”主题演讲，展现政协委员一心一意跟党走、立足岗位建新功的坚定决心。发挥统一战线组织功能，坚持大团结大联合，加强同民主党派成员、党外知识分子、非公有制经济人士、新的社会阶层人士的交流沟通；推动各民族交往交流交融，引导宗教和社会主义社会相适应；加强同港澳台同胞、海外侨胞的交往交流，正确处理好一致性和多样性的关系，努力推动形成最大向心力、画出最大同心圆，为美丽红桥建设凝聚众志成城的强大正能量。

三、充分发挥人民政协专门协商机构作用

深入贯彻中央政协工作会议精神和市委、区委政协工作会议部署，不断探索政协专门协商机构建设的新机制，健全会议组织、履职活动等经常性工作在内的规则规范，形成一整套权责清晰、程序规范、关系顺畅、运行有效的制度体系。胸怀“两个大局”，紧紧围绕我区“十四五”时期经济社会发展主要目标，认真制定并执行落实年度协商计划，不断提高协商议政精准性和实效性。创新协商机制，构建多层次、全方位协商格局，坚持“大问题、小切口”，围绕促进文化产业发展、优化营商环境、提升物业现代化管理水平、深化民族团结进步创建、加大台资招商引资力度、提升中小学教学质量、加强政务诚信体系建设、提高公共卫生事件应急处理实战能力等重点工作汇集民智、建言献策，提出前瞻性、创造性、建设性的意见建议，助推我区“十四五”开好局、起好步。健全发挥新型政党制度优势的机制，加大民主党派在专题协商会议上的发言比重，与民主党派联合开展调研视察和课题攻关，让民主党派和无党派人士在政协平台上更好发挥作用。推动政协协商向基层延伸，进一步发挥街道委员联络中心优势，开展“征民意、访民生、暖民心”主题活动，搭建“请你来协商”平台，发挥社情民意“直通车”作用，及时解决人民群众实际困难，切实把人民政协制度优势转化为治理效能。探索建立重大情况通报和重要信息发布制度，进一步保障政协委员和界别群众的知情权、参与权、监督权。

四、持之以恒抓好“两支队伍”建设

全面贯彻落实习近平总书记提出的“懂政协、会协商、善议政，守纪律、讲规矩、重品行”要求，坚持开拓创新、求真务实，抓好“两支队伍”建设。将引导委员强化责任担当作为政治任务，健全委员履职档案、委员履职评价等制度机制，开展优秀提案评选，激励委员写好“委员作业”、答好时代考卷。支持委员依照政协章程履行职责，继续做好“6·5”世界环境日“童声嘹亮”活动，开展文化文史委政协委员公益歌曲出版发布活动，为委员履职搭建更多平台。加强委员学习培训，营造多读书、读好书、善读书的浓厚氛围，努力建设“书香政协”。加强机关干部队伍建设，树立正确用人导向，加大轮岗交流，积极推荐干部到对口帮扶地区挂职，助力脱贫攻坚成果深化。巩固“不忘初心、牢记使命”主题教育成果，全面提高机关党的建设质量，利用建党一百周年等重要时间节点，组织机关党员干部到安幸生烈士故居等爱国主义教育基地开展“重走长征路”主题教育活动，赴先进地区学习经验做法，开阔眼界、拓宽思路，切实提高政治能力和服务保障水平，努力建设讲政治、守纪律、负责任、有效率的模范机关。

始终坚持严的主基调 忠诚履职担当 为红桥区“十四五”开好局起好步保驾护航(节选)

——2021 年 2 月 9 日在中国共产党天津市红桥区第十一届纪律检查委员会第十次全体会议上的工作报告

区纪委书记 于 清

全会的主要任务是:以习近平新时代中国特色社会主义思想为指导,全面贯彻党的十九大和十九届二中、三中、四中、五中全会精神,认真学习贯彻习近平总书记在十九届中央纪委五次全会上的重要讲话和中央纪委五次全会精神,落实市委十一届九次、十次全会,市纪委十一届九次全会和区委十一届十八次、十九次全会部署,回顾 2020 年全区纪检监察工作,部署 2021 年任务。

一、2020 年工作回顾

2020 年,在市纪委监委和区委坚强领导下,全区纪检监察组织坚持以习近平新时代中国特色社会主义思想为指导,增强“四个意识”,坚定“四个自信”,坚决做到“两个维护”,统筹推进疫情防控和纪检监察工作,切实发挥监督保障执行、促进完善发展作用,为全区经济社会发展提供坚强保障。

(一)深学细悟笃行习近平新时代中国特色社会主义思想,做细做实政治监督

在学懂弄通做实上下功夫。区纪委常委会、理论中心组先后传达学习习近平总书记重要讲话重要指示批示精神 74 次,组织 2 期专题读书班,始终做到跟紧看齐。深入贯彻落实习近平总书记在十九届中央纪委四次全会上的重要讲话精神,明确 82 项重点任务。认真学习贯彻党的十九届五中全会精神,对标新发展阶段对纪检监察工作提出的新要求,细化 55 项工作措施。坚持边学习、边调研、边工作、边总结,自觉运用党的创新理论指导实践、推动工作。自觉践行“两个维护”,强化政治监督,紧盯习近平总书记重要讲话重要指示批示精神和党中央重大决策部署贯彻落实,制定年度监督工作要点,每月制发政治监督清单,建立季度检视机制,发现并推动整改问题 911 项。围绕土地领域违纪违法、人防系统腐败、违规建设墓地等问题开展专项整治,确保党中央政令畅通、令行禁止。全年查处 4 起违反政治纪律问题,处分 4 人。

跟进疫情防控强化监督。第一时间跟进监督,向区疫情防控指挥部派驻临时纪检监察组,及时调整监督重点,发挥贴身督战作用。建立委领导包片、监督日报、整改督查等机制,聚焦常态化疫情防控、复工复产复学、“六稳”“六保”任务等强化监督,制发建议书、提示函等 42 份,推动整改问题 319 个。严肃问责区市场监管局原主要领导和分管领导在推动企业复工复产中失职失责问题。严肃查处 1 起疫情期间擅自离津赴鄂违纪问题,推动全区开展离津、出国(境)不报告问题自查整治,第一种形态处理 139 人,处分 33 人,有力强化党员干部纪律规矩意识。

一体落实“两个责任”。主动当好“参谋助手”,先后 58 次提请区委常委会传达贯彻上级要求、研究部署党风廉政建设和反腐败工作,协助推动抓好落实。组织对各单位党委(党组)落实主体责任情况开展检查考核,约谈排名靠后单位党组织主要负责人,开展《党委(党组)落实全面从严治党主体责任规定》执行情况专项检查,进一步压实主体责任。对 130 余名新任职区管领导干部开展集体廉政谈话。召开区纪委十一届九次全会,探索区级党委(党组)班子成员向区纪委全会述责述廉,做实同级监督。紧盯市委主体责任考核、历次巡视、调研巡查反馈问题,强化整改监督,确保见底到位。

协助党委修复净化政治生态。明确政治生态建设重点任务,组织政治生态研判,形成全区政治生态分析报告。创建“清风红桥”廉政文化品牌,开设“廉洁家书诉初心”微视频栏目,上线廉洁主题微信表情包,制作以纪检监察干部动漫形象宣纪普法

为主题的动画微课堂,打造廉政文化示范点,充分发挥廉润人心效果,涵养风清气正的政治文化。加强民主生活会监督,开展"语言贿赂"问题自查自纠,严肃党内政治生活。

(二)持续整治群众身边不正之风和腐败问题,让群众获得感幸福感安全感更加充实更有保障

推动扶贫助困领域专项治理和扫黑除恶专项斗争。紧盯东西部扶贫协作和对口支援工作,联合区合作交流办、财政、审计、教育、卫健等部门组成专项检查组,赴红桥区对口帮扶的甘肃省碌曲县、合水县开展异地监督,监督推动资金规范使用和帮扶项目落地,确保如期打赢脱贫攻坚战。制定扶贫助困领域专项治理要点,持续整治侵害群众利益的不正之风和腐败问题,查处"微腐败"问题28个,处分33人。持续推进扫黑除恶监督执纪问责工作,严格落实中央督导"回头看"反馈意见,强力推进线索清仓、伞网清除、行业清源。针对涉黑涉恶案件暴露出来的突出问题,向区司法局、区金融局等单位制发纪检监察建议书6件,督促堵塞制度漏洞,健全长效机制。

加强基层监督。全覆盖推进基层纪检监察组织建设,在全区科所站队、社区、医院、学校等设立党委的基层单位组建纪委111个,其余设立党总支、党支部的单位全覆盖设立纪检委员,实现应建尽建、应配尽配;在20个社区试点配备专职纪委书记。发挥"以点带面"作用,选取社区、窗口等重点点位,积极打造基层纪检监察工作示范点。创新基层监督方式,依托基层纪委,在10个街道和100个党委建制的社区"全覆盖"开展同级述责述廉,向群众汇报,让群众监督。将基层监督与党建引领基层治理相结合,实现区、街、社区三级纪委联动,发现落实"吹哨报到"机制不力问题22个,第一种形态处理18人。聚焦社区群众反映强烈的突出问题,推动全区开展违规养鸽问题专项治理,累计清拆鸽笼853处,群众满意率100%。

(三)深入落实中央八项规定精神,推动构建作风建设长效机制

坚决整治享乐主义、奢靡之风。严格落实中央八项规定精神,重要节点采取H5动画、微信长图、廉政短信、OA通知等方式反复重申纪律规定,紧盯餐饮浪费等问题强化监督检查、明察暗访,全区查处享乐奢靡之风问题26起,处分14人,通报曝光典型问题6起。推动开展"小金库"问题专项治理,开展三轮次全覆盖检查,通报2起典型问题,确保问题清仓。

持续整治形式主义、官僚主义和不作为不担当问题。建立"负面问题清单",组织开展"回头看",推动各单位建章立制、巩固成效。全年查处不作为不担当问题48起,处理73人;查处形式主义、官僚主义问题56起,处理82人。以问责倒逼责任落实,全区问责落实"两个责任"不力的党员领导干部83人。

(四)加强规范化建设,推动巡察工作高质量发展

深化政治巡察。将巡察工作纳入区委年度工作要点,区委书记担任巡察工作领导小组组长。及时调整完善年度巡察工作计划,科学谋划各轮次巡察安排,对全区22个单位党组织开展三轮常规巡察,对6个单位党组织进行"回头看",以"巡街道带社区"方式对4个街道下辖36个社区开展延伸巡察,按照市委统一安排对和苑街道4个社区开展统配巡察,结合巡察工作开展选人用人、意识形态、执行编制专项检查,累计发现问题1294个,移交问题线索32件。

做好巡察"后半篇文章"。建立区委巡察机构与区纪委监委、区委组织部协调配合机制,探索巡察整改月推动机制,推动巡察整改监督责任落实。建立被巡察党组织主要负责人向区委常委会汇报整改情况制度,压实整改主体责任。第九轮和第十轮巡察发现的1097个问题,已完成整改1093个,整改完成率99.60%。对巡察整改不力的实施追责,制发问责建议单4份,问责相关责任人4人,有效发挥巡察"利剑"作用。

提升巡察工作规范化水平。加大巡察指导力度,组织开展巡前集中培训,组建巡察业务和政策指导组,编印操作指引和制度汇编,健全完善20项工作制度,以市委调研巡查反馈问题整改为契机,着力补短板、强弱项,全面提升巡察规范化水平。进一步优化巡察人才库,全年先后抽调优秀干部109人次到巡察岗位锻炼,切实发挥"政治熔炉"

作用。

（五）深化纪检监察体制改革，完善监督体系、提升治理效能

创新加强日常监督。制定运用监督执纪第一种形态管理办法，全区运用“四种形态”批评教育帮助和处理775人，第一至第四种形态分别占比78.10%、18.20%、1.40%、2.30%。深化回访教育，对73名干部开展回访，强化激励关怀。落实容错纠错、澄清正名机制，对9名被立案的同志，综合考虑认错态度及疫情防控工作中的表现，免予纪律处分，为2名同志澄清正名，取得良好综合效果。研发“智慧监督”平台，发挥大数据监督优势，随时了解重点监督项目进度，随时查看各单位“关键少数”责任落实情况，随时针对问题开展智能化提醒督办。

加强对街道纪检监察工委的领导。推动街道纪检监察干部交流任职，全年调整交流15人次，实现新提任街道纪检监察工委书记、副书记一律非提拔地使用，通过整建制抽调、以干带训、片区协作等，提高街道纪检监察干部监督办案能力，破解“熟人监督难”。将街道纪检监察工委“三转”情况纳入区委巡察，对不支持、不配合基层纪检工作的党组织及时约谈提醒、督促整改，为基层纪委履职提供坚实“后盾”。

贯通各类监督。深化区级派驻机构改革，建立健全工作例会、任务交办、工作互查、重要事项报告等制度机制，提升派驻监督实效。调整区纪委监委监督检查室联系单位范围，加强监督检查室对派驻纪检监察组的联系指导，构建高效顺畅的协作配合机制。强化监督贯通，健全统筹管理、重点协作、信息共享、成果共用、系统集成的衔接配合机制。建立党内监督与人大、政协、审计、财政、统计等监督部门联席会议制度，形成17类61项重点监督事项清单，累计共享问题113个，凝聚监督合力。

（六）一体推进不敢腐不能腐不想腐，巩固发展反腐败斗争压倒性胜利

保持高压震慑。深入学习贯彻检举控告工作规则，畅通群众信访反映渠道，全年受理检举控告类272件，处置问题线索466件，立案252件，其中区管干部29人，留置15人，处分169人，移送司法机关6人，查处刘家友、赵光荣等一批有影响力的案件。加大追赃挽损力度，挽回经济损失7900余万元。

深化“以案三促”。巩固深化“一抓三补四强化”专项行动成果，推进“以案三促”工作常态化制度化，制发纪检监察建议书91份，通报曝光典型案例132人次，分层分类开展警示教育，召开全区警示教育大会3次，各部门各单位警示教育大会412次，指导推动发案单位召开警示教育专题民主生活会25次，监督推动全区各部门各单位检视发现廉政风险漏洞391个，建立完善制度330个。通过推动相关领域改革，规范财务审计、工程招投标等环节权力运行。

（七）坚持“打铁必须自身硬”，锤炼高素质专业化的纪检监察干部队伍

突出政治引领。区纪委常委会认真履行主体责任，坚持一以贯之加强政治建设。出台巩固深化“不忘初心、牢记使命”主题教育成果30条措施，深入开展“四史”学习教育，锤炼纪检监察干部对党绝对忠诚的政治品格。严格执行请示报告制度，定期向市纪委监委和区委报告工作，重大事项、重要问题及时向市纪委监委和区委请示报告。严格落实意识形态工作责任制，突出政治引领，定期分析研判，严守政治纪律和政治规矩，把握正确政治方向。加强机关党建和政治文化建设，调整优化机关党组织设置，抓实支部学习、三会一课、主题党日等制度落实。

加大培养培训力度。拓宽选人渠道，优选配备纪检监察干部，在区委大力支持下，实现“满编运行”。统筹调度人员力量，强化系统交流、轮岗锻炼，打造“一池活水”。改革考核评价体系，全年调整纪检干部130余人次，大力营造给干事者舞台、为实干者撑腰的用人导向。深化推进全员培训，推动领导干部上讲台，举办业务培训22期，累计培训1100余人次。全系统组建6个学习小组强化自主学习，利用手机APP开展全覆盖式“周学周测”37次，累计3700余人次参加。

加强自身监督制约。严格落实监督执纪工作规则、监督执法工作规定，广泛学习宣传公职人员政务处分法。严格办案安全和纪律要求，定期开展监督检查审查调查安全自查，加强案件质量评查，

开展纪检监察系统系列警示教育活动,对8名纪检监察干部给予第一种形态处理,做到教育为先、抓早抓小、防微杜渐。充分发挥特约监察员作用,通过组织"纪检监察机关开放日"等活动,主动接受监督。

肯定成绩的同时,也要清醒地看到,我区腐蚀与反腐蚀斗争形势依然严峻复杂,全面从严治党任务依然艰巨繁重,一是好人主义、慢作为等问题仍然较为突出,一些领域腐败问题依然多发,政治生态尚未彻底出清;二是享乐奢靡之风禁而未绝,形式主义、官僚主义积弊犹存,作风整治力度仍需加大;三是一体推进不敢腐不能腐不想腐系统谋划不足,查办案件"后半篇文章"的综合效应还没有充分显现;四是纪检监察干部队伍建设仍有短板,有的纪检监察干部能力不强、作风不实,影响纪检监察机关形象,等等。对这些问题,必须采取有效措施,切实加以解决。

二、2021 年工作任务

2021年是中国共产党成立100周年,是红桥区实施"十四五"规划,全面建设社会主义现代化大都市中心城区的开局之年。做好纪检监察工作的总体要求是:以习近平新时代中国特色社会主义思想为指导,深入贯彻党的十九大和十九届二中、三中、四中、五中全会精神,全面落实十九届中央纪委五次全会,市委十一届九次、十次全会,和区委十一届十八次、十九次全会工作部署,增强"四个意识"、坚定"四个自信"、坚决做到"两个维护",坚持稳中求进工作总基调,立足新发展阶段,贯彻新发展理念,构建新发展格局,以推动高质量发展为主题,坚定不移全面从严治党,坚持和完善党和国家监督体系,忠实履行党章和宪法赋予的职责,有力推动党中央和市委、区委决策部署有效落实,围绕现代化建设大局发挥监督保障执行、促进完善发展作用,一体推进不敢腐、不能腐、不想腐,深化纪检监察体制改革,扎实推进纪检监察工作规范化法治化建设,切实加强干部队伍建设,为"十四五"开好局、开启全面建设社会主义现代化大都市中心城区提供坚强保障,以优异成绩庆祝建党100周年。

全区各级纪检监察组织要深入学习领会党的十九届五中全会精神,全面贯彻落实十九届中央纪委五次全会和市纪委十一届九次全会部署,坚定维护习近平总书记党中央的核心、全党的核心地位,坚定维护党中央权威和集中统一领导,在市纪委监委和区委的坚强领导下,更加突出政治监督,更加突出高质量发展主题,更加突出整治群众身边腐败和作风问题,更加突出发挥监督治理效能,更加突出严管厚爱结合、激励约束并重,使正风肃纪反腐更好适应经济社会发展需要,使监督融入治理之中,融入"十四五"规划之中,在全面建设社会主义现代化大都市中心城区新征程中发挥重要作用。

(一)自觉践行"两个维护",以强有力的政治监督保障"十四五"规划精准落地

持续强化理论武装。深入学习贯彻习近平新时代中国特色社会主义思想,提高运用马克思主义立场、观点、方法分析问题解决问题的能力,推进纪检监察工作理念、思路、制度、机制创新,不断增强"两个维护"的思想自觉和行动自觉。

聚焦党中央重大决策部署强化监督。自觉践行"两个维护",聚焦贯彻新发展理念、深化供给侧结构性改革、提高人民生活品质、守护安全发展底线等重大决策,聚焦常态化疫情防控、京津冀协同发展、增强科技创新能力、培育完整内需体系、优化营商环境等重要部署,聚焦全区"生态立区、教育兴区、土地强区"发展举措,加大监督检查力度,为全区经济社会发展提供坚强保障。落实市纪委支持保障市场主体健康发展工作意见,推动构建"亲""清"政商关系,激发各类市场主体发展活力。加强对区管国有企业监督。

推动中央巡视反馈意见整改落实。把中央巡视反馈意见整改作为重大政治任务,聚焦整改任务,监督相关单位落实整改责任,推动整改见底到位。坚持系统治理,秉持"人事因制"整改原则,既查处人、又关注事,督促深挖根源,推动建章立制。

推动政治生态持续好转。把政治生态建设作为经常性基础性工作来抓,落实日常监督、分析研判、检查考核等机制,深入整治码头文化、圈子文化和好人主义。推进清廉红桥建设,弘扬廉洁文化,加强家风建设,营造风清气正的政治生态和发展环境。

全面压实主体责任。完善同级监督机制,持续

加强对"一把手"和领导班子监督，继续推行区委、区政府班子成员向区纪委全会述责述廉。完善主体责任落实情况日常监督、检查考核机制，压实"一把手"第一责任人责任，督促班子成员履行"一岗双责"。探索区纪委同下一级党(工)委(党组)班子成员集体谈话，开展区纪委书记定期与下一级党(工)委(党组)书记谈话。

(二)贯彻一体推进不敢腐不能腐不想腐方针方略，推动实现标本兼治、综合治理

保持反腐败高压态势。坚持无禁区、全覆盖、零容忍，坚持重遏制、强高压、长震慑，重点查处政治问题与经济问题交织的腐败案件，聚焦政策支持力度大、投资密集、资源集中的领域，严肃查处基础设施建设、项目审批、招投标、公共资源交易中的腐败问题。加大国企、土地、规划、金融、政法等领域腐败治理力度，坚决查处"雅贿""影子公司"等隐性腐败。成立反腐败追赃工作领导小组，健全与公检法司协作机制，加大追赃力度，织密防逃网络。

健全一体推进"三不"体制机制。有效发挥反腐败协调小组作用，完善一体推进"三不"工作机制，形成叠加效应。深化以案促改、以案促治，做好案件查办"后半篇文章"。完善"六书两报告两建议"机制，分层分类开展警示教育，实现办案、整改、治理融合，办案、监督、警示贯通。创新运用媒体融合方式，持续加强对全面从严治党部署要求、工作成效的宣传推介，牢牢把握正风反腐意识形态工作主动权。

(三)完善作风建设长效机制，推动讲担当、促作为、抓落实在全区蔚然成风

以"钉钉子"精神落实中央"八项规定"精神。坚持寸步不让、露头就打，对顶风违纪行为严肃查处，对反复出现、普遍发生的问题，注重从制度机制上找原因，坚决防止反弹回潮。紧盯新问题新表现，用好监督举报平台，通报典型案例，坚决防止隐形变异。督促落实规范领导干部配偶、子女及其配偶经商办企业行为规定。督促党政机关严格落实过紧日子要求，加大对节约粮食、制止餐饮浪费的监督力度。

常态化治理形式主义、官僚主义和不作为不担当问题。形成常态化治理工作机制，督促各级党组织健全长效机制。聚焦突出问题，坚决整治贯彻党中央和市委、区委决策部署搞"包装式""洒水式""一刀切式"落实的行为，严厉查处服务保障民生中漠视群众疾苦、故意刁难群众的现象，持续整治"官爷"文化、"中梗阻"等问题。推动建立健全基层减负常态化机制。

凝聚干事创业强大正能量。严格执行党员权利保障条例，落实"三个区分开来"要求，纪法情理贯通融合，健全容错机制，精准实施问责，激励干部担当作为。严肃查处诬告陷害、恶意举报行为，做好澄清正名工作，真正为党员干部撑腰鼓劲。深化回访教育，加强成果运用，对表现优秀的及时提出推荐使用建议，充分调动干部干事创业积极性主动性。

(四)深化做实基层监督，让人民群众在全面从严治党中感受更多公平正义

夯实基层基础。认真落实市委进一步加强基层监督工作意见，推动监督下沉、监督落地。健全基层组织体系，配齐配强监督力量，明确基层纪委职能职责。采取清单备案、定期报告、考核评价等方式，压实街道和社区纪委监督责任。创新监督方式，健全巡回监督、提级监督、巡察联动等制度，强化基层权力运行监督制约，着力破解熟人社会监督难问题。发挥社区纪检监察工作联络站桥梁纽带作用，让群众参与到监督中来。

持续整治群众反映强烈的突出问题。聚焦惠民富民、共同富裕政策落实，加强监督检查，巩固拓展扶贫助困成果，推动结对帮扶与乡村振兴有效衔接。持续纠治低保救助、教育医疗、就业创业、养老社保、生态环保、食品药品安全、执法司法等领域腐败和作风问题，坚决惩处涉黑涉恶"保护伞"。严肃换届纪律，加强基层换届风气监督，严查拉票贿选、买官卖官、跑官要官等行为。

(五)推进政治巡察具体化、常态化、规范化，持续发挥管党治党"利剑"作用

突出政治巡察功能。贯彻落实中央巡视巡察上下联动指导意见，主动接受上级指导督导，抓好反馈问题整改，提高巡察工作质量。创新方式方法，统筹推进对处级单位和社区的巡察工作，实现十一届区委巡察全覆盖。在市委巡视办的指导下，

科学谋划下一届区委五年巡察工作规划。

健全巡察整改促进机制。深化巡察整改三级递进机制,完善分管区领导和主管部门直接督导、纪检监察机关和组织部门日常监督机制,促进整改“两个责任”一体落实。建立巡察整改责任机制、督促机制、评估报告机制,加强整改落实和成果运用。对本届区委以来巡察整改情况进行“大起底”,推动疑难问题解决,做到应改尽改,确保件件有着落、事事有回音。

(六)深入推进纪检监察体制改革,推动监督优势释放更大治理效能

把监督融入治理之中。综合运用“调研式”“轮驻式”“嵌入式”等方法,跟进监督、精准监督、全程监督,提升监督治理效能。充分运用“四种形态”特别是第一种形态,让党员干部习惯于在受监督和约束的环境下工作生活。做实“四项监督”统筹衔接的各项机制,推动在发现问题、处置问题、整改问题等环节顺畅高效协作配合。发挥纪委监委协助引导推动作用,提升党内监督与其他各类监督贯通协同效果,完善共享事项清单,凝聚监督合力。

深化区级派驻机构改革。加强派驻机构请示报告制度落实,规范业务工作规程。按照市纪委监委部署,深化区属企事业单位以及公安、司法等领域纪检监察体制改革,完善派驻监督有效机制,提高派驻监督全覆盖质量。

加强规范化法治化建设。强化查办案件以上级纪委监委领导为主的制度机制,健全领导指导、问题线索处置、保障执行等机制。压实案件质量责任,强化审理把关,深入推进“铁案工程”建设。开展法规制度执行情况自查,推动完善制度、流程再造。在市纪委监委和区委全程领导下,依法依规、稳妥有序推进区监委向区人大常委会报告专项工作。

(七)从严从实加强自身建设,打造政治素质高、忠诚干净担当、专业能力强、敢于善于斗争的纪检监察铁军

突出政治机关定位。带头旗帜鲜明讲政治,带头提高政治判断力、政治领悟力、政治执行力,带头做到“两个维护”。深入落实党中央巩固深化“不忘初心、牢记使命”主题教育成果意见和市区两级重点任务,持续深入学习习近平新时代中国特色社会主义思想,常态化开展忠诚教育,在学思践悟中把握正确方向。全面落实党建工作责任制,强化党支部标准化规范化建设。

提升干部队伍素质。全面贯彻新时代党的组织路线,积极选配各方面优秀人才,不断优化干部队伍结构。加大干部交流力度,激发干部队伍活力。强化区纪委常委会和基层纪委班子建设,精心筹备完成区纪委换届,推动做好社区纪委换届。深化全员培训,探索“教学练战”一体化培训模式。加强调查研究,推动发现问题、补齐短板。以“业务主导、技术支撑”模式推进信息化建设,实现与业务工作深度融合。

自觉接受最严格的约束和监督。严格执行监督执纪工作规则、监督执法工作规定,把执纪执法权力关进制度的“笼子”。落实加强新时代纪检监察干部监督工作意见,坚决查处执纪违纪、执法违法行为,严防“灯下黑”。管好用好特约监察员队伍。

附 录

统计资料

二〇二〇年全区地方财政收支完成情况表

表 5　　　　　　　　　　　　　　　　　　　　单位：万元

项目名称	地区财政收入			项目	地区财政支出		
	2020 年实际完成	2019 年实际完成	同比增减（%）		2020 年实际完成	2019 年实际完成	同比增减（%）
总计	206803	192446	7.46	总计	485809	502151	-3.25
一、增值税	26080	28755	-9.30	一、城乡社区事务	45023	49806	-9.60
二、企业所得税	16652	15336	8.58	二、教育	123394	117828	4.72
三、个人所得税	3892	4315	-9.80	三、医疗卫生与计划生育	41137	42172	-2.45
四、房产税	11746	14934	-21.35	四、科学技术	2980	5047	-40.96
五、契税	18891	21698	-12.94	五、社会保障和就业	126442	149650	-15.51
六、罚没、行政性收入	6578	10975	-40.06	六、节能环保	7808	3742	108.66
七、专项收入	7734	8214	-5.84	七、文化体育与传媒	3280	3977	-17.53
八、其他收入	115230	88219	30.62	八、其他支出	135745	129929	4.48

二〇二〇年全区城市居民收支及主要商品人均消费情况表

表 6

项目名称	计量单位	2020 年	2019 年	同期比(±%)
人均可支配收入	元	47542	46079	3.20
1. 工资性收入	元	28960	28461	1.80
2. 经营净收入	元	964	1174	-17.90
3. 财产净收入	元	1631	1536	6.20
4. 转移净收入	元	15987	14909	7.20
其中养老金或离退休金	元	16108	15389	4.70
人均消费性支出	元	29962	33258	-9.90
1. 食品烟酒	元	9208	11077	-16.90
2. 衣着	元	1463	2133	-31.40
3. 居住	元	7844	6145	27.70
4. 生活用品及服务	元	1430	1559	-8.20
5. 交通通信	元	4100	3822	7.30
6. 教育文化娱乐	元	2308	3812	-39.40
7. 医疗保健	元	2742	3473	-21.10
8. 其他用品和服务	元	866	1237	-30.00

二〇二〇年全区分行业增加值完成情况表

表 7　　　　单位:亿元

项 目	2020 年	2019 年
总 计	185.42	181.37
工业	4.37	4.88
建筑业	6.83	7.50
交通仓储邮政业	2.97	3.29
批发和零售业	15.65	14.85
住宿和餐饮业	3.15	4.33
金融业	22.65	20.44
房地产业	43.72	42.43
其他产业	86.08	83.67

二〇二〇年全区主要经济指标(一)

表 8

指　标	单位	总量	增速(±%)
地区生产总值	亿元	185.42	2.10
第三产业增加值	亿元	174.30	3.00
民营经济增加值	亿元	71.42	8.40
规模以上工业总产值	亿元	6.73	-5.80
建筑业总产值	亿元	65.85	-9.00
商品房销售面积	万平方米	16.80	-3.80
批发和零售业商品销售额	亿元	265.75	12.00
住宿和餐饮业营业额	亿元	4.26	-29.00
规模以上服务业 15 个重点行业营业收入	亿元	34.11	17.00

二〇二〇年全区主要经济指标(二)

表 9　　　　单位:%

指　标	占比
民营经济增加值占本地区生产总值比重	38.50
制造业增加值占本地区生产总值比重	1.70
高技术服务业增加值及以互联网和相关服务业为代表的现代新兴服务业增加值占全市服务业增加值比重	0.12
工业战略性新兴产业总产值占本地区规上工业总产值比重	28.50
工业战略性新兴产业增加值占全市规上工业增加值比重	0.004
高技术产业(制造业)增加值占全市规上工业增加值比重	0.01
高技术产业投资占本地区固定资产投资比重	3.50
民间投资占本地区固定资产投资比重	26.00

(区统计局提供)

重要文件

2020年红桥区人民政府印发文件一览表

表10

序号	发文日期	文号	标题	责任部门
1	1月19日	红桥政发〔2020〕1号	关于核定并公布区级文物保护单位的通知	文化旅游局
2	3月1日	红桥政发〔2020〕2号	关于开展开展我区第七次全国人口普查的通知	统计局
3	3月19日	红桥政发〔2020〕3号	关于调整红桥区有关拆迁安置指挥部的通知	住建委
4	3月27日	红桥政发〔2020〕4号	关于落实红桥区行政机关首长出庭应诉工作的实施意见（试行）	司法局
5	3月27日	红桥政发〔2020〕5号	红桥区关于禁止露天焚烧行为的通告的通知	生态环境局
6	6月28日	红桥政发〔2020〕6号	关于印发《红桥区贯彻落实健康天津行动工作方案》的通知	卫健委
7	6月28日	红桥政发〔2020〕7号	关于公布红桥区第九批非物质文化遗产代表性项目名录的通知	文化旅游局
8	7月1日	红桥政发〔2020〕8号	关于印发《天津市红桥区人民政府规范“三重一大”决策工作实施意见》的通知	政府办
9	9月21日	红桥政发〔2020〕10号	关于印发《红桥区消防安全责任制定实施细则》的通知	消防支队
10	10月12日	红桥政发〔2020〕11号	关于核定并公布区级文物保护单位的通知	文旅局
11	11月30日	红桥政发〔2020〕12号	关于印发《关于落实〈天津市政府投资管理条例〉的实施方案》的通知	发改委
12	12月11日	红桥政发〔2020〕13号	关于印发《红桥区重大行政决策程序规定实施办法》的通知	司法局
13	12月28日	红桥政发〔2020〕14号	关于行政区划变更信息的公告	民政局

2020年红桥区人民政府办公室印发文件一览表

表11

序号	发文日期	文号	标题	责任部门
1	2月29日	红桥政办发〔2020〕1号	关于印发《红桥区落实〈天津市打赢新型冠状病毒感染肺炎疫情防控阻击战进一步促进经济社会持续健康发展的若干措施〉的工作方案》的通知	发改委
2	3月2日	红桥政办发〔2020〕2号	印发《红桥区落实保障和关爱新冠肺炎疫情防控一线医务人员若干措施的实施细则》的通知	卫健委
3	3月14日	红桥政办发〔2020〕3号	关于调整《红桥区落实保障和关爱新冠肺炎疫情防控一线医务人员若干措施的实施细则》的通知	卫健委
4	3月18日	红桥政办发〔2020〕4号	关于印发《红桥区落实〈天津市支持中小微企业和个体工商户克服疫情影响保持健康发展的若干措施〉责任分工》的通知	发改委
5	4月7日	红桥政办发〔2020〕5号	关于印发《红桥区改革完善医疗卫生行业综合监管制度实施方案》的通知	卫健委
6	5月15日	红桥政办发〔2020〕6号	关于印发《红桥区进一步做好稳就业工作的实施方案》的通知	人社局
7	5月18日	红桥政办发〔2020〕7号	关于印发红桥区有效应对新冠肺炎疫情影响促投资扩消费稳运行工作举措的通知	发改委
8	7月13日	红桥政办发〔2020〕8号	关于印发《红桥区临时救助办法实施细则（试行）》的通知	民政局
9	7月16日	红桥政办发〔2020〕9号	关于印发《天津市红桥区2020年食品安全监督管理计划》的通知	市场监管局
10	11月27日	红桥政办发〔2020〕10号	关于印发《将大同门市场、一号路市场、运河新天地夜市列为实施豁免登记指定经营场所》的通知	市场监管局
11	11月27日	红桥政办发〔2020〕11号	关于禁止登记经营场所区域和限制性条件清单登记管理的通告的通知	市场监管局
12	12月11日	红桥政办发〔2020〕12号	关于印发《天津市红桥区人民政府法律顾问名单》的通知	司法局
13	12月31日	红桥政办发〔2020〕13号	关于印发《天津市红桥区一般疫苗安全事件应急预案（试行）》的通知	市场监管局

组织机构负责人名录

中共红桥区委员会

书　　记:李　清
副 书 记:何智能(1 月 7 日任)
　　芮永玲(女)
常　　委:管兴桥(至 3 月 8 日)
　　陈东杰(女)(至 1 月 2 日)
　　李　政(3 月 12 日任)
　　于　清
　　井春燕(女)
　　何　斌(满族)(至 2 月 28 日)
　　张东明
　　张玉蕾(女)(6 月 5 日任)
　　刘跃民
　　宋淑华(女)(至 4 月 30 日)
　　张汝军(4 月 30 日任)
　　于鹏洲(2 月 28 日任)

红桥区人民代表大会常务委员

主　任:郑会营
副主任:孙玉龙
　　陈淑芳(女)(至 6 月 29 日)
　　穆　强(回族)(8 月 11 日任)
　　李丽玲(女)(8 月 11 日任)
　　郝凤新
　　张树起

红桥区人民政府

区　长:何智能
副区长:管兴桥(至 3 月 8 日)
　　张东明(6 月 29 日任)
　　赵　霞(女)(6 月 29 日任)
　　刘国庆
　　李丽玲(女)(至 6 月 29 日)
　　徐卫京
　　刘玉明
　　密　松(2 月 27 日任)

政协红桥区委员会

主　席:杨　焕(女)
副主席:刘国光(回族)(至 7 月)
　　张志忠
　　刘金城
　　杨宏丽(女)
　　韩恩山
　　李金胜
　　郭书宏
　　李大为

中共红桥区纪律检查委员会

书　记:于　清
副书记:尹会久(至 3 月)
　　景　建(至 6 月)
　　牛鹏翔
　　张　莹(女)(6 月 14 日任)

红桥区监察委员会

主　任:于　清
副主任:牛鹏翔
　　张　莹(女)(7 月 3 日任)

红桥区委系统

区委办公室　主　任:于鹏洲
　　副主任(分管日常工作):刘　武
区委组织部　部　长:宋淑华(女)(至 4 月 30 日)
　　张汝军(4 月 30 日任)
　　副部长(分管日常工作):刘绍谦(回族)

区委宣传部 部 长:陈东杰(女)(至1月2日)
李 政(3月12日任)
副部长(分管日常工作):刘殿良
区委统战部 部 长:井春燕(女)
副部长(分管日常工作):郭建胜(至4月17日)
王 欣(4月24日任)
区委政法委 书 记:张东明(至6月5日)
张玉蕾(女)(6月5日任)
副书记(分管日常工作):杨士东
区委研究室 主 任:王 欣(女)(至4月24日)
副主任(分管日常工作):张波涛
区委网信办(区网信办) 主 任:张会群
区委编办 主任:范宝铭
区委区级机关工委 书记:戈艳华(女)
区委巡查办 主 任:刘会广
区委老干部局 党组书记、局长:韩文华(女)

红桥区政府系统

区政府办公室 党组书记、主任:郭耀明
区发展改革委 党组书记、主任:马墨林
区教育局 党委书记、局长:袁滨渤(女)
区科技局 党组书记、局长:贾俊河(至4月)
杨永祥(8月任)
区民政局 党组书记、局长:张 镇
区司法局 党组书记:白 榕(女)
局 长:郭书宏
区财政局 党组书记、局长:韩 珺
区人社局 党组书记、局长:刘 建
区生态环境局 党组书记、局长:陆爱民
区住房建设委 党委书记、主任:李 冬(4月任)
区城市管理委 党委书记、主任:陈 旭
区商务局 党组书记、局长:李 鹏
区文化和旅游局 党委书记:刘春玲(女)
局 长:张国良
区卫生健康委 党委书记:秦 方(女)
主 任:杨永祥(至8月)
李大为(8月任)
区退役军人局 党组书记、局长:白 伟(回族)(至9月)
谷继文(12月任)

区应急局 党组书记、局长:于学民
区审计局 党组书记、局长:李 萍(女)
区市场监管局 党委书记、局长:李广明(3月任)
区政府国资委 党委书记、主任:曹会起(至9月)
白 伟(回族)(9月任)
区体育局 党组书记、局长:张爱春(7月任)
区统计局 党组书记、局长:程 梅(女)
区医保局 党组书记、局长:李 强(回族)
区金融局 党组书记、局长:李桂云(女)
区政府研究室 党组书记、主任:陈 瑞
区信访办 党组书记、主任:张新义
区政府人防办 党组书记、主任:邢渤涛
区政府合作交流办 党组书记、主任:回立群(回族)
区政府政务服务办 党组书记、主任:张 瑾(女)

司法机关

区人民法院 党组书记、院长:李鹤贤
区人民检察院 党组书记、检察长:张春明

民主党派

民革红桥区委会主委:郭书宏
民盟红桥区委会主委:刘玉明
民建红桥区委会主委:李金胜
民进红桥区委会主委:欧阳敏(女)
农工党红桥区委会主委:李大为
致公党红桥区委会主委:韩恩山

群众团体

区总工会 主席:孙玉龙
团区委 书记:郑东平
区妇联 主席:王 静(女)
区工商联 主席:张树起
区科协 主席:范树健
区残联 理事长:潘 红(女)
区红十字会 会长:刘玉明

派出机构

双环邨街道　　党工委书记:缴　玥
　　办事处主任:李少恒(回族)
咸阳北路街道　　党工委书记:周　鹏
　　办事处主任:张　凌(女)
丁字沽街道　　党工委书记:赵国庆
　　办事处主任:李　状
西沽街道　　党工委书记:何文晖
　　办事处主任:马建民(女、回族)
西于庄街道　　党工委书记:艾　霞(女)
　　办事处主任:马小川(回族)
邵公庄街道　　党工委书记:刘　敬(女)
　　办事处主任:宋立军
芥园街道　　党工委书记:刘　军(回族)
　　办事处主任:刘晓琪(女)
三条石街道　　党工委书记:李　健(女)
　　办事处主任:杨立男
铃铛阁街道　　党工委书记:刘　震
　　办事处主任:许凤新(女)
和苑街道　　党工委书记:戴　旭
　　办事处主任:赵志萍(女)
西站站区　　党工委书记:刘　清
　　站区办主任:周晓山

区委直属事业单位

区委党校　　校　长:张汝军
　　副校长(分管日常工作):赵文裕
区档案馆(区方志办)　档案馆馆长、方志办主任:宋文莲(女)

驻区单位

区税务局　　局　长:徐　瑄
红桥公安分局　　分局长:刘国庆
　　政　委:米向农
区消防救援支队　　支队长:李志江
　　政　委:宋志昆
红桥交警支队　　支队长:鲍晓峰
　　政　委:韩荣军
规划和自然资源红桥分局　　局　长:艾　伟
广电网络南开红桥分公司　　经　理:赵　磊

索 引

说明:1. 本索引采用条目主题分析索引方法,主题词词首按汉语拼音音序排列。

2. 本年鉴红桥概览、特载、专记、文献选编、人物、统计资料、附录部分不作索引。

A

B

C

D

F

K

L

M

N

P

Q

R

S

T

W

X

Y

Z